Jeanne la Quiéte

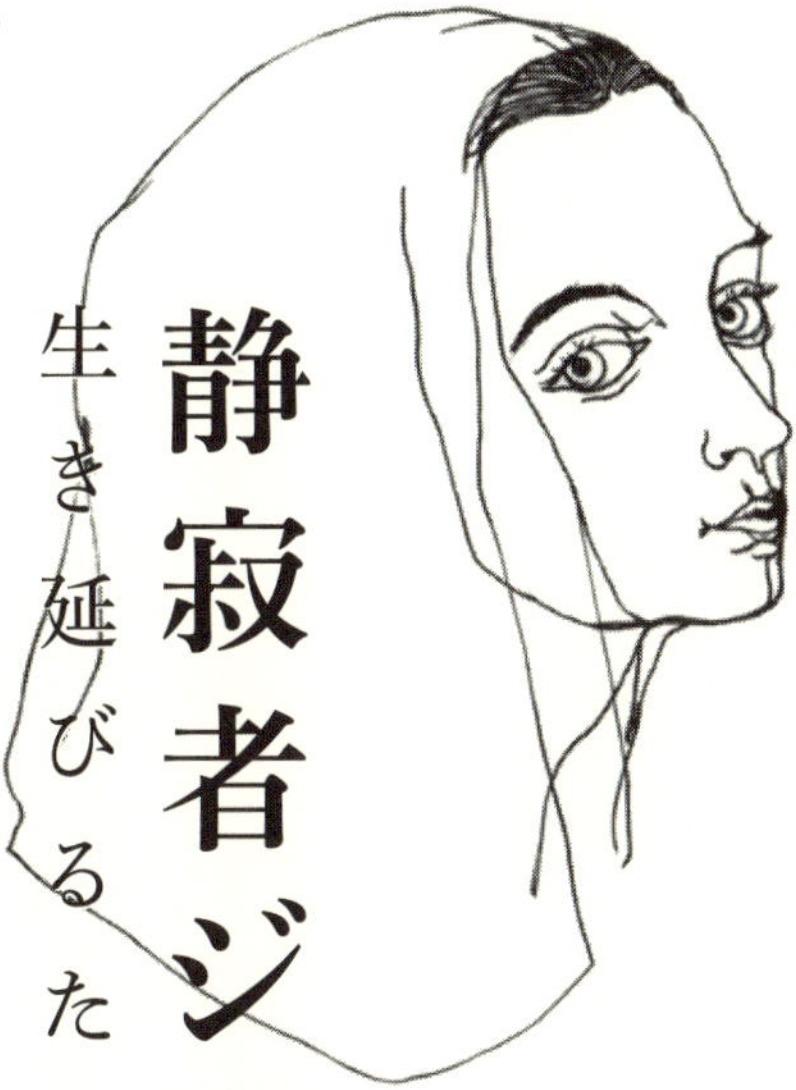

静寂者ジャンヌ

生き延びるための瞑想

山本賢蔵

新教出版社

はじめに

本書は、フランスの神秘家ジャンヌ＝マリー・ギュイヨン（Jeanne-Marie Bouvier de La Mothe Guyon, 1648-1717, 通称ギュイヨン夫人）の評伝です。ここでは彼女のことを、親しみと敬愛の念を込めてファーストネームでジャンヌと呼びましょう。ジャンヌは、絶対君主ルイ一四世の時代を生き抜いた女性です。これまでジャンヌは「怪しい異端の女性神秘家」として侮蔑され、歴史の闇に葬り去られてきました。けれども、彼女の生涯を丹念に追ってみると、そこには、男性支配のミソジニー社会の中で自己を貫き通した、鮮烈な抵抗としての生き様が浮かび上がります。

ジャンヌは地方貴族の家に生まれ、一六歳で結婚させられました。そして、夫による性的強要や、姑による精神的虐待を受けました。若くして未亡人となってからは、ストーカー男性によるモラル・ハラスメントや誹謗中傷の被害に遭いました。ミソジニー社会の圧力によってジャンヌは自己を抹殺されかかりました。そんな中で、ジャンヌは〈沈黙の祈り〉と呼ばれる瞑想技法を習得しました。それはジャンヌにとって、たましいのシェルターと言うべきものでした。そしてジャンヌは、〈内なる道〉と呼ばれる瞑想実践の道を通して、無限の自由に解き放たれました。ジャンヌは五歳になる娘を連れて家を飛び出しました。そして貧しさと病に苦しむ女性たちと共振し、手作りの霊性運動を展開するのです。ジャンヌの〈内なる道〉は多くの女性に支持されました。彼女の書いた祈りのハウツー本（『短く簡単な祈りの方法 *Moyen court et très facile pour l'oraison*』）は今で言うベストセラーとなるほどでした。さらに、ヴェルサイユ宮廷の女性たちにも祈りの友愛が広がりました。しかし何ら肩書きのない「一般女性」のジャンヌの人気は、カトリック教会の権力筋の怒りを買い、さらには宮廷内でも危険視されました。結局、ジャンヌは「異端の狂女、スキャンダラスな女」のレッテルを貼られ、容疑のはっきりしないまま投獄されてしまいました。ヴァンセンヌ牢や悪名高いバスティーユ牢に入れられました。七年間の獄中生活の末、ジャンヌは危篤状態に陥りました。それでもジャンヌは生き延びます。釈放後、徐々に体力を回復し、自宅での蟄居を命ぜられていたものの、ジャンヌは密かに仲間たちと交信を再開しました。さらにはオランダ、スコットランド、ドイツ、スイスなどの国外のプロテスタント信徒たちと交流を広げ、ヨーロッパ各地に〈内なる道〉を伝授しました。当時のフランスでは、プロテスタントが完全非合法化されていたことを考えると、驚くべき大胆さです。「違いは違いのままでよい。ただ、沈黙の祈りのうちにひとつになるだけだ」――それがジャンヌの到達した心境でした。

晩年のジャンヌは、こう語っています。

完璧な神秘家たちは、山上に到達した者のように、お互いに馬が合うものだ。真理の光の中にいて、彼らはそこに同じものを見ている。〔…〕彼らの考え方や感じ方に異論はない。なぜなら彼らの体験に違いがないからだ。いつも、どの時代においても、どの国でも、完璧な神秘家は同じことを書いてきた。［D1.1.1, p.58］

ジャンヌ流のエキュメニズムと言ってもよいでしょう。それは、到達者の偽らざる思いだったでしょう。この思いは時代や文化、宗教教派、ドグマ、メソッドの違いを超えて、到達者たちが共有する体験知に違いありません。

ジャンヌは神秘家と呼ばれてきましたが、本人は「神秘家 mystique」という言葉に全く拘りませんでした。そう呼ばれてもかまいませんでしたが、本人は「内なるキリスト者」を自認していました。本書では、「神秘家」という狭い言葉の檻からジャンヌを解き放ちたいと思います。ためしに彼女を「静寂者」と呼んでみることにしてみましょう(1)。

なぜ、静寂者ジャンヌは〈内なる道〉によってミソジニー社会の圧力に抵抗できたのでしょうか？　なぜ、彼女の〈道〉は階級を超えて、多くの女性たちの共感を得、共振されたのでしょうか？　なぜ、ジャンヌはカトリック教会の司牧権力、ヴェルサイユ宮廷の政治権力によって危険視され、その存在を文字どおり抹消されそうになったのでしょうか？　なぜ、ジャンヌは国を越え、教派を超えて、ヨーロッパ各地のプロテスタント信徒の仲間たちと祈りのコミュニケーションを作り得たのでしょうか？——本書ではこうした点を、ジャンヌの生涯とその祈りの技法をたどることで追求してゆきます。

ジャンヌは思想を語りません。実践者であり続けました。本書では、ジャンヌの〈内なる道〉を、読者ができるだけリアルに実感できて、追体験できるようにと、そう心がけて書いてゆこうと思います。そしてキリスト教に馴染みのない読者にも読みやすいように、ジャンヌの使うキリスト教用語を日常の日本語に開くように試みます。そのうえで、ジャンヌのキリスト者としての特色を考えてみてもよいでしょう。

ジャンヌの〈内なる道〉は今日の私たちにも有効です。ジャンヌの生きた一七世紀のフランスと現代日本を単純に比べることにはあまり意味がないとしても、今日の私たちがミソジニーの蔓延した社会に生きていることには誰も異論がないでしょう。ミソジニー支配はあらゆる差別、排除、虐待の支配力学と交差します。

ジャンヌの〈内なる道〉は、たましいの解毒、デトックスです。どのような集団的な抑圧にも押し潰されたくない。どのようなイデオロギーにも囚われたくない。シンプルに自由でいたい。一人一人のたましいの尊厳を守って共に今日を生き延びたい。そう思う人なら、きっとジャンヌの姿に生き延びるヒントを見出すことでしょう。

静寂者ジャンヌ

目次

第三部　静寂者は国を超えて　285

装丁　末吉　亮（図工ファイブ）

凡例

1. 引用文中の（　）は原著にあるものあるいは編者による注、〔　〕は訳者による注である。
2. ジャンヌ・ギュイヨンの著作からの引用出典は下記の略号を用いた。それぞれの正確な書誌情報は巻末引用・参考文献一覧を参照のこと。

・［V］= *La vie par elle-même et autres écrits biographiques.*
・［C1］〜［C3］= *Correspondance Tome I~III.*
・［ŒM］= *Œuvres mystiques.*
・［D1］〜［D2］= *Discours sur la vie intérieure Tome I, II.*
・［NT］= *Le Nouveau Testament de Notre Seigneur Jésus-Christ avec des explications & réflexions qui regardent la vie intérieure.*
・［AT］= *Les livres de l'Ancien Testament avec des explications & réflexions qui regardent la vie intérieure.*
・［AE］= *Les années d'épreuves de Madame Guyon: Emprisonnements et interrogatoires sous le Roi Très Chrétien.*

主な登場人物

ギュイヨン夫人（ジャンヌ＝マリー） 本書の主人公。

ギュイヨン（ジャック） ジャンヌの夫。

シャロ夫人（マリー） 大蔵卿ニコラ・フーケの一人娘。ジャンヌの姉役。ベルト・サークル、次いでギュイヨン・サークルの中心人物。

アンゲラン（アルカンジュ） フランシスコ会レコレ派修道士。ジャンヌを〈内なる道〉に導いた人物。

グランジェ（ジュヌヴィエーヴ） モンタルジの女子ベネディクト会修道院長。ジャンヌの〈内なる道〉の師。若きジャンヌが最も敬愛した人物であり、ジャンヌのロール・モデル。

ベルト（ジャック） 内なるキリスト者のグループ「エルミタージュ」系の重要人物。カーンのウルスラ会修道院の司祭、後にモンマルトルの女子ベネディクト会の司祭。一部の大貴族の信望を集める。ジャンヌはグランジェの没後、ベルトに師事。ベルト・サークルを引き継ぐ形となる。

ラ・コンブ（フランソワ） バルナバ会士。前期のジャンヌの盟友。二人三脚で〈内なる道〉を切り開くが、投獄され、非業の死を遂げる。

コルベール三姉妹
シュヴルーズ夫人（ジャンヌ＝マリー） 財務総監コルベールの長女。ギュイヨン・サークルの主要人物の一人。マントノン夫人と親しかったが、後にジャンヌを巡って関係が悪化する。

ボーヴィリエ夫人（アンリエット＝ルイーズ） コルベールの次女。

モルトマル夫人（マリー＝アンヌ） コルベールの三女。ギュイヨン・サークルで、ジャンヌの衣鉢を継いだとされる。

シュヴルーズ（シャルル） コルベールの長女ジャンヌの夫。ジャンヌから「後見人」と渾名をつけられる。宮廷中枢の大貴族。芸術肌タイプ。

ボーヴィリエ（ポール） コルベールの次女アンリエットの夫。宮廷中枢の大貴族。実務家タイプ。

ラ・モット（ドミニク） ジャンヌの異母兄。ジャンヌとラ・コンブ迫害の急先鋒となる。

マントノン夫人 ルイ一四世の最後の寵姫。公表されなかったが正妻だった。当初ジャンヌを擁護するものの、迫害に転じる。

ルイ一四世　絶対君主制の完成者。太陽王。ヴェルサイユ宮殿を創設。

フェヌロン（フランソワ）　教養小説『テレマック』で知られる聖職者、作家。ジャンヌの終生の友。宿敵となったボスュエと「キエティスム論争」で争う。

ゴデ・デ・マレ（ポール）　マントノン夫人の聴罪司祭担当。ジャンヌ、フェヌロンと敵対関係。

ボスュエ（ジャック＝ベニーニュ）　王権神授説で知られる聖職者。フェヌロンのよき先輩だったが、ジャンヌを巡って宿敵となる。ジャンヌ迫害の中心人物。

ル・ピカール（フランソワーズ＝エリザベット）　モーの聖女訪問会修道院長。ジャンヌを窮地から救う。ジャンヌと永遠の友情を結ぶ。

マール（フランソワーズ）［渾名マドモワゼル・キャトズ］　ジャンヌの世話係の一人。ルーアンで絹織物の店を営んでいた。ジャンヌがパリに移った直後、シャロ夫人の叔父を介して知り合い、以後、ジャンヌの晩年まで生活を共にした。

ラ・レニ（ガブリエル・ニコラ・ド）　初代のパリ警視総監。近代警察の父と呼ばれる。国王の命でジャンヌの尋問を担当した。

フェヌロン（ガブリエル）［渾名ファンファン］　フランソワ・フェヌロンの又甥。軍人。晩年のジャンヌに可愛がられる。スコットランド・サークルとも親交を結ぶ。長年オランダ大使を務める。

ラムゼイ（アンドリュー）　スコットランド・サークルの一人。フェヌロンに師事し、晩年のジャンヌの秘書役を務める。『テレマック』を模した宗教哲学小説『シリュス［キュロス］の旅』が成功を収める。さらにフリーメイソンのメンバーにもなるなど、多彩な活動を繰り広げた。

ポワレ（ピエール）　後期のジャンヌの盟友。オランダ在住の亡命プロテスタント。プロテスタント圏のギュイヨン・サークルの中心人物。ジャンヌの著作集（全三九巻）を刊行。

フォーブズ（ウィリアム）　スコットランド・サークルの一人。ブロワのジャンヌのもとに七年間滞在した。晩年のジャンヌについての貴重な証言を残す。

本書の主な舞台

イギリス
ベルギー
ドイツ
カンプレ
セーヌ川
カーン
ベーヌ
パリ
モー
ヴェルサイユ
ヴォー城
モンタルジ
ブロワ
ロワール川
スイス
ジェックス
トノン
ジュネーヴ
アヌシー
フランス
グルノーブル
イタリア
スペイン

第一部　静寂者のできるまで

第一章　めざめ

1　少女時代

近代に向かって

ジャンヌが生まれたのは、一六四八年四月一三日。ヨーロッパでは、この年、節目になる出来事があった。ウェストファリア条約の締結だ。これによって、ヨーロッパに荒廃をもたらした三十年戦争がようやく終結した[2]。これを機にヨーロッパは近代的な国家建設へと向かう。今のヨーロッパ各国の原型が次第に形作られてゆく。それは同時に、国家権力の中央集権化の過程でもあった。この同じ年に、フランスではフロンドの乱と呼ばれる内乱が始まった。これは王権の権力集中に反発する各層の抵抗運動だったと言える。乱は一六五三年に平定された。その後、太陽王ルイ一四世による強引な中央集権化が推し進められてゆく。そんな近代の胎動期に、ジャンヌは生きた。

フランスの一七世紀は、実は、神秘主義の隆盛の時代でもあった。特に前半は、個性的な神秘家たちが綺羅星のごとく登場した。あくまでも個人をベースにした彼らの体験は、近代的な個の霊性的な自覚だったとも言える。神秘家たちは、決して中世の遺物のような前時代的な存在ではなかった。彼らの実践体験は、また同時に、近代国家の形成にともなって個々の人間がアトム化され、人口統計上の数字と化されてゆくのに対する、いのちの次元での抵抗だったとも言えるだろう。フランスの神秘家たち（フレンチ・ミスティック）は、国家権力と、その補完勢力と化した当時のフランスのカトリック教会の司牧権力によって徹底的に弾圧された。それが一七世紀後半のことだった。そのフレンチ・ミスティックの最後の精華が、他ならぬジャンヌ・ギュイヨンだった。

わんぱく

ジャンヌは、パリの南約一〇〇キロにある小都市モンタルジに生まれた。今だったら、パリのリヨン駅から列車で一時間半ほど。通勤圏内とまでは言えないが、ときどき所用でパリに出るのにそう大変でもない。当時の交通手段は馬車だったが、パリとの心理的な距離感は今とそれほど変わらなかったようだ。

ジャンヌの父親は訴願審査官と呼ばれる王室直轄の司法官僚だった。また、「国王の代官」と呼ばれる検事職にもあった。地元の名士だ。母親も国王諮問会議に属する父を持ち、ジャンヌの家は名門の大貴族ではないけれど、松竹梅で言えば、まあ、竹ランクのインテリ貴族だったと言えようか。たかが松竹梅。されど松竹梅。当時の社会はこうしたランク付けでがんじがらめに縛られていたことを念頭に入れておきたい。これから見るように、静寂者ジャンヌはそうした社会的階層の垣根もとっぱらってゆく。

ジャンヌの母親は娘の育児に関心がなかったらしい。ジャンヌの一つ上の兄のことを猫可愛がりした。それについてジャンヌは自伝でちらっと恨み節を書いている。

ジャンヌは幼少期の半分を女子修道院に預けられて育った。家に戻っているときも放ったらかしだったから、隣近所の男の子たちと遊んで、わんぱくに育った。これは当時では突拍子もないことだった。ジャンヌは家で働く男衆が歌う俗な流行り歌を覚えたりした。食事会で大人たちがお気取りしているところで、覚えたての下品な歌を大声で歌って大顰蹙を買ったりもした。天真爛漫。不羈奔放。ジャンヌらしさはこの頃から培われていた。三つ子の魂、百までだ。

デカルトの子

父親は末娘のジャンヌをとても可愛がった。ジャンヌは頭脳明晰で、大の読書好きだった。それがまた、父親を喜ばせた。家には兄のための家庭教師の青年が出入りしていた。その家庭教師は、ジャンヌが賢いものだから、兄のことそっちのけでジャンヌにフランス哲学を教えるようになった。覚えたての哲学を語るジャンヌに、両親は大喜びだった。「女だてらに哲学なんて」などとは言わなかったわけだ。そういう点では、両親とも開けたタイプだったのだろう。

当時のフランスは哲学ブームだった。デカルト（一五九六－一六五〇）が一世を風靡していた。ラテン語だけでなくフランス語でも書かれたデカルトの著作は、当時の社交界の拠点だった女性サロンでも熱心に読まれた。デカルトは一六五〇年に亡くなったが、例えば六一年作の喜劇に「デカルトを読む女」というキャラクターが、揶揄の対象ではあるが登場する。(3) ジャンヌが一二、三歳のときの劇だ。まさに家庭教師に哲学を習っていた頃にあたる。ジャンヌの学んだフランス哲学も、当然、デカルトが中心だったろう。

意外に思えるが、デカルトは静寂者ジャンヌの隠し味だ。これから見てゆくように、静寂者の〈内なる道〉の指南で、ジャンヌは「判明・明晰な認識を捨てろ」と再三強調する。否定的な使い方で「判明 distinct」・「明晰 clair」という用語を頻りに使う。この「判明」「明晰」は、当時の人にとって何よりもデカルト用語だった。「私たちの道は、哲学者の道ではない」とも、ジャンヌは書いている。この場合の「哲学者」として念頭にあったのも、まずデカルトだろう（マルブランシュ［一六三八—一七一五］もあったかもしれない）。

さらによくよく読めば、ジャンヌはデカルト哲学的な判明・明晰さを否定しているのではない。人間の判明・明晰な〈精神〉の活動を前提にしたうえで、その先に〈こころ〉による無限へのアプローチを模索するのだ。そもそも、判明・明晰を捨てる境地を説く彼女の文章は極めて合理的で自己分析的だ。これから見るように、ジャンヌは「自分を反省するな」と言い続けるのだが、その境地について語るに際しては自己を冷徹に対象化し、執拗なほど反省的に分析してみせるのだ。

デカルトはあらゆることを疑った挙句、これだけは確かだという「我思う、ゆえに我有り」という、いわば自己の芯に辿り着いた。そして有限な自己を通して、無限の神を証明しようとした。それと同じようにジャンヌは〈内なる道〉を通して、ぎりぎりの自己を探求し、そこから無限の神への直接的な回路を見出すのだ。やはりデカルト同様に、個としての近代的な「我」の自覚が前提にある。ちなみに、ジャンヌは原罪やこの世の終末、死後の世界といった宗教的ストーリーに関心を持たない。そ

こも、デカルトと共通している。何がデカルト主義者かは別として、ジャンヌは間違いなくデカルトの子だ。(4)

暴かれた罪

ところで、ジャンヌにフランス哲学を教えた家庭教師の青年には、とんでもない下心があった。青年はしばしばジャンヌの兄の寝室に寝泊まりした。その隣がジャンヌの寝室だった。二つの部屋の間には鍵のかかったドアがあった。ちょうどそのドアのすぐ横にジャンヌのベッドがあった。青年は夜な夜なそのドア越しに、ジャンヌに向かって切々と性愛を語りかけた。真冬の夜でも青年は下着一枚で彼女に語り続けた。ジャンヌは青年を冷たくあしらい、「そのまま彼が凍るに任せて」いた。青年があまり露骨なことを言い出すときには、父親を呼ぶと警告した。でも一方では、青年の性的な語りかけにジャンヌは内心まんざらでもなかったという。そうこうするうちに青年は「恐るべき罪」を犯すようになった。そして彼女もまた、誰にも気づかれないと思って、その「罪」を犯したという。自慰行為のことだ。——これは、ジャンヌの自伝に書いてあることだ。

この『自伝 *La Vie écrite par elle-même*』、とてもユニークな作品だ。驚くほどプライベートなことまで、あけすけに書かれている。ジャンヌにとって、自慰行為は子ども時代の重要なテーマのひとつだったようだ。何度も触れている。もっとも、彼女の没後、弟子たちによって自伝が刊行された際にはすっかり削除されている。それも分かる。正直、私も触れるかどうか迷った。同性ならともかく、異性の者が書いたら、どうしてもバイアスがかかってしまうだろう。しかしそれでも、勝手に自己検閲するわけにはいかない気がした。少なくとも初稿では、ジャンヌはあえてこの問題に真正面から向き合っているのだから。

ジャンヌは二人の年上の女性から自慰行為を教わったという。教会の神父たちからは、「ふしだらな罪」について厳しく戒められていた。しかし、「異性とすること」が「罪」なのだとジャンヌは勘違いしていたのだという。それ以外は「罪」ではないと思い込んでいた。つまり自慰行為や同性同士の性行為が「罪」になるとは想像していなかったのだ。

カトリック教会には告解という制度がある。自分の犯した「罪」を担当の司祭（聴罪司祭）に告白して、神の赦しをもらう制度だ。告解はジャンヌの時代には制度として定着し、社会習慣化していた。告解は権力による個人の内面管理のシステムとしても機能した。そこでは「性的な罪」が中心テーマだった。なかでも、子どもの自慰行為は重要な統制管理の対象だった。

ジャンヌは自慰行為が「罪」だとは思っていなかったから、特に告白することもなかった。それに、だいたいどう語ったらよいか言語化できなかったという。それでも、さすが司祭はその道のプロだった。時折、ジャンヌが漠然と話していることから、勘付いたのだ。そしてジャンヌの「罪」を明るみにした。

それが「罪」だと初めて知って、幼いジャンヌはびっくり仰天した。ジャンヌは詠嘆調で、こう書いている。「ああ、全く！　神よ、私の無知がいかに致命的だったことか」――ただし、この詠嘆は、真に受けないほうがよいだろう。芝居掛かったユーモアの口調と取るべきだろう。苦笑しながら子どもの頃の失敗談を語るムードだ。

言説と自我主体

実は、この告解をめぐる逸話には、ジャンヌの〈内なる道〉のテーマが凝縮されている。それは言葉をめぐってだ。具体的には「言説」をめぐってだ。

ここで、告解がどのように個人に作用するか整理してみよう。

子どもたちは日々の告解で自分語りを習慣づけてゆく。ジャンヌの例に見るように、司祭に誘導されながら自分を語ることで、その子は「罪」をひとつひとつ言説化し、「自慰行為は地獄行きの罪だ」などといった言説を習得する。それが繰り返し刷り込まれ、潜在意識の奥底まで、いってみれば〈からだ〉にまで染み込んでゆく。権力の規範言説がその子のうちに内面化されてゆくのだ。そうやって、その子の自我主体が形成されてゆく。権力の要求する「良い大人」が作られてゆく。

当然、告解システムのない文化でも、子どもたちは家や学校の大人たちによって禁忌の規範言説を刷り込まれる。そうした権力による言説支配のテクニックはそれぞれの言語文化によって違うだろう。その中でも、マンツーマン方式で個人のプライバシーの内面にまで入り込んで、自己について徹底的に語らせる告解制度は、極めて効率的な言説支配のテクニックだったとされる。司祭ら司牧者のいわゆる司牧権力による精緻な「たましいの管理術」だった。

いずれにせよ、この告解を通した言説支配のプロセスを見ても分かるように、自我主体とは、当の主体が思うほど自律的に形成されるものではないのだ。根本のところでは、権力による言説誘導の産物なのだ。もちろん言説規範に従うことは人間が社会で生きてゆくうえで大切だろう。しかし言説支配は、個としての〈わたし〉を、つまり〈たましい〉を内面から圧殺する。問題は、どうやって言説支配のもとにありながら、一方ではそれを相対化できるか、適度な距離を取れるかだろう。このあたりが静寂者ジャンヌを理解する鍵となる。

ラジカルな沈黙

幼いジャンヌは、「罪」を明るみにされて、司祭に厳しく叱責された。そして、祈りを唱えさせられた。「私は罪を犯しました。もう二度としません。神さま、こんな私をお赦しください」といったことを唱えさせられたわけだ。つまり、規範言説を強制されたのだ。しかし、そうした言説の強制は逆効果だったという。ジャンヌを「ますます頑なにさせるだけだった」のだ。

ジャンヌにすれば、たいがいの聴罪司祭は「罪」を犯した者を叱り散らして、おそろしい罰を受けるぞと脅すばかりだった。しかしそれは一時的に効果があっても、結局、その者を自暴自棄にするだけなのだ。その者は「罪」を繰り返すばかりになってしまう。言説が「罪」を作るのである。

そうやって規範言説を強いるのではなく、「本当の治療とは、〈沈黙の祈り〉を教えることだ」と、ジャンヌは強調する。〈沈黙の祈り〉によって自分を神に晒すこと。そして自我を消滅させること。それが唯一最良の「治療」なのだと、ジャンヌは言う。

〈沈黙の祈り〉は、一般に「念祷」などと呼ばれる祈りだ（「主な訳語一覧」四三一頁参照）。後に詳しく見てゆくが、この〈沈黙〉はただ口を閉じて黙っていることではない。言語作用そのものが停止することだ。そういう根源的《ラジカル》な〈沈黙〉に入ることで、言説支配が根こそぎ解体される。そして言説によって構成される自我が解体される。ジャンヌにとってすべての「罪」の源泉は自我だ。その自我をほどき落とすことが、たましいの治療であり癒しだ。それは結局、告解などの司牧権力による言説支配を拒否することにつながる。後に見るようにジャンヌは告解のルーチン化を否定し、告解を事実上、不必要とする。こうして見れば、それも当然だろう(5)。

2　結婚生活

結婚という地獄

ジャンヌは一六歳になる年に結婚した。縁談は本人の知らないうちにまとまり、夫となる男性とジャンヌが初めて会ったのは結婚式の三日ほど前だった。当時では珍しいことでもなかった。相手は大富豪の貴族ジャック・ギュイヨンという男だった。ジャンヌの二二歳上で、このとき三八歳。ジャックの父親はすでに亡くなっていたが、セーヌ川とロワール川を結ぶ水路計画の一部だったモンタルジのブリアル運河の建設に携わり、その利権で巨万の富を築いた運河長者だった。その跡継ぎが、ジャックだった。

ジャックは、父親の威光を仰ぐだけで自分では何もできないという強いコンプレックスを抱いていたようだ。終始不機嫌な癇癪持ちだった。しかもスーパー・マザコンだった。その母親たるや、ジャンヌの話によるかぎり、往年の嫁姑ドラマに出てきそうなかなり底意地の悪いタイプだったようだ。ジャンヌによれば、ジャンヌの母がこの縁談に積極的だったのに対して、父は渋ったという。お父さん子のジャンヌはいつも父をかばうのだが、それでもこの結婚については、母はもちろんだが、父にも裏切られたという潜在的な傷を負ったに違いない。

ジャンヌは、結婚という名の地獄に下った。

花嫁には精神的虐待の日々が待っていた。自伝によれば、こんな屈辱の日々だったという――夫はいつも姑とべったりだった。ジャンヌは一日中、姑の部屋でかしずいていなければならなかった。二人はジャンヌをじろじろ見下ろして、ひそひそ話をした。そして、いちいち難癖をつけては、ジャンヌをなじった。時折、親子の間でなごやかに笑い話をしたいときは、わざとジャンヌを部屋から締め出した。

ジャンヌの実家はインテリ家庭だったから、ジャンヌの利発な発言がよしとされて育ってきた。それこそ哲学を語ったりすると親から喜ばれたわけだ。しかし嫁ぎ先はまったく違った。知性と教養ではなく、カネがすべて。そんなよくも悪くもブルジョワ的な家風だったらしい。「それまで父のもとではとても気高く生きていた。けれど、姑は金勘定しか頭になかった」と、ジャンヌは書いている。「父のもとでは、礼節が重んじられ、正しく話すことが求められ、私が何か言うと賞賛され、引き立てられた」という。「正しく話す」とは、文法的に正しいフランス語で、説得力をもって知的に語れることだ。実家では彼女の良いところが評価され、その能力がすくすくと伸びていったのだが、嫁ぎ先では違った。「それなのに、ここでは私が何か言うと、反対され、罵られた」という。姑にはジャンヌの一言一言が生意気に聞こえ、癪に触ったのだろう。自伝によれば、姑はわざとジャンヌに何かをさせたり言わせたりして、それをいちいちあげつらい、罵り、貶めた。客人が来ると、いかにジャンヌが無能でダメな嫁かを彼女の前で吹聴し、ジャンヌを辱め、人格を否定した。一六歳の少女はすっかり自分を見失ってしまった。わけが分からなくなり、おろおろしてしまって、ますます何もできなくなってしまった。そしてますます姑の餌食となった。

かつて自分がされたことを「嫁」にするという一種の復讐の色彩を帯びた姑の権力行使は、強烈なミソジニーの内面化でもあるだろう。家父長の代理人としての「姑」の屈折した立ち位置に由来する面が大きいのだろう。

性的暴力

夫は痛風を患い、さらに不機嫌になっていった。癇癪を起こして、ジャンヌに物を投げつけたりと、暴力をふるった。夫は母親のいるときには母親に同調して一緒になってジャンヌを虐めて悦に入るのだが、母親がいなくなると一転してジャンヌに優しくなり、彼女の体を求めた。こうした夫の態度がダブルバインドとなって、ますますジャンヌは苦しんだ。夫からの一方的な性行為はジャンヌにとって苦痛でしかなかったが、「事後に彼が私を愛してくれて、私に辛く当たらないようにしてほしいと願いながら、夫に愛撫されるがままになった」と、ジャンヌは書いている。応じないとどんな目に遭うか分からないという恐怖もあっただろう。

さらに使用人たちも家庭内の権力構造に従って、積極的にジャンヌへの虐めに加担した。姑に気に入られるためでもあっただろうし、加害者としての密かな愉しみも味わっただろう。

「奴隷のようだった」と、ジャンヌは当時の日々を述懐している。

ジャンヌは実家の母親に虐待の惨状を訴えた。だが母親が姑に話してしまい、逆効果となってしまった。ジャンヌにすれば、母親に裏切られたという強烈なトラウマを負ったことだろう。それ以来、ジャンヌは被害を誰にも言えなくなった。黙って耐えるしかなくなった。事情の分からない周囲の者からは「あんな利発な子だったのに、全くダメになってしまったね」と思われるばかりだった。

神へのSOS

自分が全否定され、そんな自分が自分で嫌になる出口なしの苦しみの中で、ジャンヌは自傷行為に駆られた。ナイフで舌を切ろうとした。何を喋っても否定され貶められるなら、もう喋らない存在になりたい。そう思ったという。言葉を切り捨てたかったのだ。

家庭という密閉された空間での虐待の日常。しかし世間にはそれが知られない。知られたとしても、世間はそれを虐待とは捉えない。そんな絶望的な環境にいれば、普通だったら自ら進んで「良い奴隷」となって、精神のバランスを維持するのではないだろうか。しかしジャンヌは屈しなかった。何とか精神的な逃げ道を作ろうとした。それを神に見出そうとした。人に言ってもダメだから、神にSOSを発信するしかなかった。

閉じ込められたくない。一人の個としての人格、たましいの尊厳を抹消されたくない……そんなぎりぎりの切望が、ジャンヌを静寂者の道へと駆り立てた。

神を実感できない

ジャンヌは司祭に教えられたとおりに熱心に祈った。しかし、いくら祈りに打ち込んでも、神を実感できなかった。「神の現前を得られなかった」と、ジャンヌは表現する。「神が現に・ここにいる」というリアリティーの実感が得られなかったのだ。

なぜジャンヌは神を実感できなかったのだろう？　ここは後の伏線となるところだ。

自伝によれば、そのときジャンヌは司祭に教えられるとおりに、「常に黙想し、絶え間なく神を考えるよう努め、祈りを唱え、射祷に努めた」という。「黙想」とは、聖書の一節、例えばイエスの言葉について考えて、それについて神父の説教を聞いたりして、神について深く思いを巡らす、そんな祈りだ。「祈りを唱える」とは、「天にまします我らの神よ……」など、口にする祈り、口祷だ。要するに一般的なお祈りだ。「射祷」は短い聖句や「主よ憐れみたまえ」といった言葉を日々の生活の中でくりかえし唱える祈りだ。口にするか、黙って頭の中で考えるか、その違いはあるが、いずれも言語を介した祈りだ。言説の祈りだ。しかし、いくらそうやって祈ってもダメだったというのだ。

先ほどの「告解」と同様、ここでもやはり中心テーマは言葉であり、具体的には言説だ。言説の祈りを続けている限り自我はほどけない。それでは神のリアルを実感できないのだ。

ジャンヌは、いくら祈っても神の現前を得られないことを司祭に訴えた。しかし分かってもらえなかった。それもそのはずだ。こうした言説の祈りは、司牧的な言説規範に従って祈ることに他ならない。それじゃうまくいかないなどと言っても、司牧者が認めるはずもない。

そもそも司牧言説は家父長制を担保する言説だ。ジャンヌはその家父長制的言説支配によって嫁ぎ先で苦しんでいたのではないか。いくら司牧言説に従って祈っても、彼女の苦しみは根本的に解決されなかっただろう（ちなみに、言うまでもなく司祭ら司牧者はみな男性だ）。

3　自己肯定としての〈道〉

シャロ夫人

そんな苦しみの日々が三年間続いた。ジャンヌは、とある人物と出会う。シャロ公爵夫人だ。マリー・シャロ、旧姓マリー・フーケ（Marie Fouquet/Béthune-Charost, 1641–1716）。彼女の父ニコラ・フーケ（Nicolas Fouquet, 1615–1680）は、ルイ一四世のもとでパリ高等法院の検事総長および大蔵卿を務め、一時代を築いた人物だった。しかしそのあまりの権力誇示の故にルイ一四世の機嫌を損ね、ライバルのコルベールとの政争に敗れ失脚した。一六六一年、フーケは逮捕され、終身刑に処せられた。そのフーケのひとり娘がマリーだった。マリーはシャロ公爵と結婚していたが、父親の失脚に伴って家族一同パリから追放された。大西洋に近いロワール川沿いで五年間の流謫の生活を送った後に、ようやく中央に戻ることが許された。マリーは祖母とともにロワール川を上ってパリ方面に向かった。そしてロワール川とセーヌ川の中継点にあたるモンタルジで停泊し、ジャンヌの実家にしばらく逗留したのである。司法官僚だったジャンヌの父親は、職業柄、ニコラ・フーケと繋がりがあったと思ってよい。

その頃、ジャンヌの実家は、母親が亡くなった直後だった。父親は病床にあり、事あるごとにジャンヌを呼び寄せた。ジャンヌは実家でシャロ夫人と出会った。二人はすっかり懇意になった。そしてジャンヌはシャロ夫人の不思議な魅力に惹かれた。

彼女の顔に私は何かを見出した。神の現前を強く印象づける何かを。それまで誰にも見たことのない何かを彼女のうちに見て取った。[V. 1.8. p.191]

シャロ夫人は、このときすでに静寂者としてそれなりの境地にあったらしい。父親の栄光と失墜を目の当たりにし、自身も追放流浪の生活を余儀なくされたシャロ夫人は、若くして内なる旅へと駆り立てられる契機に恵まれていたに違いない。そのシャロ夫人の発する静寂者特有の馥郁たる香りを、ジャンヌは敏感に嗅ぎ取ったのだ。ジャンヌはシャロ夫人に憧れた。このときジャンヌは一九歳、シャロ夫人は二六歳だった。二人のシスターフッドが、これからの静寂者ジャンヌの物語の隠された縦糸になる。

ジャンヌは、姑のことで苦しんでいることをシャロ夫人に打ち明けたかった。しかし、母親に話してひどい結果になったことがトラウマになっていたのだろう。何も言えずにいた。それでもシャロ夫人は姑に会った印象を「怖そうなひとですね」と漏らし、何となく察してくれたようだった。

ジャンヌは姑のことは言えなかった代わりに、自分がうまく祈れずに神を実感できない悩みをシャロ夫人に相談した。この二つの問題はジャンヌにとって切り離せなかった。コインの裏表だ。

するとシャロ夫人は、あれこれ考えたり唱えたりする祈りではなく、もっとシンプルな祈りがあることを、それとなく教えたという。〈沈黙の祈り〉だ。しかしそのときのジャンヌにはまだそれが何のことか分からなかった。

良き神父

さて、シャロ夫人がジャンヌの父親のもとに逗留している最中、ある「良き神父」がふらりとジャンヌの実家を訪れた。自伝では名前が伏せられている。だが、それがアルカンジュ・アンゲラン（Archange Enguerrand, 1631-1699）という人物だったことが判明している。(6) アンゲランはフランシスコ会レコレ派の修道士だった。五年間のイタリア修行を終えてフランスに戻る旅の途次、彼はモンタルジに立ち寄った。そして、すぐにジャンヌの父親のもとを訪れたのだ。

アンゲランはジャンヌの父親と直接面識があったようでもない。どうしてすぐに父親のもとを訪れたのだろう。

私はこのことがずっと気になってならなかったのだが、あるとき、ふと気づいた。ジャンヌの父、フーケ、その娘のシャロ夫人、アンゲラン……これらの人物はみな繋がっていたのだ。みな、「篤信家《デヴォ》たち」と呼ばれていた信仰運動グループに関わっていた。いや、グループというよりも人脈と言ったほうがよいだろう。詳しくは注を読んでもらいたいが、ジャンヌはこの「篤信家たち」の人脈の網の目の中に最初から組み込まれていたのだ。しかし、最終的にジャンヌは「篤信家たち」の信仰態度を突破する。(7)

ジャンヌの父親はアンゲランを大変気に入った。そしてアンゲランと会うよう、ジャンヌに強く勧めた。そのときジャンヌは家庭内での虐待で精神的にまいっていたうえに、二人目の子の出産で体調を悪化させ、心身ともに危機的な状態にあった。父親はジャンヌの不幸な結婚生活について、たとえ本人から知らされていなくても、察知していただろう。そんな所に娘を嫁がせてしまったという罪悪感を抱いたに違いない。実際、ジャンヌが結婚してから父親はすっかり元気をなくしたようで、病気がちだった。父親にすれば、アンゲランの霊性に触れることでジャンヌが少しでも立ち直ってくれればという願いがあっただろう。

アンゲランとの出会いは父からのプレゼントだったのだ。ということは、静寂者の〈内なる道〉そのものが父からのプレゼントだったとも言えるかもしれない。

あなたの〈こころ〉の中です

ジャンヌはさっそくアンゲランに会いに行った。アンゲランは町にあるフランシスコ会系の修道院に滞在していた。ジャンヌの来訪を告げられて、面会に出てきた。しかしアンゲランは、ジャンヌを見て固まってしまった。

アンゲランはイタリアで厳格な禁欲的修行を終えてフランスに帰って来たところだった。女性と対面することなどなかったのだろう。そこに突然ジャンヌが現われたものだから、金縛りにあってしまったというのだ。

「これは夢なのか?」

そう思ったと、アンゲランは後にジャンヌに述懐したという。立ちすくむアンゲランを前に、ジャンヌのほうも困ってしまった。途方に暮れながら、自分の抱える「祈りの困難」について、つまり神を実感できない悩みについてしどろもどろに打ち明けた。するとアンゲランがようやく口を開いた。こう言った（重要な箇所なので、なるべく直訳しよう）。

それは、マダム、あなたが外側に探しているからですよ。それを、あなたは内側に得ているのに。習慣づけてください、神を探すのは、あなたのこころの中です。そして、あなたはそれをそこに発見するでしょう。[V. 1.8, p.197]

それだけ言うと、アンゲランは書き物を探しに行くと口実をつけて、そそくさとその場を去ってしまった。逃げたのだ。

アンゲランが本当にそう言ったかどうかは、もちろん分からない。のちにジャンヌが自伝を書く折に彼女が再構成した言葉だ。しかし、だからこそ意義深い。ジャンヌの〈道〉がこの短いフレーズに凝縮されている。

ポイントは「神を〈外側〉に探すな」という点だ。〈外側〉は対象世界だ。そうではなくて、自分の〈内側〉、すなわち、自分の〈こころ〉の中に探せ、と言う。つまり、神を対象として外に立てようとするなと言うのだ。神そのものは決して対象化できない。それは自分の〈こころ〉の中にこそ発見できるのだ。あなたは、すでに〈内側〉に神を得ているのだ。
このアンゲランのたった一言がジャンヌに突き刺さった。
ジャンヌはアンゲランの一言によって受けた衝撃を、こう書いている。

彼の言葉が矢となって、私のこころを端から端まで突き刺した。その瞬間、私はとても深い傷を感じた。とても甘美で愛おしい傷。あまりに心地よく、ずっと治らないでほしかった傷。その言葉は、私が何年も探していたものを、こころの中に与えてくれた。というよりも、そこにあったのにそれと知らず、享受できずにいたものを発見させてくれたのだ。主よ。あなたは私のこころの中にいた。ただシンプルに〈内〉へと戻るようにと、あなたは私に求めていたのだ。あなたの現前を感じるために。［同前 p.197-198］

少し神秘家流の常套句に走り過ぎているきらいもあるが、しかし、ここはオペラのアリアのようなものだと読んだらよいだろう。サビの部分で歌い上げる調子だ(8)。

＊

ジャンヌはアンゲランの一言で、自己の内なる神に気づいた。自分の内に、無限を見つけた。
それまでジャンヌは家庭という名の檻に閉じ込められ、自己を抹殺されかかっていた。そこから何とか抜け出そうと、神という出口を探してもがき苦しんでいた。しかしそのドアは自分の外側ではなく、自分の内側に開いていた。

それまでの自分自身の苦闘やシャロ夫人との出会いなど、さまざまな事柄の蓄積の末、ジグソーパズルの最後の一片のように、アンゲランの一言ですべてが結びついた……そういう気づきの一瞬だったのだろう。

ジャンヌは呼吸を取り戻した。

4　神を味わう

〈沈黙の祈り〉

その翌朝、ジャンヌは再びアンゲランに会いに行った。祈りの手ほどきをしてくれるよう懇願した。ジャンヌがまた来たものだから、アンゲラン、二度びっくりした。アンゲランは祈りの指導をしぶった。というのも、後にジャンヌの知ったことに、アンゲランは「自分に対する用心から」いっさい女性信徒の面倒を見ないと、神に誓っていたのだという。しかし逡巡の末、アンゲランはジャンヌの指導を引き受けた。彼を決心させたのはイエスのお告げだったという。「心配しないで彼女の面倒を見なさい。彼女は私の婚約者だ」というイエスの言葉が聴こえたのだという。

かくして祈りの稽古がはじまった。

ジャンヌはやはり資質に恵まれていたと言うべきだろう。すぐに〈沈黙の祈り〉によって、深い瞑想状態に没入できた。そのときの状態を、ジャンヌはこう記している。

私にとって、〈沈黙の祈り〉に入るほど簡単なことはなかった。数時間は一瞬でしかなくなった。私は祈らずにはいられなかった。〔…〕

先述のとき〔アンゲランと初めて会ったとき〕以来、私の祈りは、形相も、表象も、像も、空っぽだった。祈るとき、頭では何も起こらなかった(9)〔…〕。[V. 1.8, p.199]

空っぽの祈り。頭では、すなわち〈精神〉では何も起こらない。いわゆる「無念無想」だ。

〈精神〉

ジャンヌは、神の現前を実感するためには「〈精神〉で祈るな、〈こころ〉で祈れ」と、口を酸っぱくしてガイドする。〈沈黙の祈り〉のコツだ。説明しよう。

まず、〈精神〉から始めよう。ジャンヌにとって〈精神〉のはたらきは、認識だ。外に対象を立て、対象を判明に認識することだ。デカルト的な「判明」な対象認識だ。前にアンゲランが「〈外側〉に探しているから、神が見つからないのだ」と言っていた。その「〈外側〉に探す」というのが、まさに〈精神〉のはたらきだ。〈外側〉に神を対象として立て、判明に認識しようとしても、それでは神は見つからないのだ（「主な訳語一覧」四二六頁参照）。

ここで改めて、「判明 distinct」という用語について考えてみよう。この用語は「区別する

distinguer」から派生した言葉だ（ラテン語の動詞 distinguere［区別する］の過去分詞 distinctus［区別された］が distinct の語源だ）。「区別」すること。日本語では判別とか、識別とか、分別とか、いろいろ表現できるが、要するに複数の対象に分けることだ。そして認識する、つまり分かること。分けて、分かること。この認識作用は、言語の意味分節作用と密接に絡んでいる。

　翻ってみれば、私たちは人間として生きる限り、言葉を覚えて、言葉に生きることを宿命づけられている。私たちの認識は、言葉によってあらかじめ規定されている。具体的に言うと、言語の意味分節のはたらきによって規定されている。あらかじめ事物が「花」や「鳥」という言葉で分節され、対象化され、意味化され、意味化された世界を認識している（「国家」とか「家族」といった概念も、言語分節されることで意味化され、対象化される）。私たちは、いわば言語の意味分節メガネを通して、あらかじめ整理された世界を見ているのだ。その意味分節メガネを通して個々に分けられた対象を、判明に分かること。それが、〈精神〉による認識のはたらきに他ならない。つまり逆に言えば、意味分節メガネを外して、リアリティーとしての世界、いわば生《なま》の現実世界にダイレクトに触れることは、普段の私たちにはできないのだ。しかし往々にして普段の私たちは、この分節メガネを通して認識される世界こそがリアリティーだと思いがちだ。それは分節メガネを外したことのないが故の、素朴な思い込みに過ぎない[10]。ジャンヌの神は、言語分節メガネをかけた私たちには決して触れえない、このリアリティーの側にいる。

〈ことば〉

ジャンヌにとって、神は〈ことば〉Verbeだ。「御言葉《みことば》」と一般に訳される。「神は〈ことば〉であり、それはイエス・キリストだ」というのはキリスト教の基礎となる発想だが、ジャンヌにすればこの神としての〈ことば〉とは、〈ことば〉とは言っても人間の使う言葉とはまったく違う。〈ことば〉は人間の言葉のように分節されない。これはジャンヌの〈内なる道〉におけるテーゼだと言えよう。

神である〈ことば〉は、一切の意味分節を受け付けない。だから人間の言語に還元することができない。いくら言語分節メガネをかけて、分けて分かろうとしても、神である〈ことば〉を分けることはできないし、分かり得ない。つまり人は神である〈ことば〉を〈精神〉によって認識することができないのだ。〈ことば〉は、言葉に生きる人間には決して触れ得ない、究極のリアリティーそのものなのである（「ジャンヌの〈ことば〉観」四四二頁以下参照）。

〈こころ〉

こうした神と人間との決定的な断絶という発想自体は、キリスト教では珍しくない。ただしジャンヌにすれば、その断絶は乗り越えられるのだ。どうするか？　〈精神〉ではなく〈こころ〉で祈るのだ。

ジャンヌは〈精神〉に〈こころ〉を対置する。ジャンヌにとって、〈こころ〉は幅広いはたらきを持っている（「主な訳語一覧」四二六頁参照）。そのなかで大切なのは、感じることだ。「痛み」や「気持ちよさ」をダイレクトに感じること。生身の感覚、感性だ。それは本来、言葉を介さない。〈こころ〉は本来、言語の介在を必要としないのである。

よく「心の痛み」と言ったりする。そうした感情も〈こころ〉のはたらきに含まれるだろう。ただし、そうした心理的なストーリーに止まるものではない。所詮、心理もまた言説化されている。ジャンヌの〈こころ〉の感性は、その先を行く。それは内的な直感と言ったらよいだろう。

このジャンヌ流の〈こころ〉は〈からだ〉と繋がっている。物心二元に立ったデカルト的な〈精神〉が〈からだ〉から切断されているのに対して、ジャンヌの〈こころ〉は感じることを通して〈からだ〉と繋がっている。〈からだ〉と表裏一体だと言える。ジャンヌの〈こころ〉には、日本語の「肚《はら》」を当てると分かりやすい。

一切の分節を受け付けない究極のリアリティーとしての〈ことば〉すなわち神を実感するには、「頭」で神を分かろうとしてはならない。分節メガネを外して、「肚《はら》」で神を直感するのだ。言葉のすっかり落ちた、すなわち言語作用がすっかり麻痺し非活性化した根源的《ラジカル》な〈沈黙〉のうちに、生身で〈ことば〉を直感する。それが〈沈黙の祈り〉だ。

〈味わいの信〉

しかしそうは言っても、いきなり言葉を落とすことなど、そうそう簡単に体得できるものではない。

さきほど、通常の私たちは意味分節のメガネを通して世界を認識していると言った。それは、意味分節のメガネによって私たちが守られているとも言えるだろう。そのメガネを何の準備もなくいきなり外したら、渾沌としたリアリティーが雪崩を打って〈精神〉に襲いかかり、錯乱しかねないだろう。

また、言語分節の作用が無効化されれば、それによって、私たちの自我を枠付けている規範言説がすっかり落ちることになる。言説支配から脱することは〈沈黙の祈り〉の重要な効果に違いない。しかし、不用意にそんな事態に陥ったら、自我意識が一気に崩壊することで予測不能なダメージが生じかねないだろう。だからこそ〈道〉は、師の見守るなか、厳密なメソッドに即して実習されなければならない。これはどんな〈道〉でも同じだろう。

その点についてジャンヌの〈内なる道〉の場合で肝心なのは、神の愛を想い、その愛の甘やかさを〈こころ〉で、つまり肚《はら》で感じ、その気持ちよさに集中することだ。神の愛の確かな実感が、自我解体の不安と疑念から主体を守るのだ。

そうやって〈こころ〉で甘美な神の愛に耽溺できるようになると、〈精神〉の認識作用が自ずと心地よく麻痺してゆく。

そのときの感じを、ジャンヌはこんなふうに解説する。

〔…〕神の味わいがあまりに大きくて、あまりに純粋で、あまりにシンプルなものだから、たましいの他の二つの能力〔認識・記憶〕がその味わいに引き込まれ、没してしまう。行為も言説もない、深い潜心のうちに。［同前 p.199-200］

〈潜心〉recueillement は、漢字の示すとおり、〈こころ〉に潜ること。〈こころ〉に集中すること（「主な訳語一覧」四三一頁参照）。〈潜心〉して神を味わい、その甘美さに耽溺するのだ。そうすると、認識・記憶といった〈精神〉のはたらきが埋没してしまう。機能停止してしまう。そして、行為もなくなり、言説もなくなる。つまり、自我主体としてのはたらきが停止する。〈こころ〉の感性で神を味わうこの段階を、ジャンヌは〈味わいの信〉の段階と呼ぶ。

それは〈味わいの信〉の祈りだった。区別のまったくない祈り。イエス・キリストも、神的な属性も、私には見えなかった。[同前 p.200]

神の味わいに耽溺して、主客の区別、対象の区別もなくなる。そうすると、イエス・キリストさえも対象として識別できなくなる。当然、「イエス・キリストは全き神であり全き人間であり」云々の、その属性についての分節化もなされなくなる。

すべてが〈味わいの信〉に没し、あらゆる区別が消え去った。そして、その場が〈愛〉に譲られた。〈愛〉が愛するために。もっと広がりをもって。愛する動機も理由もなく。[同前]

「あらゆる区別が消え去った」――〈精神〉の分節のはたらきがすっかり消えたのだ。つまり、〈この段階ではまだ完全ではないが〉言説支配が止まり、自我主体が落ちるのだ。しかしそれはごく自然で、不安も起きない。からっぽになった〈わたし〉の場をどんどん〈愛〉が占有するからだ。

この〈愛〉はイエス・キリストのこと、神のことだ。もし自我主体がすっかり落ちれば、ただ

〈愛〉だけがある。「何のために、何で愛するか」といった分別もなく、ただ〈愛〉が愛するだけだ。その茫漠とした〈愛〉のフィーリングにたましいが染まるのだ。

〈享楽〉

ジャンヌはそんなふうに神を甘美に実感した。その渾然たる喜びを、「神の現前の享受 la jouissance de la présence de Dieu」と表現する。この表現は当時の神秘家たちの常套句だった。「享受」の原語 jouissance は、日本語では「享楽」とも訳される。日本語では文脈に応じて両者を使い分けるのが一般的だが、原語には両方のニュアンスが分かち難く含まれている。特にジャンヌにとって、生身の「楽」を感じる感性が重要だ。日本語で「享楽」と言うと、「享楽的」とか「享楽主義」といったエピキュリアンなイメージ、あるいは自堕落なイメージが色濃い。しかし原語は必ずしもそうしたニュアンスに直結しない。jouissance は今日では精神分析用語として使われ、「享楽」の訳語が定着している。この言葉のこうした豊穣なニュアンスを掬い取り、ジャンヌの体験した「神の現前」を〈享楽〉的な側面から捉えることで、よりリアルにジャンヌの体験に接近できるのではないか（「主な訳語一覧」四三五頁参照）。

第二章 〈夜〉

1 苦難

たましいのシェルター

ジャンヌは〈沈黙の祈り〉を習得することで、たましいのシェルターを確保した。家庭でどんなに姑や夫に虐待されても、祈りに入れば自分を守ることができた。

言葉の介入できない内なる沈黙。それは誰も侵すことのできない聖なる領域だ。ジャンヌは、この聖なるシェルターに入れば、一切の言説支配をシャットアウトすることができた。「自分が悪いんだ」と自分を攻撃してしまうような、内面の負のスパイラルからも脱することができた。ただ神の愛に浸るばかりだった。

そのうち夫と姑はジャンヌが〈沈黙の祈り〉を覚えたことに感づいた。それまで二人は服従としての沈黙をジャンヌに強いていた。けれどもジャンヌの沈黙はそれとは違う質のものだった。それは抵抗としての沈黙だった。そのことに二人は気づいただろう。二人はジャンヌに〈沈黙の祈り〉を禁じた。

当時、ジャンヌの〈内なる道〉の系のいわゆる静寂思想はまだ異端断罪されてはいなかったが、すでに教会権力から疑いの目で見られていた。ジャンヌの担当の司祭も、ジャンヌに〈沈黙の祈り〉をやめさせるよう夫や姑に勧告した。信仰に関心のなかった姑だが、教会のお墨付きを得たことでますます勢いづいて、徹底的にジャンヌの瞑想を妨害した。四六時中、ジャンヌが目を瞑っていないかどうかを監視した。ジャンヌが窓辺で編み物をするふりをして祈ろうとすると、姑は執拗に窓辺まで付いて来てチェックした。

それでもジャンヌは〈沈黙の祈り〉を続けた。例えば、夫と姑が親子でトランプ遊びに熱中している間、ジャンヌは暖炉の方を向いて、編み物をしているふりをしてこっそり瞑想に入った。二人はトランプをしながらもジャンヌを見張っていた。もし目を瞑っているのが見つかろうものなら、大変だった。数日間、数週間もジャンヌは懲罰を受けなければならなかった。

それでもジャンヌは祈り続けた。

マザー・グランジェ

ジャンヌを〈内なる道〉へと導いたアンゲランは数か月して町を去った。アンゲランはジュヌヴィエーヴ・グランジェ（Geneviève Granger, 1600–1674）という女子ベネディクト会の修道院長にジャンヌを託した。グランジェは当時六八歳だった。ジャンヌは彼女を敬慕した。

ジャンヌのロール・モデルであるジュヌヴィエーヴ・グランジェについては、多くを詳《つまび》らかにしない。ただ彼女もやはり、シャロ夫人やアンゲランが関わるグループに関係していることが判明している(「静寂者の系譜」四八四頁参照)。

グランジェは初対面の相手でも、その人の抱える悩みを見通すことができたという。グランジェのそばにいるだけで、誰しもが「雲の晴れるように」心が落ち着き、安らぎを得ることができたという。後になって、こうした特性をジャンヌもまた同じように発揮することになる。

また、グランジェは貧困に生きる底辺の人たちを大切にした。上流階級の人々よりもそうした社会的底辺の人たちと接することを大きな喜びとした。貧しい人たちに惜しみなく小麦などを与え、修道院の穀物庫が空になるほどだったという。このように常に社会的弱者とともにある姿勢もジャンヌがそっくり継承している。

グランジェは、神に自分をすっかり明け渡し、ただ神のなすがままに任せるという「幸せな無関心」の状態に達していたという。これは後にジャンヌが説く静寂者としての理想の生き様だ。後に触れよう。

グランジェは常々、こう言っていたという。

「神の愛のうちに、私にできることは何もありません。私には何もありません」

グランジェは修道院長なのにあまりに気さくなものだから、修道女たちから「あなたは人が良すぎて、威厳がない」と注意されるほどだった。すると彼女は微笑みながら、こう答えたという。

「確かに、私もそう思います。でも、私は『偉いマダム』をやるために生まれて来たのではありませんから」

すてきな言葉だ。権威主義が性に合わなかったのだろう。また、集団が自分への個人崇拝に陥らないよう、自らを戒めていたに違いない。宗教団体によくありがちな教祖のたぐいを偶像崇拝する狂信主義を嫌ったのだ。これは私が「静寂者」と呼ぶ自由人たちに共通する資質だ。こうした生き様もジャンヌがそっくりそのまま継承している。

マザー・グランジェが亡くなるまでの六年間、ジャンヌは彼女を頼りに生きた。夫と姑はジャンヌがグランジェと会うことを禁じた。そしてジャンヌが外出する際には使用人にジャンヌを尾行させた。バレると家でひどい仕打ちが待っていた。それでもジャンヌはマザーのもとに通い続けた。マザー・グランジェはジャンヌのこころの港だった。

スカーフ

マザー・グランジェは、ジャンヌにとって祈りの師だっただけではなく、生活の細やかな相談役でもあった。例えばこんな話がある。

ジャンヌは、夫の求めによって胸元の大きく開いた服を着せられていた。その頃の肖像画を見れば分かるが、それは当時の一般的なモードだった。しかし、ジャンヌはそれが嫌でならなかった。そのことを担当の司祭に訴えた。しかし司祭は、ジャンヌの服装が「とても慎ましやかだ」として、「そもそも夫が求めているのだから問題ない」と諭したという。このあたり、告解システムの機能の仕方が分かって興味深い。司牧権力は性的欲望を否定しない。家父長制に適した性的欲望へと個人を誘導し、むしろ煽るのだ。そうした言説誘導に押されて、ジャンヌ自身も虚栄心に染まりかけ、これでよいのだという気持ちになりかけたという。それでも自分の内面では、そんなことに迎合する自分に対する自尊心の反発があった。ジャンヌは自己分裂して、悩み苦しんだ。そのうち、ジャンヌはグランジェと知り合って、彼女にこのことを相談した。グランジェはジャンヌに「初心に戻れ」と励ました。つまり司祭の言説誘導に乗るなというのだ。そして極めて現実的なアドバイスをした。スカーフで胸元を覆いなさい、と。ジャンヌにとっては、目から鱗だったようだ。それ以来、ジャンヌはいつも胸元にスカーフをかけるようになったという。

天然痘

次々と、ジャンヌに苦難が襲った。五歳の長男が天然痘に罹ってしまった。周囲の者は、すぐに一時隔離するように忠告した。けれど、なぜか姑は認めなかったという。事態を軽く見ていたのだろうか。ほどなくして、二歳の次男とジャンヌも感染してしまった。それでもどういうわけか、姑は治療を認めなかった（そのとき、夫は持病で寝込んでいた）。ジャンヌと息子たちの容体はどんどん悪化した。ぎりぎりのところでようやく治療が施され、ジャンヌは一命をとりとめたものの、次男が亡くなった。また、美しい瞳をした繊細な顔立ちだった長男は、天然痘の痕で「泥土でできたかのように」顔が変形してしまった。

高熱で苦しんだジャンヌがようやく意識を取り戻して、鏡で自分の顔を見ると、そこには目鼻が赤黒く腫れ上がり、変わり果てた顔が映っていた。ジャンヌは鏡の中の自分が怖かった。

知り合いたちが見舞いに訪れた。あの美しかったジャンヌがどんなに醜くなったか、人々はジャンヌの顔を好奇の目で覗き込むのだった[11]。

ようやく起きられるようになって、ジャンヌは雨の中、外に出た。自分の醜く変形した顔を人目に晒して、街を歩いた。自己愛が打ち崩される瞬間だったという。ジャンヌは二二歳だった。

〈夜〉のはじまり

その二年後の一六七二年、ジャンヌの良き理解者でいてくれた最愛の父親と、三歳だった娘が相次いで亡くなった。娘は病気による急死だったようだ。ジャンヌは娘をとても可愛がっていた。次男に続く父と娘の死は、ジャンヌにとって埋めがたい喪失となったに違いない。

この外的なショックが引き金となったかのように、この時期からジャンヌは内的な〈夜〉の通過点に突入した。それまで味わっていた神の現前がだんだん消えてしまう。自分が神にすっかり見放されたような気になってしまう時期だ。

しかし、それも必要な通過点なのだ。「気持ちよい」と感じることも、たとえ茫漠としたフィーリングだとしても、「気持ちよい」と意識したなら、結局は分節なのだ。それもほどかれなければならない。

〈夜〉は自我主体の解体の過程だ。人によって体験はまちまちだが、避けて通れない。

ジャンヌはどうしようもない自信喪失に陥っていった。自分が「ゴミのように」しか思えなくなってしまったという。これから七年間、ジャンヌは〈夜〉に苦しむこととなる。

霊的婚姻

グランジェはそんなジャンヌの内的状態をしっかり観察していた。そしてジャンヌのために策を打った。幼いイエスとの霊的な婚姻の秘義を執り行なったのだ。「幼いイエス」は赤ん坊のイエス・キリストだ。よく聖母マリアに抱かれている赤ん坊イエスの絵がある。あれだ。それはシンプルさ、無垢さの象徴だ。「幼いイエス」信奉は当時、流行だった。流行に敏感なジャンヌも「幼いイエス」が大好きだった。そのあたりも、グランジェはしっかり見ていただろう。

グランジェの指示に従って、ジャンヌはマグダラのマリアの日の前日に断食した。そして当日、指輪をつけて教会のミサに行った。部屋に戻り、幼いイエスの絵の前で「我らが主である幼子イエスを夫とすることを誓います。彼の妻として自分を捧げることを誓います」と、誓いの言葉を唱え、婚姻の契約書にサインし、指輪をイエスにお供えした。

部屋の隅で、こっそり、結婚の誓いの言葉を唱えているジャンヌの後ろ姿を想像すると、せつなくなる。

ちなみにマグダラのマリアの日とは、聖女マグダラのマリアを祝した日のことで、七月二二日と決められている。マグダラのマリアは、イエスが復活して最初に彼女の前に現れたことでよく知られる。マグダラのマリアはジャンヌにとって重要なアイコンだった。面白いことに、ジャンヌの人生ではその節目となる出来事の多くがマグダラのマリアの日の前後で起こる。

それにしてもグランジェの発想たるや、奇策だ。ぶっ飛んでいると、言いたくなる。もっとも、イエスとの婚姻の秘義は今日でも一部の女子修道院で密やかに行なわれている伝統だと、そんな話を聞いたことがある。ともあれ、グランジェのアイデアは功を奏した。この秘義はジャンヌにとって内的な励ましとなった。その日以来、「自分はイエス・キリストの生きた聖堂となったようだった」と、ジャンヌは書いている。

ことほどさように、グランジェはいつもジャンヌの気持ちの傍にいて、彼女の心理状態を見守ってくれていたのだ。そして、いざというときに適切なケアをしてくれていた。おばあちゃんが孫娘を守るように。

性的苦痛からの解放

それにしても、いかに霊的であれ、イエスと結婚するとはすごい発想だ。しかも、ジャンヌは修道女ではない。夫がいるのだ。その点は問題ないのだろうかと余計なことを気にしてしまうのだが、しかし、実はそこにこそグランジェの目論見があったのだ。結婚生活の辛苦からジャンヌを解放すること。

先に触れたけれども、ジャンヌは結婚して以来、夫の一方的で暴力的な性的強要に痛み苦しんできた。しかし、結婚二年目から——と、自伝に書いているが、前後の文脈から、〈内なる道〉に入ってから二年目ではないか?——夫との性的行為の最中に「私はまるで身体がないのと同じほどに、しばしば何も感じないようになっていった」という。それは「恩寵のおかげ」だったという。神が自分を「守ってくれた」のだという。そしてその境地が、イエスとの霊的結婚によって確固たるものになったというのだ。つまり、グランジェの秘策は夫の性的暴力からジャンヌを心理的に〈身体的にもだろう）守るためでもあったわけだ。このあたり、グランジェの心配りの細やかさ、確かさが感じ取れる。

もちろん、こうしたことは信仰がベースにあるから、キリスト教を信じていない人にとっては荒唐無稽に思えるかもしれない。しかし、想像的なことも大切だ。この霊的婚姻の秘儀は、師と弟子の純粋な信頼に花咲く夢だ。その優しい夢が、ジャンヌのこころとからだをリアルに守ってくれた。

相次ぐ死

そんな頼りのグランジェが、二年後の一六七四年、息を引き取った。ジャンヌは夫と旅行中だったため、グランジェの最期に立ち会うことができなかった。昏睡状態にあったグランジェは、周りの者からジャンヌについて話しかけられると、ふと意識を取り戻し、こう言ったという。

「彼女を愛していますよ……ずっと、神のうちで……」。

それっきりグランジェは何も喋らなくなり、息を引き取ったという。享年七四だった。ジャンヌは支えを完全に失った。この痛手は彼女にとって決定的だった。独りこの世に取り残されたジャンヌは、〈夜〉の底へと突き落とされた。


それから約二年後、夫のジャックが亡くなった。

母親に頭のあがらない、癇癪持ちのドメスティック・バイオレンスの夫は、死に際にこんな会話をジャンヌとしたという――。

ジャンヌが、言った。

「もしこれまでの私にお気に召さないことがありましたら、お許しください。わざとではなかったのです」

すると夫が、こう言ったという。

「私こそ許してください。私はあなたに値しませんでした」

これはいったい、どうした風の吹き回しだろう? 最後の最後で母親の呪縛から逃れて、本音が口に出たのか? いろいろ詮索したくなるが、自伝で読み取れることが一つある。どうやら夫は、ジャンヌが静寂者の道を深めるにつれ、彼女の影響を無自覚に受けていたようだ。死を前にして、彼の人間性に何らかの変化が生じたのかもしれない。

2 〈夜〉

新たな試練

師グランジェが亡くなって、ジャンヌは心の支えを失った。さらに夫が亡くなり、生活環境が変わった。そんな中、新たな試練がジャンヌに訪れる。

ある男が町を訪れた。自伝では名前が伏せられ、これまでのところ人物の特定ができていない。某氏としておこう。某氏はジャンセニストだったという。聖職者だったのか在俗の信徒だったのか分からないが、どうやらモンタルジにジャンセニスムの拠点を作る使命があったようだ。

一七世紀に勃興したジャンセニスムは、フランスでのいわばカトリック教会内改革派の一つだった。厳格な禁欲主義路線を堅持した点が特徴だ。ジャンセニスムは当時のフランスのインテリ貴族層に広まり、哲学者パスカルや、劇作家ラシーヌらも深い関係にあったことでよく知られている。

某氏はモンタルジに来るや、さっそくジャンヌに接近した。夫が亡くなる前年のことだった。家庭内ではいろいろあっても、ジャンヌは町の有力者の娘であり、大富豪の妻だったから一目置かれた存在だったに違いない。また、彼女の熱心な慈善活動は町でよく知れ渡っていた。しかも、あくまでも教会に忠実な彼女は、教会の主流派から異端視されていたジャンセニスムを（たぶん、ただ何となく、教会に言われるままに）敬遠していた。ジャンセニストの某氏にすればまさに効果的なオルグの対象だったわけだ。

某氏はジャンヌの家を訪ねたり、知人を介して彼女と話の場をもったりと、あの手この手でジャンヌに接近した。そのうち、信仰心とは別に、ジャンヌに対する恋愛もどきの感情が入り交じるようになった。

ジャンヌのほうもだんだんと某氏に惹かれていった。「正直なもの言いで、しかも指摘が的確だった」と、ジャンヌは書いている。

厳格な禁欲主義者の某氏は、彼女の「罪」を逐一指摘し、糾弾し、説教した。その点、司祭たちの欲望誘導とは対照的だったに違いない。そういうところにジャンヌは新鮮な魅力を感じたのだろう。ジャンヌには某氏の指摘がいちいちもっともに聞こえ、自分がいかにダメかを思い知らされたという。

いつしかジャンヌはすっかり彼の意見に従うようになっていった。

多くの読者はすでに気づいているだろう。これはモラル・ハラスメントが泥沼化するパターンではないか。相手を一から一〇まで否定して、ずたずたに自信喪失に陥らせたうえで自分に盲従させるという某氏の手法は、よくあるモラハラ支配の典型的な手法だと言えよう（この件はジャンセニスムとは切り離すべきで、あくまでもミソジニーを体現した、今日でもよくありがちな男性の問題として扱うべきだ）。それでなくてもジャンヌは、内的な〈夜〉の最中にあった。某氏のモラハラを通して、ジャンヌは言説の刃を再び自分の内面に向け、「やっぱり私はダメなんだ」と、自傷の悪循環に陥ってしまったのも、いたしかたなかっただろう。

夫の死後、某氏がジャンヌとの関係をさらに密にしようと迫ったことは想像に難くない。


彼は、結局のところ何でもないことについて私を責めて、それが罪であるかのように見せ、私を困らせ、彼の意見を聞かざるを得ないように仕向けたのだ。その頃、私は「純粋性質」に放り出されていて、自分の欠点がはっきり表面化する状態だったので、彼の意見を聞かなければならないように思ってしまった。その一方で、私自身の最も親密な内奥の何かが、自分を変えることを責めているようだった。［V, 1.21, p.321］

そういう引き裂かれた葛藤に、ジャンヌは苦しんだ。ちなみに「純粋性質」というのは、〈夜〉の時期に自分で自分をコントロールできなくなったような感覚に陥る状態だ。後に触れよう。

モラハラ男との日常の苦渋と、内的な〈夜〉の苦悩は相互関連している。もしグランジェが生きていたなら、ジャンヌはモラハラ男にそんなにも深入りしなくても済んだだろうし、〈夜〉をもっと早めに切り上げることができただろう。

モラハラ・トラップ

ジャンヌは、後に振り返って、

彼の意見とは、もっぱら慈善についての外的なことばかりだった。というのも、彼は内的には何の能力もなかったのだ。〈沈黙の祈り〉さえしなかった。［同前］

と、某氏のことを一刀両断にしている。しかしそのときのジャンヌはそんな判断ができない状態だった。

彼に会うのをやめられなかったし、彼に敬意を表さずにはいられなかった。同時に、彼の言動や説教について非難し、罵るのを押さえることができなかった。言い争うこともあった。彼のほうもそうだった。私に惹かれ、同時に私と対立していた。私を誉め、私を非難した。［同前］

そういう関係が続いた。ジャンヌは「こんな関係はもうやめにしよう」と、男に再三、訴えた。それでも男は信仰を逆手に取ったような理屈を並べてプレッシャーをかけ、まとわりついた。そんなあるとき、男が病気になって死にそうになった。

私は喜び、苦しんだ。彼が治ってほしいというよりも、彼を失って、彼から解放されたい。その気持ちのほうが自分のうちでより強く感じられた。というのも、その間に長らく味わった自由のおかげで、私にはもう、私たちの関係が耐えられなくなっていた。ところが彼は治ってしまった。そして私たちはそれまで以上に結ばれ、それまで以上に分裂した。〔同前〕

男が死にかけて、「ああよかった、これで自由になれる」と内心、喜んだ。ところが、ほっとしたのも束の間、男が元気になってしまった。それで、もっとずるずるの関係になってしまった――ここはやはりジャンヌ独特のユーモアを嗅ぎ取るべきだろう。女友だち同士で過去の毒男体験を笑い話にする感じだ。

ジャック・ベルト

グランジェ亡き後、ジャンヌはジャック・ベルト（Jacques Bertot, 1620-1681）という聖職者に師事していた。グランジェに紹介されたこの人物は、パリのモンマルトルの女子ベネディクト会修道院の神父だった。モンマルトルの女子ベネディクト会には、グランジェの姉が所属していたことがあり、グランジェにとって縁のある修道会だった。ベルトは知る人ぞ知る、「エルミタージュ」グループの中心人物で、その霊性の高さから、一部の「篤信的な」宮廷人の間で根強い支持を得ていた。ジャンヌの姉役のシャロ夫人は、このベルト・サークルの中心的存在だった（「静寂者の系譜」四八四―四八五頁参照）。しかし、ジャンヌはベルトに頻繁に会えるわけではなく、手紙でのやりとりが主だった。亡くなったグランジェのように、いかにベルトの霊性が高いとは言え、ジャンヌの傍らできめ細かにガイドすることは、ベルトにはできなかった。ジャンヌが某氏のことで悩みを相談しても、ベルトは全然ぴんとこなかったようだ。それどころか、「おまえが悪い」といった具合で片付けてしまったらしい。やっぱり、こういうときは男性では無理なのだろう。結局、ベルトも某氏も同じ側にいるのだ。本人が意識していなくとも。

〈自我ほどき〉

すっかり自信喪失したジャンヌは、瞑想もできなくなった。ジャンヌはたまにパリに行って、ベルトのもとで瞑想会に参加していた。しかし、さっぱり集中できなかった。そんなジャンヌに、ベルトは「これじゃ、どうしようもない。マザー・グランジェは見る目がなかったんじゃないか？」などと、辛辣なことをみんなの前で言ったという。ずけずけ物を言うタイプだったらしい。しかし、この発言は逆に、ジャンヌがいかに仲間のあいだで有望視されていたかの証左でもある。そうした周囲の期待は、ジャンヌ自身もしっかり感じていただろう。それが彼女の密かな慢心にもなっていたはずだ。それもまた打ち砕かれなければならなかったのだ。そのためにベルトはわざとジャンヌにきついことを言ったのではないか。そんな推測もある。

＊

先ほどちらっと書いたように、〈夜〉は自我主体の解体の過程だ。どんな道でもそうだろうが、ジャンヌの〈内なる道〉でもやはり自我を捨て去ることが肝心だ。[12] ジャンヌはよく〈脱我有 désappropriation〉という言葉を使う。日本語だったら〈脱我執〉といったニュアンスだ。本書では〈自我ほどき〉としよう（「主な訳語一覧」四三四頁参照）。

〈自我ほどき〉は、自分を取り巻く意味分節の解体であり、言説支配の解体だ。それは、瞑想としての〈沈黙〉が深まるにつれてほどけてゆく。そして瞑想後の日常意識に反映される。今まで当たり前に思っていたことが、当たり前ではなくなる。世界の見え方もだんだん流動的になってゆく。自分が何だか分からなくなってくる。……こうやって書くと、まるで何もよいことがなさそうだが、実際には、それは自由の広がりの予感をともなうものだ。けれども、基本的にはやっぱり、ただただ不安なのだ。

〈自我ほどき〉は自分でどうこうできるものではない。自分の意志とは関わりなく、自ずとほどかれてゆく。ジャンヌに言わせれば、もっぱら神のはたらきによるのだ。自分はどうなってしまうのだろうと、不安と恐怖が募るのも無理からぬことだ。この時期では師の見守りが大切になってくる。

孤立無縁

さて、某氏とのどろどろの関係について、ベルトもある時点から事の次第を理解したらしい。某氏と別れたほうがよいとジャンヌにアドバイスするようになった。ジャンヌは某氏との関係を絶った。某氏と出会ってから二年以上が経っていた。

これは必要な決断だったろう。しかし、こうしたモラ男から離れるには、周りのサポートが欠かせない。ジャンヌはそういう環境にいなかった。某氏は、案の定と言うべきか、粘着質なストーカー・タイプだった。断交されると一層執拗にジャンヌにまとわりつき、彼女の誹謗中傷を始めた。いかにジャンヌがだらしなくてふしだらな悪徳の女であるか、デマを吹聴して回った。わざわざジャンヌの姑のところまで行って言いふらすほどだった。町での彼女の評判は地に落ちた。こういうとき、世間はそれなりの社会的なポジションにある男性の声を聞くものだ。若い未亡人の声に耳を傾ける者は、ほぼいなかった。それまで彼女と親しかった者の多くが彼女のもとから離れていった。狭い町なので、彼女は普段の外出もままならなくなった。

すべての罪を犯している

それまでジャンヌは、貧しい人たちへの慈善活動を続けていた。例えば当時、最貧困層の人は亡くなっても埋葬ができず、放置されることがしばしばだった。そうした死者の埋葬を行なうなど、さまざまなボランティア活動をジャンヌは積極的にやっていた。しかし、そうしたこともできなくなってしまった。教会にさえ長くいることができなくなってしまった。ジャンヌにとって欠かせない聖体拝領もできなくなったという。聖体拝領は、ミサの式典を通してキリストのからだとなったパンと、血となったワインを司祭から分け与えられる行いだ。それによって根源的ないのちが信徒に分け与えられるわけだ。カトリック教会の要となる秘蹟だ。聖体拝領はジャンヌにとって大切なものだった。しかしこの時のジャンヌは聖体に近づくと、震えたという。自分は聖体を拝領するに値しない存在だという思いと、でも聖体をいただきたいという葛藤でおかしくなってしまったという。これは、〈夜〉の最後の五年間、つまり、某氏と出会ってから起こりはじめたもので、それがどんどんひどくなっていったらしい。そして某氏と別れて散々な誹謗中傷を受けてから、もはや人前に出ること自体ができなくなってしまった。深い鬱状態にあったようだ。それがどんどん悪化するばかりだった。ジャンヌに縁を切られた某氏は、そんな彼女の状態について、「自分が離れたとたんに、彼女はまったく善行を積まなくなった」と、言いふらした。

私は一層、弱く無力になっていた。かつては、この世のことに気持ちが傾くことをもっと容易に防げたのに〔…〕[V, 1.23, p.342]

「この世のこと」と訳したが、直訳すれば「被造物 créature」。この場合は、人間的な様々なことへの気持ちの傾き、「欲望」のことだ。特に告解の中心テーマである性的欲望だ。それまでのジャンヌは、自分の美徳を密かに自負していた。自我理性で欲望を律してきた。自分には欲望などないと過信していた。しかし〈夜〉に入って、自我がほどけはじめ、まるで自分の欲望すらコントロールできなくなったかのように感じられたのだ。それまで潜在意識下に抑圧されていたさまざまな欲望が、意識の表層に浮上するかのようだった。

私はすべての罪を犯しているような感じになった。実際にはしていないのだけれども、私の精神のうちではまるで現実の感じがした。こころがすっかり〔罪へと〕傾いていたからだ。〔V. 1.23, p.345〕

すべての「罪」を犯しているような、そういう錯乱した〈精神〉の状態に陥ったというのだ。「罪」の規範言説がばらばらにほどけだして、欲望が暴走しはじめたといった感じだ。先に「純粋性質」という言葉があったが、それはこの欲望のコントロール不能な状態のことだ。ただし、そうした「罪」は実際には行動に移されることがなかったという。妄想がフラッシュのように意識を襲うような症状だったのだろう。

こうした妄想のフラッシュは、経験のある者にはピンと来るはずだ。これは「逆さ言説の独り歩き」といった趣がある。禁忌の規範言説が、自動的に、言わば鏡に左右逆さまに映るように禁忌破りの反言説に転換し、それが連鎖的に展開してゆく。その連鎖が動き出したら自分の意志ではどうにもならない。

翻ってみれば、人間の「欲望」と呼ばれるものは、生物的、本能的なものではなく、言説が誘導するものではないだろうか。潜在意識での言説の連鎖が喚起するものではないか。

ジャンヌは、すべて自分が悪いのだと攻撃の矛先をどんどん自分の内面に向けてしまった。瓦解しはじめた自我主体がますます自己攻撃するのだ。そして、自分を攻撃すればするほど、「罪」のフラッシュが激しくなってゆく。言説の蟻地獄だ。

ジャンヌは自分の身体を厳しく痛めつける宗教的な苦行をしないではいられなくなった。夜はベッドではなく床に臥して、泣き叫んだ。

「神よ、私を地獄に落としてください！」

このとき、師のベルトは彼女が苦行を行なうことに反対したという。例によって、つっけんどんに「おまえには無理だ」といった言い方をしたらしく、ジャンヌは「彼は私の置かれた状態を分かっていなかった」と、自伝で反感を示している。しかしこれは後に見るように適切なアドバイスだった。

3 救済を求めない

身体イメージの崩壊

ジャンヌは〈夜〉のさなかの内的な状態を様々な形で記していた。若い頃から、ジャンヌは読むだけではなく、よく書いた。〈夜〉の苦しみ、痛みが、ひりひりと伝わってくる。いくつか引用しよう。

ああ、私のこの状態をどう表現したらよいのか？　私のうちの何かが、あらん限りの力で叫ぼうとしている。でも、声が奪われてしまった。この叫びを聞く者はいないだろう。〔…〕何がこんな状態に陥らせたのか、言えない、分からない。自分の苦しみの原因が少しも見えない、見つからない。それが苦しみだとも言えない。なぜなら、この打ち捨てられた部分と、精神との間には、ほぼ無限の距離があるのだから。どんなに苦痛が極限にあっても、それはまるで私には無縁のようでしかない。〔C3, 19, p.46〕

「自分の苦しみの原因が自分でも分からない」と言う。根源的なたましいの痛みなのだ。最後の「この打ち捨てられた部分」は〈精神〉との対比で使われているので、ジャンヌの用語からすると、〈こころ〉と取ってよい。そして〈こころ〉と折り重なった〈からだ〉でもあろう。〈わたし〉の生身だ。それが、まるで自分とは無縁な、打ち捨てられたものでしかないような、そんな無感だ。自分が自分ではないような、奇妙なバリア感。

> 身体は打ち砕かれ、粉々だ。ひたすら大地を求め、せめてもの休らい〔repos〕の場を求める。けれども、与えられはしない。見捨てられてしまったのだ。言葉で言い表せない酷い仕打ちで。正気を失ったように、四方八方を見渡すばかりだ。助けが来てくれないかと。だが、わずかな助けも得られない。望むことすらできない。〔同前〕

統一的な身体イメージがばらばらに崩壊してしまう。その実感だ。「大地を求める」とは、どういう感じだろう？　支えを失ってしまった感覚だろうか？　無限の宇宙に、木っ端微塵になって吹き飛んでしまうような、そういう自我崩壊のイメージではないだろうか。

「正気を失った insensé」――この言葉は in-sens-é に分解できる。sens は「意味」・「感覚」・「方向」の意味がある。「無-意味-化された」・「無-感覚-化された」・「無-方向-化された」といったニュアンスを読み取ってもいいだろう。まさに、自我主体が瓦解する、その生々しさだ。危機的な〈夜〉の通過点だ。

救済を求めない

こうも書いている。

ああ、道はなんと厳しく、難しいものか。たましいは無力だ。後ろを振り返ることすらできない。至るところ絶望、災い。それに身を委ねるしかない！　自分の救済について、もう、どんな理由も聞くことができなくなってしまった。［C3, 624, p.760］

自己の救済について関心がなくなってしまった。――絶望者の嘘いつわりない達観だろう。このジャンヌの真摯な述懐は、しかし後に司牧権力から糾弾されることになる。極端な話、救済に関心がなくなったら宗教など要らなくなってしまう。

さらにジャンヌはこんなことを手記に記している。

もし、このたましいが神のものか悪魔のものかと問われたら、そんなこと、私には分からない。

そうとしか答えられない。私には全く関心がない。私の関わりごとではない。〔C3, 624, p.760-761〕

神／悪魔という言説化が無効になってしまった。もう、関心がなくなってしまった。そういう究極の無分別にジャンヌは次第に入ってゆく。
どん底の中で、ジャンヌはこんな詩的な断片を書き記している。

我が骨は孤独と断絶を呼吸するのみ。〔C3, 624, p.761〕

結婚以来、ジャンヌの青春は孤独の極北をひた走る青春だった。

第三章　夜明け

1　明け渡し

川に流されるままに

この頃のジャンヌの手記をつぶさに読んでいると、ふと、こんな印象深い一節が目にとまった。

私は万物からすっかり断絶された領域にいる。そこは沈黙と、深い安らいが支配している。私はいっさい反応してはいけないらしい。敬意を込めて、無関心のうちに、神の意志を待つこと。神が私に望んでいるのは、それだけだ。神の望むことを望む。それだけを神は望んでいる。それはつまり、神の聖なる動きが分かったなら、ただその動きに自分を任せること。ちょうど木片か何かが川に流されるままにいるように。川は無理やりではなく、それと分からないうちに導いてくれる。［C3, 626, p.766］

深閑とした孤絶感。それがよく伝わってくる。

ただし、この一節、これまで読んできた文と同じような内容だけれど、それでいて雰囲気が全く違う。

「深い安らい」が文章全体を支配している。

同じ風景なのに、まるでカメラレンズのフィルターが変わって、それまでの不安と恐怖のトーンが、がらりと安らいのトーンに一変した……そんな感じだ。

「私はいっさい反応してはいけないようだ」――コツを摑んだのだ。

いっさい反応しないこと。じたばたしない。

神のはからいを待つのだ。敬意を込めて。でも、無関心のままに。路傍に生える草のように。石ころのように。何もしないで。ただ、待つ。そういう徹底した受動性だ。

「ちょうど木片が川に流されるままにいるように。川は、無理やりではなく、感じないうちに、導いてくれる」――すてきな風景だ。がらんとした虚ろな沈黙世界。木片になった自分が、ぷかぷか川に浮かんでいる。知らないうちに、どこかに流されているらしい。そんな、気持ちのよい安らいの心象。なんと言えばよいだろう……世界が、広々とした、ぬるま湯なのだ。明るくもなく暗くもない。ぬるい。やわらかい。広いのだけれど、なんだか、ほわーっと優しく閉ざされている。

明け渡し

この美しい木片の比喩に関連して、私は面白い発見をした。ジャンヌの師ベルトの書簡を読みあさっていたら、当時のジャンヌ宛の手紙に、こんな一節を見つけた。

川辺で、こんなことに注意したことはありませんか？　どうやって水面に浮かぶ木片が、川の流れのままに導かれて行くのか？　木片は何もしません。そして、すべてをしています。というのも、木片は水のなすがままに任せているからです。水は、それと分からせぬままに木片を深い海へと運んで行きます。これこそ、たましいが見習うべき例です。困難のうちにあって、神的な望みにシンプルに明け渡すこと。この明け渡しには、その時になされるべきことのすべてが含まれているわけですが、それは往々にして失うことなのです。すべての光、すべての味わいが失われてしまう。神の道について知っていたことがすべて消えてしまいます。すっからかんになるのです。[CI. 34, p.118]（傍点引用者）

ジャンヌの手記とぴたりと符号する。どちらが先に書かれたのかは確定できない。けれど、おそらくジャンヌはこのベルトの表現を自分に染み込ませるために、反芻して綴ったのだろう。

ここでベルトが伝えようとしているのは、〈明け渡し〉の振る舞いだ。

〈明け渡し abandon〉——英語のサレンダー surrender あるいはサレンダリング surrendering——無条件降伏。自我の武装解除だ。絶対的な受動性のうちに、自分をまるごと神に明け渡してしまうこと。「困難のうちにあって、神的な望みにシンプルに明け渡すこと」——と、ベルトは書いている。「困難 mal」は「悪」と訳してもよいが、この場合はきっと、自分が様々な「罪」を犯しているかのような妄念に捉われ、自分を攻撃してしまう状態にジャンヌが陥ってしまったことだろう。このひどい状態に陥ったら、「罪深い自分を変えなければ」などと反省するなどというのだ。苦行などしている場合じゃない、と。

「この明け渡しには、その時になされるべきことのすべてが含まれているわけですが、それは往々にして失うことなのです」――つまり、〈明け渡し〉の状態にあればすべて間違いはないのだが、それは実は、すべてを失うことなのだ。それまでの〈内なる道〉で得た光も味わいも、すべて失ってしまう。「すっからかん dénué de tout」と訳したが、すべて失った「無一文」だ。しかし、それでよいのだ。自分で、はからわない。自分をまるごと神に明け渡してしまうのだ。ただ川の流れに任せればよい。木片のように。神を純粋に信頼して。すっからかんになって。それで、あとはよろしくね。究極のリラックスだ。

自分を忘れる

のちにジャンヌは、〈明け渡し〉について、こんなふうに仲間にアドバイスしている。

神への明け渡しにあるたましいは、自分に関わることをすべて神に任せなければなりません。あなたは、最も純粋な信と明け渡しへと招かれているのです。つまり、完全に自分を忘れること。それは自分を正そうとすることと両立しません。やみくもな明け渡しにあるたましいは、自分の欠点を正すために、行ないに注意したり、反省したりして、自分を振り返ってはいけないのです。

[CI, 175, p.371]

「完全に自分を忘れる」――ジャンヌがよく使う表現だ。「自分を断念する se renoncer」とも、表現する。

「自分の欠点を正すために、行ないに注意したり、反省したりして、自分を振り返ってはいけない」――ベルトの手紙にもあった。〈明け渡し〉のコツだ。自分を振り返って、自己を反省的に省察し、自分を正そうとするなと言う。自分の欠点にも反応するなと言うのだ。自分の欠点や間違いを認めるなというのではない。どうであろうと自分にとらわれるな、と言いたいのだ。

自己反省は、もちろん必要だ。でも、反省することは言説に絡め取られることだ。〈夜〉の段階にあって、自我がほどけつつあるときに、なまじっか反省してしまうとダメなのだ。意識の奥底に執拗に根を残す言説支配に、再び絡め取られてしまう。ほどけつつあった自我が逆戻りして、かえってがんじがらめにされてしまう。

だからジャンヌは、告解もむやみにするべきではないと言う。

ジャンヌは、こう書く。

この苦しい、闇の、混乱した時期には、神の計画に従って、激しい受難の苦しみに耐えなければならない。その苦しみが続くかぎり、あらんかぎりのままに。その苦しみを増すことも減らすこともなく。ただ受動的に苦しみを背負い、苦行や告解によって神に満足してもらおうなどと思わずに、その苦しみが過ぎ去るまで耐えるのだ。[V, 1.11, p.220]

そして、こう仲間に助言する。

告解を型どおりの義務でしないように。告解をする〈動き〉があって、必要のあるときにだけ行なってください。そしてあくまでも神があなたを咎めていることについて話すようにしてください。誤りを犯していると自分で思っていることを話すのではありません。反省を入れてしまうと、往々にして混乱をきたしてしまうものです。〔C3, 362, p.445〕

この〈動き〉というのは、内的直感として感じられる神の動きだ。その直感を感じるときにのみ、神に任せて告解をしろという。神にすっかり自分を明け渡して、自分が喋るのではなく、神に喋らされるままにしろというのだ。これは後に触れるが、かなりの境地に達しないと起こらないことだ。結局ここでは、告解をするなと言っているにほぼ等しい。

「誤りを犯していると自分で思っていることを話すのではありません。反省を入れてしまうと、往々にして混乱をきたしてしまうものです」——自分が「罪」だと思うことを、司祭を相手に言語化するなというのだ。言説支配の蟻地獄に陥ってしまうからだ。

こうやって見てくると、ジャンヌの徹底した「受動性」とは、権力の言説支配に対する抵抗の姿勢でもあると分かる。

この受動性は単なる唯々諾々ではない。そもそも人間や社会に対する受動性ではない。あくまでも自分の内なる神への受動性だ。それは、たましいの解放としての受動性だ。逆説的だが、それは絶対的な自己肯定に結びついている。(13)

裸

この徹底した受動性のうちに神を純粋に信頼する境地を、ジャンヌは〈裸の信 foi nue〉と呼ぶ。「裸 nu」という言葉は当時の神秘家用語で、「純粋」と同義だ。ただしジャンヌにとって「裸」の持つ肉感的なニュアンスは大事だ。そのイメージをめいっぱい膨らませて使っている。素っ裸になること。そのめくるめく開放感。

例えば、ある仲間にこんな表現をしている。

裸のイエスに、裸になって従《つ》いてゆくのです。[C3, 361, p.443]

イエスにすべてを預けて、すっからかんの裸になって、〈夜〉の闇を歩む。そのイエスも裸だ。ちょっと挑発的で、美しいエロティシズムが香っている。

ジャンヌは、こんなふうにも書いている。

信とは何でしょう? それは、あらゆる証《あかし》、顕《あらわ》れを超えた信頼です。信は、顕れとは正反対のものです。信が証や顕れを超えれば超えるほど、信は純粋です。信のこんなにも純粋なことを、裸と言うのです。なぜならこの信には、すべての確証が脱げ落ちているからです。信は、信の主体において昏然《おぼろ》であればあるほど、確かなのです。ですから、正しい者は、この裸の、純粋な、闇の信に生きなければなりません。Justus fide vivit.[14] 固有で判明な光はすべからく信ではありません。[D1, 1.15, p.136]

「信とは、あらゆる証《あかし》、明白な顕《あらわ》れを超えた信頼」――「証《あかし》（証言）témoignage」は、例えばイエス・キリストの奇蹟を確かに見たというような、その証《あかし》となる証言のことだ。「顕《あらわ》れ（顕現）manifestation」は、よく「神がその栄光を顕《あらわ》す」などと使われる言葉で、神的なものがはっきりと目に見えて分かるように現れることだ。そうした白日のもとにははっきり示される「明白さ」の意味に、ジャンヌは使っている。「この道でよいのか？」といちいち確証を求め、それが得られてはじめて「それなら大丈夫だ」と進むようではダメだと言うのだ。そういった確かめを超えた、神への純粋な信頼がなければならない。それが〈裸の信〉だ。

「主体において昏然《おぼろ》であればあるほど、確かなのです」――「昏然《おぼろ》obscure」は「明晰 clair」の反対だ。要するに、自分で自分の〈信〉を意識しないくらいに〈信〉がすっかり習慣化されている状態だ。あたかも呼吸をするように。

「固有で判明な光」――とは、「あの光を信じて、あれに向かって進めばよいのだ」と、判明に区別できて、確証の持てる固有の光だ。それは〈精神〉による認識の光だ。それは純粋な〈信〉ではない。純粋な裸の〈信〉は、まったくの闇なのだ。何の言説もなく、確証もない。「確証を求めずに、信頼して進もう」などと意識することすらない。あどけなく闇雲に進むだけだ。

2 〈なんでもない《リヤン》〉

たましいの死

〈夜〉の段階は、一般には、師にちゃんと見守られていれば、その者にとって十分なほどあいで抜けるものだ。しかしジャンヌの場合、ベルトがいかに適切な指南を手紙でしていたとは言え、やはり身近にいないと難しいし、男性では限界がある。ジャンヌは自分が「罪」を犯しているという強迫観念に囚われ続けた。ついには狂気のような幻覚に悩まされるまでに至った。教会にいても恐ろしくて目を瞑ることもできなくなったという。かといって目を開ければ、目の前で起こっていることのすべてが別なふうに見えてしまったという。〈夜〉の底の強烈な体験だ。

ジャンヌは文字どおり死に瀕した。

> 私は衰弱して何度も死ぬかと思った。ずっと嘔吐が続き、まったく食べることができなかった。スプーン一杯のスープがせいぜいで、どんどん衰弱し、声もあまりに弱くなり、私の口元に耳を近づけても、私の言葉を聞き分けることができないほどだった。胃液まで吐いた。〔…〕私は生きれば生きるほど罪を犯し、罪から逃れられず、罪を犯すために生きているかのように思

えてならなかったから、地獄のほうがよっぽど楽に思えた。私は苦しみの中で叫んだ。罪ではなく、地獄を！ [V, 1.25, p.368]

完全に死の欲動に衝き動かされている。このまま実際に死んでしまうこともあり得ただろう。しかしこの時点が内なる道ゆきのターニング・ポイントだった。そこまできて、自我の最後の悪あがきも潰えて、〈自我ほどき〉がほぼ完遂した。

このときを境に、ジャンヌはいわゆる〈たましいの死〉と呼ばれるステージに入った。このステージは自我主体としての〈わたし〉が完全に死ぬステージだ。

同じ「死」で紛らわしいのだけれど、この内的な〈たましいの死〉と、前の生物的な死へと向かう死の欲動とは区別しなければならない。前の死の欲動の状態はまだ自我執着が残っていた状態だった。だからこそ、「地獄を！」と、自我が求めていた。これに対して〈たましいの死〉は、自我がほどけきって、断念が成った境地だ。生物的に死ぬことと自我を手放すことは、全く次元の違うことだ。もし師がしっかり見守っていれば、ジャンヌのように生物的な死に瀕する必要もなく、〈たましいの死〉に入れるものだ。しかし、独りきりのジャンヌはその違いの分からないまま、生物的な死のぎりぎりのとば口でようやくすべてを手放し、〈たましいの死〉に入れた。

しばらくの間、私は、もう決して生き返ることのない、永遠の死者のような状態のままだった。この時期は私にはすばらしく合っているようだった。死者のように人の心から忘れられたのだ。(15)

神よ、わたしはすべての者から、そしてあなたのこころからも、すっかり消されてしまったかのようでした。少しずつ私の状態はひどいものではなくなっていった。いっさい何も感じないようになった。その無感によって、神にすっかり見放された「永罰」の状態が最終的に固まったのだ。私の冷たさは死者の冷たさのようだった。それがとてもよかった〔…〕。[V. 1.27. p.383]

ここでの「永遠の死者のような」、「忘れられた死者のような」状態が、〈たましいの死〉の状態だ。みんなから忘れ去られてもよい。神にすっかり見放されてもよい。それが神の望みなら。自分がどうこう言うことでもない。そういう断念が〈たましいの死〉だ。ここまで来ると、もう苦しみを感じない。もう、どうでもいいや……という、一種の開き直りでもある。自分に対する究極の無関心だ。それが居心地のいい「死者の冷たさ」だ。

天使になろうが悪魔になろうが

このクールな無関心は、彼女の敬愛してやまなかった師グランジェの「幸せな無関心」と同じだ。ジャンヌは、こんなふうに説明している。

完全な〈死〉に至ったら、どんなにひどい状態でももう苦しみではない。ひどい状態が終わるわけではないけれど、そういう苦しみを感じたり、自分のことを考えたり、自分をいたわったりすることもできないほど、圧倒的な無力に陥るのだ。生きている兆候が全くなくなっても、もうそ

のままでよいと無関心になる。［OM, p.280］

また、こんなふうにも書いている。

たましいは死んだままになり、自分に関わるすべてに無感になる。神によってどんなに極端な状態に置かれても嫌ではない。すべて、同じだ。天使になろうが悪魔になろうが。もう、自分を見る目がないのだから。［同前］

天使になろうが悪魔になろうが、どっちでもよい。どうせ、どっちも言説なのだ。——きれいさっぱり、無分別。

ただし、善悪など知ったことではない、というのではない。「このまま神を信頼して大丈夫だろうか？　悪魔にされてしまわないか？　天使になれるのならこのまま行こう」などと詮議しないのだ。自分の生身をまるごと神に預け、預けたことも意識せず、無感に安らう。

この境地まで来てようやく、内面に埋め込まれた言説支配がすっかり落ちる。ついに自我から解放される。

リヤン

この完璧な〈明け渡し〉による〈たましいの死〉の境地について、ジャンヌはこんな面白い表現をしている。

私のうちのすべてが消尽するのです。〈すべて〉が拡がると、それにつれてすべてが喪失され、破壊されてしまいます。それは普通の仕方の喪失とは違います。すっかり〈なんでもない《リャン》〉。この世に名づけ得るもの、認識できるものがなくなるのです。それは無限にまで到達するかのようです。未だかつてない妙なる展開です。［C3, 539, p.652］

「〈すべて〉が拡がると、それにつれてすべてが喪失され、破壊されてしまいます」――〈すべて le tout〉は、〈すべて〉である神のことだ。〈わたし〉をすべて神に明け渡すと、〈すべて〉である神がどんどんたましいを占めてゆく。〈たましいの占有〉と、ジャンヌが呼ぶ状態だ。

「この世に名づけ得るもの、認識できるものがなくなるのです」――自我主体が破壊されるにつれ、「名づける」という言語分節がはたらかなくなり、対象認識もなくなってゆく。ということは、対象世界もなくなってゆく。ついには「すっかり〈なんでもない《リャン》〉」。そんな無分節態のステージだ。原文のフランス語は「リヤン rien」。なんにもない、なんでもない。ゼロの境地。

この〈なんでもない《リャン》〉の日々の境地を、ジャンヌは後にこんなふうに書く。

今朝からは、もっと〈なんでもない《リャン》〉。まったく〈なんでもない《リャン》〉。もし、この〈なんでもない《リャン》〉のもとに何かがあったとしたら、それはひとえに私の問題です。［同前］

刻一刻と、加速度的に〈なんでもない《リャン》〉が広がっていく。そのダイナミズム。決して固定しない。「この〈なんでもない《リャン》〉のもとに何かがあったら」——つまり何かが分節されたら、それは自我意識が残っているからで、自分の境地がまだまだなのであり、「私の問題」なのだ。

そして、こう書く。

> 死んで、生きて、自分をなくしなさい。そうしたら、あなたもこの体験をするでしょう。私にはもう安らいもない。安らい以上の、それを超えた状態にあるらしい。というのも、安らいというのはまだ識別できる何かなわけで、増えたり減ったりするもので、不変の状態にはならないのだから。［同前］

「死んで、生きて、自分をなくしなさい」——自我主体としての〈わたし〉が死んだ状態で生きること。もっと言えば、自我主体としての〈わたし〉が死んでこそ本当に生きられるのだ。そうするともう、安らいもない。それを超えた状態に入っているという。安らいを「安らい」として分節し識別しているレベルだったら、それはまだ〈なんでもない《リャン》〉ではないのだ。安らいを意識することもない。いわば、安らいと渾然一体になってしまう。安らいに染まって、安らいそのものになってしまった。そういう境涯が〈なんでもない《リャン》〉だ。それは、言説支配から完全に解放された境地だ。

ある修道女のケース

後にジャンヌは自分の体験をもとに、〈夜〉の危険な精神状態に陥った修道女をガイドした。

こんな話がある。

ジャンヌがよく通っていた修道院で、ある修道女が「発狂した」という。修道院長たちは彼女を監禁した。その修道女は、それまでは聖女のようだと周囲から賞賛されていたという。ジャンヌは、その修道女に会ってみた。すると案の定、彼女は〈夜〉の最中の状態にあった。ジャンヌには、それがすぐに分かった（ここではジャンヌは「煉獄」の段階における「浄化の状態」と、神秘家の伝統用語を使っている）。ジャンヌは、その修道女を閉じ込めず、かつ、誰にも会わせないようにして、ジャンヌにこの件を預けるよう、修道院長に依頼した。「誰にも」というのは、この場合、告解のための聴罪司祭たちが念頭にあると思ってよい。その手の男性たちに診断させるなというのだ。

ジャンヌは「その修道女が何よりも自分が狂っていると見做されるのが苦痛で、大変に嫌がっている」と、すぐに分かったという。「その修道女の精神に狂気の状態が現れ、自分を神に捧げる思いが浮かぶと、彼女はそれに抵抗して、激しく猛り昂った」という。「自分を神に捧げる」衝動というのは、おそらく自殺衝動のようなものとして、その修道女には感じられたのではないか。自分を死に追い込むような妄想的イメージが彼女を襲ったのだろう。そして、そういう衝動に支配される自分に激しく抵抗し、自己が分裂した状態に陥ったのだろう。しかしジャンヌにすれば、それは決して自殺衝動のようなものではなかった。先ほど見てきたように、それは〈夜〉の段階で〈たましいの死〉に至る、その直前の症状なのだ。つまり、あともう一歩でゴールなのだ。ジャンヌは「その狂的な状態を、慎んで受けいれるよう」に、修道女にアドバイスした。完全な〈明け渡し〉だ。もし神があなたを狂気と思われるような状態に置きたいのなら、それに任せればよい。すべて、なるようになる。――〈明け渡し〉の絶対受動性のガイドだ。

ジャンヌは、この修道女について、興味深い観察をしている。ジャンヌの見るところ、彼女は、ある対象への執着が強ければ強いほど、その反発も激しくなり、引き裂かれた症状に陥ったという。例えば、彼女は修道院長が大好きだった。マザーのそばにいたいという願望が異様に強く、苦しんでいた。しかし、いざマザーが来ると、激しく反発し、ものすごい嫌悪を示したという。自我ほどきの過程での、自我執着のパラノイア的な露呈だろう。また、かつては聖体の前で何時間でも祈っていられたのに、ほんのちょっとの間も居られなくなったという。これはジャンヌも経験した症状だ。

こうした症状は、聴罪司祭らが診れば「悪魔憑き」と診断しただろう。それが当時のお決まりのコースだった。ちなみに、自分の身体が悪魔に憑かれてしまう「悪魔憑き」は、原則として女性にしか起こらなかった。悪魔は女性の身体にしか宿らないというわけだ。さらに、それはかなりの霊性に達した女性に起こるものだった（ジャンヌ流に言えば〈内なる道〉の状態が深まって〈夜〉に入った段階で起こるのだ）。そして、「悪魔憑き」はあくまでも告解を通して明るみにされるものだった。つまり、そうした内的状態にある女性が告解で自分のことを語るのだ。すると、それを聴罪司祭が言説化し、「悪魔憑き」のストーリーに落とし込むのだ。例えば、聖体を頂きたいけれども、いざ頂こうとすると拒絶してしまうという痙攣的な葛藤。これは、この修道女やジャンヌ自身も経験したことだが、司牧言説においてはまさに典型的な「悪魔憑き」だった。聖体を頂こうとする瞬間に、自分のなかに憑いた悪魔が聖体を拒否させ、吐き出させたりする。そういった悪魔と自分との内的な葛藤というストーリーに還元される。言うまでもなく、そうした内的葛藤は別段、悪魔を持ち込まなくても、いかようにも分析できる。だが、聴罪司祭は女性に対して「悪魔憑き」の言説を執拗に刷り込んでゆく。そもそも、そうした女性は司牧言説によって言説支配されているから、すでに「悪魔憑き」の言説を内面化している場合が多い。司祭に指摘されなくても、自分の内的葛藤を自ら「悪魔憑き」のストーリーとして言説化し、自ら「悪魔憑き」を体現する場合も多かっただろう。そのうえで、聴罪司祭による精神的指導や悪魔祓い師（エクソシスト）の儀式を通して、その女性は「治癒」される（もちろん、聴罪司祭もエクソシストも、みな男性だ）。つまるところ「悪魔憑き」とは、告解システムを通しての司牧権力による女性に対する言説支配の一過程だと言えるだろう。しかし、ジャンヌはそうしたミソジニー的な言説支配を拒否する。この修道女の場合でも、彼女を聴罪司祭らに会わせないようにする。そしてその女性の症状を、ジャンヌは「悪魔憑き」とは違う方向に分析する。それはむしろ、司牧権力の言説支配が脱げ落ちる内的な過程での症状なのだ。司牧権力によって言説支配され、主体化＝従属化された自我が、言説とともに脱げ落ちる際の一種のジレンマとしての症状なのだ。つまり、〈内なる道〉が深まりを見せている現れなのだ。だから「その狂的な状態を、慎んで受けいれるよう」、つまり、下手に抗わずに、ただその状態に身を委ねるよう、ジャンヌは指南する。「悪魔憑き」などと言うが、まさにジャンヌ自身が書いていたように「天使になろうが悪魔になろうが」、あずかりしらないことなのである。そんな言説に囚われるなというのだ。ただ自我が落ちるがままにすれば、それでよいのだ（悪魔憑きについては、注5の三九八頁参照）。

ジャンヌの適切なガイドを得て、この修道女はしばらくして〈夜〉を抜け出し、「天使のように浄化された」という。

無　心

一時期は瀕死の状態にあったジャンヌだが、〈たましいの死〉のステージに入ると、面白いことに身体のほうは健康を回復した。

ジャンヌは日常の生活を淡々と過ごした。自分でははっきりと意識しない朦朧状態のままで。例えば、ジャンヌは貧困家庭に行ってベッド・メイキングや家事を行なったり、修道院で食器洗いをしたり、そういったボランティア活動を再開していた。こうしたいわゆる「善行」をするとき、それまでは「これは善いことだから我慢してやらなくちゃ」などと自分に言い聞かせ、しかも、やった後には自己満足感があった。だが、自己への振り返りが一切なくなったものだから、後で自分が何をしていたかまったく憶えていなかったという。かつては「こんなに善い私」と、潜在的にせよナルシスティックになっていただろうが、ここにいたって、「自分を絶えず忘れるようになった」という。いわゆる「無心」の状態だろう。

死の死

さて、この無分節状態の〈たましいの死〉は、静寂者の〈道〉の到達点のように思える。ところが、そうじゃない。その先があるのだ。前にゼロの境地と書いたが、実はまだゼロ・ポイントに達していないのである。ジャンヌに言わせると、この〈死〉の状態はまだ不安定で、ちょっとしたことでもとの自我執着に戻ってしまいかねないという。〈死〉が定着するのに時間がかかるのだという。何事も習慣づけが大切なのだ。そのうち〈死〉の状態に慣れて、「死んだことさえ分からなくなる」ようなときが来るという。ジャンヌはこの慣れの期間を、たましいが神へと渡る期間、〈他界の期間〉と呼ぶ。「死ぬだけでは不十分で、その死体が腐りきって灰となり、散り去る時間が必要だ」といった生々しい比喩を使ったりしている。つまり〈死〉もまた死ななければならないのである。

この〈他界の期間〉で、ジャンヌは表面的には何事もないかのような日々を送り続けた。すぽーんと意識が抜けているような何も覚えていない状態でありながら、その日常は自ずと然るべく営まれている。

そんなある日、ジャンヌはジュネーヴ管区のさる修道院長に手紙を書く用事があった。家で働いていた男性がジュネーヴ管区で聖職者になりたいと言い出したのだ。そこでジャンヌは、かつて一度会ったことのある修道院長に手紙を送って相談した。ジャンヌはその手紙の終わりに、「私は恩寵から見放された者でしかありません」と、自分の境涯をちらりと書いた。ジャンヌにすれば何気ない一言だったろう。というか、何を書いたか全く覚えていなかったろう。しかし、フランソワ・ラ・コンブ（François La Combe, 1640–1715）というその神父は鋭く反応した。ジャンヌに返信を送り、「いえ、あなたは恩寵のうちにいます」と、彼の確信を伝えた。この神父にはある種の鋭敏な直感力があったようだ。

この手紙がジャンヌにとって契機となった。やっぱり誰かに認めてもらいたかったのかもしれない。いかに〈死〉の状態にあったとは言ってもだ。ストーカー男の誹謗中傷によって姑や家中の者から「ふしだらな狂女」のようにみなされ、狭い町での評判も散々なものになっていたのだ。そんな過酷な状況の中で、自分を肯定してくれる言葉がいかに重要だったことだろう。

マグダラのマリアの日

ジャンヌは改めてラ・コンブに手紙を書いた。そして「マグダラのマリアの日に、どうか私のために祈ってください」と頼んだ。切実な願いだったろう。先に書いたように、ジャンヌの人生は、その節目となる出来事の多くがマグダラのマリアの日の前後で起こる。

郵送の遅れで、ラ・コンブが彼女の手紙を読んだのはマグダラのマリアの日の前日だった。返信を書く間もなく、ラ・コンブは当日、ジャンヌのために祈った。ジャンヌは、知るよしもなかった。しかしこの日、ジャンヌはついに〈夜〉のトンネルを抜け出した。

3 消滅

たましいの〈消滅〉

それは幸せの日、マグダラのマリアの日。私のたましいは、あらゆる苦から完璧に解放された。

［V, 1.28, p.386］

ついに「解脱」が成ったのだ。

一六八〇年七月二二日。三二歳のときだった。

たましいの〈死〉の状態が習慣づいて、いよいよジャンヌは、たましいの〈消滅〉の境地に入った。

先ほど、たましいの〈死〉の段階で「自我主体としての〈わたし〉が死んだ状態で生きる」と書いたが、その状態が定着して、自我主体としての〈わたし〉がすっかり消滅したのだ。それでも、生きている。いや、それだからこそ活き活きと生きられる。自我主体が消えても、自己の剝き出しの芯のような、リアルな実感としての何かが残っていると言ったらよいだろうか。ここでは、それを〈わたし〉の境地と表現しよう。〈わたし〉がなくなって、〈わたし〉が成る。すると、かえって生きていることが新鮮に実感される。いのちの躍動がこれまでになく鮮烈に響き出す。自分も世界も一気に甦るのだ。逆説的だが、〈わたし〉の境地は〈消滅〉であると同時に〈甦り〉だ。ここが、〈内なる道〉でのゼロ・ポイントだ。

＊

もしかしたら、この夜明けの体験は、教会堂でのマグダラのマリアの祈りのうちに起こったのかもしれない。ジャンヌは常日頃、モンタルジの教会に通っていたはずだ。町の中心部にあるその教会の名が、他ならぬ「聖マドレーヌ教会」（マグダラのフランス語名）なのである。一二世紀から建設が始まったこの教会堂は、ジャンヌが通っていたであろう当時の面影を今に残している。特に建物の中心部分の内陣は、ほぼ当時のままだとされる。ステンドグラスが淡い色合いのせいだろう、広々として明るい印象の空間だ。簡素なエレガンスを湛えている。当時のステンドグラスがどんなだったかは分からないし、全体にもっと賑やかな装飾があったかもしれない。でも、この簡潔で明晰な光の空間で、ジャンヌが夜明けを迎えたと想像するのは、なかなか愉しい。

新しい自由

ジャンヌは、こう続ける。

ただ驚くばかりの私がいた。この新しい自由に。そして、永遠に失ったと思っていたそれが戻ってきたことに。それにしてもなんと純粋で、しかも壮麗なことだろう。私が得たのは、あまりにシンプルで、あまりに広大無辺で、表現のしようもない。

神よ、私はあなたのうちに、失ったすべてを見つけたのです。そのさまは、とうてい言葉にできません。〔同前〕（傍点引用者）

このあたり、美しい文章が続く。具体的なものは何も描写されていないけれど、それでいて不思議にリアルな光景が透明な空気感をともなって現出する。

「ただただ驚くばかりの私がいた」――呆然とする自分を、別の自分が傍観するような感じだ。

「新しい自由」——静寂者とは、この自由に遊ぶ者だ。自我主体の消滅によってしか得られない自由。〈わたし〉の自由。それは限界のない自由。どこまでも境界線がない。どんどん広がっていく。その浮遊感、加速度感。ジャンヌにとっての静寂とは、この無際限でダイナミックな自由だ。

「永遠に失ってしまったと思っていたそれが戻ってきた」——「それ celui」とは何か？　はっきりしない。前後の流れから「自由」と読みたくなる。しかし文法上、「自由」を指していない（celui は男性形だが、liberté「自由」は女性名詞だ）。翻訳では、「それ」と傍点を打って強調しているが、原文はさらっと流している書きぶりだ。ジャンヌのよく使う〈それ〉だ。

この有耶無耶の〈それ〉は、一応、神のことだろう。翻ってみれば、ジャンヌは神の現前の享受が得られなくなって、神に見捨てられたかのような気持ちになり、〈夜〉のトンネルに入った。その〈夜〉をくぐり抜けて、ようやく〈消滅〉＝〈甦り〉のゼロ・ポイントに至った。すると、そこで永遠に失ったと思っていた神の現前が戻ってきたのだ。しかもそれはゼロ・ポイント以前とは全く違う。ゼロ・ポイント以前では、自我主体としての〈わたし〉が神を対象として外に立てて、その現前の甘やかさを味わい、享受していた。対象としての神の現前だった。神が「神」という名で分節され、対象として限定されていた。名によって濁っていた。ところが、ゼロ・ポイントで戻ってきた神の現前は、「あまりにシンプル、広大無辺」だ。「なんと純粋、壮麗か」と、呆然とするしかない。こうなると、もう、「神」という名も張り付かない。どんな概念にも限定されない。それとしか表現しようがない。そんな無分節の純粋透明さ。これはもはや現前でさえないだろう。現前なき現前。享楽なき享楽。何も感じない、無限の純粋享楽。そんなふうに言うしかないだろう。ただし念のためだが、神が無くなったのではない。たましいが言表不能な無分節の神の次元に到達したのだ。

「神よ、私はあなたのうちに、失ったすべてを見つけたのです」——つまり、ジャンヌは神のうちに入ったのだ。神の中に消融した。あたり一面、〈あなた〉だ。

その無分節の〈あなた〉のうちに「失ったすべて」が再び見出せたという。それまでの〈たましいの死〉では意識が森閑とフェイド・アウトしたような状態だったのが、〈消滅〉＝〈甦り〉のポイントを境に、森羅万象が甦って見えたのだ。分節された現象世界が忽然と現れた。しかも現象だけではなく、すべての現象の根底にあるいのちの躍動が鮮やかに甦ったということだろう。

それにしても、ゼロ・ポイントの無分節態に〈あなた〉を嗅ぎ取るところが、ジャンヌらしい。〈あなた〉の〈愛〉の濃密な香りが芬々《ふんぷん》としている。むせかえるようだ。

厳密に言えば、どんな道であれ、ゼロ・ポイントそのものにおいては意識が完全に抜けきっているから、何も分からない。ある意味、その体験は本人にとってなかったに等しい。そこからわずかに境位が降りたところでゼロ・ポイントの余韻、残り香のようなものがじわーっと湧いて、たゆたって感じられるわけだ。それを何と言語化して捉えるかは、それぞれの道、宗教、言語文化によって違ってくるし、そもそも一人一人で違うのだ。キリスト者のジャンヌはそこに無限の〈あなた〉、イエス・キリスト、〈愛〉を嗅ぐ。そして同時に消滅した〈わたし〉の〈なんでもない《リャン》〉を痛感する。そういう両極の同時覚悟だと言えるだろう。

どこにでもそれを

さらに、ジャンヌはこう書く。

私はあまりに自由になったから、たとえ何も感じることがなくても、一日中、教会にいることだってできただろう。そして、教会にいなくたってちっとも苦じゃなかった。どこにだって、広大無辺な、とてつもなさのうちに、それを見出すことができたから。もう私のものではないそれを。私はその中に没してしまった。[V, 1.28, p.389]（傍点引用者）

「あまりに自由になったから」――〈わたし〉の自由。区別のない、限界のない自由。

「何も感じることがなくても、一日中、教会にいることだってできただろう」――ジャンヌにとって、教会で言説の祈りを唱えたり宗教儀礼を行なうことはもはや無用なのだ。でも、他の人たちにあわせて一日中お祈りしていたとしても、それでよかっただろう。そういう軽やかさ、しなやかさだ。

一方で、ジャンヌは教会にいなくても全然かまわなかった。

「どこにだって、広大無辺な、とてつもなさのうちに、それを見出すことができたから」――これも有耶無耶の〈それ〉だ。それとしか言いようのない無分節態としての神（翻訳ではそれが何度も出てきて格好悪いが、原文では、構文上、一回でさらりと処理している）。

「どこにだって、それを見出す」――街を歩けば、どこで何を見ても、それを見出す。つまり〈あなた〉を見出す。わくわくするような、とてつもなさ。

ただし、このときのジャンヌは、何を見ても、それを、つまり〈あなた〉を幻覚のように見出すというような錯乱状態にあったのではない。逆だ。意識は非常に明晰だ。日常世界の風光が忽然とクリアに戻ってきている。それが〈甦り〉だ。しかしそれは、かつてのゼロ・ポイント以前に見た分節世界に比べると次元の違う明晰さだ。かつては主体である〈わたし〉が対象世界を分節して見ていた（あるいは、素朴にそう思い込んでいた）。しかし、ゼロ・ポイントを経て、〈わたし〉は、すっかり〈あなた〉の内に没して消えてしまっている。もはや主体的な自我意識がない。

〈わたし〉に見えているこの新たな甦りの世界は、〈わたし〉が主体として見ているものではないのだ。それは、〈わたし〉を通して〈あなた〉が見ている世界だ。〈わたし〉はただ、〈あなた〉のまなざしに与っている。

では、〈あなた〉が見ている世界とは何だろうか？　それは、先にも書いたが、〈あなた〉自身に他ならない。ジャンヌはよく言うのだが、「神そのもののうちでは、すべてが神」だ。すべてが〈あなた〉の内で自己完結している。

つまり、〈わたし〉に映って見えるこの分節世界は〈わたし〉が見ているのではなく、〈あなた〉が〈あなた〉の自己分節を見ている、その風光なのだ。ジャンヌはこの境地を〈無見の見〉と表現する。自分で見てはいないけれど、見えている（この境地について、ジャンヌは後に明晰に分析している。第二部で紹介しよう。[16] 二一九頁以降参照）。

「純粋にして壮麗、あまりにシンプルで、あまりに広大無辺」というとてつもなさの実感は、この〈無見の見〉の実感に他ならない。それぞれの事物がそれぞれに分節されて、くっきり判明に見えている。けれども、固定されていない。何もかもが、〈あなた〉のまなざし、〈あなた〉の現れなのだ。とてつもないエネルギーの、ふわふわびりびりする実感だ。

この実感を、もう少しジャンヌの身になったつもりで味わってみよう。

例えば、ジャンヌが教会の外に出て目にする光景——道を行き交う馬車や、広場の陽だまりに座り込む無宿者。籠の中の鶏の声。威勢のよい市場の女性たちのおしゃべり。どこからか、昼食を料理する匂いと音。夏空の青。煙突から出る煙。歓声をあげて駆け回る子どもたち。馬車からのっそり降りて教会に近づいて来る男性の、なんだか場違いなほどに派手派手しい羽で飾られた帽子。その彼がこちら側の誰かに向かって「オ、ラー!」と叫んでいる——そんなすべてが、それぞれはっきり分節されて認識されながら、それでいて固定されていない。ひとつひとつが透明で、すべてが流動的に感じられる。周りも自分も、それぞれがそれぞれに流れ合いながら、どんどん膨張していくようだ。しかし、すべてがいっぺんに膨張するからだろう、膨張が観察されるわけではない。ただ、膨張するエネルギーの加速度感だけがダイレクトに感じられるのだ。ジェットコースターに乗ったときのような、あの感じだけが。無限に。

＊

ところで、先に少し書いたように、ジャンヌは自分の〈内なる道〉の体験を〈ことば〉で体系化する(「ジャンヌの〈ことば〉観」四四二頁以下参照)。

ここで、〈ことば〉の観点から、〈消滅〉=〈甦り〉の境地をまとめてみよう。

神をはたらきとして捉えると、神は〈ことば〉だ。それは根源的ないのちだ。ジャンヌにとって、〈ことば〉は意味分節できない。人間の言葉に還元できない。絶対的な無意味であり、絶対無分節だ。

先ほど、「〈わたし〉が〈あなた〉の内に没する」と書いたが、この〈あなた〉は〈ことば〉でもある。〈わたし〉が〈ことば〉の内に消滅するのだ。するとそこで、世界が忽然と甦って見える。根源的ないのちである〈ことば〉が自己分節して世界を現象させるプロセスを、ライヴで目撃しているわけだ。天地創造だ。〈わたし〉が教会を出て、見えて、聞こえて、嗅いで、肌で感じる日常の風光は、新鮮な天地創造の刻一刻なのだ。それは、たましいの再創造の反映だ（「ジャンヌの〈ことば〉観」四四二頁以下参照）。

〈安《あん》―神《しん》〉

ジャンヌが〈消滅〉を経て到達した透明な自由の境地は、純粋な〈安心〉の境地でもある。ジャンヌはこう書く。

私の不安と苦しみは、ある安らい paix に変わった。なんとかうまく説明するために、それを〈安《あん》―神《しん》 paix Dieu〉と呼ぼう。それまで私の得ていた安らいも、たしかに神の安らいだった。神の恵みとしての安らいだった。でもそれは、〈安―神〉ではなかった。〈安―神〉とは、神が神そのもののうちに得ているものであり、神のうちにしか見出せない。[V. 1.28, p.387]

これも先ほどと同じことだ。それまでは、自我主体としての〈わたし〉が、神の恵みという対象としての安らいを外に立てていた。それは分節的な限りのある〈安心〉だった。しかし、〈安《あん》―神《しん》〉は違う（駄洒落じみた訳になってしまったが、原文のニュアンスには忠実だと思う）。それは、前にもジャンヌが書いていたように、「安らい以上の、それを超えた、安らいとして識別すらできない状態」のことだ。

最後の文、「〈安―神〉とは、神が神そのもののうちに得ているものであり、神のうちにしか見出せない」――こんがらがりそうだが、〈安―神〉とは、結局、神自身なのだ。つまり、〈あなた〉が〈あなた〉のうちで〈あなた〉を得ている。すべてが〈あなた〉のうちで循環し、完結している構造だ。繰り返しになるけれど、〈わたし〉が〈安―神〉を見出すには、この〈あなた〉の自己完結の中に入らなければならない。しかし〈わたし〉である限りそれは無理だ。有限な〈わたし〉が無限の〈あなた〉に入ることはできない。〈わたし〉が無くならないといけない。〈わたし〉となってはじめて、〈あなた〉という〈安―神〉のうちに没することができる。そうなると、もう、安らいを感じる感じないといった次元ではなくなる。いわば、〈安―神〉に染まっているのだ。あるいは〈安―神〉の現成だ。そういう受動性の極地としての〈安心〉だ。

幸せな喪失

さらに、ジャンヌはこう書く。

ああ、幸せな喪失。それは脱魂現象〔エクスターズ extase〕のような一時的な喪失ではないから、もっと幸せだ。脱魂の場合は、喪失というより、むしろ一時的な忘我状態だろう。たましいがその直後にふたたび戻るわけだから。そうではなくて、恒常的、持続的な喪失。常に、広大無辺な海に喪失してゆく。ちょうど、小さな魚が無限の海の中に常に沈みながら進むように。でも、この比喩はあまり適切ではないかもしれない。むしろ、こう言おう。海の中に放擲された小さな一滴の雫のよう。それは海そのものの性質を、常に、さらに、持つようになる。［V. 1.28, p.392］

「幸せな喪失」――すてきな言葉だ。この〈消滅〉の境地は、脱魂現象などの一時的なトランスのようなものではないと、ジャンヌは言う。恒常的に持続するのだ。体験のない神学者たちにはそれが分からなかった。神学者たちは、いわゆる「神との合一」なるものの体験は異常なエクスタシー状態でしか有り得ないと考えた。エクスタシー状態がずっと続いたら生活できないだろうと、彼らは嘲笑い、糾弾した。しかしジャンヌにすれば、〈消滅〉の境地はそんなものでは全くないのだ。

確かに脱魂状態では外界の感覚がなくなり、その状態はせいぜい二〇分ぐらいから数時間しか続かない。しかしそれは「弱さ」のせいなのだと、ジャンヌは言う。それは、「たましいがまだ十分に浄化されていないからだ」と言う。つまり、自我が完全に落ちきっていないからだ。〈わたし〉が成っていないのだ。〈わたし〉が成っていれば、〈わたし〉は神に没したまま、神のまなざしに与って、神の見る分節世界をすっきりとクリアに見るのだ。そして神に動かされるままに日々を過ごす。異常さは全くない。「まるで自然に、持続的に」その状態が続くのだとジャンヌは言う。ごく当たり前に日常を生活するのだ。これは先に書いた〈わたし〉における〈無見の見〉の重層性として解釈できるだろう。ジャンヌの〈内なる道〉の骨法だ。

〈他者〉体験

ジャンヌの文に戻ろう。

「海の中に放擲された小さな一滴の雫のよう。それは海そのものの性質を、常に、さらに、持つようになる」――大海や、そこに落ちた雫のメタファーは、古今東西、霊性文学や宗教文学にごまんとある。けれど、これだけ新鮮な臨場感をもって、そのビッグバン的な無限膨張感をさりげなく表現した文は、なかなかないと思う。

この無限膨張感で重要なのは、この雫は、決して海にはならない点だ。つまり〈わたし〉は〈あなた〉にはならない。「常に、さらに」どんどん「海そのものの性質」を持つようになるが、「海そのもの」にはならない。それは果てしないどんどんだ。最終的に、合一したと、完了形にはならない。無限の途上。

「広大無辺な海」である〈あなた〉は、「一滴の雫」である〈わたし〉にとって、どこまでいっても〈他者〉だ。これは、究極の〈他者〉体験だと言ってよい。さっきも書いたが、この絶対的〈他者〉としての〈あなた〉と〈わたし〉の両極の同時覚悟が、〈無見の見〉の重層性のベースにある。

結局、ジャンヌの〈消滅〉体験の実感は、世に言う短絡的な「神人合一」ではないのだ。〈わたし〉

は神と合一した状態になったり、神になったりは、決してしない。憑依するようなこともない。「完徳」に至って、完成することも、実はないのだ。〈わたし〉は、ただ〈あなた〉のまなざしに与って、〈あなた〉に動かされているだけだ。

〈消滅〉とは、究極のへりくだりだ。

ノン

はじめは、この自由はそれほど広がりがなかった。けれど、進めば進むほど、自由が大きくなっていった。[V. 1.28, p.388]

どうやら、これは一過性のことじゃない――と、ジャンヌは悟った。

そこでジャンヌは、自分の状態の変化を、師のベルトに告げに行った。

するとベルトは、ひとこと「ノン」と答えたという。「変わっとらん」というのだ。にべもない。

師と弟子ならではの、興味深いやりとりじゃないだろうか。

詳しく話す間もなく、しかもベルトは別のことに注意が向いていたから、自分の状況がちゃんと理解できなかったのだろう……と、ジャンヌは解釈している。だが、もしかしたらベルトはちゃんと分かっていたのではないだろうか。あえて「まだまだ」とそっけなく言って、喝を入れたのではないだろうか。

あるいは、ベルトは「否《ノン》」と言うことで、夜明けを夜明けたらしめたのかもしれない。

このときすでに重い病にあったベルトは、翌年の四月に五九歳で没する。

自動カーテン

ベルトに「ノン」と言われても、ジャンヌは自分が変わったと確信した。

それでも私は、至福のようなものが日々、増していくのを感じた。私はすべての苦から解放された。それまで、私は自分が罪へと傾いていると思っていたのだけれど、その傾きからも完全に解放された。そして自分への執着もなく、自分を振り返ることもなく、さまざまな善行をしたらしい。もしそうした振り返りが生じたとしても、はじめから消え去るのだ。まるでその思考にカーテンがかかって、それっきり現れなくなるように。私のイマジネーションは完全に固定され、もう苦しくなくなった。自分の精神の明断さ、こころの純粋さに、驚くばかりだった。［V, 1.28, p.388］

ジャンヌ流の「解脱」の具体的な状態が、まとまっている。

かつてジャンヌは、自分がすべての「罪」を犯しているかのような思いに苦しんだ。だが、その妄想も消え、すべての苦から解放されたという。

なぜだろう?

ゼロ・ポイント後のジャンヌは、分節世界に戻っている。自我が戻り、言説支配のもとにある。日常を暮らすのだから、当たり前だ。けれども、分節はかつてのように固定されていない。もはや言葉は、水面の波紋のようなものだ。それは、いつも新鮮だ。生まれたてだ。そして、刻一刻と変わる。そういう流動性に、ジャンヌは身を置いている。そんなジャンヌにとって、言説支配は、その時々に必要な仮構に過ぎない。かつてのように、内面の深くまで言説支配に縛られるようなことはなくなった（そもそもジャンヌには、もう、外面も内面もない）。もう、「罪」の言説の刃を、自分に向けることもなくなった。――そんなふうに、解釈できるだろう。

もちろん、ジャンヌは、仮構であっても言説支配のもとで日常を暮らしているのだから、自分について反省的に思考しかかることもある。つまり、自我が固まりかけることもある。けれども、まるで自動的にカーテンが閉まるように、反省が生まれかかったところで、おのずと消えるのだという。「自分の精神の明晰さ、こころの純粋さに、驚くばかりだった」――という。〈精神〉も〈こころ〉も、冴え冴えと澄み渡った境地だ。

ちなみに、「さまざまな善行をしたらしい」――「らしい」というのは、自分を振り返っていないから、自分では気づかないのだ。後で、他の人から言われて初めて「ああ、そんなことをしたのか」と、思い至る。自分で意識しないまま、〈あなた〉に動かされて、他者に対して、自ずと然るべきことをしている。絶対の受動が究極の能動に転換するのだ――静寂者の最終境地だ。ジャンヌはこれを〈使徒的な生〉と呼ぶ。

内なる道マップ

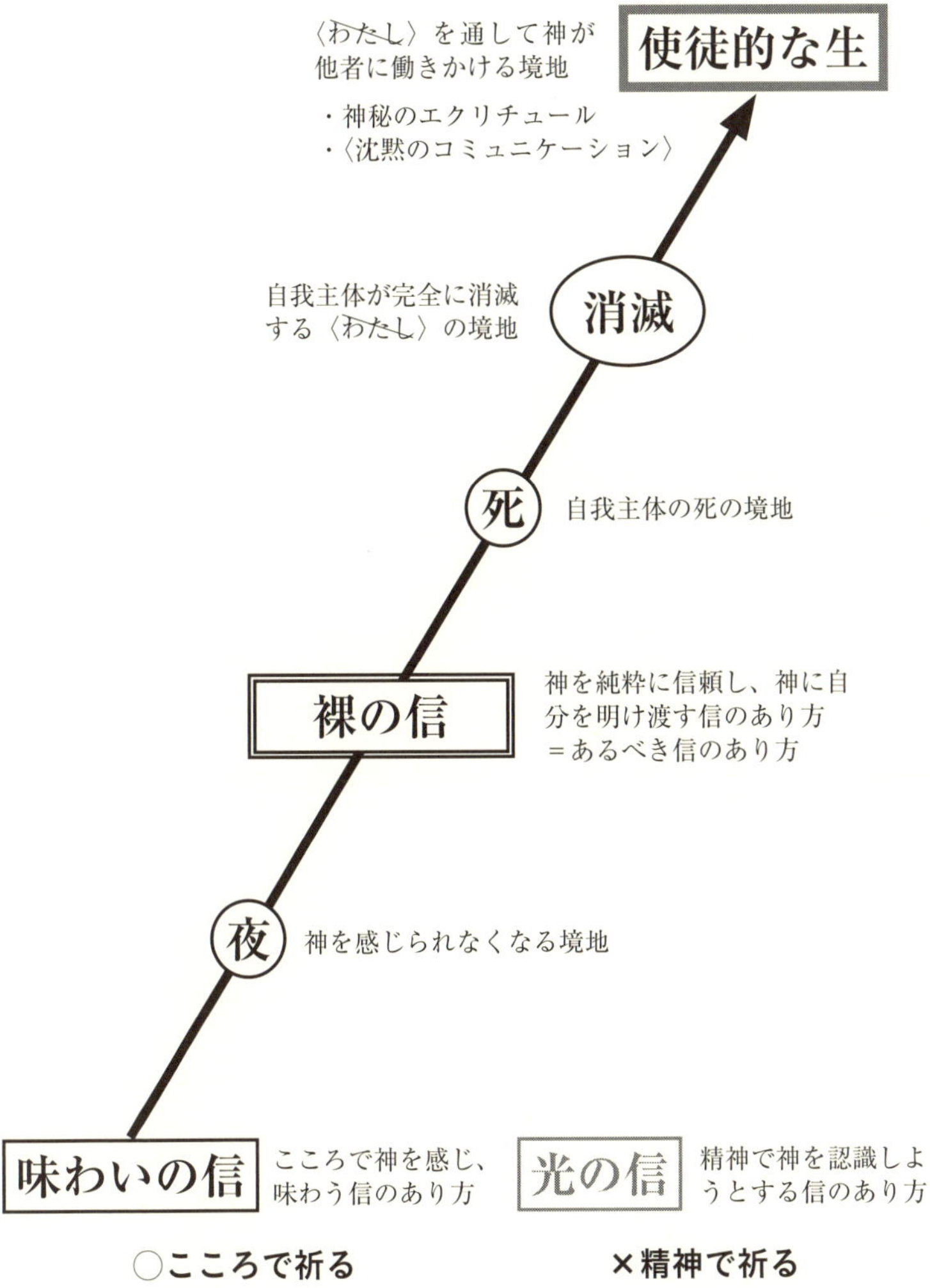
使徒的な生
〈わたし〉を通して神が他者に働きかける境地
・神秘のエクリチュール
・〈沈黙のコミュニケーション〉
消滅
自我主体が完全に消滅する〈わたし〉の境地
死
自我主体の死の境地
裸の信
神を純粋に信頼し、神に自分を明け渡す信のあり方
＝あるべき信のあり方
夜
神を感じられなくなる境地
味わいの信
こころで神を感じ、味わう信のあり方
光の信
精神で神を認識しようとする信のあり方
○こころで祈る
×精神で祈る

第四章　遍　歴

1　ジュネーヴへ

ジュネーヴが呼んでいる

自己の内なる旅路の果てに、ジャンヌはついに〈消滅〉＝〈甦り〉の境地に至った。ここまでくると、もう、外も内もない。内なる旅は、そのまま外なる旅だ。

ジャンヌがもし、自分だけの安らいを考えたら、ふるさとの町で子育てをし、姑の面倒を見て、場合によっては再婚して、純粋〈享楽〉に三昧していれば、それでよかっただろう。しかし、〈内なる道〉の最終的な目標は、他者へはたらきかけることだ。そのために積極的に社会に出る。このジャンヌの積極的な社会性が、キリスト者としての面目だろう。

ジャンヌは突如、ジュネーヴ行きを決意する。あのスイスのレマン湖沿いの町ジュネーヴだ。ジュネーヴは、その頃から遡ること約一五〇年前の一五三六年に、カトリックのサヴォワ公国の影響下から脱し、共和国が樹立されていた。以来プロテスタント改革派の拠点となっていた。

なぜ、ジュネーヴに？　それは、ジャンヌにも分からなかった。彼女が〈消滅〉にさしかかった頃、しきりに「ジュネーヴ」という言葉が、意識の底から浮かび上がったのだという。当然、夜明けのきっかけを作ったラ・コンブ神父がジュネーヴ教区にいたことが、なんとなくでも念頭にあっただろう。ともあれジャンヌにすれば、それは恩寵の誘いだった。こういうときのジャンヌの直感は鋭い。

そもそも、ジュネーヴに行って、ジャンヌは何をするつもりだったのだろう。それもはっきりしなかった。ただ漠然と〈内なる道〉を通して、自分自身が解脱できたように、「迷えるたましいたち」を救いたかったという。「迷えるたましいたち」とは、この場合、プロテスタント信徒のことだ。つまり、プロテスタント信徒をカトリックに改宗させたかったわけだ。

当時の絶対君主ルイ一四世は、「一つの国、一つの王、一つの宗教」と、何でも自分を中心に一つじゃないと気がすまなかった。彼にとって、フランスはカトリック信徒だけが存在する国でなければならなかった。ちょうどジャンヌがジュネーヴ行きを考えた頃、ルイ一四世はプロテスタント信徒への迫害を強めていた。プロテスタント信徒の権利を次々に剝奪し、数年後には、プロテスタントの完全非合法化に踏み切ることになる。多くの人々は、権力の意向に同調し、それに積極的に乗っかって、マイノリティーであるプロテスタント信徒の排除に熱を入れていた。ジャンヌはモンタルジの小さな世界で、日常を生きてきた。教会関係者から常日頃、そうしたプロテスタント排除の言説を耳にしていただろう。そもそも、ジャンヌを取り巻く「篤信家たち」は、プロテスタントに対する強硬な対抗勢力だったのだ。この時点では、ジャンヌはそうしたマジョリティーの言説に疑いを持っていなかった。

合理的な決断

このジュネーヴ行き、いかにも突拍子もない計画だが、しかしジャンヌを取り巻く環境を考えてみれば、案外、合理的な選択だった。

当時のジャンヌは、夫が亡くなって五年が経ち、親族たちに再婚を迫られていた。当時、若くして未亡人になった女性は、再婚するのがお決まりのコースだった。女性がおひとりさまのまま、自分自身のイニシアティヴで人生を拓くといったことは、なかなかあり得なかった。それに親族は、亡き夫の莫大な遺産をジャンヌから引き剝がしたかったのだ。しかし、ジャンヌは再婚を拒否し続けた。そのために親族から、ただならぬプレッシャーがかかっていた。

その一方で、ストーカー男が執拗にジャンヌに付きまとい、誹謗中傷を続けていた。彼女がふしだらで不信心な女だと、さかんにデマを言いふらしていた。例えば、ジャンヌが子どもの家庭教師と歩いているときに、たまたま水たまりがあり、それを避けるために家庭教師がジャンヌの手を取ると、さっそく、ジャンヌが家庭教師とできていると言いふらすといった具合だった（ちなみに、ミソジニー社会の常として、相手の家庭教師は特に問題にされなかったようだ）。ジャンヌの根拠のないスキャンダル・デマが町中に拡散され、ジャンヌと親しかった者も、みな彼女から離れていった。ジャンヌは町を出歩くのも困難な状況に追い込まれていた。そしてどうやら、親族もストーカー男の片棒を担いでいたらしい（ジャンヌを尾行していたのは、必ずしもストーカー男ではなかったかもしれない。ジャンヌの家の者の密告かもしれない）。もしジャンヌが、家や世間からの同調圧力に屈従せず、あくまでも自分を貫き通すなら、町を出るしかなかっただろう。

もっとも、修道院に入るという選択肢も、あるにはあった。町には亡き師グランジェのいた女子ベネディクト会をはじめ、複数の修道院があった。たしかに結婚前のジャンヌは、修道院入りを希望していた。しかし、〈内なる道〉を歩むようになってから、ジャンヌはもはや修道院入りを考えなくなった。

とすると、やはり出るしかない。しかも、親族が追ってこないように、なるべく遠くに行くしかない。ジャンヌにとって、フランス語が通じる世界で、最も遠い地が、スイスのジュネーヴだったろう。

さもなくば狂っている

ジャンヌはパリの教会関係者にコンタクトを取り、ジュネーヴ行きを模索した。しかし、誰も相手にしなかった。当時のジュネーヴは、カトリック勢力が本格的に入り込む余地はなく、まして何の肩書きもない一般女性が「迷えるたましいを救いたい」などと言って乗り込むなど、どう考えても無茶な話だった。

ところが、たまたまパリに滞在していたジュネーヴ司教（ジュネーヴ教区のトップ）が、ジャンヌの話に食いついてきたのだ。ジャン・ダラントン・ダレックス（Jean d'Arenthon d'Alex, 1620–1695）は、ジュネーヴ司教という肩書きではあったものの、ジュネーヴには入れないためにジュネーヴに比較的近いアヌシーを拠点にしていた。その頃、教区での活動が財政難に陥り、ダレックスは金策を兼ねてパリに滞在していた。彼には腹案があった。「ヌーヴェル・カトリック」という在俗修道会をジュネーヴに誘致することだった。ヌーヴェル・カトリックは、プロテスタントの子女をカトリックに改宗させるための団体で、ルイ一四世の肝いりの活動であり、国家的な一大プロジェクトだった。ヌーヴェル・カトリックをジュネーヴに開設して、それを突破口にして、ジュネーヴに食い込もうという腹づもりだったのだろう。そうなれば、宮廷からかなりの財政支援も得られることになるだろう。その司教の耳に、ジャンヌの噂が入ってきた。ジュネーヴで活動したがっている大金持ちの未亡人がいる……彼はこう叫んだという。「その婦人は大いなる神の愛を得たか、さもなくば狂っているに違いない！」[17]。

司教はさっそくジャンヌとコンタクトを取り、ヌーヴェル・カトリックのプロジェクトに参画するよう説得した。ジャンヌは逡巡したが、他に選択肢もなく、これに応じた。

家を出る

一六八一年七月、ジャンヌは五歳になる末の娘の手を引いて、周囲に内緒で、家を出た。このとき、三三歳だった。まずパリに出て、そこで法的な後見人と会い、財産管理について手はずを打った。そういうところは、しっかりしているのだ。そして、ヌーヴェル・カトリックのシスターたちと合流し、ジュネーヴへと向かった。まず、パリから船でセーヌ川を遡った。本来なら、川伝いにもっと東南に行けるのだが、親族が探し回るのを想定して、追っ手の目をくらますために、パリからそれほど遠くないムランで船を降り、あらかじめ手配しておいた乗合馬車に乗り換えた。

＊

七月のセーヌの旅。どんなだったろう？　船上に立てば、芳潤な夏の香りを、胸いっぱいに吸うことができただろう。両岸を流れる野や森の緑が、鮮やかにきらめいていただろう。夏の雲がむくむくと、川面に映っていたかもしれない。

ジャンヌの娘が、無心になって、あることをしはじめた。

驚いたことに、船で娘は、自分で何をしているか分からずに、ずっと十字架を作っていた。イグサを人に刈ってもらい、十字架を作り、それで私を覆い囲むのだ。そうやって三百以上の十字架を、私に付けてくれた。私は、されるがままにしていた。[V, 2.1, p.417]

きっと川一面に、背の高いイグサ科の草が繁茂していたのだろう。その中を、船が突き進んでいく。幼い娘は、母親の不安を、一心同体になって感じていたに違いない。母親を十字架で覆って、守ってあげたかったのだろう。しかし、十字架は、苦を背負うシンボルでもある。ジャンヌは、これからの苦難を予感した。

娘は無心に十字架を作り続けた。いくらやめさせようとしても、娘は十字架を私に付けるのをやめなかった。それを見て、同乗していたシスター・ガルニエが言った。

「この子のしていることは、なんだかとても神秘的ですね」

そして、娘に言った。

「お嬢さん、わたしにも十字架を付けてくださいな」

するとと、娘は言った。

「あなたのものではありません。お母さんのものです」

娘はシスターを満足させるために、十字架のいくつかをあげて、また私に付け続けた。そうやって、たくさん私に付け終えると、川面に咲く花を摘んでもらい、それで帽子を作り、私の頭にかぶせて、こう言った。

「十字架のあとに、あなたは冠をかぶらされます」

私は、ずっと黙って、みとれていた。私は〈愛〉に殉じた。〈愛〉に捧げられる生贄のように。

［同前］

これから先、自分は十字架に磔にされるような苦を背負うだろう。最後は荊の冠をかぶらされて、息絶えるだろう。――そんな暗澹たる不吉な予感を前にも、ジャンヌは揺るがなかった。静寂のうちに、ただ、大いなる〈愛〉に身を委ねるだけだった。

ちなみに娘の名は、ジャンヌ＝マリー。母親と同名だ。その容貌も性格も、母親と瓜二つだったという。

あなたは迫害を受けるでしょう

このヌーヴェル・カトリック参加の企画は、どうやら最初から筋が悪かった。ジュネーヴへ……と、ジャンヌはすっかりそのつもりで旅立ったものの、旅の途中アヌシーで、実はジュネーヴには行けないことを司教から知らされた。最終局面で宮廷からゴーサインが出なかったらしい。それでとりあえず、ジュネーヴ近くのフランス領にあるジェックスのヌーヴェル・カトリックに行くようにと、ジャンヌは言われた。ジュラ山脈の山腹にある町ジェックスは、フランスにとって対ジュネーヴ前哨基地としての役割を果たしていた。司教はそのとき、「間もなく状況が変わるので、しばらくそこに居てくれ」と、含みをもたせた説明をしたと、ジャンヌは後に証言している。しかし、その後、状況は何も変わらなかった。すでにジャンヌは、かなりの金額の寄付金をヌーヴェル・カトリックに支払わされていた。ジャンヌにすれば、あくまでもジュネーヴに行くことを前提に。のっけから、「話が違う！」なのであった。

さらに、興味深い話がある。ジャンヌは旅の途次、コルベイユの修道院で、かつてジャンヌを〈内なる道〉へと誘ったアンゲランに一四年ぶりに再会した。そのアンゲランが、ジャンヌのヌーヴェル・カトリック参加について、「あなたは、ヌーヴェル・カトリックの活動に馴染めないでしょう」と、ずばり言ったという。「自分たちと、ヌーヴェル・カトリックとでは、相容れる余地がない」とまで断言したというのだ。

ヌーヴェル・カトリックは、かなり狂信的、権力主義的な団体だったようだ。当時フランスでは、ルイ一四世という絶対権力者の意向に乗じて、プロテスタント信徒を暴力的にカトリックに改宗させることが各地で横行していた。プロテスタント家庭の子どもを騙して誘拐し、事実上の監禁状態に置くケースも多かったとされる。そして、親元では味わえないような豪奢な生活に浸からせて洗脳するなど、あれやこれやの人権蹂躙的な手口が使われたという。ヌーヴェル・カトリックという団体も、その例外ではなかったようだ[18]。ジャンヌたちは、こうした狂信的、集団主義的な人権蹂躙体質と、まったく相容れない。ジャンヌの生涯を追うと、いかに彼女がそういったものを嫌ったか、よく分かる。

最後にアンゲランは、ジャンヌにこう忠告した。

「決して、あなたが〈内なる道〉を歩んでいることを言わないように。もし知られたら迫害を受けるでしょう」

忖度なし

はたしてジェックスに着いてそうそう、ジャンヌはヌーヴェル・カトリックの活動に接して、やっぱりアンゲランの言うとおりだったと痛感せざるを得なかった。ジャンヌは、団体への正式なコミットを拒否し、団体との契約に応じなかった。

静寂者の旅は、いきなり挫折した。

ヌーヴェル・カトリック側は、ジャンヌをジェックスでの責任者にするという最大限のオファーを持ちかけた。普通に考えれば、これは決して悪くない話だ。おそらく名誉職のようなものだったろうが、それにしても何の実績もない在俗のジャンヌなのだから、高待遇のオファーだったと言えよう。しかし、ジャンヌは釣られなかった。そうした社会的な肩書きに、ジャンヌは全く関心がなかった。

結局、それも言説なのだ。それどころか、ジャンヌは大胆にも、ヌーヴェル・カトリックの関係者に直言した。

ヌーヴェル・カトリックにいる者の有り様は、外からの策略のゆえに、なんの共感も持てない。〔…〕一部の改宗のさせ方、その逸脱ぶりは好きになれない。すべてにおいてまっとうであってほしい。〔V, 2.6, p.461〕

そう、忠告したという。「外からの策略」とは、権力の政治介入だろう。「改宗のさせ方の逸脱ぶり」と言うから、やはり誘拐など、そうとう悪辣な手段が取られていたに違いない。

ジャンヌは、さらに、こうも言った。

こんなふうに、まっとうさや誠実さ、正義からもかけ離れたやり方をしたら、愛徳を惹きつけるためと思っていても、気づかないうちに冷え切ってしまって、愛徳も縮こまってしまうものだ。〔同前〕

「正義からかけ離れている」——とまで断言するのだから、よほどのことだ。それにしても勇気のいる発言だ。何しろ相手は絶対君主の意向で動いている権力団体なのだ。

ジャンヌは、忖度しない。いつも、言うべきことをストレートに言う。この「空気の読まなさ」は、やっぱり、自我主体がほどけ、言説支配から脱しているからできることだろう。その時々に、必要なことを言う。いや、ジャンヌにすれば、神に言わされるのだ。

闘いのはじまり

ジャンヌの歯に衣着せぬ批判に対して、ヌーヴェル・カトリック側は激しく反応した。ジャンヌは、こう書いている。

多大な信用のあるヌーヴェル・カトリックは〔…〕自分たちの暴力を無いものとして釈明するために、私を責め、糾弾した。それは糾弾、非難ばかりで、何の弁明もなかった。防御もしない者を誹謗して抑え込むのは、難しいことではなかった。[V, 2.7, p.468]

「何の弁明もなかった」――すごい。一歩も怯まない。聖俗の両権力を背景にした大組織を相手に、一人で真っ向から対決するのだから、生半可なことではない。まさにドン・キホーテだ(ちなみに余談だけれど、ジャンヌはドン・キホーテを読んでいた。後に逮捕されたときに蔵書として押収された)。

しかしこれは当然、ジャンヌにとって高くついた。後にジャンヌは国家権力、宗教権力の双方から猛攻撃されるが、その起点を遡れば、このときのヌーヴェル・カトリックとの衝突に行き着くのだ。

違いは違いのままでよい

このヌーヴェル・カトリックの一件はジャンヌの生き様に転機をもたらした。それまで、ジャンヌはプロテスタント信徒について、カトリック側の言うことを鵜呑みにしていた。「プロテスタントを改宗させなければいけない」という支配言説に、疑問を抱かずにいた。しかし、いざ現場に接すると、改宗政策の実態は、権力の濫用であり、個人の人格の蹂躙だった。

カトリックかプロテスタントかという教派の違いは、〈外〉のことでしかない（それもまた言説なのだ）。違いは違いのままでよい。大切なのは〈内〉でひとつになることだ。ジャンヌはそう考えるようになった。この考えは、彼女の晩年の生き様として結実する。

2　書く

ラ・コンブ

ジャンヌは、ジェックスで居場所を失った。そんな彼女の助けとなったのが、あのラ・コンブだった。ラ・コンブはジェックスからほど遠くないトノンにあるバルナバ会の修道院長だった。トノンはレマン湖沿いの町だ。当時はサヴォワ公国の領地だった。山の中にぽつんとあるジェックスよりもはるかに住みやすい。風光明媚な湯治場として知られ、今では夏になれば避暑客で大変な賑わいだ。

意外なことに、ラ・コンブをジャンヌのもとに送ったのはジュネーヴ司教だった。司教はラ・コンブの能力を高く評価していた。もちろん、彼がジャンヌの「解脱」に一役買っていたとは、つゆも知らなかっただろう。当のラ・コンブも知らなかったのだから。司教にすれば、有能なラ・コンブにうまく立ち回ってもらって、なんとかジャンヌを宥めすかし、ヌーヴェル・カトリックに引き留めたいところだった。

ジャンヌの初期の重要なパートナーとなるラ・コンブについては、あまり多くが知られていない。闇に葬り去られてしまった感がある。だが、残された数少ない彼のテキストを読む限りでも、彼が決して凡庸な神秘家ではなかったことが、十分に窺える。ラ・コンブはジャンヌの七歳上で、当時、四一歳だった。聖職者になってから、その秀才ぶりが評判となり、ボローニャやローマにも派遣され、神学の教鞭を執るかたわら、霊操指導を任されるなど多方面で活躍した。しかし一方で、ある神父が彼について「あの男はあと半年で狂人になるでしょう」と司教に耳打ちしたというから、何らかの奇矯な言動も目立ったのかもしれない。まあ、他人の足を引っ張って出世する者は、どこの組織にもいるもので、そのまま鵜呑みにはできないが。

ジャンヌはラ・コンブのはからいで、ひとまず娘をトノンのウルスラ会修道院に預けた。娘はジェックスの悪環境で体調を壊してしまっていた。そしてジャンヌ自身も、その修道院にしばしば滞在するようになった。

ジャンヌはラ・コンブを信頼した。ヌーヴェル・カトリックが彼女に契約するようせっつくが、団体の活動に問題があり、自分としては契約したくないと、打ち明けた。ラ・コンブは親身に相談に乗った。

「無理に契約することはありませんよ。神があなたに何を求めているか、それがはっきりするまで待てばよいじゃないですか」

そんなふうに助言した。ラ・コンブの人柄の良さが出ている。どこか駘蕩《たいとう》としたところのある人物だ。そもそも司教は、ジャンヌをヌーヴェル・カトリックにコミットさせたくて、ラ・コンブを送り込んだわけだ。ところが、ジャンヌの身になって、その司教の意向とは真逆のアドバイスをあっさりできてしまうのだ。

ジャンヌは、気持ちが楽になった。ひとまず安堵した。しかし、司教のほうはまったく満足しなかったであろうことは想像に難くない。何とかジャンヌを説得するよう、司教はラ・コンブのネジを巻こうとした。しかしラ・コンブは「無理強いはいけませんよ」と、司教に反論する始末だった。

スキャンダル・デマ

一方、ジャンヌの親族たちは、ジャンヌが財産権を握ったままアルプスの麓に去ってしまったと知って、大騒ぎになった。特にジャンヌの異母兄ドミニク・ラ・モットは、ラ・コンブと同じバルナバ修道会の会士だったため、同僚のラ・コンブへのライバル心も手伝い、ラ・コンブが財産目当てでジャンヌに接近したものと邪推したようだ。その異母兄が中心となって、親族側はジャンヌにさかんにプレッシャーをかけた。結局、ジャンヌは子どもたちの親権を原則的に手放し、夫の遺産のかなりを放棄せざるを得なかった。しかし、少なくとも娘の親権は譲らなかっただろう。

この騒動と前後して、奇妙な噂が流布した。ジャンヌとラ・コンブが同じ馬に乗っていた。二人はできている……。この噂をしきりに拡散したのはラ・モットだったらしい。しかし仮にそうだとしても、背景にはやはり、ジャンヌのヌーヴェル・カトリック批判に対する、団体や宗教権力からのカウンターを考えるべきだろう。このデマは、かなり組織的に拡散された様子が窺える。

ジャンヌは、ことあるごとに、こうしたスキャンダル・デマで攻撃される。それは彼女に限ったことではなく、古今東西、女性が一人で自分の道を開拓しようとするとバッシングされるのが常で、その手口はまずは人格攻撃で、なかでも恋愛スキャンダル系のゴシップがお決まりのパターンだろう。これから見ていくように、ジャンヌには常に「スキャンダラスな狂女」というレッテルが貼られる。現代に至っても、このフェイク・イメージがジャンヌから抜けない。このときのラ・コンブとのデマは、後々まで、二人にとって打撃となる。

ジャンヌはラ・コンブに全幅の信頼を置いた。彼に自分の聴罪司祭になってもらい、精神的な相談役として、彼を慕った。以後、ジャンヌとラ・コンブは、ボロボロになりながら、静寂者の道を二人三脚で切り開いてゆく。

光の信

それにしてもラ・コンブ神父、実に懐の深い人物だ。とにかく優しいのだ。ジャンヌのために自分も面倒なことに巻き込まれてしまうものの、それでも決して鬱陶しがることなく、いつもジャンヌを親身にサポートし続けた。

しかし、そんなラ・コンブに対して、ジャンヌはひとつだけ不満を抱いていた。ラ・コンブは何かにつけ「神のご加護だ、奇蹟だ」といったことを口走ったらしい。超常的なこと、神秘的なことに関心を持ち過ぎるのだ。

ジャンヌは、啓示、幻視、預言、脱魂、アロバミエント（法悦）など、今でいう変性意識体験を含んだもろもろの神秘体験に対して否定的だった。そうした「異常な」ことに囚われるなと、ことあるごとに弟子たちを戒めた。

特に幻視（霊視）体験には気をつけろと言う。そこに滞ってしまうと、それでほぼ一生が終わってしまうという。また、神秘的な声が聴こえる霊聴も、往々にして妄想でしかない。神としての〈ことば〉は、意味が分かるような分節された言葉として聴こえるものではないからだ。さらに、預言や啓示にも気をつけなければいけない。それに囚われると、往々にして偽の安心と浅薄な希望を持ってしまう。

ジャンヌは、こうまとめている。

> そうした恵みがどんなに崇高に見えても、やり過ごすことが重要だ。たましいがそこに留まっているかぎり、自分を本当に断念できない。だから決して、神そのもののうちへと渡れない。そうした恵みの中で、どんなに崇高な様子でいられたとしてもだ。そうやって恵みの中に留まっていたら、その恵みの贈り主のリアルな享受を逸してしまう。それは、はかり知れない損失だ。[V. 1.9, p.204]

異常の体験を神の恵みとするのは、ピンと来ないかもしれない。けれど、もともとカトリック界では奇蹟の類の神秘が重視されている。ジャンヌはそれを否定はしない。しかし、それも所詮は分節なのだ。やり過ごせと、ジャンヌは言う。自分をすっかり断念して、〈わたし〉とならなければ、神そのものの内へと渡れない。神の恵みという分節対象に留まっていたら、その「贈り主のリアルな享受」に入れない——つまり、神そのもののリアリティーを実感できない。

ジャンヌ自身、そうした異常な体験をしたことがないと、断言する。やっぱり、ジャンヌに神秘家というレッテルは貼り付かない。

そのジャンヌの目には、ラ・コンブは神の恵みに囚われ過ぎていた。ジャンヌにすれば、それは知性認識に頼り過ぎているからだった。面白いことに、普通だったら、超常的なことにハマるのは反知性主義的に思えるのだが、ジャンヌにすればそうではなく、逆に知性偏重主義のゆえだというのだ。〈精神〉によって何でも認識し、解明できるという自我の過信、人間の驕りが原因なのだ。こういう驕慢な知性偏重的な信仰のありかたを、ジャンヌは〈光の信〉と呼び、戒める。ラ・コンブも、やはりその例だった。

〈光〉に頼るのではなく、謙虚に自分の限界を知り、〈裸〉にならなければならない。

実は私もそう思っていたのです

ジャンヌは、何とかしてラ・コンブに〈裸の信〉の境地を教えようとした。ラ・コンブも素直に学ぼうとした。ラ・コンブはいっぱしの修道院長だ。それが、一介の在俗の女性に祈りの教えを乞うなど、当時の（というか、今日でも）常識から到底考えられないことだった。いかにラ・コンブが謙虚で、柔軟で、開かれていたかが分かる。

しかしそれでも、ラ・コンブはなかなか〈裸〉になれなかった。どうしたら彼に〈裸の信〉を伝授できるかと、ジャンヌは悩み苦しんだ。そんなあるとき、ジャンヌは、妙に何かを書きたい衝動に駆られた。

〔…〕私は書く衝動に強く駆られ、抵抗することがままならなかった。無理に書かないようにしていると、病気になってしまい、言葉が出なくなった。そんな自分に驚いた。そんなことは決してなかったことだ。特に書くべきことがあったわけでもない。この世のことについて書きたいことがあったのでもなく、何らかのアイデアがあったのでもない。それはシンプルな直感だった。それが満ち満ちて耐えられなくなってしまったのだ。乳があまりに張って、とても苦しくなった母親たちのように。〔V. 2.11, p.517〕

「言葉が出なくなった」というのは、興味深い。通常の言語分節のはたらきが麻痺してしまったのだ。

ジャンヌは、この書きたい衝動を、ラ・コンブに伝えた。

ラ・コンブは、こんなふうに答えた。

「実は私も、あなたに何か書いたらどうかと命じたい強い衝動に駆られていたのですよ。でも、あなたが何だか辛そうだったから、言い出せなかったのです」

面白いことにラ・コンブは、こういう大事なとき、たいがいジャンヌの提案に「実は私もそう思っていたのですよ」と答えるのだ。何となくユーモラスなやり取りでもある。

ジャンヌは答えた。

「辛かったのは、書かないでいたからです。書いたらきっと楽になります」

そこで、ラ・コンブがこう聞いた。

「でも、何を書きたいのですか？」

もっともな質問だ。

「知りません。知りたくもありません。私には何のアイデアもないですし、もしアイデアを持ったり、一瞬でも自分に何が書けるかを考えたら、それは神に対して不実になると思えてなりません」

知るか！　というわけだ。

ラ・コンブはジャンヌに書いてみるように勧めた。

書くジャンヌ

ジャンヌは猛烈な勢いで書きまくった。

> ペンを手に、私は何が書きたいのか、その最初の言葉さえ知らなかった。どうするか分からないままに、書き始めた。すると不思議な勢いで、それが来るのを発見した。最も驚いたのは、それが〈底〉から流れ出てくるようで、まったく頭を通過しないことだった。［V, 2.11, p.518］（傍点引用者）

ここでもやはり、有耶無耶の「それ」だ。この場合の「それ」は、文脈上、「神」と置くよりも、結局同じことなのだが、〈ことば〉と置くのが適切だろう。

「それが〈底〉から流れ出てくるようで、まったく頭を通過しない」――書く前には、ジャンヌは言葉が出なくなって、失語症のような状態に陥っていた。いざ書き出すと、相変わらず言葉が頭に浮かばないまま、意識を突き抜けた〈底〉から、〈ことば〉が流れ出たというのだ。頭を通さずに、〈ことば〉がダイレクトにペンを走らせたというのだ。

これまでも書いたように、ジャンヌの〈内なる道〉は、神である〈ことば〉によって裏づけられている（「ジャンヌの〈ことば〉観」四四二頁以下参照）。その〈ことば〉の観点から解釈すると、ジャンヌにとって書くことは、〈わたし〉の状態にあるジャンヌを通して、〈ことば〉がダイレクトにジャンヌを動かす特殊なプロセスだと言える。そのとき、ジャンヌの頭（つまり〈精神〉）は、言葉の表出に介在しない。〈ことば〉が自己分節して、言葉としてペンを走らせる。ジャンヌにすれば、自分が書いているのだけれど、まるで自分ではない、別の誰かが書いているかのようだ。――そういう冴え冴えとした多次元的な感覚にある。[19]

書くうちに、ジャンヌはだんだん楽になっていった。こうしてジャンヌは、最初の作品『奔流 *Les Torrens Spirituels*』を一気に書き上げた。この作品は、〈内なる道〉の道程を川の流れに喩えて解説したもので、ラ・コンブに、裸になって明け渡すコツを教えるために書かれたものだ。[20]

書くという「症状」

ジャンヌは書き始めると何時間でもぶっ通しで書きまくった。カンマもピリオドもはっきりせず、大文字と小文字の区別もなく、ものすごいスピードで紙一面に書き綴るジャンヌの筆蹟を見ると、ふと、あのビート作家ジャック・ケルアックが猛然とタイプライターを叩きまくる姿を彷彿させる。

ジャンヌは書かずにはいられなかった。それは「症状」と言ってもよかった。その点では、書かなかったらアル中になっていただろうというマルグリット・デュラスと似通っているかもしれない。ジャンヌはアル中にはならなかっただろうが、でももしかしたら、デュラスよりももっとひどい「症状」だったかもしれない。ほんとうに、そのへんに紙があると、どうしても書いてしまうのだ。紙一面に、ノンストップで書いてしまう。テキストがそこで終わるのは、単に紙がそこでなくなったから。そんな、具合なのだ。

第五章　脚　光

1　〈沈黙のコミュニケーション〉

以心伝心

ジャンヌは猛然と書きまくった。例えば彼女の自伝も、ラ・コンブの依頼でこの頃に書き始めたものだった。ジャンヌがどうやって〈内なる道〉を歩んだか、細大漏らさず書いてほしいと、ラ・コンブが求めたのだ。これに関しては面白い逸話がある。ジャンヌが自伝の中で教義上微妙なことや、ものすごいプライベートなことまでも細大漏らさず書いたものだから、さすがにまずいと、ラ・コンブは思ったらしい。読了して、原稿を破棄してしまった。ところがジャンヌは周到にも控えを用意していた。それをもとに、ジャンヌは自伝を書き継いでゆく。

ラ・コンブはジャンヌの書いたものを読んで、彼なりに学ぼうとした。それでもなかなか〈裸〉になりきれなかった。言葉にならないことを言葉で学ぼうとしても、どだい無理があるのだ。

ジャンヌは、ラ・コンブのためだと思って、〈裸の信〉の指南のために「言うべきことは言うように努めた」という。もともと言うべきことは言うタイプなのだから、そうとうきついことを言ったのではないか。さすがのラ・コンブもだんだん不機嫌になっていったという。もともと陽気なお喋り屋なのが、ほとんど喋らなくなってしまった。ラ・コンブのムスッとしている顔が目に浮かぶようだ。それで、ジャンヌも落ち込んで、寝込んでしまった。またもや失語症のようになったという。何かが起こる予兆だ。

ラ・コンブはジャンヌの聴罪司祭でもあったから、日々の聖体拝領や告解のため頻繁にジャンヌの病床を訪れた。しかし、二人とも黙り込むばかりだった。そうやって二人で沈黙しているうちに、あるとき、はたせるかな、二人に新しい境地が開けた。〈沈黙のコミュニケーション〉と、ジャンヌが呼ぶものだ。

人はこの世に生きているときから、天使の言語《ランガージュ》を学ぶことができる。神はそれを私に教えたがっていたのだ。そう、私は気づいた。〔…〕こころが語り合ったのだ。言葉にならない恩寵を分かち合ったのだ。それは、彼にとってもわたしにとっても、まったく新しい領野だった。あまりにすごくて、表現のしようもない。［V, 2.13, p.536］

〈こころ〉と〈こころ〉のダイレクト・フィーリングによるコミュニケーションだ。ジャンヌの〈こころ〉は日本語の「肚《はら》」に近いと、先に書いた。この場合も、それがよく表れている。

ちなみに、ここの「天使の言語《ランガージュ》」は、漠然と、天上的なといった常套的なニュアンスに取っておこう。

「恩寵」は、神の愛だ。言葉にならない〈愛〉。それを、直に肚《はら》で分かち合う。

このジャンヌ流の以心伝心は、ジャンヌと相手が実際に顔を合わせ、面授、心授される。対面して、まず、お互いが潜心状態に入る。このとき、ジャンヌはすっきりと〈わたし〉の状態にある。すると、ジャンヌを通して、相手に恩寵が伝播する。肚から肚へ、一種の直感的バイブレーションとして伝わるのだ。

この生身のコミュニケーションは、静寂者ジャンヌの真骨頂だ。

〈ことば〉の〈享楽〉

あまりに強烈に、神は私たちに浸透した。そしてその神的な〈ことば〉のうちに、私たちは、あまりに同じになってしまった。それはあまりに純粋で甘美だった。私たちは一言も口にできないまま、深い沈黙の分かち合いのうちに何時間も過ごしたのだった。［同前］

とてつもない〈享楽〉だ。ビリビリと来ている感じが、文面から伝わって来る。

「〈ことば〉のうちに、私たちがあまりに同じになってしまい」――ジャンヌは、〈沈黙のコミュニケーション〉を、やはり〈ことば〉のはたらきとして解釈する。書くときは、無分節の〈ことば〉が人間の言葉に自己分節し、ジャンヌのペンを駆り立てたわけだけれども、〈沈黙のコミュニケーション〉の場合は、〈ことば〉が言葉に分節されずに、いってみれば生のまま伝わるのだ。

> 私たちは、〈ことば〉のコミュニケーション、〈ことば〉のはたらきを、体験によって学んだ。たましいが〈ことば〉のうちにひとつになること。それにしても、なんという純粋さに、人はこの世においても到達できることか。［同前］

恩寵のキャッチボール

先ほどの書くことによるラ・コンブへの指南は、畳の上の水練のようなものだった。〈沈黙のコミュニケーション〉は、いわば水の中での実習だ。効果は抜群だった。

ジャンヌはこのときに会得したコミュニケーション法を駆使して、後に弟子たちを実践指南するようになる。しかし、ラ・コンブのキャパシティーは格別だったという。

> 私は、このようなコミュニケーションを、他の良きたましいたちとも実践するようになったが、でも、ラ・コンブ神父の場合とは違った。他のたましいとでは、私の側は何も受け取らなかった。ただ、私から相手に恩寵を分け与えるだけだった。相手は私の傍で、聖なる沈黙のうちに、尋常ではないパワーと恩寵を与えられる。でも、私のほうは相手からは何も受けない。ところがラ・コンブ神父との場合は、恩寵のコミュニケーションが寄せては返すのだ。彼が私から恩寵を受け、

私が彼から受ける。その恩寵を私が返し、彼が返す。極限の純粋さのうちに。［同前 p.536-537］

「寄せては返す flux et reflux」——波が寄せては返す。あるいは、潮が満ちては引く。そういう揺《たゆ》蕩《た》う気持ちよさだ。その揺蕩いの中で、恩寵のキャッチボールをするのだ。このキャッチボールができるのは、当面の間、ラ・コンブとだけだったという。他の人には、ジャンヌから相手に一方的に流れ込むだけだった。「尋常ではないパワー」と言うから、この場合は、例えば落雷のような感じだろう。

コミュニケーションの深化

この流れ込みは、受ける側のレベルに応じて感知のされ方が変化する。受ける側のレベルが浅いと、さっきもあったように、激しいバイブレーションとなって生身に伝わる。だが、受ける側のレベルが深まれば深まるほど、流れ込みが純化されて、感じなくなってゆく。ジャンヌはこう言う。

コミュニケーションを伝える相手のレベルが低いときは、より感じられる。川がずっと低い川へと流れ落ちるとき、たくさん音がして目立つのと同じだ。しかし、水が同じ高さにあって、もはや傾きが全くないときには、とても静かなものだ。それが広大無辺な海のようだったら、寄せては返すコミュニケーションになる。［D2, 2.67, p.252］

ジャンヌは、〈沈黙のコミュニケーション〉を通して、徐々に相手をゼロ・ポイントの境地へと誘導していくのだ。最上の実践指南だと言えよう。「手取り足取り」と言うが、手も足も取らず、生身の芯にダイレクトにはたらきかけ、導くのだ。

こんなことも言っている。


神が自分自身によって、誰かを通してコミュニケーションを行う時、それは常にそのたましいの状態に応じて、たましい同士の間で行われるものです。もしその人が〔コミュニケーションを、はっきり〕感じることが必要なら、それを感じ、味わうように行われます。もしその人が、ただ神の手のうちで柔軟になることが必要だったら、コミュニケーションによってもっと柔軟になるのです。もし〈死〉の状態に入るのなら、コミュニケーションが〈死〉をもたらします。もし勇気が必要なら、それと感じることなく勇気がもたらされます。このように、このコミュニケーションから得られる有用性については、ただその時に私たちが感じることや味わうことで判断してはなりません。その後〔の結果〕で判断すべきです。神の意志においては、その時々の私たちに適したものが常にもたらされるのですから。それは私たちに対する永遠の神の計画でもあるのです。〔C1, 124, p.292〕

とてもプラグマチックな指南だ。

バイブレーションを感じるからといって、有頂天になってはいけないし、逆に、感じなくなったたからといって、がっかりすることもない。その後の結果で判断しろと言うのだ。ただしその結果も、本人にはなかなか分からないものだ。師の立場にある者のみが観察できるのだ。

遠隔のコミュニケーション

〈沈黙のコミュニケーション〉は、相手がジャンヌから物理的に離れていても起こり得るという。

このコミュニケーションは、もし、たましいが十分に消失していれば、近くにいるのと同じように、遠くにいてもできるものです。しかし遠くからのコミュニケーションは、普通は、近くの場合のように内密ではなく、即時になされるものでもありません。〔…〕しかし、こころが広がって、コミュニケーションを発する者の広大無限さに参加するとき、そのときは、百里離れていても、まるで近くのようにコミュニケーションができるのです。［D2, 2.67. p.249-250］

ここで興味深いことは、コミュニケーションが空間的な距離に束縛されないという点もあるが、しかしそうは言っても、まずはやっぱりジャンヌと実際に顔と顔を合わせて、生身で接することから始まる点だ。いきなり具体的な身体性を無視することは、やはり難しいのだ。ましてや誰だか知らない不特定多数に、このコミュニケーションは実現しない。

自然であること

この「ダイレクト・トランスミッション（直接伝達）」と一般に呼ばれる技法は、ジャンヌ以前にも、キリスト教神秘家の間で体験され、実践されてはいた。しかし、ジャンヌほど自覚的に技法化し、積極的に駆使した例は、キリスト教では他に見当たらない。

ジャンヌの〈沈黙のコミュニケーション〉は司牧権力から全く理解されず、邪悪視された。後に触れるように、ジャンヌの最大の敵となるフランス・カトリック教会の重鎮ボスュエは、彼女の〈沈黙のコミュニケーション〉に対して露骨なミソジニー的嫌悪感、恐怖を覚えたようだ。「理性の光の足りない女性による幻覚」として侮蔑し、同時に「幻覚を駆使した恐るべき女性の誘惑」として邪悪視した。魔女による性的誘惑というステレオタイプなイメージに落とし込んでいると言える。

しかしジャンヌにすれば、「ある人たちには大変に異常に映るかもしれないが、イエス・キリストの恩寵によって到達した者にとっては、これほど自然なものはない」のだ。〈消滅〉の章でもあったように、ジャンヌは自分の境地を語る時に「自然な naturel」という言葉をしばしば使う。この場合の意味は「本来の・自由な・易々《やすやす》と・くつろいだ」といった意味で、「偽の・わざとらしい・奇抜な・細工された・強制された」などの反対の意味で使われる。(21) つまり、〈沈黙のコミュニケーション〉は決してわざとらしく奇抜なものではなく、その境地にあれば自ずと然るべく、自由に易々《やすやす》と行われるものなのだ。

〈沈黙のコミュニケーション〉はジャンヌの〈道〉の核心部分だ。しかしジャンヌ・ギュイヨン研究において、今日までほぼ完全に黙殺されてきた。いわばゲテモノ扱いされてきた[22]。だが翻ってみれば、この種の「ダイレクト・トランスミッション」は、少なくともアジア諸文化圏ではそれほど奇抜なものとして受け止められはしないのではないか。例えばインド文化圏では、一部のヒンドゥイズムやスーフィズムの間で「ダイレクト・トランスミッション」が理論化され、実践されている[23]。東アジア文化圏であれば、「気」の概念で十分に説明がつくだろう。では、なぜキリスト教文化圏、具体的には東西分裂後の西方教会の文化圏（カトリック、プロテスタント文化圏）で、〈沈黙のコミュニケーション〉がこれほどまでの無理解に晒されてきたのだろうか？　おそらくこれは、物心二元的な世界観の問題ではないか。精神と身体を単純に分離させ、身体を機械のように見立てる極端な物心二元観は、近代ヨーロッパの科学主義的な世界観の礎であり、今では地球規模で定着している。もちろんその有用性を否定するつもりはないが、ただし、そうした極端な、短絡的な物心二元の言説ではジャンヌの〈沈黙のコミュニケーション〉のような生身と生身の共振といった繊細微妙な動態を説明できない[24]。

脱・物心二元

もちろんジャンヌ自身は慣習的な物心二元観に疑問を持っていなかった。しかし彼女のテキストを仔細に読むと、物心二元の言説が随所で破綻するのだ。〈からだ〉から切断されたデカルト的〈精神〉ではなく、〈からだ〉と繋がる〈こころ〉によって〈道〉を突き詰めた結果として、それこそ「自然」なことだろう。そもそも〈消滅〉の無分節に至れば、〈からだ〉も〈こころ〉も区別がなくなり、いずれも〈消滅〉するのだ。その自然で伸び伸びとした境地を、ジャンヌは後にこんなふうに表現する。

すべてがあまりに神のうちに変容しているものだから、からだも、たましいも、すべて神仕立てです。すべてが神化し、愛のうちに一様になるのです。ああ、不可思議な純粋さよ！　その純粋さがたましいだけでなく、からだも包むのです。もう、たましいとからだを区別できません。すべてが神のうちにひとつで、すべては神です。もはや、たましいはからだにとっての重しではありませんし、また、からだはたましいの障害でもありません。[25]

勘違いされやすいかもしれないが、ここでジャンヌは透明人間化や幽体離脱などの異常体験を語っているのではない。そうした異常体験としての解釈は、まさに物心二元言説の帰結でしかない。ジャンヌがここで語っているのは、デカルト的な機械論的身体観を越えた、彼女流の「身心脱落」の自由の実感だと言えよう。[26]

コミュニケーションとは

ところで本書では、「コミュニケーション」というカタカナ日本語を使っているが、これは一つには、ジャンヌの使うcommunication（フランス語ではコミュニキャシオン）という言葉が日本語には翻訳不可能だからだ。もちろん「伝達」といった意味も含まれるが、「分け与える」ことや「分かち合う」こと、その分かち合いに「参与」することの意味があり、ジャンヌの場合、そのニュアンスが重要だ。〈ことば〉の、あるいは恩寵の流れに共に参加し、それを分かち合うこと。

　考えてみれば、コミュニケーションとは本来、単なる情報伝達ではないはずだ。こうした共にあり、分かち合うという相互扶助的な理念とはたらきが、その根底にあるのではないか。それには、言語という道具が必ずしも必要ではない。日本語だったら「以心伝心」の他に、例えば「阿吽の呼吸」がある。呼吸としてのコミュニケーション。そういう意味では、ジャンヌの〈沈黙のコミュニケーション〉は一つのコミュニケーション論としても読めるだろう。

　ためしに当時のフランス語辞典（Antoine Furetière. *Dictionnaire Universel.* 1690）をめくってみよう。communication の項は「他者に与える行為。自分の持っているものを、善であれ悪であれ、他者に与らせる［参与させる］こと」[27]とある。他者に与えること。参与させること。まさに、ジャンヌの〈沈黙のコミュニケーション〉の要点だ。

　さらに、その直後の文例が注意を引く。こう記されている。「秘跡の手段をもって、神は我々に恩寵を communication する」[28]——秘跡 Sacrements は、カトリックの場合、洗礼、堅信、聖体拝領など七つあり、いずれも司祭によって授けられる。中でも聖体拝領（communion. Saint Sacrement とも呼ばれる。プロテスタントの聖餐）は日々の生活において重要なものだ。そもそも、communication（ラテン語の communicatio に由来）はフランス語であれ英語であれ、communion（ラテン語のコムーニオー communio に由来）と縁深い用語である。おそらく当時の人は、communion という言葉を聞くと、communion 聖体拝領を、潜在的にであれ連想したことだろう。

聖体拝領を通して、キリストのからだと血となった聖体を司祭が信徒に分け与えることは、司牧権力の独占的な行いであり、司牧権力の最大の根拠だとも言えよう。その点でジャンヌの〈沈黙のコミュニケーション〉は、実はかなりセンシティブな問題を抱えているのだ。ジャンヌの相互扶助的な〈沈黙のコミュニケーション〉が、司牧権力の独占的な聖体拝領に代わり得るものとして理解されかねないからだ（実際、この辞典の文例の「秘跡」を「沈黙のコミュニケーション」に置き換えてみれば、ジャンヌの書いていることと面白いほど符合する）。これは、司牧権力にとって由々しきことだった。司牧制の存在根拠そのものを突き崩しかねない問題だった。

もっともジャンヌは、決して聖体拝領を否定したことはなく、本人も毎朝、聖体拝領を欠かさなかった。ジャンヌにとって〈沈黙のコミュニケーション〉と聖体拝領は両立するものだったことは明白だ。しかし司牧権力にとっては、〈恩寵の母性〉を根拠にした彼女のコミュニケーションは、全く受け入れがたいものだった。伝統的にカトリック国のフランスで〈沈黙のコミュニケーション〉がタブー視されてきた理由の一つはそこにあるだろう。

2　手作りの霊性運動

黙示録の女

こうして新たな境地を獲得したジャンヌは、ある夜、鮮烈な夢を見た。「黙示録の女」の夢だった。

「黙示録の女」とは、新約聖書『ヨハネの黙示録』に登場する女性で、「メシア」つまり世界の救世主を産む女性だ。

〔その「黙示録の女」は〕月を足下にして、太陽に包まれていた。頭に一二の星があった。そして、妊娠していた。出産の苦しみに泣き叫んでいた。［V, 2.14, p.544］

この「黙示録の女」は自分だった。ジャンヌは、夢の中で悟った。自分は恩寵という果実を孕んでいる。その果実を産み、それを子たちに伝えなければならない。自分に与えられた、書くことと、〈沈黙のコミュニケーション〉は、そのための二つのツールなのだ……ジャンヌは自分のうちの〈恩寵の母性〉に目覚めた。

そして、こう書く。

言葉にならない、永遠の言葉の沈黙のうちに、あなたは私に確信させた。あなたは私に何百万の子を与えるであろうことを。そして、十字架を通して、私があなたを産むであろうことを。［V. 2.14, p.545］

やはり、〈あなた〉と呼ぶしかない二人称の神であり、〈ことば〉だ。それにしても、いくら〈あなた〉と言っても、神学者たちからすれば、神を産むことに変わりない。教会権力筋が、ジャンヌを危険視したのも当然だろう。もっともこれはジャンヌの独創ではなく、先行例がある。例えば中世後期の神秘家エックハルトの説いた「魂の底での神の子の誕生」といった表現がつとに知られている。自分が神を産むというよりは、神が自己産出する場となるといったニュアンスだ。しかしジャンヌは女性として、もっとストレートに産む痛みのリアルを前景化している。そして、〈あなた〉を産むという主体性が鮮明に浮かび上がっている。「十字架を通して」というのは、世界の苦を引き受けるということだ。多くの女性にとって、出産はまさにこういう宇宙規模の痛みと創出の実感なのではないだろうか？　この夢は、ジャンヌ自身が体験した五回の出産のリアルを、想像界の〈恩寵の母性〉に昇華したものだとも言える[29]。

それにしても、何百万の子が与えられるというのだから、めくるめく世界だ。ただし、ここで注意したいのは、ジャンヌは子たちを直接産むのではない。その意味で、ジャンヌにとっての想像的母性は、生殖とは切り離されている。ジャンヌが産むのは、あくまでも〈あなた〉だ。産んだ〈あなた〉を、子たちに分かち合うのだ。具体的には、〈沈黙のコミュニケーション〉によって〈ことば〉を子たちに分け与え、新たないのちをもたらすのだ。子たちを教え導き、新たに生まれ変わらせる……これは家父長制社会では、むしろ父権の役割ではないだろうか。そういう意味では、かなり攪乱的な「母性」なのである。

あの謎めいた「ジュネーヴ」という言葉に駆り立てられて、ジャンヌは訳の分からないまま家を飛び出し、暗中模索、猪突猛進してきた。が、ここに来て、ようやく自分のなすべきことが、はっきり見えたのだ。
ジャンヌは、独自の霊性運動を始める。

分裂と混乱

〈恩寵の母性〉を確信したジャンヌは、〈内なる道〉を、ラ・コンブ以外のひとたちに積極的に伝授しはじめた。はじめは、彼女のいたトノンのウルスラ修道会のシスターたちに広まったようだ。さらに周辺の修道院にも広まっていった。破竹の勢いだったらしい。教会組織にすれば、看過できないことだった。
ジュネーヴ司教が書いた、ある手紙の文面が残されている。ジャンヌについて、こんなことを書いている。

彼女が自身の精神を普遍的なものにしようとし、修道会の会則の精神に反して、我々のすべての修道院に〔自分の精神を〕導入させたがっていることは、認めざるを得ません。それは、聖なる共同体に分裂と混乱を引き起こしています。私の彼女に対する苦情はそれだけです。それ以外は、私は彼女を、想像を絶するほど高く評価し、敬意を抱いています[30]。

この手紙の宛先は、はっきりしないが、おそらくジャンヌのいたウルスラ会の修道院長に宛てて書かれたのではないかとされている。その修道院長もまた、ジャンヌの祈りに共鳴していたらしい。また、司教自身もジャンヌの引き起こす騒動に頭を抱えながらも、彼女の霊性を少なからず認めていたことが窺える。

小さな霊性運動

さらにジャンヌは、トノンに慈善施設を設立し、自分の手で運動を始めた。貧しくて治療を受けられない病気の女性たちのための施設だった。また、病気でも家族のために働かなければならず、施設に入れない女性たちを支援する活動も展開した。ジャンヌによると、ラ・コンブが発案したのだという。きっと、ラ・コンブがジャンヌの希望を聞いて、「私もそう思っていたところです。善は急げ、やりましょうよ」とあいなったのだろう。

ジャンヌは、ヌーヴェル・カトリックの政治性の強い、マイノリティー排除的なプロジェクトを拒否した。それに代わって、自分のやりたいことの原点をはっきりさせ、シンプルでコンパクトな活動を、自分の手でやりはじめたのだ。

最初は、一二台のベッドでスタートした活動だった。それでも、ジャンヌに共鳴した三人のボランティア女性が奮闘し、次第に活動の輪が広がり、支援も順当に集まったという。この成功をはじめとして、ジャンヌは後にグルノーブルにも施設を創設したと書いている。何だかんだ言いながら、やりたいことをやってのけるのが、ジャンヌだ。

活動と言っても、「黙示録の女」にしては小さな運動でしかなかった。しかし、その身の丈に合った手作り感が、静寂者ジャンヌにふさわしかったのではないか。個人と個人が実際に生身で接して、根源的ないのちを分かち合う活動なのだから、小規模の緩やかなネットワークにしかならないだろう。

だからこそ、インパクトがあったのだと思う。

ジャンヌの〈内なる道〉はここに至って、結実した。ジャンヌの〈道〉の最終目標は、他者へのはたらきかけだ。それがキリスト教の肝要でもあるだろう。自分だけで満足するならば、こんなに苦労することもない。

迫害される女性たち

活動を通してジャンヌは、社会の底辺で苦しむ女性たちと、各地で交流した。それを窺わせる珠玉の文が自伝にある。


町には、一二、三歳の娘たちが、ほとんど一日中、神と対話するために沈黙しながら働いていた。それが大いなる習慣となっていた。とても貧しい娘たちだった。二人一組になって、読むことのできる者が読めない者に読み聞かせをしていた。そこには、原初のキリスト者たちのイノセンスが蘇っていた。

その中に、洗濯を仕事とする貧しい女性がいた。彼女には五人の子供と、右腕の麻痺した夫がいた。夫はその体よりも精神のほうがさらに荒廃していた。彼女を殴る力しかない夫だった。この可哀想な女性は、天使の優しさで、それらすべてを耐え苦しみ、夫と五人の子どもを養っていた。この女性は、すばらしい祈りの才能に恵まれていた。いつも神の現前を保っていた。最悪の惨めさと、極度の貧しさの中で、いつも彼女は平静だった。

彼女の他に、行商人と錠前屋の女性がいて、この三人が友だちだった。彼女に他の二人が読み聞かせをしたのだが、驚くことに、読み聞かせることのすべてを、彼女は主から教わっていて、すでに知っていたのだ。そして、それについて、神々しく語り出すのだ。

聖職者たちは、この女性を捕まえて、〈沈黙の祈り〉をやめるように厳しく脅した。〈沈黙の祈り〉は聖職者だけのもので、彼女のような分際でするとは、ふとどきだと言うのだ。

彼女は答えた。

「主は、みんなに祈るようにと言っています。司祭や修道者だけではなく、みんなに。〈沈黙の祈り〉なしに、私はとても自分の背負った十字架、この貧しさに耐えることができません。〔…〕〈沈黙の祈り〉をする者と、しない者を、それぞれ二〇人ずつ聞き取りしてみてください。そうすれば、あなたたちの非難が正しいかどうか分かるでしょう」

こうした境遇にある女性のこのような言葉には、本来なら納得すべきだが、逆に、彼らはますます怒り狂った。〈沈黙の祈り〉をやめないかぎり罪の赦しを与えないと脅した〔つまり、死んでも救われないぞという脅しだ〕。すると彼女は「罪の赦しは、自分で決めることではありません。主が決めることです」と言った。

聖職者たちは、町にあった祈りに関する本を広場で焚書にした。

〔…〕

トノンの町にも、女性たちが集まって隠棲していた。貧しい村の娘たちだった。生活費を得ながら神に仕える生活をするために、一緒に暮らしていた。時折、みんなが働いている間、一人が聖書を読み聞かせた。彼女たちは最古参の者にお伺いを立てずに退席することはなかった。彼女たちはリボンや糸を作るなどそれぞれの職業で生計を立て、強い者が弱い者を支えた。その彼女たちを、聖職者たちはばらばらに引き離した。他のいくつもの村でも同じことをした。そして、彼女たちを教会共同体から追放したのだ。［V, 2.18, p.580-582］

鮮やかな現場感覚だ。みずみずしいルポルタージュを読むようだ。迫害され、抹殺された女性たちが言挙げされている。ちなみに最後に「彼女たちを、教会共同体から追放した」とあるが、当時ではこれは社会から完全に排除することを意味した。ジャンヌは彼女たちを代弁して、真正面から教会を批判する。ジャンヌにとって書くとは、時としてこうしたストレートな社会性を伴うものにもなる。

興味深いことに、これを読むと、貧困女性による祈りのグループがアルプス地方に点在していたことが分かる。そして、それが一種の相互扶助的な共同体だったことが窺える。

ヨーロッパには中世以来、「ベギン」と呼ばれる女性共同体の伝統が連綿と続いていた。彼女たちの多くは修道院に入る経済的余裕もなく、在俗のまま自分たちで相互扶助共同体を営み、機織りなどの労働で収入を得ながら、深い祈りに暮らした。このベギンの系譜はキリスト教神秘思想のメインストリームの一つで、アントワープのハデヴィヒや、マルグリット・ポレートなど傑出した神秘家たちが登場した。先の文によれば、現在のスイス周辺でも、一七世紀にベギン的な運動が続いていたことが窺える。当然、ジャンヌが傍観者だったわけではあるまい。ジャンヌ自身、女性たちと共に祈り、彼女たちに〈内なる道〉を伝授したことは疑いない。

ジャンヌ自身は、およそ貧困とほど遠い境遇に生きていたわけだが、しかし、男性支配社会での女性の苦は、そのまま自分の体験だった。労働を搾取され、ドメスティック・バイオレンスに晒され、病気に苦しみ、誰からも顧みられない彼女たちに、ジャンヌは全身で共振、共苦しているのが分かる。

このジャンヌの共振、共苦は、憐憫ではない。例えば、文中に登場する洗濯を仕事とする女性。彼女について語るジャンヌの筆致に、ジャンヌらしさが現れている。この女性は、貧困の底で夫のドメスティック・バイオレンスの被害を受ける哀れな存在なだけではない。この女性は「すばらしい祈りの才能に恵まれ、いつも神の現前を保っていた」。「いつも分け隔てなく平等だった」。さらに、聖書について、彼女は何も教わっていないのに、「主から教わっていて、すでに知っていた」。しかも「それについて、神々しく語り出す」のだ。ジャンヌの目には、この女性はすでに〈わたし〉の境地に達していた。〈ことば〉が彼女を動かしているのだ。あるいは、この一人の人格としての女性のうちに、イエス・キリストが鮮やかに生きている。そうとも言える。自分もそうだけれど、隣人も、誰だって、人は神の像だ。その一人一人の人格的尊厳を守ること。権力に抵抗し、連帯すること。ジャンヌのキリスト者らしさは、こういうところに示されているのだと思う。

ジャンヌの〈道〉は、こうした女性たちのエンパワメントとして機能した。ミソジニー社会の毒に対する、たましいのデトックスだった。ジャンヌの〈道〉は、社会の底辺に生きる女性たちの間で、急速に広まっていったのだろう。

3　短く簡単な祈りの方法

大ブレイク

ジャンヌの〈沈黙の祈り〉は爆発的な勢いで伝播した。ジュネーヴ司教にしたら、これは全くいただけない話だった。いい加減に教区から出て行ってくれと、ジャンヌに強烈な圧力をかけたのも無理からぬことだ。

ジャンヌはトノンを去らざるを得なくなった。転々として、アルプスのふもとの町グルノーブルに半年ほど逗留した。そこでも、やはり〈内なる道〉が大ブレイクした。大勢の人々が彼女に会いにやって来た。評判が評判を呼んで、ジャンヌの滞在先には連日、長蛇の列ができた。朝の六時から夜の八時まで、老若男女、あらゆる身分の人々がジャンヌのもとを訪れ、ジャンヌに〈内なる道〉の指南を求めた。

さらに、ジャンヌは怒濤の勢いで書き続けた。日中はひっきりなしに押し寄せる来訪者たちの相手をし、夜は聖書註解を書き綴った。一日に二、三時間しか眠る時間がなかったという。

この聖書註解は、旧約と新約を網羅する大分量のテキストだ。この作品の歴史的意義は、聖職者でもない女性が、聖書全般にわたる註解書を、首尾一貫した読解によって註解し果たせている点にある。これは当時にすれば革新的なことだった。そもそもエクリチュール、つまり書くこと自体が、もっぱら教会と大学を場にした男性による知の独占的領域だった。いわんや、「大文字のエクリチュール

（聖書）」をや、だ（「聖書註解」四四九頁以下参照）。

さてそんなある日、高等法院のさる人物が、ジャンヌのもとを訪れた。たまたま、ジャンヌの机に置いてあった原稿に、その男の目が留まった。それを読んで、男はいたく感銘し、「ぜひこれを出版したい」と言い出した。ジャンヌは承諾した。

こうして刊行されたのが『短く簡単な祈りの方法 *Moyen court et très facile pour l'oraison*』だった（以下『短く簡単な祈り』）。

誰でも祈ることができるという、祈りの解放の書ともいうべきこの本は、たちまちベストセラーになった。あわせて五刷か六刷までいき、数万部が売られた。当時にすれば画期的だ(31)。

誰でも祈ることができます

こうした祈りのハウツー本は、当時にすれば決して珍しいものではなかった。ただ、そのほとんどは聖職者の男性が書いたものだった。その中で、在俗の女性が「私のようにすれば、みんな祈りができます」と、自分の体験をもとに、万人に親しみやすく書いたこの入門書は、とても新鮮だった。その新鮮さは今も色褪せていない（この本のタイトルは『誰もがとても簡単に実践できて、それによって短期間で高い完成度（完徳）に達することのできる、〈沈黙の祈り〉のとても簡単で、手短な方法』と、ものすごく長い。こういう長いタイトルは流行りだったのかもしれない。今日の本の「帯」の役割も兼ねていたわけだ。作者の名は記されていない。ただし、ジャンヌが書いたことは世間に知れ渡っていた）。

こんな出だしだ。

誰でも〈沈黙の祈り〉を祈ることができます〔以下、「祈り・祈る」と略す〕。なのに、ほとんどの人が自分は祈りに招かれていないと思い込んでいるのですから、なんて恐ろしい不幸でしょう。私たちはみんな、祈りに招かれています。みんな、救済に招かれているように。祈りとは、神にこころを向けること。愛の内なる働きに他なりません。

〔…〕

親愛なる兄弟たち。誰であってもかまいません。自分を救いたければ、みんな祈りにいらっしゃい。みんな、愛に生きるように、祈りに生きなければなりません。

〔…〕

いらっしゃい、渇いているみなさん。いのちの水のもとに。水を貯められない壊れた貯水池を掘ったりしていないで。

〔…〕

外的な〔日常の〕仕事に背を向けることなく、いつも祈りにいられる方法を習ってください。王子だって、王だって、偉い聖職者だって、司祭だって、高官だって、兵士だって、子どもだって、職人だって、農夫だって、女性だって、病人だって、みんなできる、そんな祈りです。〔CEM, p.72-74〕

祈りは誰にでも開かれている。人間社会のヒエラルキーはいっさい関係ない——。

もっと言うと、ジャンヌの祈りは、皆に開かれているけれども、誰もが一様に深い境地に到達できるわけではない。王よりも、偉い聖職者や司祭よりも、一介の兵士、子ども、職人や農夫、女性、病人のほうが深い境地に到達することが、往々にしてある。それは、どれだけ自分を明け渡し、自分を断念できるかによる。しかも、すべては恩寵次第だ。

ちなみに最後に、女性、病人が挙げられているが、この並びは、たまたまではないだろう。女性、病人は弱者を代表するもので、聖書にもそうした文脈で出てくるわけだが、ここはそれだけではない。もっと具体的に、ジャンヌが行なっていた、貧困に喘ぐ病気の女性たちのための支援活動と直接に関連していると読むべきだ。おそらく、この本のモトは、支援活動のスタッフたちのために書かれた手引き書だろう。自伝では「仲間たちに祈りをガイドするために書いたテキスト」と、説明している。本の中では例えば、字の読めない人に対する沈黙の祈りの伝授法が、丁寧に説明されている。それは先に紹介した、貧困女性グループについての現場報告とも合致している。

ナント勅令廃止

この本が出版されたのは、一六八五年三月のことだ。この年に、フランスでは大変なことが起こった。「ナントの勅令廃止」だ。

それまでフランスでは「ナントの勅令」（一五九八年に、アンリ四世がナントで発布した勅令）によってマイノリティーのプロテスタントの信仰がまがりなりにも保証されていた。しかし、ルイ一四世は信仰統制を強め、ついにこの年の一〇月にナントの勅令を廃止し、プロテスタンティズムの完全非合法化に踏み切ったのだ。プロテスタント信徒たちは、権力の後ろ盾を得た武装勢力に襲われ、集団リンチに晒され、暴力的にカトリック改宗を強制された。多くのプロテスタントは、いのちからがら国外に亡命した。

そのナントの勅令廃止の同じ年に、ジャンヌの本が出版されたのである。たまたまのことではあっただろう。しかし、宗教的・社会的非寛容がついにここまで来たかというときに、「私たちは誰でも祈りに招かれています」ときっぱりと宣言する本が出たことは、注目してもよい。

それに忘れてはならないのは、ジャンヌは実際にカトリック勢力にとっての対プロテスタント対策の前線だったジェックスにいたのだ。そしてヌーヴェル・カトリックの強引な改宗運動を拒否し、自分なりの活動を始めたわけだ。ジャンヌの書く「誰でも」には、プロテスタント信徒も含まれていたと解釈するのが自然だろう。少なくとも当時のプロテスタント信徒は、そう読んだ。

この本は、後にフランスなどカトリック圏では禁書にされた。しかし、オランダ、ドイツ、イギリス、スイスなどのプロテスタント圏で受容されてゆくことになる。

第二部　抵抗する静寂者

第一章　ヴェルサイユの仲間たち

1　ギュイヨン・サークル

パリ行き

ジャンヌの人気は、宗教界の怒りを買った。何の肩書きもない在俗の女性が祈りの指南をして、しかもすっかり人気者になって、ベストセラーまで出してしまうなんて、まったくもってけしからんというわけだ。

ジャンヌは教会権力筋の圧力を受けて、グルノーブルからも追い出され、各地を転々とした。追い詰められたジャンヌに、一通の手紙が届いた。あのシャロ夫人からだった。ジャンヌのこころのお姉さんだ。「そろそろパリに戻ってらっしゃい」という、誘いの手紙だった（この場合のパリは、パリ生活圏といった意味合いで、ジャンヌの故郷モンタルジや、ヴェルサイユ宮廷も含まれる）。まるでアルプス地方でのジャンヌの武者修行を、ずっと見守っていたかのようである。なんだかジャンヌは、いつもシャロ夫人の手の内で転がされているような感じだ。

ジャンヌはパリ行きを嫌がっていた。というのも再三親戚筋からパリ方面へ上京して、話し合いをするよう要請されていたのだ。財産権の絡みで、いざこざがまだ続いていたらしい。

ただしそれだけではなく、やはりジャンヌとしてはせっかく自分の活動が軌道に乗り出したのだから、グルノーブル近辺で活動を続けたかったのが本音だったろう。でも、どうにもならなくなってしまい、ついに上京を決意した。

隠れサロン

流浪の静寂者ジャンヌは、娘を連れて、一六八六年七月二一日（マグダラのマリアの日の前日）にパリに到着し、ひとまず、ノートルダム修道院で荷をほどいた。さっそくジャンヌは、ベーヌにあるシャロ夫人の別邸に招かれた。ベーヌは、セーヌ川の支流モールドル川の谷あいにある隠れ里のようなところだ。ヴェルサイユまでおよそ二五キロ。宮廷人にとって、ヴェルサイユ宮を行き来するには手頃な場所だったと言える。

この小さな町に、ベーヌ城がある。ベーヌ城はシャロ夫人の親族に所有権があったが、事実上シャロ夫人が使っていたようだ。この城はルネサンス時代、寵姫ディアーヌ・ド・ポワチエがアンリ二世を迎えるために使ったという艶な場でもあった。しかし、シャロ夫人の頃はすでに古くなっていて、維持費もかかったことだろう。一八世紀に入ってから売りに出されてしまう。シャロ夫人は、この城を祈りの場として使っていたらしい。瞑想仲間たちのいわば「隠れサロン」として機能していたようだ。

このとき、シャロ夫人は仲間を集め、数日間の瞑想会を行なったようだ。実際は、ジャンヌの歓迎会のようなものだっただろう。

日々を祈りに過ごしたシャロ夫人のことだから、ベーヌのサロンは華美ではなかっただろう。かといって、いたずらに陰気臭い雰囲気を想像する必要もない。美しい装飾の施されたクラヴサンの一つぐらいあったとしてもおかしくない。集まった客人たちはジャンヌを囲んで、〈内なる道〉談義に花を咲かせたようだ。その合間に、誰かが流行りのオペラのアリアの一節をクラヴサンで奏でたりする。そんな光景を思い浮かべるのもオツだろう。

集まった者の中には、理屈っぽい神学者もいたようだ。ジャンヌと馬が合わなかったらしい。得々と喋る神学者を前に、「この人、ぜんぜん分かってない」などと思いながら黙っていると、ジャンヌはだんだん具合が悪くなってきたという。そのうち、いつもの「乳の張る」ような状態になってしまった。「恩寵」がジャンヌの内に満ち溢れてきたのだ。〈沈黙のコミュニケーション〉の前兆だ。けれども、集まった連中はまだそのレベルにはなかった。「恩寵」が相手に流れ込まずに、ジャンヌにスタックしてしまった。苦しくて耐えられなくなって、ジャンヌは寝室に引きこもった。シャロ夫人が息子と一緒に、ジャンヌを介抱した。すると、ジャンヌの身から、あまりの勢いで「恩寵」のパワーが放たれたものだから、ジャンヌのコルセットが引きちぎれてしまったという。——この自伝の箇所は、後に教会権力筋から揶揄の対象となった。しかし、ジャンヌが「恩寵」と表現するものを、東アジア文化圏の「気」と置き換えれば、極めて分かりやすい現象だろう。その場にいたシャロ夫人と息子は、びっくりした。シャロ夫人にとっても、〈沈黙のコミュニケーション〉は未知の領域だった。しかし次第に、シャロ夫人と息子に恩寵がすっきりと流れ込んでいった。それがはじまりとなって、徐々に他の者にも〈沈黙のコミュニケーション〉が実現していったという。ジャンヌがモンタルジを飛び出て、アルプス地方を遍歴している間、シャロ夫人は亡くなった師ベルトの旧ベルト・サークルを束ねていた。以後、ジャンヌが中心となってギュイヨン・サークルとして継承されてゆく。

三姉妹

このギュイヨン・サークルには個性的な面々が揃っていた。中心になるのは、シャロ夫人とコルベール三姉妹だった。三姉妹の父親であるコルベール財務総監（Jean-Baptiste Colbert, 1619–1683）は、ルイ一四世の側近中の側近だった。重商主義政策で、歴史上よく知られている人物だ。三姉妹のうち、長女のジャンヌ（Jeanne-Marie Colbert, 1650–1732）はシュヴルーズ公爵と結婚し、一般にシュヴルーズ夫人と呼ばれる。次女のアンリエット（Henriette-Louise Colbert, 1657–1733）はボーヴィリエ公爵と結婚し、ボーヴィリエ夫人。二人の夫はいずれもルイ一四世の政権中枢にいた人物だ。また、三女のマリー（Marie-Anne Colbert, 1665–1750）は、やはり将来を嘱望されたモルトマル公爵と結婚したが、ジャンヌがパリに上京した翌年に夫が戦死し、若くして未亡人となる。

この三姉妹がいつからサークル入りしていたかは詳らかにしないが、ベルトの亡くなった後（一六八一年に逝去）、彼の遺稿が次女アンリエットの夫ボーヴィリエの手に渡され、さらにボーヴィリエからシャロ夫人に渡された経緯が明らかにされている（その遺稿は後にシャロ夫人からジャンヌへと渡され、オランダで出版された)。ということは、ベルトの時代にすでにアンリエットが関わっていたものと考えられる。

コルベール三姉妹について、同時代の回想録作家サン＝シモン(Louis de Rouvroy, duc de Saint-Simon, 1675-1755)が、「言葉のポートレート」を描いている。[32]それによれば、長女のジャンヌ・シュヴルーズ夫人は「背が高く、褐色の髪をした、目立って美しい女性」だったという。歌や踊りや食事やトランプ遊びやらと、事あるごとに宮廷の社交行事に呼ばれ、社交界の華だった。しかし彼女自身は「社交的なエスプリに富んでいた訳では決してなく、逆に、宮廷ではユニークなほどに媚び諂いのない、率直で真っすぐな気性」だったという。

次女のアンリエット・ボーヴィリエ夫人は、姉とは好対照のキャラクターだったという。「彼女のようにエスプリがあり、説得力があり、繊細で、正しく、利発で、きっちりしていて、その場の空気を取り仕切れる女性は、他にいなかった」と絶賛している。サン＝シモンはボーヴィリエ夫妻を親のように敬愛していたのだから、夫人への賛辞は当然なのだが、ただし、辛辣なペン使いが特徴の彼は、こんな意地の悪いルッキズム的コメントを付け加えるのを忘れない。「彼女はごくナチュラルな優しさに満ち、その自在な所作が、その並ならぬ不美人さを忘れさせるほどだった」。

三女のマリー・モルトマル夫人は、一三歳のときに、一歳年上のモルトマル公爵と結婚した。今の感じでは、子どもの結婚ごっこのようだが、その夫は九年後に若死にしてしまう。彼女は「かなり溌剌として、とても社交界受けするタイプで、本人も社交界や宮廷のすべてが好きだった」という。華やかな世界が好きだったのだ。しかし、ある時点から姉たちの影響を受け、すっかりジャンヌに傾倒するようになり、静寂者の道を歩んだ。非常に一途で、剛毅な性格だったようだ。最後までジャンヌを支え続け、ジャンヌの亡き後は、彼女の後継者となっただろうと推測されている。

三人三様に個性豊かな姉妹だったわけだ。

因縁の娘たち

ところで、コルベール三姉妹とシャロ夫人には、深い因縁があった。先に触れたが、三人娘の父ジャン＝バティスト・コルベールはシャロ夫人の父ニコラ・フーケの宿敵だった。権力争いの末に、フーケを終身刑に追い落とした張本人が、他ならぬコルベールだった。その後コルベールは、ルイ一四世の覚えめでたく出世した。そんなコルベールの三人娘は、シャロ夫人にすれば、父のカタキの娘たちだった。しかし両家の娘たちは憎しみの連鎖を脱し、静寂者の友として、終生、友愛の絆で結ばれた。

ギュイヨン・サークルは、この女性同士のシスターフッドが中心となって築かれている。サークルというよりも、サロンと言ったほうがよいかもしれない。静寂者ジャンヌの物語の第二幕は、一七世紀フランスのサロン文化の一端に位置づけるべきかもしれない。このサロンは、歴史の表面には現れない。権謀術数渦巻く宮廷の真っ只中にありながら、別の次元、霊性の次元に花開き、息づいている。彼女たちは宮廷社会の日常に足跡を残してはいるものの、それは影絵芝居のようなものだ。そのスクリーンに映った出来事だけを追っても、謎は謎でしかない。

仲良し義兄弟

ついでだから、コルベールの娘たちの夫も、少し紹介しておこう。シュヴルーズ公爵（Charles-Honoré d'Albert, duc de Chevreuse [duc de Luynes], 1646-1712）とボーヴィリエ公爵（Paul de Beauvilliers, duc de Saint-Aignan, 1648-1714）は、大変に仲がよく、いずれ劣らぬユニークな個性の持ち主だった。信仰にあつく、「篤信家」だった二人は、私心がなく、ルイ一四世に大変に信頼されていた。二人は曲折を経ながらも、終始、宮廷政治の中枢にいた。

先述のサン＝シモンによると、この仲良し義兄弟は全く対照的な性格だった。義弟のボーヴィリエは、何事につけテキパキとしていた。早寝早起きで、粗食だった。夕食ではデザートのフルーツが食卓に出される頃には席を立ち、みなが食事を終える頃にはもう寝ていたという。時間に正確で、何をするにも一分の狂いもなかったそうだ。

対するに義兄のシュヴルーズのほうは「起きることも寝ることもできなかった」という。つまり、なかなか寝ず、寝たら今度はなかなか起きないタイプだった。さらに、暴飲暴食だった。そして、驚くほど時間にルーズだった。

ボーヴィリエのほうは馬車が時間どおりに迎えに来ないと許せないたちだったが、シュヴルーズは何かに没頭してしまうと他の事をすっかり忘れてしまう性格だった。どこかに出かけようと馬車を用意させておいて、そのまま十数時間待たせっぱなしなどということもしばしばあった。ついにじっと待っていられなくなった馬が大暴れして四輪馬車が大破したという珍事も起こるほどだった。確かに、馬にすればたまったものではない。この騒動を耳にして、ボーヴィリエは興味津々だったという。

「とうとう、やったか……」といったところだろう。

仕事の面でも、ボーヴィリエはあやふやなことを嫌った。公平にそれぞれの意見を比較し、確かな根拠のもとに判断し、いったん下した自分の判断について揺るぎがなかったという。有能な実務派だったわけだ。

対するにシュヴルーズは、すべてを白紙から考えるタイプだった。もっといいアイデアがあるだろうと追求し続ける。次から次へと発想が湧き上がったそうだ。それで、しまいには自分で収拾がつかなくなってしまう。そういう芸術家肌のタイプだった。

ちなみに、シュヴルーズがどれだけ時間にルーズだったか、こんな逸話をサン＝シモンが記している――。

ある朝、一〇時にパリ郊外の彼の邸宅のもとに執事が所用でやって来た。シュヴルーズは「庭を散歩でもして、半時間後に来てくれ」とその執事に伝えた。シュヴルーズはそのまま自分のしていた事に没頭し、すっかり執事のことを忘れてしまった。夕方の七時になって、また執事から連絡があった。シュヴルーズは「ちょっと待ってください」と答え、さらに一五分待たせて、ようやく執事を部屋に通し、こう言った。

「いや、まったく申し訳ありません。あなたの一日を丸々潰してしまって……」

すると、執事が答えた。

「全然、ですよ。何年も存じ上げておりますから、今朝、この半時間は長くなるなと分かりましたよ。それでパリに行って食事をして用を足し、それからまた食事をして、ここに戻って来たところなのです」

シュヴルーズが一本取られた、といったところだ。どこか愛嬌のある浮世離れしたタイプのシュヴルーズは、ジャンヌたちのサークルに欠かせないキャラクターだ。

シュヴルーズは、ジャンヌ擁護に尽力した。ジャンヌは彼に「後見人」のあだ名を付けた。ちなみにシュヴルーズは、若いときはポール・ロワイヤルで学び、もともとはジャンセニストと近かった。同じくジャンセニストと浅からぬ関係にあったラシーヌの『ブリタニキュス』は彼に献じられた作品だ。

2　最初の逮捕拘束

罠

シャロ夫人たちの固い友愛に支えられていたジャンヌだが、とはいえ、彼女を取り巻く情勢は不穏だった。パリに逃げたジャンヌを、教会勢力は依然として付け狙っていた。

実はジャンヌのパリ上京に関して、不可解なことがあった。ジャンヌの盟友ラ・コンブは、ある時点からジャンヌとの接触を極力控えていた。二人に対するあまりにえげつないスキャンダル・デマを警戒したのだろう。しかし、ジャンヌのパリ行きが決まると、どういうわけか、ラ・コンブの所属するバルナバ修道会から異動が発令され、彼もまたパリに赴任することとなったのだ。そして、こともあろうにジャンヌをパリまでエスコートするよう命じられた。この人事は、どうやらジャンヌの異母兄ドミニク・ラ・モットが陰で糸を引いていたとされている。

ラ・モットは親族の中でもジャンヌの親権や財産権を剝奪するよう動いていた急先鋒だった。しかも彼はラ・コンブと同じバルナバ会の聖職者だった。ジャンヌだけではなくラ・コンブにも異常なまでの敵意を抱いていた。すでに触れたように、ジャンヌとラ・コンブのスキャンダル・デマを流布したのも、主に彼だったとされる。そのラ・モットはパリにいた。ラ・コンブの不可解な人事異動は、彼の働きかけによる可能性が高く、二人を陥れるために彼が仕組んだ罠だったのではないかとされている。

ジャンヌたちは警戒して、別行動を取ってパリ入りしたようだ。それでも、ラ・モットはさっそく二人がベッドを共にしたとデマを流すなど、二人のネガティブ・キャンペーンを展開した。そのポイントは、二人がスキャンダラスな関係にあったこと。そして、二人がモリノスという異端の宗教家と交流関係にあったという、二点だった。

ミゲル・デ・モリノスは、イタリア静寂神秘思想の代表的な人物だった。モリノスはスペイン出身だが、イタリアで活躍し、一時期ローマで大変な人気を誇った。しかしジャンヌが上京する前年に「キエティスト（静寂主義者）」として異端の嫌疑で逮捕されていた。

ジャンヌはモリノスという人物の存在さえ知らなかったと否定している。おそらく彼女の言うとおりだろう。ジャンヌがモリノスと知遇を得るなどあり得ないし、彼の著作をラテン語ないしイタリア語で読んだ可能性も、まずないだろう。しかしいずれにせよ、祈りの体系という点では、ジャンヌとモリノスに基本的な違いはない。ジャンヌの〈内なる道〉は、まぎれもなく静寂神秘思想の潮流にあった(33)。

逮捕

ラ・モットのかなり偏執狂的なデマ・キャンペーンが結実して、パリの大司教アルレがついに動きだした。一六八七年一〇月、まずラ・コンブが教会当局によって逮捕された――。

ラ・コンブはパリに着任するそう、その人柄と、持ち前のトーク力で聴衆の人気を博し、売れっ子説教師となった。ラ・モットにすればますます妬ましかっただろう。ラ・モットは「ラ・コンブはモリノスの一派だ」と、パリ大司教にご注進を続けた。大司教はラ・コンブに説教を禁じる命を出し、それをラ・モットらに伝えた。ところがラ・モットたちはそれをラ・コンブ本人にあえて知らせなかったらしい。何も知らないラ・コンブが一般信徒を前に説教したところを、ラ・モットの一味が踏み込んで、禁令破りの現行犯としてラ・コンブを逮捕した。まんまとラ・モットの罠にはまってしまったのだ。修道士の身柄についての扱いは修道会の内部処分に属す事柄だったから、修道会の意向でどうとでもなった。ラ・コンブは、何の科《かど》で逮捕されたのかはっきりしないまま、三〇年近く幽閉され、その生涯を終える。

ちなみに、ラ・コンブが逮捕された翌月の一六八七年一一月には、イタリアでモリノスに対して最終的な異端断罪がなされた。静寂神秘思想をめぐって、ヨーロッパのカトリック圏で風雲急を告げる情勢だった。

そして、その翌年一六八八年一月、ついにジャンヌが逮捕された。国王の聴罪司祭が直接、国王に勧告したらしい。この逮捕も、非公開の国王の封印状によるものだから、最終的に何の容疑でジャンヌが逮捕されたか分からない。いずれにせよ、ジャンヌがジェックスでヌーヴェル・カトリックを批判して以来、権力側は彼女に対して何らかの落とし前を付けさせたがっていたのは確かだろう。教会権力がジャンヌ逮捕に踏み切ったのは予想できる流れだった。

ジャンヌは、パリ市内の聖母訪問会の修道院に拘束された。

理不尽な尋問

ジャンヌは、ラ・モットたちから不条理な取り調べを受けた。ジャンヌとラ・コンブが性的な関係にあり、二人で秘密セクトを結成していたという、でっちあげの自白を強要された。公正などという言葉が通用しない、何でもありの取り調べだった。しかし、ジャンヌは屈しなかった。虚偽の自白を拒否した。

それでもラ・モットたちは、ジャンヌが「あんなラ・コンブのような男と付き合って、今になって後悔している」と供述したなどと、手の込んだ偽情報をリークする始末だった。この勝負、どうやってもジャンヌに勝ち目はなかった。

ジャンヌの逮捕とともに、ギュイヨン・サークルの関係者も洗い出しが行なわれた。櫛の歯が抜けるように、多くの者がジャンヌから離れた。中には、ジャンヌの聴罪司祭を担当していた神父が「ジャンヌとは全く面識がない」と、しらを切るケースもあった。後にジャンヌは、この神父について、辛辣な嫌味を書いている。

この間、ジャンヌが最も心を痛めたのは、娘のジャンヌのことだった。ラ・モットは大司教に取り入るために、ジャンヌの娘を大司教の甥と結婚させようと画策した。そのパリ大司教の甥は常軌を逸した淫蕩ぶりで知られる悪評高い男だった。このとき、娘のジャンヌは一二歳になるかならないかだった。ラ・モットは娘を結婚させれば釈放してやると、ジャンヌにバーターを持ちかけた。ジャンヌは拒否したが、もし彼女の拘束が長引いたなら、彼女の財産をせしめ、娘をスキャンダラスな男の餌食にし、自分は出世するという、ラ・モットの描いた戦慄のシナリオが実現していたかもしれない。

修道女たちの視線

しかし、聖母訪問会の修道院のシスターたちが、窮地のジャンヌを救った。ジャンヌは当初、監禁とはいっても、修道院内でのミサには参加できた。そうした場で彼女の祈りに接した修道女たちは、すっかりジャンヌのファンになり、ジャンヌの「徳の高さ」を口々に褒めた。〈沈黙のコミュニケーション〉に浴したのだと解してよいだろう。

それを知ったラ・モットは激怒した。ジャンヌのことを一切褒めるなと、修道女たちに厳命した。さらにラ・モットは、ジャンヌが修道女たちと一切接触しないよう、彼女を完全な独房に閉じ込め、ドアを外から板で封じた。「まるで犬のような扱いだった」と、ジャンヌは書いている。そのとき、修道院長が「なぜ、そんなことをするのですか?」とラ・モットに問い質したという。すると、ラ・モットは「彼女がこの修道院で悪さをしているからだ」と答えた。

「とんでもない。彼女は何も悪いことなどしていませんよ。彼女のしていることはよいことばかりです」

そう、マザーが憤慨して反論したという。

だが、もともとカトリック教会は男性支配の組織体系だ。さらに、ラ・モットはパリ大司教ともつながりがあったから、修道女たちはラ・モットの命令を聞かざるを得なかった。少なくとも、表向きは。

釈放

ジャンヌが拘束されて八か月が過ぎた。ある意外な人物が、ジャンヌの釈放に向けて政治的に介入した。マントノン夫人だった。

マントノン夫人は太陽王ルイ一四世の最後の寵妃で、公表されなかったものの、正妻だった。当時、太陽王に最も近い存在だった。そのマントノン夫人が、なぜ一面識もないジャンヌの釈放に突如として動いたのだろうか。

マントノン夫人はジャンヌの母方の従姉妹にあたるマリー・ド・ラ・メゾンフォール夫人という人物と懇意だったのだ。自伝によれば、そのラ・メゾンフォール夫人の訴えを受けて、マントノン夫人がルイ一四世と掛け合ったという。

マントノン夫人はラ・メゾンフォール夫人を寵愛していた。ほとんど一目惚れと言うべきだった。初めて会ってすぐに、自分が創設したサン＝シール女学院でぜひ働いてくれと彼女を誘い、あまりその気のなかったラ・メゾンフォール夫人を半ば強引に、女学院の監督役として迎えたという。そんなラ・メゾンフォール夫人のたっての願いだったから、マントノン夫人も無下にはできなかっただろう。

さらに、ジャンヌ救出のために強力な助っ人が現れた。それは、ミラミオン夫人（Marie de Miramion, 1629–1696）という未亡人だった。ミラミオン夫人は、その敬虔さと社会的実力とで、宗教界から尊敬され、マントノン夫人をはじめとする宮廷関係者からも一目置かれていた。いってみれば、宗教界のオピニオン・リーダー的な存在だった。ある日、ミラミオン夫人はたまたま所用でジャンヌの拘束されていた聖母訪問会の修道院に立ち寄った。すると、そこで修道女たちが口々にジャンヌの「美徳」を褒め、その不当な扱いに憤慨しているのを耳にした。それまでミラミオン夫人はジャンヌのことに関心があったわけでもないだろうし、公式ルートで伝わる情報をあえて疑うこともなかっただろう。けれども修道女たちの訴えに、これはただ事ではないと察知したらしい。聞けば聞くほど、ラ・モットたちの陰謀が見え隠れするではないか、と。

ミラミオン夫人はさっそく宮廷に情報を伝えた。マントノン夫人の働きかけに最初はしぶっていたルイ一四世だが、誰もが信頼するミラミオン夫人の話に、納得せざるを得なかっただろう。ジャンヌはようやく釈放された。修道女たちの証言が、最終的にジャンヌを救ったのである。

修道女たちはジャンヌの思い出を、会報に記している。

〔…〕国王の命によって私たちは数カ月の間、ギュイヨン夫人を私たちのもとに預かりました。そしてギュイヨン夫人は陛下の別の命によって出てゆき、完全に自由の身となりました。この方からたくさんの学びを得たことを、私たちは決して忘れません。私たちが私たち自身の内に入るようにと、彼女の美徳がしばしば仕向けてくれました。現在、彼女はとても具合が悪く、その見事な忍耐力で耐え忍んでいるところです。彼女のために、みなさん、どうか祈ってください。
[C2, 493, p.785]

この証言が、三〇〇年以上を経て、今に残されたのは、ジャンヌの名誉にとって幸運だった。

ちなみに「私たちが私たち自身の内に入るようにと、彼女の美徳がしばしば仕向けてくれました」というのは、〈沈黙のコミュニケーション〉のことだ。修道女たちは、ジャンヌから〈沈黙のコミュニケーション〉を受けて、〈内なる道〉に目覚めたのだ。

この修道女たちとジャンヌのシスターフッドは、ぜひ記憶に留めておきたい。ジャンヌはこういうときに必ず、修道女たちの友愛に助けられるのだ。

また、ギュイヨン・サークルの仲間たちのことも忘れてはなるまい。この窮地の中でも、シャロ夫人とコルベール三姉妹はブレなかった。彼女たちの水面下でのはたらきかけも、当然、重要だったに違いない。コルベール三姉妹は、日頃、マントノン夫人と接触があった。特にシュヴルーズ夫人は、マントノン夫人と非常に親しかったのだ。


釈放されたジャンヌは、さっそくお礼のためにマントノン夫人のもとを訪れた。マントノン夫人はジャンヌを気に入り、以後、しばしば彼女を呼び寄せるようになる。このとき、ジャンヌは四〇歳、マントノン夫人は五三歳。これからしばらく、マントノン夫人の庇護のもと、ジャンヌは生涯のうちで最も安定した時期を過ごす。

3　マントノン夫人

成り上がり一代記

ルイ一四世の晩年の伴侶マントノン夫人については「信仰に生きた賢く慈悲深い女性」といったイメージが一般的だ。それが彼女自身の望んだ自己イメージだった。しかし、彼女ほど数奇な生涯を送った人物もなかなかいないだろう。その波瀾万丈ぶりは、成り上がりど根性一代記、といった感じだ。

フランソワーズ・ドービニェ（Françoise d'Aubigné, 1635–1719）――またの名をマントノン侯爵夫人（Marquise de Maintenon）――の生涯を、ここでざっと辿ってみよう。(34)

フランソワーズは、服役中の貴族を父に、看守の娘を母に、監獄で生まれた。父の出獄後、家族はカリブ海のマルティニーク島に移住した。極貧の生活環境だった。島で幼少時代を過ごしたフランソワーズは、本国に戻ってからほどなく孤児となった。一七歳のとき、修道院に入るのが嫌で、生き延びるために結婚した。相手は、詩人スキャロンだった。

ポール・スキャロン（Paul Scarron, 1610–1660）は、破天荒なバロック詩人として知られている。素っ裸になって、身体中に鳥の羽根をくっつけてパーティーに登場したりと、何かと話題に事欠かない人物だった。スキャロンはリウマチ性の病気に罹ってしまい、体が「Z」字状に曲がり、それを自虐ネタにして、自ら「ムッシュー・Z」と名乗った。フランソワーズが結婚したとき、スキャロンはすでに病のために身体が動かなくなり、車椅子の生活を送っていた。フランソワーズは彼の看護師役でもあり秘書役でもあった。スキャロンの邸宅にはスキュデリー夫人をはじめ、「プレシューズ」と呼ばれる当時の先鋭的な女性作家たちが多く集まり、文学サロンとしての賑わいを見せた。フランソワーズはサロンの若い女主人として、注目を集めるようになった。

スキャロンの死後、フランソワーズはたまたまルイ一四世の寵妃だったモンテスパン夫人の目にとまった。彼女の子どもの世話係として雇われ、宮廷に出入りするようになった。そのうちフランソワーズは国王の寵愛を得ることに成功し、国王からマントノン侯爵夫人の称号を得た（別にマントノン侯爵なる人物と結婚したわけではないのだ）。そして、掌を返すようにモンテスパン夫人を追い落とし、ルイ一四世の正妻だったマリー・テレーズが亡くなると、ついにルイと正式な婚姻関係を結び、公表はされなかったものの、れっきとした王妃となった。

まさに究極のゴールに達したマントノン夫人だが、太陽王という怪物を相手にする生活は決して居心地のよいものではなかった。王族からは「老けたゴミ」（！）と呼ばれて、蔑まれた。周囲の狡猾な宮廷人たちは彼女の失墜を虎視眈々と狙っていた。

自分の居場所を作りたい――そう願ったマントノン夫人が自己実現の場として創ったのが、サン＝シール女学院だった。

進歩的な教育施設

サン＝シール女学院は、「国のために殉死または病気で倒れた貧しい貴族の子女たち」のための施設だった。面白いことに、サン＝シールの女学校の開設にあたって、当初ある一点について、ルイ一四世とマントノン夫人との間に合意があったという。それは、学校を「修道院っぽく」しない方針だった。二人とも修道院のムードが嫌いでならなかったようだ。

学校の雰囲気は自由闊達、陽気で、お洒落だった。生徒たちは、焦げ茶色の粗めの平織りの生地を裁断した、簡素でエレガントなスタイルの制服を身に纏った。胸元にはリボンがあしらわれ、その色で学級が分かるようになっていた。

「子どもを悲しくさせる教育は、すべて悲しい教育だ」と、マントノン夫人は自分の信条を語っていた。

貧しい家庭でも才覚のある子女に特権的な教育を与える。正しいフランス語で教養あふれる会話ができるように、高い知性と判断力、想像力を養わせる——それが彼女の当初の教育方針だった。若い頃の自分の経験を反映した、彼女自身の願望でもあっただろう。当時の女性教育としては、かなり革新的な試みだった。

『エステル』

サン＝シール女学院の一大イベントとなったのは、生徒によるラシーヌの戯曲『エステル』の上演だった。一六八九年、つまりジャンヌが釈放された翌年のことだった。マントノン夫人は、正しいフランス語の習得のために演劇を重視した。この作品は、マントノン夫人の依頼でラシーヌが女学院のために書き下ろしたものだった。音楽や合唱などのオペラ的な要素も取り入れた作品で、ラシーヌが自ら稽古をつけた。ラシーヌから直々に学ぶというのだから、なんと贅沢なことだろう。まさに肝入りの上演だった。女生徒が男役も演じるわけだから、いってみれば宝塚のロイヤル版みたいなものだ。生徒たちはマントノン夫人の調達したきらびやかな宝石で身を飾り、女学院のホールで熱演を披露した。上演は大成功だった。

ちなみに、上演に招かれた作家セヴィニェ夫人が感激の手紙を娘に書いている。それによると、劇が終わって、ルイ一四世がセヴィニェ夫人に声をかけたそうだ。「ラシーヌにはたいしたエスプリがありますね」と、ルイが言ったという。セヴィニェ夫人が「上演した生徒たちも大変にエスプリがありますね」と答えると、ルイ一四世は「ああ、それは本当です」と答えたそうだ。そのときのマントノン夫人は輝いていたと書いている。

ジャンヌがマントノン夫人と出会ったのは、『エステル』上演を前に、まさにマントノン夫人が意気揚々としてサン゠シール女学院の運営にあたっていた頃だ。後述するようにオペラ好きだったジャンヌにとって、『エステル』上演で華やいだサン゠シールの雰囲気はとてもマッチしていただろう。

ほっとする存在

『エステル』の大成功はしかし、マントノン夫人の活躍を苦々しく思う宮廷と教会の一部勢力にとって格好の揚げ足取りの材料となってしまった。女生徒に、いちゃいちゃした恋愛劇を演じさせるなど、教育上よろしくないといった批判が強くあがった。しかも出演した生徒がアイドル化してしまい、彼女たちに接近しようとするオヤジたちが出没したらしいのだ。権謀術数の渦巻く宮廷のことだから、ちょっとした噂で、立場がどう転ぶか分かったものではない。マントノン夫人の心中は穏やかではなかっただろう。さまざまな疑心暗鬼に頭を悩ませたにちがいない。そんな中で、マントノン夫人はジャンヌとの仲を深めてゆく。政治に無縁な、かなり浮世離れしたジャンヌが、マントノン夫人にとってほっとする存在だったに違いない。

「マントノン夫人は、サン＝シールで深い悲しみに落ち込んでいたある日、ギュイヨン夫人をパリから呼び寄せた。ギュイヨン夫人とのやりとりの甘やかさにしか、喜びと癒しを期待できなかったのだ」——そんな証言も残っている。もっともこの証言は後に登場する、ジャンヌの宿敵となるボスュエのお付きの者の証言なので、いくらか眉に唾をつけたほうがよいかもしれない。「やりとりの甘やかさ」や「喜びと癒し」といった表現はジャンヌの〈内なる道〉の言説を揶揄しているようでもあり、二人のセクシャルな関係を匂わせているとも取れる(35)。もちろん、人のセクシャリティなど当人の勝手だが、ゴシップ好きの宮廷人の間で噂されていたらしい。

4　フェヌロン

ヒーロー登場

シャロ夫人、コルベール三姉妹、そしてマントノン夫人。ヴェルサイユ宮廷を舞台に、ジャンヌをめぐる人間ドラマがめまぐるしく動き出す。ヴェルサイユ・メリーゴーランドのように。

そして、ここでもし『静寂者ジャンヌ』全編を映画にたとえるなら、さしずめ主演男優の登場となる。

フランソワ・フェヌロン（François de Salignac de la Mothe-Fénelon, 1651–1715）。フェヌロンは日本ではもっぱら教養冒険小説『テレマック *Les Aventures de Télémaque*』を書いた作家として知られているが、彼はフランス宗教界の将来を背負って立つ期待の星の聖職者だった。当時三七歳。ボーヴィリエ家の信仰上の相談役でもあり、ボーヴィリエ夫妻は彼に全幅の信頼を置いていた。となれば当然と言えば当然だが、フェヌロンはシャロ夫人とも交流があった。フェヌロンは信仰に篤いシャロ夫人を大変に尊敬していたという。そのシャロ夫人が、ジャンヌとフェヌロンを引き合わせたのだ。ジャンヌが釈放されて間もないときのことだった。ということは、ジャンヌがマントノン夫人と知り合った頃と、ほぼ同じ頃だ（これは、伏線として重要だ）。場所は、例によってベーヌの隠れサロンだった。

シャロ夫人はジャンヌを会合の前日に呼び、フェヌロンのプロフィールについて話して聞かせた。ジャンヌは、この出会いが決定的なものになるであろうことを激しく予感した。後にジャンヌはフェヌロンとの出会いを、不思議な鳥の夢として、ずっと前に見ていたと述懐している。

だが、翌日いざ会ってみると、フェヌロンのほうはいたって冷淡だった。それも、そのはずだった。フェヌロンはかつてパリのヌーヴェル・カトリックの責任者だったのである。ジェックスでジャンヌが参加を拒否した、あのプロテスタントの子女をカトリックに改宗させる団体だ。現場での強引な改宗の手法について、フェヌロンがどれだけ知っていたかは分からない。とにかくジェックスでジャンヌが悶着を起こしていたまさにその頃、本部と言うべきパリのヌーヴェル・カトリックにいたのだから、ジャンヌの「風評」を事前に知っていて当然だ。またその後、彼女がパリで逮捕監禁されたことについても、もちろん情報を得ていただろう。そんな問題だらけの未亡人にわざわざ会う必要など、フェヌロンにすれば、さらさらなかったのである。ただ、敬愛するシャロ夫人に呼ばれたものだから無下に断れず、不承不承会っただけのことだったようだ。そのうえ、フェヌロンは人間嫌いのところがあり、すこぶる用心深いタイプだった。初見からジャンヌと打ち解けて話すことなど、到底あり得なかったろう。

無知で天真爛漫

のちにフェヌロンはジャンヌの印象について、彼女が「大変に無知」で「異常なところが何もなかった」と書いている。この場合「異常」とは悪い意味でもあるが、よい意味でもある。常人離れした、際立った、といった意味合いだ。つまり、ジャンヌにはオーラのようなものが感じられず、ごく平凡な印象だったのだ。これは後に触れるが、面白いことに、別の者もこれと全く同じ感想を書いている。やはりそれがジャンヌの第一印象だったのだろう。しかもフェヌロンは、「大変に無知」だという。散々だ。「天真爛漫 ingénuité」とも、フェヌロンはジャンヌを評している。この言葉は「無邪気」・「うぶ」・「バカ正直」とも訳せる。フランス語では、あまり肯定的なニュアンスではない。思うに、もしジャンヌが今の日本語界にいたなら、彼女は「天然」と呼ばれていたのではないか？　そういう一種の「あどけなさ」、ぶっとんだおバカぶりが、彼女にはあった。それはおそらく、彼女自身の望むところでもあっただろう。ジャンヌは常々、幼い子のように無垢でいることが静寂者の真髄だと書いている。だから、彼女の「天然」はもとからでもあるだろうが、静寂者として到達した結果とも言えるだろう。今のアジア文化圏だったら、ジャンヌの天然キャラは、むしろチャーミングなものと受け止められたかもしれない。しかし、一七世紀フランスでは、全く通じなかった。ただの子どもっぽいバカとしてしか受け止められなかったようだ。フェヌロンはジャンヌに対して冷淡どころか、ドン引きしていたのだろう。

気まずい旅

そんなフェヌロンの冷淡さにもかかわらず、ジャンヌの内面には激しい触発作用が起こった。

> 何だか分からない何かが、私のこころを彼のこころへと流れ込ませたけれど、彼からは応答がなかった。[V. 2.9, p.751]

「何だか分からない何か」は、分節認識できないそれだ。第一部で見たように、〈ことば〉だ。こころからこころへのダイレクト・トランスミッションが生起したのだ。しかし、フェヌロンのほうがシャットアウトして、〈沈黙のコミュニケーション〉が成らなかった。

結局、ベーヌでの初めての出会いは、あまり芳しいものにならずに終わった。シャロ夫人は、ジャンヌとフェヌロンを自分の四輪馬車に乗せて、パリに送った。シャロ夫人の世話係の女性も一人、同伴したという。シャロ夫人としては、どうしても二人を意気投合させたかったのだろう。自伝によれば、未明に出発したようだ。別の文献によれば、道中、ジャンヌは霊性についての自分の見解を示したけれど、フェヌロンは関心を示さなかったという。信憑性のほどは分からないが、ともかく二人は、気まずくて息の詰まる密閉空間の中で、長い間揺られていたのは確かだ。窓の外は、深い森の闇。疲れる旅だったろう。

5 共鳴

絶え間なく燃えるランプ

ベーヌから戻ってから八日ほどして、ジャンヌはフェヌロンに宛てて猛烈な勢いで手紙を送りはじめた。例によってペンの動くままに、ほぼ毎日のペースで書き送り続けた。現存する手紙の中で、その最初の手紙とされるものは、こんな感じの出だしだ。

この幾日か、私はあなたへの絶え間ない祈りの状態にいます。特に何かを望んでいるわけでも、求めているわけでもありません。喩えていうならば、ランプのようです。神の前で絶え間なく燃えるランプ。〔…〕この祈りの状態を通して、神があなたに、はたらきかけようとしているのですが、あなたの側でいくらか抵抗があり、その効果が得られません。それが私にとって大変な苦

しみとなり、こころが締め付けられるようです〔…〕。[C1, 84, p.225-226]

ずっと、〈沈黙のコミュニケーション〉が起ころうとしているのだが、フェヌロンの側で抵抗があり、スタックしているというのだ。〈沈黙のコミュニケーション〉は、お互いが遠くにいても、もし相手がある程度のレベルにあれば、可能ではあるのだ。

＊

ところで、その頃のジャンヌはどこに住んでいたのだろう? 釈放されてしばらくは、彼女を釈放へと導いたミラミオン夫人のもとに寄寓していた。パリの大邸宅だ。そこに、まだいたのだろうか。ジャンヌには、定住という発想がない。

ジャンヌの部屋を思い浮かべるなら、あえて禁欲的な室内を想像しなくてもよいだろう。ミラミオン夫人邸でないとしても、誰か有力者の邸宅に寄寓していたとしたら、ゴブラン織りのタペストリーの一つでも飾ってあるような典雅な部屋を想像するのも悪くない。天井が高く、真紅の重そうなカーテンが掛かっているような寝室だ。

この手紙を書いた時期は、一一月前後とされる。もしかしたらすでに暖炉の薪がパチパチと音を立てていたかもしれない。当時の寝室の多くがそうであったように、暖炉の上には、金の装飾で縁取られた大きな鏡があっただろう。その鏡に、ジャンヌの姿が映っている――。

ルイ一四世スタイルの重量感のあるテーブルに向かって、ジャンヌが書いている。テーブルの上には、蠟燭が灯っているだろう。火がかすかに揺れて、そのあたりだけがほんのりと明るい。椅子には、例えば草花の模様のタピストリーがあしらってあるかもしれない。その椅子にジャンヌが座っている。絹のガウンを羽織って、無心にペンを走らせている。かりかりと、ペン先が紙の上で音を立てて……。

運　河

ジャンヌは堰を切ったように次々に手紙を書き送った。

昨日から今朝まで、私はあなたに手紙を書いています。特にこの夜はほとんど寝ずに過ごしました。それほど、私はあなたのために神に専心しています。今も、そうです。まるで私のたましいが、あなたのために、神の前で燃え尽きるようです。〔…〕私のこころが、何の苦労もなく、あなたのこころに広がっていきます。〔…〕私というこの惨めな運河を通して、恩寵を流そうとしているようです。〔CI, 85, p.227〕

運河。ジャンヌのよく使う表現だ。自分は恩寵が流れるための「空《から》の運河」だと言う。「回路」と訳してもよいが、ここはやはり「運河」がよいだろう。彼女のふるさとは、運河の町だった。なつかしい水の流れが、記憶の底の残像に、いつも映っていただろう。

これに対するフェヌロンのほうだが、ジャンヌが手紙を送りはじめてから二か月後にフェヌロンが送った返信が、現存する最初の手紙として残されている。それはいかにも社交儀礼的な、そっけないものだ。きっと正直なところ、ジャンヌからうんざりするほど手紙を送りつけられて、はなはだ迷惑だったのではなかろうか。

しかし、異変が生じる。そのさらに二か月後の一六八九年二月にフェヌロンの書いた手紙には、こんなことが記されている。

沈黙の祈りで、私は乾いた状態にあり、気が散ります。外的なことに気を取られているからでしょう。それでも私の意志は、どうやら、確かなようです。外的な仕事で私はしょっちゅう憂鬱になり、不快感を覚えます。友だちでさえ、どうでもよくなってしまいます。すべての会話が無駄に感じられます。はやくひとりになりたいのですが、いざひとりになると、潜心が逃れ去ってしまうのです。[CI, 96, p.249]

フェヌロンは自分の内的な状態をジャンヌに報告しているのだ。祈りでの「乾いた状態」とは、神の現前を感じられない状態だ。そういう自分の状態について、ジャンヌにアドバイスを求めている。つまりフェヌロンはジャンヌから〈内なる道〉のアドバイスを受けはじめているのだ。

二か月の間に、何か決定的なことがあったようだ。

いったい、何があったのか？

あなたには、それが必要だったのです

そのヒントが、このフェヌロンの手紙の前に書かれたジャンヌの手紙に隠されている。そこには、こんなことが書かれている。

先日、私と味わった喜びと安らいについて、驚かないでください。それは、あなたがこれまで体験してきた他のことと同様、神のはたらきの一つなのです。あなたには、それが必要だったのです。喜びはこころを伸び伸びとさせます。悲しみはこころを締め付けます。[CI, 95, p.248]

「私と味わった喜びと安らい」とは、何だろう? 驚かないでくれというのだから、驚いてしまうようなことなのだ。このあたりの書き振りは、ジャンヌがラ・コンブと初めて〈沈黙のコミュニケーション〉を体験したときの表現ともよく符号する。フェヌロンは、ジャンヌを通して、〈沈黙のコミュニケーション〉を体験したのだ。〈ことば〉を享楽したのだ。そう解釈すべきだ。この書き振りからすると、おそらく二人は直接、会ったのだろう。

「あなたには、それが必要だったのです」――意味深長だ。フェヌロンは、このときある種の精神的危機に瀕していたらしい。出世街道まっしぐら、順風満帆にみえた当時のフェヌロンだが、どうやら心に大きな空虚を抱えていたらしいのだ。(36) 常に完璧を求める性格で、あまりに頭が良すぎたのが災いしたのだろうか。それまで学んできた知的な、言説的な信仰のあり方に満足できなくなっていたようだ。もっと実感として神の現前を得たいと望みながらも、それが得られず、虚無的な精神状態にあったらしい。生きるリアリティーを渇望していたのだろう。しかしフェヌロンはそうした悩みをおくびにも出さなかったらしい。表面的にはあくまでも快活で人当たりよく、如才なく立ち回っていたようだ。それでもジャンヌは、そういうフェヌロンの内面状態を、ベーヌで会ったときから見抜いていたに違いない。そして、このときの再会で、ようやく〈沈黙のコミュニケーション〉が実現したのだろう。

フェヌロンの感性

かくして、この手紙の頃が転機となり、それまでジャンヌに対して冷淡だったフェヌロンは、彼女を敬愛するようになり、真摯にジャンヌから〈内なる道〉の実践指南を受けるようになる。

ラ・コンブのときにも書いたが、当時、女性が男性を指導するなど、何についてであれ、決してあってはならないことだった。ましてや在俗の女性が、聖職者の男性に祈りの指導をするなど、天地がひっくり返るようなことだった。しかもフェヌロンはエリート中のエリートだったのだ。その彼が自分から積極的にジャンヌの指南を受け入れるのだから、フェヌロンがいかに図抜けた度量と感性の持ち主だったかが分かる。

もっとも、面白いことにフェヌロンは、ジャンヌの人となりや彼女の書いたものには全く何も惹かれなかったと、後に断言している。ジャンヌに求めたのは、あくまでも体験についてなのだ。そこは、はっきり割り切っていた。そういうところもフェヌロンらしいのかもしれない。

一方のジャンヌは、フェヌロンほど〈内なる道〉に到達するポテンシャリティを持った人物は他にいなかったと、述懐している。ラ・コンブさえも比べものにならなかったという。フェヌロンに対して、それはそれは大変な入れ込みようだった。これ以降、フェヌロンを我が子として、静寂者に育て上げることが、ジャンヌの最大の関心ごとになった。

第二章　シークレット・レターズ

1 〈裸〉になるために

いわくつきの書簡

ジャンヌ・ギュイヨンと、フランソワ・フェヌロン。性格も境遇も全く違う二人が、こころの底で共鳴し合う。ヴェルサイユ宮廷という泥中に咲く二輪の白い花のように。

二人の友愛は、終生変わらなかった。とはいえ、二人が直接会う機会は滅多になかった。手紙のやりとりがもっぱらの交流手段だった。二人は生涯にわたって、密かに文通を続けた。

幸運にも、二人が出会ってから最初の約二年間の書簡集が残されている。平均すると、ジャンヌは一日に一通、フェヌロンが三日に一通の割合で書いている。大変な密度だ。

この書簡集は、いわくつきのものだ。長らく、ニセモノ扱いされてきた。というよりも、真贋の認定が避けられてきた。これを読むと、この時期のフェヌロンがいかに真剣にジャンヌから〈内なる道〉の指南を受けていたかが、如実に分かってしまう。フランスが誇る知性フェヌロンが、怪しげな女性神秘家から手ほどきを受けていたのが本当だったなどとは、多くの者が認めたくなかったのだ。この一連の書簡がフェヌロンとジャンヌのものだと公式に認定されたのは、二〇世紀に入ってからのことだった(37)。

けれども、この書簡集をつぶさに読んで思うのだが、果たしてこれによってフェヌロンの威信に傷がつくものだろうか。素直に読めば、そこに浮き彫りにされるのは、何ものにも囚われない柔軟性と、明晰な洞察力、鋭い直感力、真摯な探究心を兼ねそなえた魅力的な人物像としてのフェヌロンではないだろうか。

やりとりを通して、フェヌロンは少しずつ、そしてある段階から急速に境地を深めてゆく。その過程がリアル・タイムで刻々と書簡に記されている。同時に、頭脳明晰で、天与の文才に恵まれたフェヌロンの言葉を通して、ジャンヌは自らの体験知の表現を精緻に磨き上げていく。

歴史の底に、ふたりが埋めてしまった美しい友愛の日々……。親密な言葉のかけあいのうちに、それが生き生きと浮かび上がってくる(38)。

これから、この書簡集を読んでいこう。紙面の都合上、ごく一部しか紹介できないのが残念だが。

〈裸〉になれ

書簡を通して、ジャンヌは一貫してフェヌロンに、〈明け渡し〉によって〈裸の信〉に入るよう、指南している。ほとんどそれだけを伝えようとしていると言っても過言ではない。ジャンヌからすれば、ラ・コンブ同様にフェヌロンもやはり〈光の信〉の状態にあったのである。

もっとも、フェヌロンは、ラ・コンブのように奇蹟やらに関心があったのではない。フェヌロンは、とにかくすべてを論理的に解明しないと気が済まないたちだった。当代きってのインテリだったから、それは当然だったかもしれない。さらに、フェヌロンは常に自己を律しないと気が済まなかった。聖職者だったからやはり当然だが、彼の生活は宗教儀礼など細かいコードで一日中、がんじがらめになっていた。ジャンヌはそういうフェヌロンの生活を根本的に変えようとした。いっさいの規範コードを脱がせ、〈裸〉にさせようとした。

例えば、初期の頃、こんなアドバイスをしている。

> 祈りで、神が求めているのは、聖霊に従《つ》いてゆくために、完全に自由になることです。それは、むしろ沈黙すること。用事の最中でも、神に自分を晒すこと。決められた時間割に従うのではなくて。どんなちょっとした聖霊のシグナルにも、そのときの用事をすべてやめなければなりません。［Cl. 90, p.237］

「決められた時間割に従うな」――きちきち時間割にそって、ものごとを義務的に処理するような生活を送るなという。時間がきたから瞑想しよう。時間になったから瞑想を終えようなどと、沈黙の祈りを機械的に消化するなというのだ。

直感を開いて、恩寵のシグナルに敏感に反応し、もしそれを直感したら、そのときにしているすべてを放り出して、潜心に入れという。そういう柔軟で自在なライフ・スタイルだ。

あなたは怖がっている

しかし、フェヌロンはなかなか〈裸〉になれなかった。時として、ジャンヌはかなり手厳しい手紙をフェヌロンに送った。

何度、これについて私たちは明らかにしたことでしょうか。私は言ってきました。神がはたらきかけているとき、あなたは自分のはたらきをすべてやめなければなりません。神のするがままに任せるために。あなたは、この内なるはたらきに対して、ちゃんと死んでいない。(それはあなたが怖がっているからですよ。それだからあなたは外的にも、たいして死んでいない)。それどころか、神がみずから、あなたにはたらきかけているときに、それをあなたはあれこれ考察の題材にしようとしているのです。[C1, 99, p.255]

雑念の効用

フェヌロンは、どうしても瞑想で雑念が湧いて、うまくいかないと訴える。これに対して、ジャンヌは雑念がよぎるのは、むしろよいことだとアドバイスする。

雑念や乾きは、沈黙の祈りを浄化します。意志〔ここは、こころと置いてもよいだろう〕の占有について精神が判断しないようにするからです。

というのも、妙なことですが、意志〔こころ〕が味わっていることについて、精神が注意してしまうと、一種の汚れが生じてしまうのです。これはかなりデリケートで、体験しないと分かりません。〔原本編者注：これでいいのだという確証のようなもの〕。〔こころで〕起こっていることについて、〔精神が〕無意志的な省察をしてしまうのです。そのほうが、どうでもよいことについての漫然とした雑念よりも、よっぽど精神を乱すのです。〔C1, 120, p.283〕

これも瞑想についての実践的なアドバイスだ。「意志の占有」とは、神による〈こころ〉の占有のことだ。前にもあったが、〈こころ〉がだんだん空っぽになると、それだけ神が〈こころ〉を占めてゆく。その神の占有具合を観察するなと言うのだ。つまり瞑想の最中、自分の内面で起こっている状態を観察するなというのだ。自分の内面を「無意志的に」——つまり、自分で意図しなくても、ついつい省察して、「ああ、すっきり集中できているな」とか「今、この段階に入ったな」などと、〈精神〉（つまり頭）でいちいち確認すると、〈こころ〉の深層での——つまり、肚《はら》の底での瞑想の深まりが止まってしまうのだ。それを、「汚れが生じる」と、ジャンヌは言う。〈こころ〉での神のはたらきが言説で汚されてしまうのだ。そうならないために、むしろ雑念で頭を紛らすくらいがよいと言う。つまり、頭と肚を切り離すのだ。頭は頭で、適当に雑念で紛れていればよい。肚の邪魔にならなければよい。その間に、肚はしっかり深みに入っている。

2　潜在意識の発見

自在であること

ジャンヌはフェヌロンに「自我をほどいて、すべてに無関心になって、神にすべてを明け渡せ」と、繰り返しアドバイスする。

ひたすらやみくもに神に従《つ》いて行かなければなりません。完璧な無関心にある者は、秤の完璧な均衡状態にあるようなものです。どんな小さな〈動き〉にも反応するのです。砂の一粒が、重りとなるのです。［CL, 124, p.292］

「秤の完全な均衡状態」――ジャンヌがよく使う比喩だ。ゼロ・バランスだ。自分からは、どっちかに傾いたりしないのだ。しかし、たとえ砂の一粒ほどでも、神のはたらきかけがあったら、それに敏感に反応する。この、ちょっとした神のはたらきかけを〈動き〉と呼ぶ。何も考えないまま、すっと、この〈動き〉に身を任せること。繰り返しになるが、その柔軟さ、自在さが、静寂者にとって大切だ。

毒は内側に

しかし、フェヌロンには、何が〈動き〉か、識別できない。

私が判断するに、私には、意志的で自覚的な自我執着はないと思います。それでもしばしば、とても自然本性的でとても小狡い動きが、ふと出てしまうのを感じるのです。とすると、その毒は内側に潜んでいるという結論になります。それが表面に表われ出るには、もっと強引な作用によってでなければならないことが分かります。［C1, 125, p.294］

「意志的で自覚的な自我執着」、この場合の「意志的」は、「意図的」あるいは「意識的」と取ってもよかろう。つまり、自分で意識できる範囲での自我執着ということだ。それは、自分の理性でコントロールできていると、フェヌロンは言う。それでも、自分では意識せずに、とっさに、小狡いことをしてしまう自分がいる。してみると、その毒はもっと意識の深層に潜んでいるはずだ。そう、フェヌロンは発見する。――人間には理性的な表層意識だけではなく、自分の意志ではコントロールできない、もっと奥深くの潜在意識という暗部がある。このフェヌロンの発見が一六八九年のこと、フロイト（1856–1939）の生まれるおよそ二〇〇年前だというのは、注目してよいだろう。

あまりに大胆すぎないか

フェヌロンは何かにつけ、すぐに嫌気がさす癖があった。厭世的なタイプだったのだろう。つい、

「ノン」と拒否反応が出る。さてそのとき、それが自分の潜在意識から出た「ノン」なのか、それとも神のはたらきかけとしての「ノン」なのか、どうやって見分けられるだろう。

> 嫌気についてはすでにずいぶんと前から、私は、意志的には、全くないと思います。私が嫌気と呼ぶものは、好みでしょう。無意志的な反発でしょう。とすると私が心配になるのは、場合によっては、私がこの嫌気に従い過ぎてしまわないかということです。それは、神の意志がはっきりしなくて、デリケートにしか感じられず、自分にとってショックなことを拒絶したくなる自然本性的な衝動がとても強い場合です。［CI, 125, p.293］（傍点引用者）

神の〈動き〉に直感的に任せると言いつつも、自分の潜在意識的な衝動に流されてしまったりはしないのか。

> 子どものように、最初のひらめきに自分を任せればよいのでしょうか？　やり過ぎにならないか、慎重さを放棄することにならないかと心配です。福音には慎重であれと書かれているわけです[39]。
> ［同前］

そして、こう問う。

まるで目の見えない人が、手探りで、前に空間がある限り躊躇せずに歩く、そんなふうにするのでしょうか？　それはあまりに大胆過ぎるシンプルさではありませんか？〔C1, 125, p.294〕

しごくもっともな質問だ。

欲望の炙り出し

フェヌロンの考察に刺激され、ジャンヌは、かつて〈自我ほどき〉の過程で味わった苦い体験を思い起こす。まるで自分があらゆる「罪」を実行しているかのような感覚に襲われる体験だ。そして、興味深い分析をする。

あなたのうちには、二つの意志があります。上位と下位です。上位の意志と私が呼ぶのは、人間の意志です。下位は、肉体の意志です。両方とも破壊されなければなりません。神の意志がとってかわるために。〔…〕肉体の意志、あるいは動物の意志は、しばしば人間の意志の残骸の上に現れるのです！　それが苦しいのです〔…〕。〔C1, 126, p.295〕

上位の意志・人間の意志というのは、表層の理性的な意識のことだ。下位の意志・肉体の意志あるいは動物の意志は、深層の潜在意識のことだ。そこに潜む欲望だ。〈自我ほどき〉では、表層意識だけではなく、潜在意識の奥底まで、ほとんど本能的と感じられる欲動のレベルまで、すっかり自我が「破壊」されなければならない。つまり、潜在意識の奥底まで根を張った言説支配を解体するのだ。そこではじめて、神の意志への明け渡しが成就するのだ。

〈自我ほどき〉の過程では、まず理性的な自我意識がほどかれてゆく。そうすると、重石が取れたように、それまで理性が抑圧していた潜在意識下のさまざまな欲望、あるいは欲動が浮かび上がってくる。炙り出される、と表現したらよいだろうか。それを「動物の意志が、人間の意志の残骸の上に現れる」と、ジャンヌは表現している。それが苦しいのだと言う。

しかし、第一部で見たように、この潜在意識下の欲望のフラッシュは、〈自我ほどき〉が着々と進行している証なのだ。潜在意識の奥底にまで根を張っていた言説支配が、ほどけ落ちる過程なのだ。その過程で、言説がいわば、ばらばらになりながら、イマジナリーに暴発する。それが、〈自我ほどき〉の最終局面でジャンヌが味わった、「罪」のフラッシュだと解釈できる。しかしそれは、もはや実効性がない。言説のカスが表面に浮かび上がるようなものなのだ。ジャンヌは、この「炙り出し効果」について、こう表現する。

肉体の意志は外に向けて全力を出すのです。ちょうど幹から切られた枝が、自分にある樹液を表面にしぼり出して、再び緑になるように。でも最後の努力で青々としたかに見えても、それは残されたいくばくかの生をもぎ取るだけなのです。この体験は、やってみると、至極大変なものです。［同前］

体験知を、巧みに表現している（枝の比喩が生物学的に正しいかは別として）。こうやって、世紀の知性フェヌロンと、稀代の体験者ジャンヌとのコラボレーションで、静寂者の内的体験のプロセスが精緻に分析され、言語化されてゆく。この書簡集の醍醐味だ。

無限の柔軟性

さて、〈動き〉の判断に悩むフェヌロンへのジャンヌのアドバイスは、いつもと同じだ。あれこれ考えない。どうなってもよいから、自分を忘れて、神に明け渡すこと。

最大のポイントは、ラジカルに柔軟であることだ。

〔…〕恩寵に従うには、忠実さ、無限の柔軟さが必要なのです。この究極の柔軟さがなければ、あなたはいつまでも人間的な意志のうちにあるままです〔…〕。〔同前〕

逆に、この柔らかくいるコツを会得すれば、実は〈夜〉の段階は苦しくないのだと、ジャンヌは言う。

もしあなたがこの柔軟さに早く慣れれば、苦しむことはちっともありません。神の意図は、私たちを苦しめることではありませんから。私たちが苦しむのは、私たちが抵抗するからです。神に

抵抗して、安らいに生きた者などいるでしょうか？　決して抵抗しないように。そうすれば、決して苦しみません。［同前］

優柔不断

それでもフェヌロンは得心がいかなかった。

しばしば私は、二つのことの間で決められないのを感じます。するか、しないか。どちらにも理があるように見えるのです。どちらにすべきか判明に感じ分けることができません。その場合、どうしたらよいのでしょうか？　自然本性の妨げになる方を選べばよいのでしょうか？　これまで初めの〈動き〉に従ってみたことがありますが、やはり、そこには多くの自然本性と我執があったと、後になって思い知るのです。それで、熟慮せずにふるまうのが心配になってしまうのです。そうやって考え込むと不安になってしまいます。［C1, 127, p.299］

もっともな悩みに思える。
ジャンヌは、こう返信する。

やっぱり、純粋な明け渡しを保ち続けるべきだと思います。そこに自分の自然本性、我執が紛れ込んだとしても、決して驚かないでください。それは、おいおい浄化されます。シンプルに振る舞い、あなた自身から少し離れることです。そうすることで、徐々に、恩寵が自然本性に取って代わるのを経験することでしょう。でも、もしあなたが理性のみによって振る舞えば、まさに神はそうした道をあなたから無くそうとしているのですから、あなたはますます揺れるでしょう。

〔Cl, 128, p.299〕

すぐには、うまくいかないものだ。だんだん恩寵が染み込んでくるから、あれこれ悩まないように。自分を突き放してみなさい。下手な賢しらを使ったら、かえってダメになる。といったところだ。

そしてジャンヌは、こう付け加えることを忘れない。

もちろん、あなたはものごとについて理屈で考えすぎです。〔…〕この道に入ったら、しばしば手探りで進むものです。でも、神にすっかり明け渡せば、間違いはないのです。〔Cl, 128, p.300〕

3　うたかたの日々

傅育官

この年の八月、フェヌロンはルイ一四世の孫にあたる小王太子、ブルゴーニュ公の傅育官《ふいく》、いわば家庭教師に任命された（紛らわしいが、ルイ一四世の息子が大王太子で、孫が小王太子）。当時、マントノン夫人はフェヌロンに心酔していたから、彼女が王への影響力を駆使したであろうことは当然考えられる。ボーヴィリエやシュヴルーズによる根回しもあっただろう。しかし事前の情勢は、必ずしも就任確実ではなかったようだ。その中で、ジャンヌがフェヌロンの傅育官就任を予言した、という話が出回ったらしい。ジャンヌがさる知人に書き送ったアナグラムの詩で、それが示されたと言うのだ（残念ながら、このアナグラムは特定できていない）。それを知ったフェヌロンは、ジャンヌにこんな手紙を送った。彼が傅育官に任命されるおよそ四か月前の、四月三〇日付の手紙だ。

あなたのアナグラムの中で語られている私のポスト〔要職〕について、少し頭がかき乱れていいます。そのポストに至りたいという真の欲望が、まったくないというわけではないのですが。神の望むままに！

〔…〕

私は自分に問いました。なぜ神は、こんなことを彼女〔ジャンヌ〕に言わしめたのか？　私を闇のまた闇の信に留まらせようとしているその神が、なぜ？　心の準備のためか？　それとも、この予言によって、神が私を導いている道が確かなものだと保証するためなのか？　しかし、どうでもよいのです！　神があなたに予言させた理由も、あなたが予言したことも、見知りたくありません。いつも、〈非─見〉でいきましょう。十字架のヨハネのように。〔C1, 129, p.300-301〕

〈非─見 non-voir〉──この「見る」は「知る」の意味だ。識別すること。こうした予言などの超常的な知見も含めて、一切の「見知る」こと、認識、識別を放棄して、ただ裸になって神に従《つ》いてゆく。常々ジャンヌが言っていることだ[40]。

それはそうと、私が動揺しているとは思わないでください。そんなことはありません。私は安らかであり、このことで気をもんでいるわけではありません。[CI, 129, p.301]

とは言うものの、フェヌロンの動揺ぶりは隠しようもない。

蚊に刺されるがままに

ジャンヌは、こう返信する。

あなたに書いたもの、というよりも某に書いたものなのですが、あれは何も考えずに、遊びで書いたのです。もしかしたら、神が私にそうさせたのは、あなたへのこのような修練のためだったのでしょうか。いずれにせよ、あなたをどうしたいか、あなたをどう使うか、神はもちろん分かっているのです。もしかしたら、あなたは遠回りをして目的に到達するかもしれませんが。[CI, 131, p.302]

アナグラムは何の考えもなく、遊びで書いたというのだ。拍子抜けだ。興味深いことに、ジャンヌは予言を肯定も否定もしていない。曖昧にあしらっている。ジャンヌは常に予言のたぐいに対して懐疑的なのだ。この手紙でも、それが窺える。

さらにジャンヌは、フェヌロンにこうアドバイスする。

この件について、あなたが間違いを犯すとしたら、それは、自分を低くして、人間的な弱さと闘うつもりで、〔オファーを〕謙虚に拒むことでしょう。もう、そういう時期ではありません。〔…〕というのも、それは我執の行ないだからです。拒みたいと思うのも、受け入れたいと思うのも。［C1, 131, p.303］

つまり、小王太子の家庭教師のオファーがあったら何も考えずに、無心に引き受けろと言うのだ。不必要に謙虚ぶったりしないようにと。ジャンヌに言わせれば、引き受けるにせよ、拒むにせよ、自分の意志を通すのだったら、どちらも我執なのだ。

あなたの〈非―見〉の努力も、しないでください。ものごとを落ち去るに任せるという努力も、しないでください。蚊に刺されるがままにいてください。［同前］

見るまい、考えるまい、つまり反応するまいと思ったら、その時点で反応しているのだ。ひらたく言えば、〈非―見〉だなんだとゴタクを並べていないで、黙って蚊に刺されていろ、というわけだ。

放ったらかす

さらにフェヌロンが、何かと自分の欠点について縷々省察することについて、こんなふうにジャンヌはコメントしている。

自分の欠点、過ちについて、それを指摘されても、放ったらかしてください。それを否認するのでもありません。自分の〈底〉の不動から出ないでください。私の言っていることは大胆かもしれませんが、それが今のあなたの状態なのです。神は、過去の過ちを、あなたに直させようとして示すことはありません。器用な庭師が子どもに雑草を見せるけれども、子どもに雑草取りはさせないのと同じです。神は自分でしたいのです。そして驚くことには、神が、より内的な欠点をあなたに分からせるとき、その元となる自然本性も明らかにし、それらを分からせると同時に取り除いてしまうのです。[CI, 131, p.303-304]

自分の欠点や過ちについて、とらわれるな。欠点や過ちがあれば素直に認めて、あとは忘れろというのだ。これは、かつてジャンヌが〈夜〉にあったときの〈明け渡し〉のコツだ。反省するなというのだ。反省すると、内面化された言説支配に引き摺《ず》られてしまう。不毛な自己嫌悪のスパイラルにハマってしまう。それも結局、我執なのだ。

だいたい、自分の欠点は、それが根深ければ根深いほど、自分では分からないものだ。他人から見たらバカバカしいほど明らかなのに、自分では意識できない。言われたらムキになって否定したりする。だから、「神は、過去の過ちを直させようとして、あなたに示すことはない」――つまり、自力で自分の過ちを直すことを、神は求めていないのだ。どだい、無理だから。神に任せるしかない。庭の手入れは庭師に任せればよいのだ。

「そして驚くことには、神が、より内的な欠点をあなたに分からせるとき、その元となる自然本性も明らかにし、それらを分からせると同時に取り除いてしまうのです」――とても臨床的だ。普段の自分では意識できない「内的な欠点」に気づき、いわば自分で「症状」を解読できたら、その時点で「症状」が自ずと解消されるというのだ。

花　嫁

庭の喩えが出てきたが、ジャンヌはさらに連想を転がす。

あなたは花婿の庭なのです。花婿は際限なく嫉妬深く、あまりに嫉妬深いものだから、あなたが庭に手をつけるのを許しません。あなたに許されているのは、ただ花婿がひとりで庭を見て喜んでいるのを、見るだけです。愛の共感をもって。自分についてや、自分の利益について何も考えずに。［CI, 131, p.304］

「花婿」はイエス・キリスト、つまり神のことだ。イエスが花婿で、花嫁が自分だ。言うまでもないが、ここでは生物学的な性差が問われているわけではない。別のテキストで、ジャンヌ自身、こう解説している。「花嫁の名のもとには、性差に拘わらずすべてのたましいが含まれる」。

それにしても、この庭の描写には不思議な雰囲気がある。自分が庭なのだが、いつの間にか、自分と庭が分かれているようだ。花婿は庭である自分をいじっている。それを別の自分が離れたところから、うっとりと見ている。自分を突き放して、他人を見るように、自分を俯瞰しているような感じがある。

女子会の四番目

一六八九年五月六日、フェヌロンはこんな手紙を書いている。

どうやら私はB〔ベーヌ〕での四番目ですね。神のうちでは距離はありません。神のうちにひとつである者は、みな、触れ合っています。私は神のうちで、この三人と、とても近くにいるようです。あなたの伝えることがすべて、私に入ってきます。心の底まで。[CI, 133, p.305]

ベーヌの隠れサロンの様子が窺える。三人とは、シャロ夫人、ジャンヌ、そしておそらくシュヴルーズ夫人だろう。そこに四番目として、フェヌロンが加わった。女子会に男子が勝手に、四番目で入ってしまったようなものかもしれない。

フェヌロンは、自分とジャンヌの性格を対比して、こんな興味深い分析をしている。

私の本性はまさにあなたの正反対です。あなたには人に気に入られたいとか、ヨイショしようといった気持ちがありません。私にはあります。疲れるような面倒なことがなく、いらいらしないかぎりですが。ですからあなたのほうが私よりドライなのです。私が人によくしすぎだと、あなたは言いますが、本当です。でも、しつこくされて鬱陶しくなると、私はドライになって、きついことを言ってしまうのです。私が厳しいからでも、無関心だからでもなく、こらえ性がなく、気性が激しいからなのです。[C1, 150, p.329]

人間関係でソツがなく、他人に気に入られるのだが、その実かなり神経質で、すぐイラつく。自己分析する限り、フェヌロンはそんなタイプだったようだ。

告解室の効用

時には、フェヌロンが苦しんでいるのを察すると、ジャンヌはこんな手紙を送ったりもする。

こんなことを申し上げてよいのか。でも、もし一時間でも、あなたのそばに沈黙していられたなら。そうしたら、あなたのこころがよくなるのでしょうけれども。[C1, 153, p.331]

つまり、顔を合わせて〈沈黙のコミュニケーション〉を流してあげたいというのだ。ちょっと控えめな書きぶりだ。
さっそくフェヌロンは、返信する。

マダム、率直に言って、BよりもPに来ていただきたいです。Pでしたら、あなたのおっしゃることが、とても容易にできます。今、Bに行くのは無理です。あなたに会いたくて死にそうです。私とでは、そんなに慎重にならず、ためらわないようにしてください。Pに着くとき、連絡をもらえれば、それで結構です。サン・ジャックのG氏の礼拝堂で、午後、告解室にあなたを受け入れるよう、用意してあります。[CI, 155, p.342]

Bはベーヌ、Pはパリだ。サン・ジャックの礼拝堂がどこのことかは詳らかにしないが、なるほど、告解室だったら、誰にも邪魔されず二人で存分に沈黙に入れるだろう。

栄　転

一六八九年八月一六日、フェヌロンは晴れて小王太子の傅育《ふいく》官に任命された（ちなみに、小王太子の教育監督にはボーヴィリエが就任していた）。その五日後に、ジャンヌはこんな手紙を書いている。

きのう、C〔シュヴルーズ〕夫人のところにいらっしゃいましたね。あなたの〔ヴェルサイユへの〕出発の前に、お会いできる日を作っていただけましたか？　そのつもりでいてよろしいでしょうか？　あなたに話したいことが百もあります。あなたにしか言えないのです。いろいろと、どうしたらよいかについても。そうでないと休まりません。神が私に計画していることに従うこともできません。〔CI, 185, p.397〕

フェヌロンは任命を受けて、ヴェルサイユ宮内に引っ越さなければならなかった。そうすると、二人は滅多に会えなくなってしまう。

フェヌロンの返信だ。

マダム、私は何とか息ができるくらいに慌ただしく、また困惑しています。この困惑の只中で、私は平安の中にいます。そして、あなたとかつてないほどに結びついています。沈黙の祈りのために必要な時間も、感覚の静まりさえもないのですが、それでもどうやら、それと知らずに、しばしば沈黙の祈りに入っているようです。〔…〕

どうやら、神は私を幼い子のように抱えたいのですね。私が自分では一歩も歩けず、転ばずにはいられないようにしたいのですね。〔…〕

あなたに会いたくて死にそうです！　もっとあらたまった言い方をしなければなりませんね。でも、あなたとはできないのです。〔…〕きのうはシュヴルーズ夫人と会えませんでしたが、ひとりのときにあなたと一緒に会いに来てほしいと彼女に伝言しました。そのために、私は他のすべてのことを中座しますから。〔CI, 186, p.398〕

小王太子はこのとき、七歳だった。わがまま放題で、誰の言うことも聞かず、手の付けられない暴れん坊だった。しかし、フェヌロンの言うことだけは聞くようになり、信仰に目覚め、めきめき勉強ができるようになる。将来の国王として期待される青年へと成長してゆく。フェヌロンがいかに教育者として卓越していたかが分かる。ちなみに、フェヌロンの小説『テレマックの冒険』は、小王太子の教育用に書かれたものの一つだった。

娘の結婚

フェヌロンの栄転の直後、ジャンヌの娘ジャンヌが結婚した。五歳の時に母に連れられてモンタルジの家を出た、あの末娘だ。相手は、シャロ夫人の異母弟、ルイ＝ニコラ・フーケだった。このとき、娘のジャンヌは一三歳、夫のルイ＝ニコラは三五歳前後だった。自伝によれば、若い娘は結婚するのを嫌がったらしい。それはそうだろう。母親として、どういう心境だっただろう？　自分も早くに結婚させられて、苦労したのだが。

一説には、かつて監禁されたときにラ・モットによって娘がとんでもない男の餌食にされそうになったのがトラウマになり、はやく娘を安全な家庭に落ち着かせたいという気持ちがあったのだろうという。確かにシャロ夫人の家族なら、安心だったろう。

結婚式は、ミラミオン夫人の邸宅で行なわれた。（ということは、ジャンヌはそれまで、やはりミラミオン夫人のもとに居候していたのだろうか？）あの故ニコラ・フーケの息子と、大金持ちの娘の結婚ということで、宮廷界隈で注目されたらしい。
ジャンヌは娘を結婚させた心境を、淡々とフェヌロンに書いている。

結婚については、何もお答えしません。C〔シュヴルーズ〕夫人がすべて話したことでしょう。あなたに言えることは、娘が私のもとにいたときは、私は娘に言うべきこと、するべきことを、やってきたつもりです。それだけです。結婚して他の人に嫁いだ時点で、娘に関わる外的なすべてが、私から剝ぎ取られた感じです。その分前《わけまえ》のいくばくも得ることができずに。私の言うことを分かってもらえるか、分かりませんけれど。〔CI, 191, p.408〕

このCはシャロ夫人かも知れない。娘が嫁いで、肩の荷が降りた。ほっとした。同時に、寂しさ、喪失感に陥った。そんな母親の気持ちが伝わってくる。ただし、「その分前のいくばくも得ることができずに」とは、端的に、娘の財産権に絡む金銭的なことかもしれない。後見人との間ですったもんだがあったようだ。

いずれにせよ、まだ若い娘の面倒を見るために、ジャンヌは新婚カップルと同居することになった。新婚夫婦の住まいは、夫の父、故フーケが築いたヴォー城だった。そのあまりの豪勢さにルイ一四世が嫉妬し、フーケ失墜の原因となったといわれる豪邸だ。ヴォー城は今でも見学できる。その整然とした幾何学的な庭園の只中に立ってみると、まるで小ぶりのヴェルサイユ宮殿にいるような気分になる。事実、ルイ一四世はこのヴォー城を建築した建築家や造園家たちをそっくりそのまま使って、ヴェルサイユ宮殿を造ったのだ。ニコラ・フーケ失墜後、フーケ一族は、ヴォー城の管理に窮したらしい。娘の財産は、一族にとってありがたかっただろう。
これ以降、ジャンヌとフェヌロンの手紙は、ヴォー城とヴェルサイユ宮殿を舞台にやりとりされる。

川の流れ

この年のクリスマスの頃、フェヌロンはこんな手紙を送っている。

私は目的地に向かって、急流の川を下っているようです。岸辺の木々の枝にひっかからず、砂や岩に止められないようにすればよいだけです。川の流れは、私の流れ。私はただ止まらないようにすればよい。常に流れに任せるようにしなければ。外の世間の賛否に気を紛らわさず、内の乾きにも潤いにも、美徳の味わいにも、沈黙の祈りにも、誘惑にも、内なる不誠実さにも気を取られないように。それらすべては、通りすがりに見える岸辺のことでしかありません。そこで少しでも止まったら、恩寵の流れに逆らうこととなりましょう。［CI, 218, p.456］

ついに流れを摑んだ！　そんな高揚感に満ちた文章だ。若干、有頂天気味でもある。
以下が、ジャンヌの返信だ。

あなたの下っている川は、今のところ、かなり緩い傾斜でしかありません。もしこれから急流の傾斜を捉えたら、気をつけてください。考えもなしに、恐怖に驚いて、ちょっとしたことで、しばしば止まってしまうかもしれません。［CL 219, p.457］

はしゃぐのはまだ早い、大変なのはこれからだというわけだ。そして、こう続く。

いずれにしても、あなたにはどうしようもありません。ただ、導かれるに任せるしかありません。決してオールを手にしないように。進もうとしても戻ろうとしてもいけません。［CL 219, p.458］

ルールのないルール

ジャンヌの手紙はさらに、こう続く。

〔…〕確かにあなたの言うような、何事にも自分を関わらせず、何も求めないというルールは素晴らしいですし、あなたにとっての普段のルールでしょう。あなたのような人たちは皆そうなのでしょう。でも、徳の高い理性の正しいルールはそれとして、私たちの従う内なるルールはルールも決まりもなく神に服するというものなのですから、自分で掟を作ってしまってほしくはありません。ただシンプルに、与えられた動きのままに従ってください。それと、特定の関心を持ってはいけないとは言うものの、慈愛を怠らないように。特にあなたを頼りにするしかない隣人に対して。というわけで、どうか、どんな掟にも留まらずに、ただ、こころの掟に従って、主があなたに吹き込むインスピレーションに基づいて、素直にやってください。何であれ、私たちが目指すのは、もはや美徳ではありません――それはもう私たちのためではありません――そうではなくて、神の意志です。それはすべての美徳よりも上です。[C1, 219, p.458]

これも相手に応じたガイドだ。「ルールのないルール」をあえて強調している。言説をほどけと言うのだ。「私たちの目指すのは、もはや美徳ではない。神の意志だ」と言う。〈内なる道〉の上級編ガイドだ。規範言説に支配されるなと言うのだ。それも所詮、人間の言説でしかない。ただ闇雲に神の意志を信頼しろと言う。ただし、隣人への愛を怠らないようにと付け加える。人間嫌いの傾向のあるフェヌロンへの個人的な忠告だ。

＊

かくして二人だけの内なる世界が、秘められた書簡に美しく花開くのであった。けれど、その間に、遠く南の空から、暗雲が立ち込めはじめていた。この年の一一月二九日、ジャンヌの『短く簡単な祈り』が、ローマ教皇庁によって禁書に指定されたのだ。当時のフランスでは、かつてのようなローマ教皇の威光がいかに失われていたとしても、宗教界ではこれはやはり決定的だった。ジャンヌに対する逆風が激しい嵐となって襲いかかるのは、もはや時間の問題だった。

第三章　シークレット・レターズ（続）

1　深まる境地

開けっぱなしの部屋

ここからは、一六九〇年の約一年間の書簡だ。この書簡集は、フェヌロンの秘書役を長年務めたイザアク・デュピュイが書き写したものとされ、二〇〇三年にドミニク・トロンによって完全活字化されたものだ（ギュイヨン・リバイバルは始まったばかりだ！）。

二人はすっかり打ち解けている。言葉が淀みなく、親密に流れ合っている。

こんなアドバイスを、ジャンヌは書いている。

自分を放ったらかしにしておくことです。誰でも勝手に出入りできる部屋のように。誰でもドアを開け閉めできるように。もし何らかの恵みを感じ受けて、それが印象として刻されても、ただそのまま放っておくのです。それを取り除こうと、決して努力せずに。いつも自分をありのまま

に放っておいてほしいのです。いっさい自分を振り返ってほしくはありません。［C1, 224, p.466-467］

まさに、吹きっさらしの自由の境涯だ。

いつもジャンヌは、幻視、霊聴、預言といった神の可感的な「恵み」に否定的だが、けれども、それさえも気にするなというのだ。そういう超常現象は純度が低いからといって、それを意識して消し去ろうとすると、結局、意識している。ただ、放っておけという。

フェヌロンも、すっかりリラックスした書きぶりだ。

マダム、あなたに長い手紙を書いたのですが、私はどうも少しとっちらかっているので、書類の中にしまってしまい、昨日から探しているのですが、見つかりません。私は神に自分のこころをすっかり開きます。あなたのおっしゃる、小さくあること、童心を受容するために。でも、何をなすことがあるでしょうか？　ただ何もせず、神のなすがままに任せる他には。〔…〕ますますあなたとひとつになっています。歯茎の炎症で、この数日、ミサを唱えることができません。小さなプレゼント、嬉しいです。これでよくなるとよいのですが。［C1, 227, p.470-471］

歯肉炎だろうか？　ジャンヌの小さなプレゼントは、炎症止めの軟膏だった。

もしそう思ったのなら、やめてみては

手紙のやりとりが始まってから約一年半後、フェヌロンの境地に劇的な変化が見られる。フェヌロンは、どうやら聖職者に定められたある決まり事について、疑問を抱くようになったらしい。ジャンヌとの手紙のやり取りでは「N」と暗号化しているので正確には分からないが、おそらく聖務日課のことではないかとされる。聖務日課は、一日のうちの決められた時間に決められた祈りを唱える日課で、時代によって回数も変わったが、当時は明け方から就寝までの間、かなり頻繁に長い間祈らなければならず、ラ・フォンテーヌが寓話の中で揶揄している。

自分を神に明け渡し、〈裸〉の信にありながら、日に何度も神に言葉で唱える祈りをしてよいものなのか？　自己欺瞞ではないのか？　どうやらフェヌロンは、そんなことで悩んでいたのかもしれない。

この疑問に、ジャンヌはあっさりこう答える。

もしそう思うのなら、一度でもやめてみたらどうでしょうか？〔…〕強引な〈動き〉や、自分の絶対的な無力状態を待つのではなく、ある種の直感にすべてを任せてみてください。決して、強引に動かされるものではありません。一度、その直感に任せてやめてみて、自分が自由に広々としたら、それはよい証《あかし》です。もちろん、自分の意志的な反省を付け足さないことが前提で。〔C1, 231, p.475〕

要するに、そう思うなら一度やめてみたらどうか？　ということだ。ある意味でしごく常識的な答えだ。しかし、フェヌロンは躊躇する。

Nに関して、あなたに言われたことを考えました。確かに、疲れはします。でも、内的に邪魔だというわけでもないのです。逆に、それを唱えると、しばしば神のシンプルなまなざしに満たされることがあるのです。たとえドライな状態でも。［CI, 232, p.476］

フェヌロンが逡巡している様子がよく窺える。
ジャンヌは、こう答える。

Nについて私が書いたのは、そう書くのが神の意志だと思ったからです。どうやら、私は間違ったらしいですね。神があなたに逆の動きを与えたわけですから。その動きに忠実に従うべきです。私があなたに伝えるべきだと思ったことに忠実に従ったように。〔…〕ですからこの件について、何も言うことはありません。神が私に言わせたことについて、神の好きなように結論を出すに任せましょう。［CI, 233, p.477］

ジャンヌにすれば、そうとしか言えなかっただろう。

私をバカにしているようですね

ところが、フェヌロンはこの答えに不満を訴える。

M. le M. de C.〔M. le Marquis de Charost, シャロ侯爵氏：シャロ夫人の息子〕から受け取った手紙を読みましたが、どうもあなたは、私のことを少々バカにしているようですね！　もし私が手紙に書いたよりも先を行くべきだと思われるなら、シンプルにそう言ってください。私もシンプルに答えますから。［CI, 234, p.478］

このあたり、フェヌロンはちょっと、困ったちゃんになっている。また、ジャンヌとフェヌロンの手紙のやりとりは、用心のために、サークルの仲間を介して行なわれていたことが分かる。

ジャンヌの返信だ。

ムッシュー、私は、どんなふうであれバカにしようなんて思ったことは、もちろんありません。私がどれだけあなたを尊敬し、ただ神のうちに、あなたのためにいるか、神はよく知っています。

［CI, 235, p.479］

そして、今度はジャンヌのほうが不満を訴える。

あなたには、私のほうから訴えなければなりません。あなたに助言を求めても、ほとんど答えてくれたためしがなく、くれたとしても、はっきり断言してくれません。私に対してもう少し思いやりがあってもよいのではないでしょうか？　何にも値しない私のためにではなく、どんなに軽蔑すべき者でも軽蔑しない神の愛においてです。〔CI, 235, p.481〕

この頃、ジャンヌを巡る情勢は悪化しだしていた。ジャンヌに対する教会勢力からの逆風が強まりはじめ、その対応にギュイヨン・サークルは苦慮していた。そこでジャン＝ジャック・ボワローやピエール・ニコルといった当時の名のある神学者からジャンヌの著作についてお墨付きをもらう工作を行なった。その際、当然フェヌロンのサジェストが重要になるのだが、ジャンヌの目には、フェヌロンがあまり親身になってくれないように感じられたのだろう。

裸を恥ずかしいと思わない

フェヌロンはその後も、「N」について悩みに悩んだ。ジャンヌはこんなサジェストをする。

それについては、神があなたを決心させるまで、待ってください。〔言葉にして〕言ってしまって、あれこれ詮索して決めるのではなく。何も言わない〈動き〉でもって決めるようにしてください。そうすれば、決められるでしょう。支えを探さずとも、決然となれるはずです。それまで、神に自分を委ねてください。幼い子のように。決して、言おうとしないでください。〔…〕神が求めるポイントに達するには、もっと先に行かなければなりません。神はあなたにうんと小さくなって欲しいのです。それで、小さな子のように裸にするのです。裸にされても気にしないで、裸を恥ずかしいとも思わないように。〔CI, 241, p.487-488〕

言語化しようと思うな、と言う。言葉を落とし、自我をほどき、言説規範に足を引っ張られず、〈裸〉になって直感しろ、と。

フェヌロンは結局、「N」をやめた。

あなたの手紙からすると、マダム、あなたは私がNをやめたほうがよいという見解に傾いているものと理解します。それについては、あなたの新たな伝えを待たずに、やめることとします。〔CI, 244, p.491〕

若干、ジャンヌに責任転嫁しているようなところも感じる。やはり不安だったのだろう。

危篤

いつも病気がちなジャンヌだが、この時期、大きく体調を崩し、危篤状態に陥った。教会勢力からのますますの圧力も、原因だったろう。ジャンヌは、「神が私に与えた指南役としての聖霊をあなたに譲ります」と、フェヌロンに手紙で伝えている。ジャンヌの後継者として、ギュイヨン・サークルの仲間たちを指南するよう、指名したのだ。いわば遺言だ。

フェヌロンの返信だ。

もしあなたを失ったら、誰の意見を聞けばよいのですか？　それとも、しるべなき未来を歩むのでしょうか？〔…〕あなたが私に開いてくれた道で、私は困難に遭うかもしれません。道を後退してしまうかもしれません。体験も支えもなく、惑うかもしれません。それでもなお、私のこころの底の明け渡しはさらに強まっています。私は何も考えません。考えれば、そのつど翻弄されるでしょうが、それについても考えません。頭を前に、目隠しをして、神の意志のはかり知れない深淵の中に飛び込みます。〔…〕私は神のうちで、私を失うように、あなたを失うのです。あなたが恢復するよう願うことも、その気持ちさえも私のうちに見出せません。神の目によかれと映ることを神がなすように。私の言えるのはそれだけです。ただ、回復に効果的に思えることは、すべて手を尽くしてみてください。私たちの主のうちに、すべてをあなたに。それを千回ほど。［C1, 249, p.496-497］

とかく冷淡でシニカルに見られがちなフェヌロンだが、ここではジャンヌに対する想いがストレートに、リリカルに表れている。原文は大変な名文だ。

幸い、ジャンヌは九死に一生を得た。
フェヌロンは、こんな手紙を送っている。

マダム、神が再びあなたを私たちに与えてくれたと知って、とても喜んでいます。でも、あなたの健康はすぐに極端から極端に移るので、どうか留意してください。そしてあまり調子がよいのを過信しないでください。

アリカンテのワインを持っています。私には何の役にも立ちませんが、あなたにはとてもよいでしょう。喜んであなたに差し上げましょう。［CI, 252, p.499］

スペイン・ヴァレンシア州、アリカンテのワインは今もよく知られているが、特に一六世紀から一七世紀にかけて、ヨーロッパでとても流行った。健康によいという評判だったらしい。

2　無見の見

〈道〉にあるかぎりは

病から生還したジャンヌは、いよいよ静寂者にとっての到達点、〈消滅〉の境地について、集中的にフェヌロンに伝授する。非常に重要なテキストだ。ジャンヌはいつも相手のレベルに合わせて指南する。この境涯の具体的なことについては、フェヌロンにしか書いていないのだ。その貴重な手紙を読んでみよう。まず、こう始まる。

> 道にあるかぎりは、信が、たえず私たちを裸にし、「盲目」にしてくれなければなりません。私たちがすべてを通り過ぎるようにしてくれなければなりません。神そのものへと駆けるために。未知の細道を通って。［C1, 254, p.500］

ここは〈消滅〉のゼロ・ポイントに達するまでの、いわゆる「上昇道」のまとめだ。私たちは、〈裸の信〉によって、自我意識がほどけ（〈裸〉にされ）、分節認識がなくなり（「盲目」にされ）、そうやって分節世界のすべてを超えなければならない。そこでようやく神そのものという無分節体験に入れる。

というわけだが、前半の文章で〈信〉を主語にしているものだから、日本語にするといかにも読みづらい。フランス語でも、読みやすいわけではない。あえて、ジャンヌはそういう構文にしている。私たちの側の徹底した受動性を強調するために。私たちが自分の意志や努力で〈裸〉になったり、「盲目」になったり、すべてを超えたりできないのだ。さらに、ちょっと細かくなるが、ここの〈信〉は、「私たちの〈信〉」ではなくて、定冠詞の〈信 la foi〉だ。「〈信〉というもの」と訳したらよいだろうか。〈信〉のほうから、私たちにはたらきかけてくるニュアンスだ。このあたり、日本語文化での受動性の極北、親鸞の強引な読み替えを思い起こさせる。(41)

続けよう。

> けれど、すっかり裸になって失われた信のおかげで、たましいが神のうちへと到達したら、また違うのです。［同前］

「すっかり裸になった信」というのは、要するに〈裸の信〉が成就している状態だ。「失われた」というのは、あまりに〈裸〉なものだから、〈信〉があるのかどうかも分からない、そういう純粋な〈信〉のことだ。

ただし、ここでも、私たちの意志や力で〈裸の信〉が成就しているわけではない。あくまでも〈信〉のほうが、いってみれば勝手に、自ずと裸になって喪失しているのだ。私たちは、ただ、そのおかげを被るだけだ。この受動性の強調たるや、徹底している。

光のうちに光を観る

さて、そうやって神のうちへと到達したら、つまりゼロ・ポイントに到達したら、また違う境地が訪れるという。

ジャンヌは、ゼロ・ポイント体験の前と後の、世界の見え方の違いを説明しようとする（これについては、第一部の九〇頁以下を参照してもらいたい）。ゼロ・ポイントに入ると、それまで自我主体の〈わたし〉が見ていた分節世界が完全にフェイド・アウトする。しかしそこから、〈わたし〉の目前に、分節世界が甦って見えてくるのだ。

だがそれでは、せっかく〈消滅〉のゼロ・ポイントに入ったのに、元の木阿弥ではないか？　そう心配するかもしれない。それは杞憂に過ぎないと、ジャンヌは言うわけだ。

ジャンヌは、こう書く。

神のうちでは、すべてが神なのだから、判明さも、もはや妨げにはなりません。それは「神と、たましいの間の」差し込みにもなりません。判明に見えるのは、確かにそうだからなのです。

[C1, 254, p.500]

神のうちでは、すべてが神なのだから、そこに判明に区別されて現れる新たな分節世界もまた、神なのだという。つまり、神の自己顕現、自己分節としての世界だ。そして、すべてが神なのだから、それを見ているのも、神自身だということになる。すべてが、神のうちで完結している。だから、そうやって判明に分節されて見えるのは、〈消滅〉の境地の妨げにはならないという。つまり、神と〈わたし〉の主客未分を、再び二元に分けるような「差し込み」にはならないという。新たな分節世界が判明に見えるのは、神が見ているリアルなのだ。

神のうちでは、神の判明さは、神に閉ざされていませんから、たましいにも、やはりそのように判明に見えるわけです。なぜなら、それは実際にそうだからなのです。しかしながら「たましいに判明に見えると言っても〕それはあくまでも神のうちで見えるのです。神のうちではすべてが真理で、幻想はありません。光のうちに光を観るのです。[C1, 254, p.500-501]

神が見ている判明な分節世界は、「神に閉ざされていない」という。つまり、神のうちに入った〈わたし〉も、神の見ている世界が、見えている。空っぽの〈わたし〉を通して神が神の自己分節を見ていて、その神の視界が、〈わたし〉にも、映っているわけだ。あるいは、神のまなざしに与っていると言ってもよいだろう。

だから、〈わたし〉に見えるものは、すべて神の見ているものであり、すなわち「真理」であり、かつての〈わたし〉の自我意識による「幻想」ではないのである。

「光のうちに光を観る」——この表現は神秘家の常套句で、ジャンヌもよく使う。(42) 絶対無分節としての光のうちに、その光の自己分節としての無数の光を観じる。ジャンヌにとってはそういう重層性、多次元性。光曼荼羅のようなイメージだ。

叡智を通して見る

ジャンヌは、ゼロ体験の前と後の見え方を比較して、整理する。

〔…〕たましいが光にある場合は、もし、さらに〔道を〕進みたければ、その判明さを通り過ぎなければならず、必然的に判明さを闇に捨てなければなりません。[C1, 254, p.501]

「たましいが光にある場合」とは上昇道のことで、この場合の「光」は、〈精神〉の光だ。自我意識の光だ。主体的な自我としての〈わたし〉が、判明に対象を分節認識している状態だ。このデカルト的な「判明」さは、闇に捨てなければならない。

〔これに対して〕たましいが神のうちにあり、もう場所を変えずに至高の善のうちに不動に留まっている場合は、〔判明に見えるといっても〕個別の光で見るのではなく、さっきも言ったように、光そのもののうちに見るのです。示されたものを、視覚によって見るのではなく、叡智によって見るのです。〔同前〕

「至高の善」は神のことだ。〈消滅〉のフェーズに達して、〈わたし〉が神のうちに留まると、かつて〈わたし〉が自我意識で個々を個々のものとして、平面的に見ていたのとは違う見え方になる。「光そのもの」のうちに個別の光を見る。つまり、無分節のうちに、その無分節態の自己分節としての個別を、重層的に見ているわけである。それは、〈わたし〉の視覚を通して見ているのではない。〈わたし〉は「叡智」を通して、神のまなざしに与っているのだ。ちなみにここで「叡智」と訳したのは「science」で、一般には「科学」「学知」の意味だが、ここは「神秘の知 science mystique」と取る。「神智」と言ったらよいだろうか。

自ずと然るべく

こうした重層性は、行動にも繫がる。ジャンヌは、こう書く。

この神のうちの判明さは、従うべき〈動き〉となり、他者に何らかを教えるためのものとなります。その動因は通常、味なき味というべき、内密な性質のものなのですけれど、たましいが総体的な境地にあれば、間違うことはありません。[同前]

〈わたし〉を通して、神が他者に、具体的にはたらきかけるのだ。〈わたし〉はその道具となる。その神の〈動き〉は「内密で、味なき味」だ。繊細敏感な直感力がないと、なかなか感受できない。けれど、〈わたし〉が「総体的」な性質の境地に達していれば、間違うことはないという。「総体的 général」というのは神秘家用語で、特に十字架のヨハネの用語として知られる。(43)「個別的」の反対の意味だ。「たましいが総体的な境地にある」とは、個別的に認識しない、無分別な状態にあること。無分節状態だ。「相手のためになってあげよう」などといった分別があったらダメだ。逆に、もし直感的な流れを感じなければ、動かないことだ。

無見の見

この重層性について、フェヌロンに宛てた別の手紙の一節を紹介しよう。

信によって最後まで到達したたましいには、異常なことが何もありません。たとえ、いっぱいあるかのように見えてもです。神のうちに物事を見るとき、その〈無見の見〉は、たましいにとってごく自然なことなのです。〔神の〕〈一〉にあることに対して、何も邪魔にはなりません。まさに〈一〉そのもののうちに、すべてを見るのです。［C1, 205, p.428］

すっきり、まとまっている。〈無見の見 vue sans vue〉——前にも書いた（九四頁）。自分が見ているのではないけれど、見えている。深層の無分節に留まりながら、表層の分節世界が見えている。そういう重層的な見え方だ。

「信によって最後まで到達したたましい」——〈わたし〉の境地だ。

「神のうちに物事を見るとき、その〈無見の見〉は、たましいにとってごく自然なことなのです」——〈わたし〉がすっかり神のうちに没入すると、〈無見の見〉の見え方になる。分節世界が再び、くっきり判明に見える。心配することはない。それは、ごく自然なのだという。

「〈一〉にあることに対して、何も邪魔にはなりません」——〈一〉と訳したが、「一者」あるいは「一性」のことだ。無分節の〈一〉としての神そのもの。その〈一〉のうちに留まる〈わたし〉に、改めて分節世界が見えたとしても、主客未分の境地の邪魔にはならないという。

「〈一〉そのもののうちに、すべてを見る」——あくまでも〈一〉としての神そのもののうちにあって、神の視界に参与するようにして、神の見る分節世界の〈多〉が見えている。

対象化しない

この〈無見の見〉について、ジャンヌは別の手紙でさらに具体的に、フェヌロンに説明している。

〔…〕いかにして福者たちが、神のうちに神しか見ず、それでいてすべてを見るのか——それは見るといっても、対象として見るのではないのです。ある人たちは、ちょうど鏡の中を見るように、神のうちにすべての対象を見るのだと、そう言おうとしました。物自体の細かいところまで確かめられるようにして見るのだと。しかし、決してそうではありません。そうした対象へのはたらきは、たとえ神そのもののうちにあっても、あくまでも神による判明なはたらきなのであって、神のうちに消失したたましいにはできないことです。〔CI, 208, p.435-436〕

「福者」は、カトリック教会では、教会によって「列福」された者のことを言う。ここで誰のことを指しているのか、詳らかにしない。ただし、ここは歴史上の「霊性の高い人」という程度の意味で使っているかもしれない。一部の者は「到達した福者は、すべての対象を、鏡に映っているかのように細かいところまで克明に見るのだ」といったことを主張しているという。しかし、そうじゃないのだと、ジャンヌは言う。自分で対象を見ているわけではないのだ。神のうちに消滅した〈わたし〉には、もはや、対象分節化のはたらきがないのだ。それは、あくまでも神によるはたらきなのだ。たましいはすべての物を判明に区別せず、ただ神的に見るのです。つまり、神以外には何も見ないのです。そのまなざしは〈神へと〉しっかり定まっていて、すっかりシンプルで純化されていますから、何ら判明な区別には至らないのです。その視界たるや、シンプルで広大です。広大無辺そのものです。すべての対象を内包し、かつ、どこにも止まりません。もし止まったら、それはまだ不完全です。この無見の見は愛であり〈享楽〉です。そうしたすべては、〈一〉そのものにおいて同じなのです。[CI, 208, p.436]

「たましいはすべての物を判明に区別せず、ただ神的に見るのです。つまり、神以外には何も見ないのです」――つまり、〈わたし〉は、自分では対象を外に立てて分節化できず、そのまなざしは、あくまでも神のうちに留まっている。そのまなざしに映っているのは、神の見え方なのだ。

「その視界たるや、シンプルで広大です。広大無辺そのものです。すべての対象を内包し、かつ、どこにも止まりません」――それが、神の見え方だ。それ自体が、無限のはたらきであり、「広大無辺そのもの」なのだ。そこにはすべての対象が内包されているのだけれど、特定の対象にフォーカスされることはない。無数の個々が個々として分節されているけれど、あくまでも総体的な見え方であり、無分節なのだ。そういう、なんだか眩暈のしそうな重層性だ。

もし、特定の対象に留まってしまったら、「それはまだ不完全」だという。それは、神の見え方の投影ではなくなってしまっている。〈わたし〉の自我意識が曇らせてしまっているのだ。

「この無見の見は愛であり〈享楽〉です」――という。この〈愛〉の純粋〈享楽〉の境地が、まさに静寂の境地だ。

この一連のテクスト、ジャンヌの到達した境地を理解するうえで、とても重要だ。のみならず、さまざまな〈道〉での到達者の境地を言語化した一例として、貴重だ。

3　フェヌロンの到達点

光もなく、味わいもない

フェヌロンはさらにラジカルに〈裸の信〉を突き進む。こんな相談をジャンヌにしている。

マダム、私は……と思われることで悩みました。告解すべきかどうか知りたくて、そのことをMに伝えにやりました。彼が罪の赦しを授けることにはなりませんでした。[CI, 264, p.516]

「……」は「罪」のことだ。この「M」は、フェヌロンの霊的指導役で、本来の聴罪司祭だったル・ヴァロワ（Louis Le Valois）とされる。彼はパリにいた。しかし結果的に、彼に告解をしてもらわなかったというのだ。

これは大変にデリケートな性質のもので、少し前までやってはいけないことだと思っていたことを、一種の好奇心による出来心からやってしまったのです。ところが、それを実際やるとき、どうやら私は何ら悪を求めているのでも、しているのでもないという一種の確信を得たようなのです。〔同前〕

実際にやってみたら「罪」でも何でもないと確信を持ったのだ。

その直後に私は気になって、Mを呼びにパリに人を送ったのです。MNCが面倒を起こさないかと危惧してのことでした。しかし、使いの者が出てから、彼を行かせる必要もなく、ただミサを唱えればよいように思ったのです。きょう、ミサをあげました。内的に、何も気になりませんでした。〔同前〕

「MNC」――Monsieur Notre Curé（我らが司祭）とは、ヴェルサイユ小教区の司祭エベール（François Hébert）のこととされる。フェヌロンは、エベールが自分を非難するのではないかと危惧したのだ。それで、パリのル・ヴァロワに使いをやったのだが、送った直後に、そんな心配もいらないと思い直した。そして、自分でミサをあげて、それで済んだという。

この出来事の前夜、おとといの夕方には、私はMaとしばらく一緒でしたが、そのとき、ひさびさに潜心ができて、長らくなかったほどにあなたとひとつになり、満たされたのです。〔同前〕

この「Ma」はボーヴィリエの秘書（La Marvalière）とされる。フェヌロンと大変気の合う親友だったようだ。彼は〈内なる道〉の仲間でもあったらしい。二人は沈黙の祈りのうちに潜心に入り、二人の間に〈沈黙のコミュニケーション〉が起こった。二人はジャンヌとひとつになったわけだ。

Nについては、何も悩みもありません。むしろ再開したら疲れるだろうと心配です。そもそも、私には光もなく、確証もなく、味わいもありません。［同前］

「N」は、前述の聖務日課か何かをやめたことだ。光も、確証も、味わいもない。ジャンヌが常々言う〈裸〉の境地に、フェヌロンが深く突入しているのがよく分かる。

すべてなるようになる

もう、ジャンヌがあれこれ指南する必要もなくなった。ジャンヌは、こう返信する。

もし神があなたを、これまで私の知る限り最も先へと推し進めたいのなら、そうするでしょう。これからいろいろなことがあなたに起こることでしょう。でも勇気をもって、自分を見ないでください。［C1, 265, p.517］

フェヌロンは、こんな手紙も書いている。

私はますます神にすべてを明け渡すようになってきています。知恵もなく、本来ふさわしいとされることに戻ることもなく、〈動き〉に従うようになっています。沈黙の祈りからはすっかり離れています。たまにしかやらなくなっています。それと分かるようなたぐいの神の現前も探し求めなくなっています。すべて、なるようになる。〔C1, 266, p.519-520〕

ジャンヌは、こう書く。

かつて私があなたを夢に見たポイントまで、あなたは到達したようです。そして、何もあなたを止められないようです。あなた自身が傾かないかぎり。〔C1, 267, p.520〕

パイシチュー

一六九〇年九月頃のフェヌロンの手紙だ。

私は、驚くほど安らかで、広々とした中にいます。前だったらとても怖くなるようなことにも、もはや触発されません。それでも、いろいろな些細なことに、大変な嫌気を覚えます。まだ、幼い柔らかさに比して、何やら、かさかさと強張《こわば》ったものがあるのです。まるで私のたましいの底は溶けているのですが、表面がパイ皮のように固いのです。ああ、まだまだ死ななければなりませんね！［C1, 278, p.532］

力んだところが、まったく見られない。パイシチューの喩え、おもしろい。
ジャンヌの返信だ。

自分を明け渡せば明け渡すほど、ひろびろと、安らいのうちにいられるものです。〔…〕外にも内にも、溶け切らないままの氷があってはなりません。あなたほど自由なら、いくら「幼い子」をしても、「幼い子」すぎることはないでしょう。いくらでも神が恩寵を与えてくれることでしょう。［C1, 279, p.532］

柔軟さとは、内と外で同じでなければなりません。あなたは、そうなることを惜しまないでしょう。あなたの心はあまりに大きすぎますし、神はあなたを愛しすぎるほど愛していますからね。
［C1, 279, p.533］

第四章　対　決

1　裏切り

揺れるマントノン夫人

ジャンヌとフェヌロンが実り豊かな書簡のやりとりをしている最中、二人を取り巻く情勢は急速に悪化していた。ジャンヌの著作が教皇庁によって禁書にされたことはすでに触れた。これによって、フランスの教会内のジャンヌに対する批判勢力が再び勢いづいたことは想像に難くない。それを受けて、マントノン夫人もジャンヌと距離を取り始めたのである。

それまでマントノン夫人は、ジャンヌを教会勢力の迫害から守る役割を果たしてきた。マントノン夫人は当初、カトリック教会界でのジャンヌをめぐる趨勢を、あまり読み切れていなかったかもしれない。だが、彼女は根っからの政治家タイプだった。このままジャンヌを匿っていると自分の身に危険が及びかねないという政治的嗅覚が働くのに、さして時間はかからなかっただろう。実際、マントノン夫人と関係の悪かったパリ大司教らは、ジャンヌのサン＝シール女学院出没について情報収集を怠ることなく、ジャンヌとマントノン夫人双方の追い落としを狙って、手ぐすねをひいていたようだ。マントノン夫人は、問題が深刻化してルイ一四世の耳に入る前に、さっさと自分で処理する必要に迫られていた。

それだけではなかった。ジャンヌの〈沈黙の祈り〉が、マントノン夫人にとって予想外の影響を、サン＝シール女学院内に及ぼしはじめていたらしい。真相は分からない。ジャンヌ自身によれば、彼女は、サン＝シール女学院の監督責任者（おそらく彼女の従姉妹のラ・メゾンフォール夫人のことだろう）や司祭ら数人の関係者としか接触していなかったという。それに、彼女が自分の娘の教育のために書いたテキストを見れば、ジャンヌは子どもには当時の常識的な教育方針を取っていたことがよく窺える。そういうところは、ジャンヌは極めて現実的なのだ。いきなり本格的な〈内なる道〉を、子どもに教えるような無茶は承知しなかっただろう。けれどもジャンヌにすっかり傾倒した数人の女学院関係者が、『短く簡単な祈り』などの彼女の著作の写しを校内で配ったのだという。その結果、マントノン夫人のコントロールできないような状態に至った可能性はある。

だが、それだけではなかった。事態はもっと複雑だった。

マントノン夫人は個人的にフェヌロンにすっかり心酔していた。先にも触れたように、マントノン夫人は、ちょうどジャンヌと出会った頃に、それと並行してフェヌロンにも出会った。そのフェヌロンとジャンヌが出会ったのも、ほぼ同じ頃だ。つまり、三人はそれぞれ同時期に並行して面識を深めたのだ。マントノン夫人は、サン＝シール女学院の全般についてフェヌロンに頼るようになった。そして、自分もフェヌロンから信仰指南を受けるようになった。フェヌロンが彼女に宛てて書いた指南書を、自ら率先して校内で配るほどだった。

しかしそんなに心酔しているフェヌロンなのに、当のフェヌロンはジャンヌに傾倒する一方だった。フェヌロンが劇的にジャンヌに傾倒していく変化を、マントノン夫人は目の当たりにしていたわけである。これは、マントノン夫人の自尊心をいたく傷つけたのではないだろうか？　だいたい、自我が消滅することなど、マントノン夫人が本当に望んでいただろうか？

黒幕登場

マントノン夫人はサン＝シール女学院内からジャンヌの影響を一掃する決断をした。そのために、彼女の聴罪司祭だったポール・ゴデ・デ・マレ（Paul Godet des Marais, 1647-1709）を使った。面白いことにマントノン夫人は、ゴデ・デ・マレという信仰の指南役がいたにもかかわらず、フェヌロンと出会ってから、もっぱらフェヌロンに指南してもらっていたようだ。フェヌロンという当代きってのスターを前に、ゴデ・デ・マレは出る幕がなかった。女学院のことについても、ゴデ・デ・マレはほぼ蚊帳の外だった。彼にすれば内心、忸怩たるものがあっただろう。特にフェヌロンに対して密かにジェラシーを募らせていたとしても不思議ではない。もしかしたら、これから勃発する騒動の真の黒幕は、案外、この没個性的で、決して自分の尻尾を見せない、優秀な役人タイプのゴデ・デ・マレだったのかもしれない。

マントノン夫人は、ここにきてゴデ・デ・マレに女学院について積極的に介入させた。ゴデ・デ・マレは大いに張り切ったに違いない。さっそくサン＝シール内のジャンヌ支持者の摘発に取り掛かった。そのためにゴデ・デ・マレは、女学院内のペルー夫人という人物をスパイに使った。ペルー夫人は、ジャンヌが女学院に顔を出すようになった当初から、ジャンヌに敵愾心を抱いていたらしい。

マントノン夫人はギュイヨン夫人と何度も会っていました。彼女の食卓で一緒に食事をすることもありました。大変に敬虔だと言うにしては、あまりに露出されたギュイヨン夫人の腕や胸を見て、それでマントノン夫人が感化されたわけでは、まさかないでしょうが、それでもそれがギュイヨン夫人流の祈りに共鳴する妨げにはならなかったのです(44)。

と、ペルー夫人はジャンヌの最初の印象を記している。なんとも持って回った書き方だが、要するに、ジャンヌが肌を露出した俗っぽい格好をしていて、とても信仰に生きる女性には見えなかったと揶揄しているのだ。そして、ジャンヌとマントノン夫人のセクシャルな関係を暗に（というか、かなり露骨に）ほのめかしている。いずれにせよ、いかにもステレオタイプなイメージ操作だと言ってよい。

さらにペルー夫人の報告によると、サン＝シールは散々な状態になってしまったという。

生徒たちが言うことを聞きません。みな、エクスタシー状態です。すっかり瞑想で味をしめて、大切な仕事をなおざりにしています。ある者は掃除をしないで、呆けて箒に寄りかかるばかり(45)。

この報告はインパクトがあるものだからよく引用されるが、しかし、信用してよいかどうかは、はなはだ疑問だ。話が誇張されている感は否めない。箒は「魔女」を暗示するために持ち出した小道具ではないか？　ペルー夫人に限ったことではなく、ジャンヌに対する批判が常に「ふしだらな女」と「魔女」という二つの常套的なイメージ操作によることは注目に値する。

『アタリ』

ちなみに一六九一年二月には、サン＝シール女学院でラシーヌの演劇『アタリ』が上演された。この上演は『エステル』のときの華やかさとは打って変わって、極めて禁欲的な演出だった。生徒たちは学校の制服のまま演技し、観客もルイ一四世以下ごく少人数の、いわば内々での上演だった。マントノン夫人は、このときすでに当初の革新的な女性教育路線を放棄していた。さらに、ジャンヌやフェヌロンとの内的冒険にも見切りをつけていた。すでにゴデ・デ・マレ主導による守旧的な宗教路線に舵を切っていた。サン＝シール女学院は、従来的な修道院的な教育機関にすっかり変貌した。

このマントノン夫人の路線変更に、ルイ一四世は当初、不満だったようだ。「修道女を育てるつもりじゃなかったはずです。私は、修道院の服装も作法も嫌いなのですよ。世間は、この変更を一貫性のなさと受け止めますよ」と言って、反対したという。しかし、最終的にルイは、マントノン夫人の仕切りに任せた。

出入り禁止

一六九三年三月頃、マントノン夫人はついにジャンヌに対して、女学院への出入り禁止を正式に通告した。この頃から、マントノン夫人はジャンヌの著作をまともに読み始めたようだ。同じ年の五月にマントノン夫人が親しい知人に宛てた手紙の中で、その「二か月前から」つまり、ちょうど三月頃からジャンヌの『雅歌註解』を読み始めたと書いている。そして、納得のいかない点があることを記している。また『短く簡単な祈り』をフェヌロンは絶賛しているものの、ルイ一四世に読んで聞かせると、「そんなの妄想だろう」とルイが言ったと、記されている。

この手紙からすると、かつてジャンヌに逮捕状を出した張本人であるルイ一四世は、ジャンヌの著作の内容を全く知らなかったわけだ。マントノン夫人自身も、どこまで〈内なる道〉を理解していただろうか。

その後、同じ年の夏、ゴデ・デ・マレが公式にサン＝シール女学院を訪問した。かなり芝居掛かったイベントだったようだ。ゴデ・デ・マレは女学院の先生と生徒ら全員を集めて、ジャンヌの著作物を没収した。まず、マントノン夫人が自ら『短く簡単な祈り』をポケットから取り出して、ゴデ・デ・マレに差し出したという。そして全員が、これに倣ったという。

2 対決

ヒール登場

マントノン夫人の攻勢に対して、ギュイヨン・サークル側も指をくわえて見ていたわけではなかった。すでに『短く簡単な祈り』が禁書になった直後から、シュヴルーズ、シャロ夫人らが、ジャンヌの著作の正統性を神学権威筋に認めてもらおうと奔走していた。しかし、むしろ逆効果だった。最後にシュヴルーズの手はずで、ジャンヌはフランスにおけるカトリック教会の大立者ボスュエと面会した。一六九三年八月。ちょうどゴデ・デ・マレがサン＝シールに本格的に介入し、女学院内でジャンヌの著作を没収した頃のことだ。

ジャック＝ベニーニュ・ボスュエ（Jacques-Bénigne Bossuet, 1627–1704）は、絶対王政のイデオローグであり、ルイ一四世の王権は直接、神から授かったものだという王権神授説を唱えたことで知られる。そして、フランス国内の教会人事権はフランス国王が握るべきだという、いわゆるガリカニスムを主張した。カトリック教会の普遍主義に対する国家優先主義だ。その意味では、ボスュエは近代的な主権国家のフレーム作りに寄与した思想家だったとも言える。とにかく国王のためなら、どんな宗教論争にも参戦し、徹底的に戦った。ルイ一四世の番犬のようなタイプだったようだ。日常での素のキャラクターは、気さくで、部下の面倒見のよい、ワインが好きな陽気な兄貴分だったという。

ボスュエは、フランスでは偉人として扱われている。しかし、ジャンヌの側に立って彼を描写すると、どうしてもボスュエは悪役になってしまう。しかも、ものすごくアクの強い、憎々しいほどぎらぎらした、パーフェクト・ヒールだ。例えば先に登場したゴデ・デ・マレがいわゆる能吏タイプで、目立たずに振る舞いながら組織内でそこそこ出世するタイプだとすると、ボスュエはもっと役者として派手で、キャラクターが立っている。彼の存在がなかったら、ジャンヌ・ギュイヨンの物語も味気ないものになっていただろう。

ボスュエとフェヌロン

ボスュエはフェヌロンと親しい間柄で、よき先輩格だった。兄貴肌の、がむしゃらな上昇志向の塊のようなボスュエ。対するに、旧家の出の秀才で、うまく世間を渡る術を心得ているが、どこかニヒルと言いたいような憂鬱を抱えるフェヌロン。面白い取り合わせだ。ボスュエは後輩のフェヌロンを可愛がって、引き立ててやっていた。そのフェヌロンの口添えもあったものだから、ボスュエはジャンヌに会ったわけだ。

この面会で、ジャンヌは自分の著作をボスュエに読んでもらい、教義上問題がないか教えを請うた。ジャンヌの自伝によれば、初回に会ったときは、ボスュエはむしろジャンヌに好意的だったという。「ところどころ、はっきりさせるべき点があるが、全体として糾弾されるべきことはない」——そんな程度の感想を、ボスュエは述べたという。ボスュエにすれば、ジャンヌにはフェヌロンだけではなく、シュヴルーズたち大貴族がバックにいるから、とりあえず無難にあしらったのだろう。あるいは、そのときのボスュエは別件の論戦に取りかかっていた最中だったから、ジャンヌの案件については、おざなりだったかもしれない。ジャンヌはうっかりボスュエを信用してしまい、それまで書き溜めていた自伝を彼に渡してしまった。これは軽率だった。ジャンヌらしいといえば、ジャンヌらしい。これが後々に大変な痛手となってしまう。

ともかく、ギュイヨン・サークルはボスュエの善処に期待を抱いた。ところが、そこに横槍が入ったのである。

翌九月、マントノン夫人がボスュエを密かにサン゠シールに呼び寄せた。マントノン夫人は「ギュイヨン夫人の擁護に回っているフェヌロンに、その間違いを気づかせ、彼を救うように」と、ボスュエに命じた。これは、ボスュエの秘書役がボスュエから聞いた情報として証言している。この動きと符合するように、翌一〇月、ボスュエはジャンヌに対して極めて厳しい内容の手紙を送り付けた。特に、〈沈黙のコミュニケーション〉について「驚愕した」と書き、二度とそんなことを口にするなとジャンヌを戒めた。以後、ボスュエはどんどん態度を硬化させていった。

情勢不利と悟ったジャンヌは、行方をくらました。居場所はフーケ家の者にしか伝えなかった。

翌一六九四年の初めには、サン゠シールで異変が起こっているらしいという噂が早くも宮廷人の間で流れた。「ギュイヨン夫人という女性は大変に信仰に篤いが、宗教について少し変わった意見を持っていて、他の婦人たちに影響を与えたと糾弾され、パリを離れたという。命令を受けたのか、自主的退避なのか、分からない」——ヴェルサイユ宮廷の回想録者として知られるダンジョーが、そう書いている(46)。

宮廷人は噂で生きている。森の小動物のように、ちょっとした危機の匂いにも鼻を利かせる。ジャンヌに対して国王の命令があったかどうか、それが彼らの最大の関心事だった。絶対権力者の意向をいち早くキャッチすることが、ヴェルサイユでの処世術だった。

仮定法の効用

その一月の終わり、ジャンヌはボスュエと再び面会した。場所はパリのサン＝ジェルマン＝デ＝プレ近くのカセット通りにある女子ベネディクト会系の修道院だった。ジャンヌはヴェールですっかり顔を覆い、ボスュエのお付きの者は彼女が誰だか最後まで分からなかったと書いている。

ジャンヌによれば、そのときのボスュエは初回に会ったときとはまるで別人だったという。ボスュエはジャンヌの沈黙の祈りについて「こんな祈りをする者などいない」と激しく非難し、ジャンヌに弁明の余地を与えずじまいだった。

ジャンヌはつくづく悟った。ボスュエは神秘思想について浅学で、しかも内的体験がほぼ皆無なのだ……。

一方、ボスュエはジャンヌと会った直後ヴェルサイユに赴き、フェヌロンに会った。ボーヴィリエとシュヴルーズも同席した。

ボスュエはジャンヌについて、〈沈黙のコミュニケーション〉ができるなどと妄想している狂った女だと、フェヌロンに警告した。ボスュエがマントノン夫人の命に忠実に立ち回っていたことが、よく分かる。しかしフェヌロンは、「もしおっしゃるとおりだとするなら、彼女は頭がおかしいですね」といった仮定法で、冷淡に受け流した。〈沈黙のコミュニケーション〉を熟知していたフェヌロンにすれば、体験のないボスュエの解釈こそが頓珍漢だったろう。そこまでボスュエが汲み取ったかどうか別として、ボスュエはいたくがっかりしたという。「あれほどの才覚の持ち主が、あんなにも理性の光の足りない、あんなにも軽薄な人徳の、明らかに幻影に惑わされた女預言者もどきの女性のことを、すっかり尊敬しているのに驚いた」――と、後に述懐している。それにしてもこの文、ミソジニー全開の文章だ(47)。

宗教界の大物同士の仲に、この頃からすでに亀裂が生じ始めていた。

自分の幸せは望めなくなる

ボスュエは、もともとはジャンヌの件にさして関心もなく、まともに彼女のテクストを読んでもいなかったのだろう。そのうちマントノン夫人まで関わってきて、面倒な話になってきた。そのあたりからボスュエは、ある程度真剣にジャンヌのテクストを検討しだしたのだろう。そして読んでみると、ジャンヌの〈道〉が、司牧権力にとって看過できない、由々しき問題を孕んでいることを悟ったようだ。

ボスュエがジャンヌの著作の中で、特に問題にした点は、「神に自分を明け渡せば、もう自分を振り返ることはなく、自分の救済についてさえも神に望めなくなる」と、ジャンヌが説明している点だった。つまり、ジャンヌ流のラジカルな受動性だ。

ボスュエにすれば、人間はあくまでも向上心をもって自分の罪を償い、徳を積み、自律的、主体的、能動的に努力しなければならない存在だったろう。その点で極めて近代ブルジョワ的な人間像を、ボスュエは思い抱いていたと言える。(48) ボスュエにとって、個人が主体的に自己の救済を望むことは、信仰の核心だったろう。それもそうだ。個人のたましいを救済に導くのが司牧者の役割で、その救済のプロセスを独占していることが司牧権力の拠り所なのだ。その救済自体、そもそも要らないとなったら、司牧権力が土台から崩れてしまう。

ジャンヌはボスュエに宛てて、〈消滅〉の境地を説明する長文の書簡を送った。こんな出だしだ。

猊下、おそらく容易に理解できることだと思いますが、ただ神のうちに自分の幸せを納める者は、自分自身の幸せを望めなくなるものです。自分の幸せのいっさいを神のうちに納め得る者とは、愛によって神のうちに留まる者です。そこまで達した者は、神自身のための神自身における神の幸福しか望まなくなるのです。他の幸福を望まなくなり〔…〕自己の幸福では幸せになれなくなるのです。［C2, 159, p.228］

そしてジャンヌは、たましいが到達した状態になれば、たましいの欲望は消えるのだと説明する。つまり、〈わたし〉の境地に入れば、それまでの〈わたし〉の自我意識による欲望は消滅するというのである。

このとき、たましい――すなわち〈わたし〉は、「神のうちの、神のための、神の至福に休らっている」と、ジャンヌは書く。このあたり、第一部の〈消滅〉の境地の箇所で触れたとおりだ。

さらに〈わたし〉の境地では、もし神が望むなら、神の意のままに、他者のために何かをする。自分で意識せずに、自ずと然るべく他者にはたらきかけるわけだが、この「任運自在」の境地を、ジャンヌは何とかボスュエに分からせようとする。その境地を、神と〈たましい〉の間に高低差がなくなった、平らかさとして実感的に表現する。

> たましいは、いっさいの高低差のようなものを感じなくなるような休らい〔repos〕を見出します。これは体験しないと理解できません。それは、神の現前に気づいて、その甘やかさ、その気持ちよさを味わうような、そういう味わえる安らいとしての休らいではないのです。そうではなくて、神そのもののうちに休らうのです。神の広大無辺さに参加するのです。それほど広がりのある、シンプルで、明晰なものなのです。〔C2, 159, p.230〕（傍点引用者）

それまで〈わたし〉は神の現前を、対象として外に立てて味わってきた。しかし〈消滅〉のフェーズに至ると、〈わたし〉は神そのもののうちに入ってしまう。〈わたし〉と神は主客未分となり、その間の高低差を感じなくなる。そうすると、それまでのように神の現前を対象として享受するのではなく、神そのもののうちに休らって、神の広大無辺さそのものに参加するのだ。これまで何度か書いてきた。

水になる

そして、ジャンヌは水を喩えに出す。もし高低差があれば、水は高い方から低い方へと流れるが、平らかであれば、水の流れはほとんど感じられないと言う。さらに水をキーワードに、ジャンヌは新たなイメージへと喩えを広げる。

水ほどシンプルで純粋なものはありません。水はその流動性ゆえに、すばらしい広がりがあるのです。水は自分自身の質がないものだから、どんなふうにでもなれる質を持っているのです。何の味もしないから、どんな味にもなる。何の色もないから、どんな色にもなる。〔…〕もし水にさまざまな色を与えたとしても、水それ自体に味や色があるとは言えないのです。なぜなら水の本性は、無味無色なのですから。〔…〕私のたましいにおいて体験するのは、まさにそれなのです。自分の中では、自分についても何も判別、認識できないのです。それが、純粋ということです。それでも、与えられるものをすべて与えられるままに得るのです。そして自分のためには何も残さないのです。もしあなたが水にその性質は何かと聞けば、水は何もないと答えるでしょう。すると、こう言うかもしれません。「でも、おまえは赤かったぞ！」「そうでしょう。でも私はちっとも赤くないのです。それは私の本性ではありません。私は何をされているのかも考えません。どんな味や色が与えられるのかも考えません」。形についても、色と同じことです。水は流動的で、固い中身というものがありませんから、壺が丸くても四角でも、注ぎ入れる器の形のままになるのです。〔C2, 159, p.230-231〕

途中から、自分が完全に水になったような書きぶりがお茶目だ。そして、ジャンヌはこうまとめる。

神の意図しているのは、たましいが自分自身において死ぬことで、自分に固有のものをすべて失わせることです。それによって、神は好きなようにたましいを動かし、反応させ、変化させ、刻印するのです。そうやって、たましいは確かにあらゆる形を持つけれども、実は何の形も持っていないのです。［C2, 159, p.231］

水については、別の手紙に、例えばこんな文もある。

水はどんな色にも、形にも、味にもなりますよね。それは、色も、味も、形もないからです。私たちも同じようになりましょう。自分を何にも固定しない。何があっても、すべての出来事において、神の摂理のままに導かれましょう。［C3, 469, p.575］

この水の柔軟性は、東アジア文化圏の読者なら、すぐに老荘思想を思い起こすだろう。神を〈自然〉に置き換えてみると、ぴたりとはまる。(49) このジャンヌ流の「無為の為」を、近代ヨーロッパ的な主体概念に凝り固まった者に分からせようとしても、ほぼ無理だろう。

ジャンヌの「水になれ」は、自我主体を解体することであり、それは固定された自己アイデンティティーを捨てることだ。〈わたし〉の境地では、その場そのときの必要に応じて、仮の自己アイデンティティーが、自ずと然るべく、はたらく。それは神、すなわち〈ことば〉次第だ。〈わたし〉は、〈なんでもない《リャン》〉に安らっている。

ミトラのせいだけでなく

この手紙の一〇日後、二月二〇日にジャンヌとボスュエは三度目の面会を行なった。ボスュエの態度は、以前にもまして厳しかった。

ボスュエはジャンヌに自己の救済を望むよう強要し、「神よ、私の罪をお赦しください」と、その場で言えと詰め寄った。牙を剝き出しにした司牧権力の言説支配だ。しかし、ジャンヌは拒否した。

ボスュエによれば、ジャンヌはこう言ったという。

「その言葉を復唱はできますけれど、こころからそういう気持ちになれません。私の祈りに反していま す」

凛然としている。

しかし、ジャンヌにとって、この会見は相当こたえたようだ。

翌日、ジャンヌはシュヴルーズに、こう書いている。

モーの先生〔ボスュエ〕に会いました。彼の慈愛に大変に感謝します。彼は、ミトラのせいだけではなく、私のことで苦労して、頭にヒビが入ったのではないかと思います。私のほうは、頭が四つに割れましたよ！　先生の言うように、私の書いたものは何の価値もないと、こころの底から思い知りました。〔C2, 162, p.240-241〕

ミトラは、司教のかぶる重い帽子だ。こんなときでもユーモアが出るのが、ジャンヌらしい。

同じ日に、ジャンヌはボスュエに手紙を送っている。

猊下、あなたに〔神に自分の救済を〕求めるように、望むようにと言われたとき、私はそうしたかったのです。しかし、自分の無力を証言する以外になかったのです。私はまるで身体に障害があるのに、脚があるのだから歩けと言われたようでした。歩こうとする努力は、ただおのれの無力を感じることしかもたらさないのです。一般的な規則として、脚のある者は皆、歩くべしと言います。それは、そう思います。知っています。しかしながら、私には脚があっても使えない。そうとしか感じられないのです。できないことを約束するのは、それこそあなたの慈愛に乗じ過ぎでしょう。身体の無力があるように、精神の無力というものもあるのです。私は、信心の〔能動的な〕行ないや、善行を批判しているのではありません。そんなこと、滅相もありません。私の処方は、歩ける者のためではないのです。判明な信心の行ないができない多くの者のためのものなのです。〔…〕私のような沈黙の祈り方をして、信心の行ないのできない者など、せいぜい四、五人しかいないと、猊下はおっしゃいますが、この世に一〇万人以上はいると、私は申し上げましょう。〔C2, 163, p.242〕

なんだか司牧権力を相手に啖呵を切っているようでもある。

ボスュエが前提としている信仰者とは、自分が何を求めているかを明確に言説化できる主体だ。しかしそうした、いわば「健全」な者、「正常」な者だけを相手にするのは、本当の祈りではないと、ジャンヌは批判している。そんなふうに自律的、主体的に生きられない人間は、いくらでもいる。つまり、マジョリティー権力の言説支配にうまく適合できない人たちだ。そういう者たちに祈りは開かれていなければならないと言うのだ。ジャンヌの沈黙の祈りは、そうした人たちのためにあった。虐げられた女性たち、病人たちと共振するジャンヌの霊性運動を思い起こせば、それがよく分かる。

そもそも当時の女性は、主体として認められていなかった。声を封じられていた。その彼女たちに、男性支配の言説で主体的に祈るよう強要したとして、その主体化は、まさに従属でしかないのではないか？　その祈りは、誰の祈りだろうか？

この紙切れしかなくて

この時期のジャンヌの書簡をたどると、感情の起伏が特に激しく、いかに精神的に追い詰められていたかが窺える。

こんな手紙を、シュヴルーズに送っている。

もう書く紙がなくなってしまって、誰にも手紙が書けません。ここでは紙が手に入りません。このぼろぼろの紙切れしかなくて、さすがにモーの先生〔ボスュエ〕に書く気にはなれません。なぜだか、あなたにだったら書けるのです。あの良き司教に、申し訳ありませんでしたとお伝えください。おかげをこうむって、大変に感謝していると。彼が命じるまで、ここから出ません。そして、もう誰にも書きません。また書き始めそうで心配ですので。それで紙がないようにしたのです。それでこの紙切れしかないのです。〔C2, 167, p.248〕

追い詰められる中でますます彼女の「天然ぶり」が出た感じの文だが、彼女には本当に書かずにはいられない症状があったようだ。紙があったら、どうしてもそれに書いてしまうらしい。前にも書いたが、彼女の直筆の手紙を見ると、端から端まで走り書きするような筆跡で、紙の終わりが手紙の終わりというような終わり方をするものがほとんどだ。精神的に逼迫すればするほど、ますますその症状が顕著になっただろう。

賢さを破壊する

ジャンヌはその後あろうことか、ボスュエに対して〈沈黙のコミュニケーション〉が生起する予兆を感じはじめた。ジャンヌは意を決し、ボスュエへの手紙をシュヴルーズに託した。シュヴルーズ宛の添付に、こう書いている。

用心深さではなく、シンプルさが、これを書かせたのです。〔…〕小さな先生〔イエス・キリストのこと」が、この手紙を書くために、この紙を私に買わせたのです。〔…〕聖B・iに叱られるのではないかと心配ですが、私に期待できるのは愚かさしかないのだと、彼にお伝えください。私が愚かなのは、賢者たちの賢さを破壊するためです。［C2, 168, p.249］

ジャンヌがとんでもない賭けに出たことが分かる。ちなみに、聖B・iはフェヌロンのことだ。シュヴルーズに宛てた手紙が、フェヌロンの手に渡っていたことが窺える。

「私の愚かさが賢者たちの賢さを破壊するのです」――これはパウロの言葉に拠っている。(50)よくジャンヌが使うフレーズだ。「一介の女性が、なぜ男性を指導できるのか？」という批判への予防線として使うことが多い。男性支配社会を生きるための、形式的なへりくだりの身振りとも取れる。それだけジャンヌ自身がミソジニーの言説支配を内面化してしまっているとも取れるだろう。しかし、ともかくも、それを逆手に取るのだ。自分の知的優位を疑わない男性たちの、その賢しらを破壊する。それが彼女のミッションなのだ。自我の賢しらが破壊され、消滅に入らなければ、〈ことば〉に触れることはできない。その男性に、どこまで自己解体の柔軟性があるかどうか。それが問われている。

そのボスュエへの手紙とは、こんなだ。

猊下　この数日間、私はあなたのたましいと、極めてリアルに、ひとつになるのを実感しています。こうしたことは、神の特別な意図がなければ決して起こりません。どうか、精神とこころを空っぽにして、神のまなざしに自らを晒してください。その空っぽに、神がお望みのものを入れ

られるように。〔C2, 169, p.249〕

〈沈黙のコミュニケーション〉などけしからんと言っている当の司教に、今まさに恩寵が流れようとしているから自分を空っぽにして受け入れるよう指南しているのだ。

ジャンヌは試している。そうも言えるだろう。ボスュエの霊性的能力を試している。私を通して流れる恩寵を感じられるか？　それともそれだけの霊性的感性が、あなたにはないか？……と。

大きな動きを感じました

シュヴルーズがこの手紙をボスュエに手渡した。

ボスュエのお付きの者によれば、そのときシュヴルーズはボスュエに、「これを読んで、恩寵の動きを感じたら抵抗しないように」と言ったという。

ボスュエは分かったと答え、手紙を読んで、こう言った。

「異常なことは何も感じませんでしたな」

するとシュヴルーズが、

「では、今度彼女の近くに座るとき、恩寵の動きをどうしようもなく感じるでしょうから、それを妨げないように」

と、アドバイスしたという。もちろんシュヴルーズ自身は〈沈黙のコミュニケーション〉を体験し、熟知していた。

さらにこの話には、オチがある。数日後、シュヴルーズが、「どうでしたか?」と、ボスュエに聞いた。そのときのボスュエの答えがふるっている。

「大きな動きを感じました。それは彼女の間違いと迷妄に対するおぞけと憤怒の動きでした[51]」

もっとも、このオチは脚色ではないか。ここに書かれているような新たな面会が実際にあったかどうか、当事者のボスュエもジャンヌも何ら証言していない。

ともあれ、ボスュエが恩寵の流れを感じなかったのは確かだろう。それはそうだろう。ボスュエには、もちろんそれだけの霊性的感性、柔軟性がなかったかもしれないし、そもそも必要もなかっただろう。少なくとも、恩寵の流れよりもマントノン夫人の意向に、その背後のルイ一四世の意向に、ボスュエが敏感だったことは疑いない。

シュヴルーズから事の経緯を聞いて、フェヌロンは頭を抱えたに違いない。

3 応酬

必要とあらば、燃やすことにいたしましょう

ボスュエはジャンヌに長文の手紙を送った。こんな出だしだ。

マダム、あなたからの手紙をシュヴルーズ氏から受け取りました。あなたの望む状態に置かれるために、私の状態を変える必要はありませんでした。［C2, 172, p.251］

つまり、ジャンヌの言うような〈沈黙のコミュニケーション〉など、感じなかったということだ。

あなたの書いたものについてはたくさん言うべきことがあるでしょう。その用語においても、事の本質においても、耐えがたく容認したがいことが満載だということは保証できます。しかし今はそこには立ち入りません。書いたもののすべてを燃やすことであなたが同意しているのですから。必要とあらば、燃やすことにいたしましょう。［同前 p.253］

この悪役感。ぞくぞくする。

まずボスュエは、〈沈黙のコミュニケーション〉を二度と行使しないよう、また、それについていっさい言及しないよう求める。そんな異常なコミュニケーションで恩寵を伝え広げたり、教化してはならないと諫める。

ボスュエにとって、〈沈黙のコミュニケーション〉は論外だった。理解を試みる素振りもない。やはり、恩寵を生身で享受するキャパシティーが、ボスュエにはなかったのだろう。〈精神〉中心主義から抜け出せなかったのだ。フェヌロンのような柔軟さ、繊細な感性、直感力がなかった。

象徴規範としての神

そして、ボスュエはこう書く。

私にとって唯一問題なのは、道についてであり、自分自身については何も求めることができないと、あなたが宣言していることです。罪を犯さず、人生の最後まで善のうちにあり続けたいと、それさえも求めることができないという点です〔…〕。〔同前 p.254〕

相変わらずボスュエにとって、この点がネックだった。

たしかに聖性がとても高い人が、念祷のある段階で、ある無力に陥ることについて観察し、それを認めていることは、私も知らないわけではありません。しかし、それが私にとっての問題なのではありません。〔…〕〔問題は、〕自分のために祈れなくなるのが常態となる段階があるなどということで、それは神の戒律に反しているとしか私には思えません。そんな例は全教会のうちに見当たりません。〔同前 p.254〕

「戒律」と訳したが、「掟」でもよい。つまり、ボスュエにとっての神は、まずもって、象徴規範的な掟としての神なのだ。

> 「私にはできません」とは、あなたによれば、それは異常な状態ではなく、あるメソッドと方法によって自然に到達する状態なわけです。その方法について短く簡単なと形容しているくらいです。ですから、神に何も求められなくなる状態になることを目的に努めなければならない、それがキリスト教の完徳なのだと言うわけです。その点がまさに、公表されれば譴責は免れられないと、私が言っているのです。〔同前 p.259〕

あきらかに、ボスュエの誤解がある。あるいは、恣意的な曲解、論点のすりかえと言ってもよいかもしれない。ジャンヌは、神に何も求められなくなるような精神の無力状態を目的として『短く簡単な祈り』を書いたのではない。沈黙の祈りの目的は、あくまでも神そのものを享受すること――つまり、根源的ないのちのリアルの実感だ。精神の無力状態は、あくまでもそこにいたるプロセスで観察される、いわば内的な「症状」だ。さらに前にも触れたように、ジャンヌは「自然に」という言葉をよく使うが、しかし「私にはできません」という精神の無力状態や、その状態に到達することを形容するのに使ったことはない。あくまでも、自由に伸びやかにできてしまう状態についての形容として使うのだ。こういう誤読もわざとなのか、単に雑なのか。

ともあれ、ここを読んでも分かる。やはりボスュエにとっての神は、あくまでも象徴規範的なものであり、いってみれば理性でこしらえた概念としての神だ。純粋〈享楽〉としてのリアルの神は、彼にとってまったく理解できなかったし、関心の外だった。そしてこの概念としての神は、言ってみれば教会の「神棚」に祀り上げられ、「棚上げ」されたもので、誰も見ることも触ることも、よくよく考えてみることもまかりならない。一人一人が直接、神そのものをリアルに享受するなど、もってのほかだろう。

分節されなければ祈りではない

ボスュエはジャンヌの受動性に対して、信仰における能動的な行ないの重要性を強調する。この行ないには、思考、つまりはからいも含まれる。

> 〔…〕シンプルさ〔一性〕をそれほどまでに賞賛すべきではないのです。三つの「信心行」を判明に区別することすら否定するまでに、多性を非難すべきではありません。念祷というものは――それはキリスト者の生活のすべてにおいてそうなのですが――信徳〔信じること〕・望徳〔希望すること〕・愛徳〔愛すること〕という三つの「信心行」によって必然的に構成されているのです。〔同前 p.258〕

「多性」――つまり、「一性」に対する「多性」。無分節の〈一〉に対する、分節世界の〈多〉だ。信じる・希望する・愛する。この三つの能動的なはからいは「対神徳」と呼ばれ、キリスト教において最もベーシックな徳とされている。祈るときにはこの三つをはっきりと留意しなければならないと、ボスュエは強調する。ボスュエにとって祈りとは、あくまでも判明に分節され、意味がなければならないのである。その最低限のはからいを否定するような、ジャンヌ流の無分別の祈りは認められないと、ボスュエは言っているわけだ。

最後にボスュエは、「主の祈り」の文言や、典礼で定められた司祭と信徒との言葉のやりとりなどを、何度も駄目押しのように引き合いに出して、言葉を介した祈りがいかに崇高なものかを強調し、手紙を終えている。

結局、ボスュエにとって、分節されなければ祈りではないのだ[52]。その祈りの意味分節は、あくまでも司牧権力によって正統性が担保されなければならない。司牧権力の独占的な言説によってしか、祈りは得られないのだ。これは、どんな団体であれ、宗教団体に共通することだろう。

いささかも苦ではありません

ボスュエに対して、ジャンヌはすぐに返信を送った。とてもコンパクトで流麗な文体の手紙だ。

猊下、私が間違っていたと思うことは、いささかも苦ではありません。悲しむことも不平を述べることもできません。私たちの主イエスに自分を捧げたとき、それは一切の留保も例外もありませんでした。私は、神への従順のゆえに書きました。常軌を逸したことを書いたとしても、善いことを書いたとしても、いずれにせよ、満足です。私の慰みとは、私がどんなに惑っても、神の大いさ、完全さ、幸いが、いささかも減るわけではないことです。［C2, 173, p.266］

自分が間違っていたと思うのはいささかも苦ではないし、惑って常軌を逸したことを書いても満足だという。どっちにしろ、神の完全さは変わらないのだから。なるほど、これが「自分のために何も望めない」境地なのである。暖簾に腕押しのようでもある。まさに、水だ。これを読んだボスュエは、満足しただろうか？

本体的な祈り

さらに、ジャンヌは珠玉の文章で、こう書き綴る。

自己を振り返らない愛があるように、自己を振り返らない祈りがあるのです。この本体的な祈りを得れば、他のすべての祈りも満たすのです。なぜならその本体的な祈りは、すべての祈りを内包するからです。それは、シンプルさの故に、それぞれの祈りを区切らないのです。こころが常に目を覚まして神を待つとき、神の注意がこころに惹き付けられるのです。でも、この点についても私の間違いだと進んで思いましょう。［同前 p.268］

これまでのまとめだ。特に解説も必要ないだろう。「本体的な祈り」は、知性や五感によって分節されない祈りだ。〈わたし〉となることで〈たましい〉の本体が〈ことば〉の本体にダイレクトに触れる祈りだ。[53]

ボスュエは分かろうとしないが、そういう分節のはたらかない祈りの境地があるのだと、ジャンヌは改めて主張する。

「本体的な祈りは、すべての祈りを内包するからです。それは、シンプルさの故に、それぞれの祈りを区切らないのです」――無分節な〈一〉としてのシンプルさは、同時に、あらゆる分節可能性を潜在的に内包している。しかしそれは顕在的に分節されず、それぞれの具体的な祈りに分割されないのだ。

それにしても最後の文、ジャンヌらしい。「でも、この点についても私の間違いだと進んで思いましょう」――結局、間違っていないのだ。

かえって私の愛は烈々となるのです

そして、ジャンヌは自分の体験について、こう観察する。

猊下のおっしゃることからすると、私が至らない信者のように、判明な信心をしいて押し殺そうとしたかのように、猊下はお思いのようですね。そんなことは決してありません。それができないほど内的に無力となって、あらゆる能力が縛られてしまったのです。私は全力で抗いました。それでも神の絶対的な力を前に、私は弱さゆえにギブアップするしかなかったのです。さらに、そうやってはからいができない無力な状態にあっても、信心のリアリティーは、いささかもそこなわれなかったように思えるのです。かえって、私の信、私の信頼、私の明け渡しは、これまでになく生き生きとして、私の愛は烈々となったのです。そういう、はからいのない、ダイレクトな信心というものがあるのだと、私は理解しました。私はそれを、継続的な愛と信の実習によっ

て学びました。〔同前 p.268〕

これは、ボスュエが「精神の無力を最終目的としている」と非難したことについての反論だ。自分で意図的に受動性の状態を作っているのではない。神の圧倒的な力を前に何もできなくなる、何も考えられなくなるのだという、その症状性を強調する。

さらにそうした無力さによって、「かえって、私の信、私の信頼、私の明け渡しは、これまでになく生き生きとして、私の愛は烈々となる」のだと言う。絶対的な受動性のうちに、〈裸〉になってこそ、そこではじめて、いのちのバイブレーションを享受できるのだ。絶対的な無力を実感するからこそ、同時に、生きている一人としてのかけがえのなさ、いのちの尊厳を鮮烈に自覚するのだ。このパラドクサルな両極の同時感受が、静寂者の境地だ。

もし馬鹿を言っていたらお許しください

最後にジャンヌは、静寂者の休らいの境地について、こう綴る。

確かにこの信頼は、休らい〔repos〕に満ちています。悩みも不安もありません。それは認めましょう。ただ愛することしかできないのです。愛のうちに休らうことしかできないのです。自分のことを善だと思っているのではありません。そんなことは考えません。酔った者が、ただ酔うことしかできないように。〔同前 p.269〕

高らかに謳いあげている。「あなたには分からないでしょう」とも読める。
そして、こう書く。

もし馬鹿なことを言っているのでしたら、お許しください。もう二度と書いたりいたしませんので。〔同前〕

なんだか、からかっているようでもある。

第五章　シスターフッド

1　イシー会談

このひと、まったく鬱陶しい

この頃、宮廷人の間では「ジャンヌがふしだらで怪しい女だ」というゴシップがしきりに出回り始めた。どうやら、マントノン夫人がいいふらしたふしがある。

ジャンヌはマントノン夫人に「自分の不名誉を公の場で晴らす機会を設けてほしい」と申し出て、公的な裁判を求めた。

マントノン夫人は応じなかった。公序良俗では彼女を落とせないと考えたようだ。その代わり、ジャンヌの祈りについての教義的是非について会議を開くことを認めた。ジャンヌは会議の参加者について要望を出した。

この頃マントノン夫人は親しい知人宛てに、こんな手紙を書いている。

またギュイヨン夫人から手紙です！　このひと、まったく、哀れなものです。モーの司教〔ボスュエ〕とシャロンの司教〔ノアーユ〕、それにサン゠スュルピスの修道院長〔トロンソン〕を集めて、彼女の信仰において糾弾されている点について最終的に裁断してほしいと、頼んできています。〔C2, 498.8, p.804〕

結局、この手紙のとおり、三人の聖職者によってジャンヌの著作を審議することになった。イシー会談と呼ばれるものだ。マントノン夫人はさっそく裏工作を始めた。ジャンヌを異端とするよう、参加者に対して事前に根回しをした。圧力をかけた、と言ったほうが正しいだろう。

さらにマントノン夫人は、フェヌロンが信仰手引きのために彼女に書き送ったかつての手紙を三人に暴露した。かつてマントノン夫人は自分で率先してこのフェヌロンの指南書を女学院内に配っていたのだが、それを会談での検討材料に提出したのだ。彼女がフェヌロンも標的にしていたことが分かる。ゴデ・デ・マレのアドバイスだったかもしれない。

フェヌロンはマントノン夫人らの目論見を察知し、会談に自ら割って入った。会談での真のターゲットは自分だったのだと、フェヌロンは後に公言している。この会談で、ボスュエとフェヌロンの溝が修復不能なものとなり、その後、二人の応酬は「キエティスム論争」と呼ばれる神学上の論争にまで発展する。

『弁明書』

このイシー会談で、ジャンヌは当事者だったにもかかわらず、まったく蚊帳の外だった。ジャンヌはみずから膨大な『弁明書』を書いて、関係者に送った。これはただの弁明ではない。ジャンヌの著作の中でも画期的な作品だ。『短く簡単な祈り』などの彼女の著作で問題になった箇所について、それがいかにキリスト教の歴史の中で正統的な位置づけにあるかを、歴代のテキストを引用して証明しようとしたものだ。全体が六七のキーワードに分けられ、それぞれについてまず糾弾されている彼女のテキスト箇所が示される。それについての「弁明」が簡潔に書かれ、教会で権威づけられているこれまでのテキストからの膨大な引用で補強されている。糾弾を逆手に取って、いわば「静寂者キーワード集」を書き上げてしまったようなものだ。この『弁明書』を、ジャンヌは例によってすさまじいスピードで書きまくり、五〇日間で書き上げたという。

2　祈り続けるでしょう

冬の夏の虫

しかし、せっかくの『弁明書』も、会談の参加者からは完全に無視された。だが、それで諦めるジャンヌではなかった。ジャンヌはボスュエと改めて話をするために、彼が司教を務めていた教区の女子修道院に単身、乗り込んだ。

これは、裏目に出た。まさに、飛んで火にいる夏の虫だった。もっとも、季節は冬だった。一六九五年一月一二日。この年は、歴史的な大寒波の年だった。大雪の中、ジャンヌを乗せた四輪馬車が雪野原で立ち往生してしまった。ジャンヌは雪に埋もれて数時間を過ごした。命からがら脱出して、ようやくボスュエの管区にあるモーの聖母訪問会修道院に到着したのは、夜の一〇時だった。ジャンヌの到着を知らされて、ボスュエは驚いたという。まさか本当に来るとは思わなかったようだ。しかもその翌日、ボスュエはそそくさとモーから出かけてしまった。それっきり二か月ほど、戻って来なかった。

実はこの間、ジャンヌをめぐる事態が急展開していた。イシーでの会談が大詰めを迎え、断続的な会合の末、三月一〇日には、三四項目の議定書が調印されることになる。それまでの間、ボスュエはジャンヌと顔を合わせたくなかったのだろう。

ジャンヌの目論見は完全に外れた。しかも寒さの中、大雪に埋もれたのが祟って、すっかり体調を崩してしまった。ジャンヌは修道院で寝込んでしまった。まったく、これでは何をしに来たのか分からない。

しかしある意味で、これは逆にジャンヌにとって幸運だったと言える。修道女たちの介護を受けるうちに、ジャンヌは彼女たちと懇意になった。特に修道院長のル・ピカール（Françoise-Elisabeth Le Picart, 1621-1705）とすっかり意気投合した。ジャンヌが彼女たちと〈沈黙のコミュニケーション〉を分かち合ったことは想像に難くない。

彼はそういう性格ですよ

自伝に、こんな出来事が書いてある。

それは「神のお告げの日」のことだった。天使が聖母マリアのもとに訪れて、マリアがイエス・キリストを妊娠したことを告げる、いわゆる「受胎告知」を祝する日だ。今日では三月二五日と決まっているが、当時は違ったそうで、その年は四月一二日だった(54)。

この日、修道女たちがジャンヌの部屋に集まって、みんなで歌い、イエス・キリストを賛美した。ジャンヌが「受肉の神秘」をとても大切にしているので、ジャンヌへの感謝の意を込めて、この日のために修道女たちが歌の練習を重ねてきたのだという。「受肉の神秘」とは、〈ことば〉が、イエスという全き人となって肉体を持ち、マリアのお腹から生まれたという神秘だ。キリスト教の信仰の根本となる神秘の一つだ。

「感謝の意を込めて」というのは、ジャンヌが〈沈黙のコミュニケーション〉を分かち合ってくれたことへの感謝と思ってよいだろう。

シスターたちがジャンヌを前に熱唱し、日頃の練習の成果を披露したさまが、目に浮かぶ。歌が大好きなシスターたちだったのだ。

まさにその最中、ボスュエが、突然、部屋に入って来た（ボスュエは、四月三日の復活祭に合わせてモーに戻っていた）。

「何だ、この音楽は？」

ボスュエはそう怒鳴って、シスターたちを部屋から追い出した。そして、ベッドに寝ているジャンヌに歩み寄り、ジャンヌが、まさにその「受肉の神秘」を信じていないことを認めるサインをしろと迫ったという。これは、自分がキリスト者ではないと宣言するのに等しいことだ。

「そんな嘘にサインできません」

と、ジャンヌは拒否した。

それでもボスュエは、サインしろと威嚇し続けた。

「私は恩寵のままに苦しむことも、死ぬこともできますが、嘘にサインすることはできません」

と、ジャンヌは答えた。

ボスュエは態度を変えて、サインしたらジャンヌの評判を元どおりにしてやると、駆け引きを持ちかけた。（受肉を信じないと宣言して、どうやってキリスト者として評判が元どおりになるのか不可解だが）。

ジャンヌはあくまでも拒否し、ボスュエはとりあえず部屋を去った。

追い出された修道女たちは隣の部屋で聞き耳を立て、一部始終を聞いていた。ボスュエの態度に一同憤慨した。

哀れなガチョウの子

ボスュエはイシー会談が終わって戻ってきたところだった。

会談では当初、ボスュエ主導で議定書がとりまとめられようとしていた。しかし、フェヌロンの介入で議定書は最終的にかなり玉虫色の内容となり、明確なジャンヌ断罪を決定づける内容とならなかった。

　イシー会談が思いどおりにならず、ボスュエは苦々しい思いだったろう。さらに、マントノン夫人から強烈なプレッシャーもかかったことだろう。ボスュエはジャンヌを修道院に監禁し続け、自分が異端であることを告白するよう強要した。自伝によれば、それは権力の牙を剝き出しにした、極めて暴力的な脅迫だったらしい。

　そんな絶体絶命のピンチにあったジャンヌにとって救いだったのは、修道女たちとの深い友情の絆だった。修道院長のル・ピカールはジャンヌに、こんな内容のことを言ったという。

「あなたが優しすぎるから、つけあがるんです。彼はそういう性格ですよ。相手が優しいと、図に乗る。相手が居丈高だと、屈する」

　ル・ピカール、実に頼りになるマザーだった。

　修道女たちとの連帯の強さを窺うことのできる面白い逸話がある。これは後にジャンヌが逮捕された際の調書に書かれているものだ。

　ジャンヌ逮捕時に、警察はジャンヌの部屋から大量の本や書類を押収した。その中に、詩のような謎の言葉が書かれた書面があった。それは、「愛は美徳、それは勇敢さ」で始まり、「神よ、あなたがいれば、大先生。あなたがいなければ、哀れなガチョウの子」で終わっていた。

　これは何かと、警察当局はジャンヌを尋問した。何かの暗号ではないかと疑ったのかもしれない。しかし、なんのことはない、これはジャンヌがモーの聖母訪問会修道院の修道女たちと共に書いた歌詞で、ル・ピカールの祝日（誕生日か？）に合唱するために書かれたものだったのだ。

ガチョウの子（oison）には「青二才」の意味がある。日本語だったらさしずめ「ひよっこ」だ。さらに、「騙されやすい」「まぬけ」などの意味がある。修道女とジャンヌは大先生のボスュエの知らないところで、こんなユーモア溢れる歌を合唱して笑いあっていたのだ。大先生はこの調書を読んだはずだ。どんな顔をしただろう?

良心の自由

大先生は、日を追うごとに苛立ちを増し、凶暴なガチョウのようになっていった。「さっさと異端だと自白しろ」と哮り狂い始め、ジャンヌに偽の自白を次々に強要したという。

そんな情景を描写したジャンヌの手紙を紹介しよう。ジャンヌがシュヴルーズに宛てた手紙の一部だ。ジャンヌは、シスターたちのおかげで、修道院の外の仲間たちと密かに手紙で連絡を取り合うことができていた。

その日、ボスュエがル・ピカールを部屋に呼んだ――。

彼〔ボスュエ〕がマザーに言いました。

「で、彼女〔ジャンヌ〕はサインしたのか?」

マザーが答えました。

「猊下、彼女はあなたを満足させるためにできることをすべてやろうとしていると思います。それでもできないのは、良心においてできないからです」

すると彼は激怒し、私〔ジャンヌ〕を潰してやる、消してやる、証人を山ほど集めてやる、欠席裁判にかけてやると言い出したそうです。〔…〕
マザーが「でも、私たちには、彼女はとても謙虚で廉直な人にしか見えません」と言うと、彼はますます怒りました。マザーが驚くほどでした。私を潰してやると繰り返し叫び、マザーに「口出しするな」と怒鳴りつけました。〔…〕
それから彼は私を部屋に入れ、怒って聞きました。
「渡したものにサインしたのか?」
私は答えました。
「猊下、いくつかの文言のせいで、サインができずにいます。もし、私の良心を傷つけず、それらの箇所を削除していただけるのなら、あなたに従わないはずもありません」
すると彼は哮り狂いました。私のことを堕天使だ、高慢ちきだ、うぬぼれだと罵りました。〔…〕そして、必ずや私を落としてやる、証人を呼んで追及して、私を打ちのめして、潰してやると言いました。〔C2, 285, p.419〕

頭に血が上って真っ赤になったボスュエの顔が目に浮かぶ。

「良心」という言葉が、マザーの口からもジャンヌの口からも出てくる。司牧権力、政治権力に対するジャンヌの抵抗の物語は、自己の良心を守り抜く闘いでもあった。ジャンヌにとっての「良心」は、煎じ詰めれば、〈内なる神〉だ。

花婿のベッド

この一件は、さらに続く。ボスュエはそれから笑みを浮かべながら、ジャンヌに、こう聞いたという。

「大文字の花婿のベッドであなたは何をしたのですか？　何があったのですか？」

以前、ジャンヌは自伝のおそらく初稿に近いものを、ボスュエに私的に渡してしまっていた（これは、あまりに無防備だった）。その中に、ジャンヌが大文字の花婿であるイエスに婚姻の部屋へと招かれる夢が記されていたのだ。その部屋にはベッドが二つあったと、ジャンヌは書いている。そのことについて、ボスュエは尋ねたのだ。今だったら、これは完全なセクハラだろう。

ジャンヌは、ぴしゃりと答えた。

「それは、私の見た夢をナイーヴに語ったまでです。わたしは善意がありすぎて、あなたを信頼し過ぎて、あなたに〔あの原稿を〕渡したのですが、あれがあくまでも告解のように秘密厳守が条件だと、あなたもご存じでしょう」

こういうときのジャンヌは、いたってクールだ。しゃんとしている。

さすがに自分で「しまった」と思ったのか、ボスュエはそれには何も答えずに、再びジャンヌに「腐った脳みそ」などと暴言を吐き、部屋を去ったという。

これを読む限り、まるで自暴自棄になって、我を失ったかのような大先生ではないか。強権的なマントノン夫人と不屈のジャンヌの間で板挟みになって、精神的にまいっていたのかもしれない。

ちなみにボスュエは、イエスとの夢の話を後に無断で公開し、彼女を辱め貶める材料に使った。

脱出

日増しに暴力性を増すボスュエを前に、ジャンヌは身の危険を感じた。何とか修道院から脱出する機会を探した。

一六九五年七月九日、ボスュエはヴェルサイユに向かった。

このとき、ボスュエはある別件についてマントノン夫人に依頼されていた。フェヌロンがカンブレの大司教に任命されたのだ。その叙階式をサン=シールで行なうことになり、ボスュエが式を執り行なうこととなった。もちろんすべて、マントノン夫人の差配によるものだった。

カンブレは今のベルギーとの国境近くの町で、度重なる戦争の中でフランスにとって重要な戦略的拠点だった。そこの大司教は決して悪いポストではなかった。しかし中央政界と疎遠になってしまう。権勢を求める聖職者にとっては、ありがたいものとは言えなかった。

フェヌロンのメンツをそれなりに保ち、つつがなく表舞台からフェイドアウトさせる。それがマントノン夫人の狙いだったろう。それにしても、その叙階式をこともあろうにサン=シールで行ない、しかもボスュエに執り行なわせようというところに、いかにもマントノン夫人らしい強気ぶりが感じられる。叙階式は一六九五年七月一〇日に行なわれた。

この叙階式に出席する前だったから、この時期ボスュエはどこかそわそわしていたのかもしれない。ジャンヌにとってかなり好意的な証書を渡してしまった。七月一日付のもので、そこには「モリノスらの嫌悪すべき事案とは、いかなるたぐいの関連も見出せなかった」という決定的な文言が含まれていた。つまり、ジャンヌは異端断罪されたモリノスらキエティストとは思想上、関連がないというのだ。それがボスュエの本音だったのかもしれない。しかしそれを渡した後に、ボスュエは失敗したと思ったようだ。その日のうちに「さっきのを返してくれ」とジャンヌに求めた。ジャンヌにすれば、手放すわけにはいかない。「もうシャロ夫人に送ってしまったので、返すには時間がかかる」といなした。そしてついでにジャンヌは「湯治のために、修道院から出てもよいか」とボスュエに尋ねた。

ジャンヌの外出について、ボスュエはそれまでは「マントノン夫人に聞いてみなければ」と言葉を濁していたのだが、そのときはどういうわけか「出てもかまわない」と承諾したという。証書を返してもらうバーターだったかもしれない。例によって、それを修道女たちもちゃんと聞いていた。

ジャンヌは仲間たちに至急便を送り、迎えを頼んだ。モルトマル夫人とモルスティン夫人が九日のうちに駆けつけた。モルスティン夫人はシュヴルーズ夫妻の娘だ。

モルトマル夫人らは、モーに向かう道すがら、ちょうどヴェルサイユに向かうボスュエとすれ違った。ボスュエらは目ざとく彼女たちに気づいた。ボスュエは、ヴェルサイユでの任務を終えてからジャンヌに手紙を送り、「あなたの指導を受けていると思われている者を近づけるのは、よろしく思われません」と警告した。しかし、ジャンヌが修道院を出ることについては、おとなしくしているようにと忠告する程度だった。そして、この手紙の最後に「お約束されたシャロ夫人の件で何も情報がなく、少々驚いています」と追伸を書いている。うっかり渡してしまった証書がよほど気になっていたことが窺われる。

こうして、ジャンヌはようやくモーの修道院から抜け出した。

私たちの絆を壊すことはできない

ジャンヌの去った翌日、修道女たちは、彼女の世話係のフランソワーズ・マールに重要な証明書を渡した。マールはジャンヌの去った後に雑事を片付けて、翌日に修道院を後にしたのだ。その証明書とは、ジャンヌが滞在中に「トラブルを起こすこともなく、逆に、その徳によって修道女たちを感化したこと」や、「シンプルで、誠実で、謙虚で、キリスト教的な忍耐と優しさを備えた彼女の振る舞いや言葉が、修道女たちに感銘を与えたこと」、そして「幼きイエスへの、そして受肉の神秘への真の信心」が、ジャンヌにはあったことなどを証明する内容のものだ。ル・ピカール修道院長を筆頭に、修道女たちの連名で証言している。もしジャンヌが、修道院で異端の振る舞いを起こし、修道院内を乱したといったデマ攻撃をボスュエらによって仕掛けられたら、彼女たちの証明書を公式に使って反証してよいというわけだ。修道女たち、肝が据わっている。頼りになる人たちだ。

そして、ジャンヌとの友情の証に、修道女たちはこんな手紙をマールに託した。

あなたは、その善と、美徳のお手本を通して、このコミュニティーにいる者の心をあまりに強烈に摑んでしまいました。ですからこの証言をマドモワゼル・マールに託さずに、彼女に帰ってもらうことなどできません。弱々しい証言でしかありませんし、私たちのあなたへの敬愛の念を適切に語ることなど、とてもできないことですけれど。あなたがいかに寛大で、思いやりのある心を持っているか、私たちはよく知っています。ですから、あなたがいつもちょっとだけ私たちのことを愛していてくれれば光栄だなと、そう願ってやみません。あなたからもらった誠実さに私たちが値するなどとは、とても思ってもいませんけれど。それでも、あなたの聖なる祈りのおかげで救われることが、どんなにありがたいことか。何も値しない私たちですが、どうか、主の前でそのことを思い出してくれますよう、お願いします。[C2. 306, p.439]

「聖なる祈り」とは、言うまでもなく、沈黙の祈りだ。さらに、ル・ピカールが、こう書いている。

とても敬愛する愛しい妹よ、あなたの旅の知らせを真っ先に知りたいと願っていました。疲れる旅でしょうが、でも、あなたの心の良い状態が私には見えるようですよ。神が繋いでくれた絆がしっかり結ばれたままでありますように！　そう、主の愛のうちに結ばれた私たちの絆、それを壊すことは何であってもできません。社交辞令を言っているのではありません。そんなことは私にはできません。世々に至るまでの真実を言っているまでです。繰り返す必要もないでしょう。愛しい人よ、私は神の望むごとく、あなたのためにいます。神の善は、そのやり始めたことを成し遂げることでしょう。私は確信しています。そして愛しいシスターたちは皆、祈り続けるでしょう。もっともっと祈るでしょう。疑わないでください。あなたが私たちに与えてくださった思い出の言葉を、どうか思い起こしてください。[C2, 305, p.438]

「真っ先に知りたいと願っていました」――おそらくジャンヌが修道院を出てから一日経ったかど

うかの頃だ。それだけジャンヌのことが心配で、やきもきしていたのだろう。ル・ピカールのジャンヌへの愛情が伝わってくる。

かくしてジャンヌは、前回の監禁時と同様に、修道女たちの友情によって、ひとまず窮地を救われた。

ジャンヌ・ギュイヨンの生涯のストーリーで、どこがクライマックスかと問われれば、私だったら、このル・ピカールたち修道女とジャンヌとのシスターフッドの場面を、その一つとして挙げる。彼女たちはジャンヌを助けても、リスクしかないのだ。何らかの必要に迫られて動いているわけではない。何かを求めているわけでもない。ただ〈信〉だけがある。彼女たちの友愛は誰にも統制できない。

歴史に息づく友情

ジャンヌとル・ピカールら修道女たちとの美しい友情は、ひそかに歴史の底に息づいていたらしい。その可能性が明らかになったのは、二〇世紀になってからのことだった。

話が横道に逸れるが、ぜひ触れておこう。

『神的摂理への明け渡し *L'Abandon à la Providence divine*』というテキストがある。これが一躍注目を集めたのは一九世紀半ば（一八六一年）のことだった。著者はイエズス会のコサド神父（Jean-Pierre de Caussade, 1675-1751）とされてきた。

この本は今日でも読まれている。現代カトリック神学の泰斗ハンス・ウルス・フォン・バルタザールは、エックハルトから十字架のヨハネ、そしてフェヌロンへと至るキリスト教神秘主義が短いシンプルなテキストの中に集約されていると、この書を高く評価している。

実は一読すれば判るように、このテキストの内容は、ジャンヌの〈内なる道〉の直系なのだ。

この書の著者は、長年コサドと信じられてきた。しかし、確かにコサドは原本を発掘したものの、自身が書いたものではないというのが、今日では定説になっている。彼自身の書いた諸テキストと比較して、内容も文体も大きくかけ離れているからだ。

だったら、これほどまでにジャンヌの〈内なる道〉に精通した文を、誰が書いたのか？

コサドは長らくドイツ国境に近いロレーヌ地方の町ナンシーで、聖母訪問会の修道院に関わっていた。その修道院には、コサドが敬愛するバソンピエールというマザーがいた。実は彼女は、一七一八年から二四年にかけてモーの聖母訪問会にいたのである。まさにジャンヌがボスュエに軟禁された修道院だ。バソンピエールは、そのモーの修道院にあった数々の写本をナンシーに持参し、大切に保管した。コサドはその中から『神的摂理への明け渡し』をピックアップしたものとされている。少なくとも、それが現在では有力な説となっている。つまり、この著作はモーの修道院に関係する者の手になる作品だった可能性が極めて高いのだ。誰が書いたかは分からない。だが、その内容からして、修道女たちがジャンヌから学んだ沈黙の祈りについて書きまとめたものではないか。そんな推測が、今日では有力になっている。あるいは、ジャンヌ自身が彼女たちに書いたものが元になっているのかもしれない。ル・ピカールは一七〇五年に亡くなっているが、バソンピエールがいた頃、ジャンヌと面識のあったシスターたちの一部は、まだいただろう。実は、後に見るようにモーの聖母訪問会とジャンヌの交流は、ジャンヌの亡くなる一六一七年まで続いていた可能性が高い。バソンピエールがモーに就任したのはジャンヌの亡くなった翌年だ。

もう一つ、この説を傍証する興味深い事実がある。コサドは同じくナンシーの聖母訪問会にあった写本の中から、ある短いテキストを見つけ出し、同じく版にのせた。『信のうちに念祷をするための短くて簡単な方法 *Manière courte et facile pour faire Oraison en foi*』という短いテキストだ。題からして、すぐにジャンヌの『短く簡単な祈りの方法』が思い浮かぶ。実際、その内容は〈沈黙の祈り〉の実践指南そのものだ。朝起きたらまずどうするかなど極めて具体的な日常での実践ガイドがコンパクトに書かれている。文体はジャンヌのものではなさそうで、所々ジャンヌがあまり使わない用語も散見する。もしかしたらジャンヌの指南を受けた者がメモを取り、それを元に修道女たちが書き継いだものかもしれない。驚くべきことに、このテキストの作者は、こともあろうにボスュエとされてきたのだ。モーの聖母訪問会で、そう伝えられていたのかもしれない。だとしたら、修道女たちの辛辣な諧謔ではないかとさえ思えてしまう。中身を読めばボスュエが作者だとは到底あり得ないと、コサドならば容易に気づかなかっただろうか？　もしかしたらコサドは、この小著の正統性を保つためにあえてボスュエの作というままにしておいたのかもしれない。今日ではボスュエ説は否定されているが、一九世紀の複数のボスュエ全集にはこのテキストがしっかり入っている。ル・ピカールやシスターたちの密やかな笑いを想像しないわけにはいかない(55)。

やはり、ル・ピカールの書いたとおりのようだ。地上の何事も、彼女たちの絆を壊すことはできない。

3 逮捕

素直な意見

さて、ようやくモーの修道院を脱出したジャンヌだが、マントノン夫人がそれを許すはずもなかった。ボスュエはマントノン夫人にかなりしぼられたことだろう。「自分は禁じていたのにジャンヌがこっそり修道院を脱出したのだ」と弁明する始末だった。

マントノン夫人は国王に封印状を出させ、警察を動員し、ジャンヌの行方を追った。その一方で、元シャロンの司教ノアーユをけしかけた。ノアーユは、イシー会談の後、マントノン夫人の引きでパリ大司教に出世していた。

「あなたはギュイヨン夫人を強く糾弾するだけ十分に彼女の教えを知っているでしょう。彼女の著作にもまして、人物としても、彼女がいかにひどいかも」——そんな手紙をノアーユに送っている。

事情を察知したジャンヌは偽名を使ってパリ市内を転々とした。しかし絶対王政下の警察は優秀だった。一六九五年一二月二七日、潜伏先のポパンクール通りの住居で、ジャンヌは逮捕された。

自伝によれば、そのときジャンヌは病気で寝ていた。

突然、知らない男が入って来た。

「あなたは、ギュイヨン夫人ですか?」と、男が尋ねた。

「そうです」と、ジャンヌが答えると、

「国王の命で逮捕します」と、男は言った。

「命に従います」と、ジャンヌは淡々と答えた。

そこにちょうど、外出していた世話係の女性が戻って来た。驚く彼女から、警察官が部屋の鍵を奪い取った。外に待機していた三〇人ほどの警察官が家に押し入った。階段を上って、二階を捜索し、書類などをかたっぱしから押収した。その間、警察官たちは全く音を立てず、階下にいたジャンヌたちには足音ひとつ聞こえなかったという。さすがプロだ。

その日の午後七時、マントノン夫人はノアーユに速達を送った。

猊下、ギュイヨン夫人が逮捕されたことをあなたに伝えるよう、国王から言われました。この女性について、それから彼女の友達、彼女の書いたものについてどう判断するか、あなたの意見を知りたいと国王は言っています。国王は午前中ここにいます。率直な意見を書いてください。
〔C2, 800.17, p.808〕

「率直な意見」というのが、怖い。ノアーユは、すっかりマントノン夫人の操り人形になっていたようだ。

ジャンヌは、二人の忠実な世話係の女性とともに投獄された。以後七年間、獄中生活を送る。

第三部　静寂者は国を超えて

第一章 獄中

1 ラ・レニ

ヴァンセンヌ牢

ジャンヌは、パリ郊外にあるヴァンセンヌの牢獄に入れられた。もとは中世に建てられた城塞で、一七世紀になってから牢獄として使用されるようになった。当時は、ヴァンセンヌ牢に投獄されてからバスティーユ牢に移されるというのが、国家権力が抹殺を決めた「重要犯罪人」のお決まりのコースだった。シャロ夫人の父親のニコラ・フーケもこのコースを辿った。一八世紀に入ってからはフランス革命の立役者ミラボー、文学者サドなどが知られている。

ジャンヌの取り調べは、パリ警視総監ガブリエル・ニコラ・ド・ラ・レニ（Gabriel Nicolas de La Reynie, 1625–1709）が直々に行った。

ラ・レニは、近代警察機構の父とも呼ばれ、ルイ一四世のもとで初代のパリ警視総監になった人物だ。その彼が差しでジャンヌを取り調べ、一六九五年の大晦日から翌九六年の四月四日までのほぼ三か月間、計九回の尋問を行なった。一回につき七時間から八時間続いたという過酷な取り調べだった。ギュイヨン・サークルの仲間たちは、彼女が虚偽の自白強要に屈するのではないかと危惧した。しかし、ジャンヌは持ちこたえた。その気丈さが宮廷人の間で噂となって流れた。

何しろラ・レニは絶対王政のもとで警察権力を一手に握る男だ。国王の意に沿うためなら何でもしそうに思う。ところがジャンヌの件を見る限り、彼の対応は意外なほどフェアなのだ。公共に従事する者のプロ意識が感じられる。職業的倫理観と言おうか。

ちなみにラ・レニは、かつてマントノン夫人のライバルだったモンテスパン夫人をめぐる「黒魔術事件」を捜査したことがある。ラ・レニは黒魔術の実態を暴き、結果的に、モンテスパン夫人の失脚が決定的となった。マントノン夫人にすれば、これと似たパターンにジャンヌを持ち込むよう、ラ・レニに期待していただろう。

ジャンヌの取り調べについて、ルイ一四世（つまり、実際にはマントノン夫人）は、ラ・レニに対して明確な指示を出していた。「教義に入り込むな」というものだった。もともとイシー会談に際しては、マントノン夫人は「ジャンヌが公序良俗に反しているとは思っていないので、もっぱら教義上の問題を洗い出したい」と考えていた。だが、それが頓挫して方針を転換せざるを得なくなったのだ。マントノン夫人はジャンヌが公序良俗に反していないと承知のうえで、あえてその案件で強引にジャンヌを落とす戦略に舵を切ったわけだ。ラ・レニは、教義に一切入り込まずに調べができるのかと戸惑いながらも、国王の命に従って尋問を始めた。

ジャンヌの第一印象

ラ・レニは公務員として模範的な文書主義者だった。ジャンヌの尋問のすべてが細大漏らさず文書に記録され、今に残されている。これは読み応えがある。

ラ・レニは、初めてジャンヌを尋問した際の個人的な印象を、王室に報告している。大変に面白い。ジャンヌの平凡さに、ラ・レニは拍子抜けしたようだ。会う前は、いわゆる「教祖」や「尊師」の類にありそうな、いかにもなオーラ感や、取り憑かれ感を予想していたらしい。

報告文の一部を、引用しよう。

私は初回にギュイヨン夫人と会って尋問した際に、彼女の雰囲気、反応の仕方、喋り方を大変に注意深く観察しました。彼女は容姿が良かったかに見えましたが、しかしさほどの魅惑があったかどうかは分かりません。彼女の仕草には何らの高貴さ、気高さも感じられませんでした。ただし、横柄な感じがその表情に見て取れました。彼女はしっかりしていますし、答えはかなり正確です。しかしエスプリに輝くようなものは何もなく、熱意もなく、瞠目すべきものは何もありませんでした。この初回で知る限り、彼女には異常な高い才能の類はないと思われます。彼女はごく普通で、シンプルな言い回しをします。それはとてもよいことでしょうが、それだけではなく、礼儀の感覚に欠け、時として下品な喋り方をします。

彼女には家族に対する、つまり息子や娘に対する感情が少しもないかのようです。[AE, p.160]

要するに、それっぽいオーラが全くないのだ。あまりに普通、平凡な雰囲気なのだ。この第一印象は、フェヌロンがジャンヌに抱いた「無知」・「無邪気」という印象とも相通じる。「下品な喋り方」・「礼儀の感覚に欠ける」とは、天然、子どもっぽい、ということでもあるだろう。「横柄な感じ」がするのは、無頓着さの表れ、構えがなくて自然体なのだろう。

「容姿が良かったかに見えたが、さほどの魅力があったか分からない」というのは、マントノン夫人やボスュエは、ジャンヌをいわゆる「魔性の女」に仕立て上げたかったからだ。ラ・レニにすれば、確かに容姿は良かっただろうが、そんなに男を誘惑して落とすような「魔性のタイプ」だったかどうか疑問だというのだ。

「息子や娘に対する感情が全くないかのようだった」というのも興味深い。男性であるラ・レニは、あくまでも家父長制的な家族観に則って、ステレオタイプな母親像を思い描いていただろう。しかしジャンヌには、それが当てはまらなかった。たしかにジャンヌは長男とは仲が悪かった。一方で、ジャンヌは末娘とは固い絆で結ばれていた。娘をシャロ夫人の異母弟に結婚させたときの述懐は、先に読んだとおりだ。

小さな教会

ラ・レニの取り調べは、特にラ・コンブとの関係が焦点となった。ジャンヌのかつての盟友で、パリで逮捕の憂き目にあったあのラ・コンブ神父は、その後もずっと獄中生活を送り、その頃はルルドの牢獄にいた。しかし、その獄中生活はかなり自由の利くものだったらしい。ジャンヌは逮捕される前、ラ・コンブに手紙を送り、ルルドに行けるかどうかを打診していた。忍び寄る捜査当局の気配に、パリから逃れてラ・コンブの近辺に潜伏することも考えたらしい。それに対するラ・コンブの返信が警察に押収されたのだが、その中でラ・コンブは、ジャンヌが来るのなら「ここの小さな教会のみんなは大喜びです」と書いていた。さらに、ラ・コンブが幽閉されていた施設の司祭も寄せ書きをしていて、「小さな教会の子どもたちの母よ、強い女性よ、あなたを讃えます」と書いていた。ラ・コンブは監獄付きの司祭まで引きこんで、いわば祈りのサークルを作っていたのだ。やはり、ラ・コンブには人を惹きつける独特の何かがあったらしい。そこでラ・コンブはさかんにジャンヌのことを語り、サークルのみながジャンヌに心酔していたようだ。

しかし、この「小さな教会」というラ・コンブたちの表現が、捜査側の格好の材料となってしまった。当局は、カトリック教会に属さない独自の「小さな教会」という意味に裏読みしたのだ。そして、ジャンヌとラ・コンブが秘密セクトを作っていたのではないかと疑ってかかった。プロテスタントを完全非合法化して以来、プロテスタント信徒の地下潜伏に対して当局は神経を尖らせ、こうした言葉に敏感だったようだ。しかし、ラ・コンブの「小さな教会」は彼流のレトリックで、特定の実体はなかったと見てよいだろう。結局、ラ・レニがこの件をいくら突っついても、ジャンヌから何ら決定的な供述を引き出せずに終わった。

替え歌オペラ

セクトの筋では落とせなかったものだから、ラ・レニは次にジャンヌとラ・コンブのスキャンダルについて引き出そうと尋問した。しかし結局、何も得られなかった。この件についても、ラ・レニは最終的に「この夫人の正直さと慎み深さからして、これ以上尋問することはできない」と、報告せざるを得なかった。

さしものラ・レニも、しまいには打つ手がなくなり、最後の取り調べはもっぱらジャンヌの自宅から押収された蔵書についての尋問となった。

読書好きのジャンヌの蔵書には、たくさんの文学作品が含まれていた。セルバンテスの『ドン・キホーテ』、ラ・フォンテーヌの『寓話集』、シャルル・ペローの『ロバの皮』などもあった。ラ・レニは、敬虔な宗教者のイメージと、通俗的な文学趣味にギャップを感じたらしい。特にラ・レニの不審――というよりも好奇心――を掻き立てたらしいのは、多数のオペラの楽譜があったことだった。しかも譜面の歌詞が、ジャンヌの手で書き換えられていたのだ。

例えば、自宅からはトマ・コルネイユとベルナール・フォントネル脚本によるリュリ作曲のオペラ『プシュケ』の譜面が押収されたのだが、その歌詞の一部が書き換えられていた。なぜ、一部だけが書き換えられ、残りの部分は書き換えられていないのか？　そんな重箱の隅を突っつくような尋問が行なわれた。まあ、この手の取り調べはしらみつぶしに尋問してゆくもので、答えに些細な矛盾でも生じれば、それを突破口にしたかったのだろう。それに対するジャンヌの答えがふるっている。ジャンヌはヒット作のオペラの歌詞を変えて、いわば替え歌スピリチュアル・オペラを作るのが得意で、全部で一九作も作ったのだという。なぜ、たまたま押収された譜面は一部しか手が加えられていなかったかと言えば、それは単に書き損じたためで、その書き損じの譜面を世話係の女性が暖炉にくべるために捨てずに取っておいたのだった！　滑稽と言いたくなるような問答だが、潜伏中のジャンヌの生活風景が伝わってくる。二人の世話係のてきぱきした姿が目に浮かんできそうだ。

さらに押収物の中には、モリエールの戯曲『町人貴族』、『病は気から』、『ジョルジュ・ダンダン』などのパロディー版もあった。それは修道女たちがスピリチュアル・コメディーとして書き換えたものので、それをジャンヌが手直しするはずだったという。モリエールの霊性版とは、どんな喜劇だったのだろう？　この修道女たちは、ジャンヌと永遠の友情を結んだ、あのモーの修道女たちのことだろう。第二部で触れたが、彼女らの手による「神の愛があれば大先生、なければ哀れなガチョウの子」で終わる愉快な歌詞も、やはり同じく逮捕時に押収されたものだった。ジャンヌがモーの修道院を脱出するときに書類のいっさいがっさいをまとめて持って出たのか。それとも、潜伏期間にも、彼女たちとのコンタクトが密かにあったのだろうか。

今日買って帰って、読んでみましょう

調書によれば、ジャンヌは特に『グリゼリディス *Grisélidis*』という物語にご執心だった。これは無茶苦茶な暴力夫にひたすら耐える妻の物語で、オリジナルはイタリア・ルネサンスのボッカチオ作『デカメロン』にある話だ。これが脚色されて、フランスでは一七世紀に『青本叢書 *La Bibliothèque bleue*』という一般向けの廉価本シリーズの一冊として出版されていた。ジャンヌはそれが大好きだったという。自分の結婚生活と重ね合わせて読んだのかもしれない。一六九一年には、その翻案新作がシャルル・ペローによって叙事詩形式で書かれ、評判となった。ジャンヌはモーの修道院に監禁

されていたときに、それも取り寄せて読んだそうだ。しかし「オリジナルの美しさには及ばない」と、ラ・レニに語っている。――文学談義のような取り調べである。

ジャンヌは『青本』版の素晴らしさをそうとう熱く語ったようだ。ラ・レニは「そんなに『グリゼリディス』が面白いなら、今日買って帰って、読んでみましょう」と言って笑ったと、ジャンヌは後に書いている。ジャンヌによれば、取り調べの最後にラ・レニは書類を机に放って、書記にこう言ったそうだ。

「もう、この人を十分、苦しめた。たったこれだけのことのために……」

結局、ヴァンセンヌに投獄されてから約一〇か月後、ジャンヌの身柄は警察の管轄下から教会側の管轄に移され、パリ市内ヴォージラールにある施設に幽閉された。警察は立件を諦めたわけだ。

2 マントノン夫人の不満

塀の外

一方、塀の外では、マントノン夫人が苦々しい思いで事の成り行きを見ていた。第一回の取り調べ報告を聞いた段階で、パリ大司教となったノアーユにこんな手紙を送っている。

ポンシャルトラン氏〔内務卿〕が、ギュイヨン夫人の長くて退屈な供述調書を報告したところです。あなたに伝えるべきことは何もありません。〔…〕この件は長引いて、不愉快な成り行きになりそうです。何も新しいことが見つからなければ、あの女性を釈放する以外に選択肢がないでしょう。国王は「ものごとは形式に則って執り行なわなければいけません。その点、ラ・レニ氏は抜かりないでしょう」と、笑いながら言うばかりで、まともに結論を出してくれません。［C2. 501.20. p.809］

司法プロセスを尊重しなければならないと言っているのだとしたら、ルイ一四世には明確な近代的統治意識があったわけだ。ラ・レニのプロフェッショナリズムを全面的に信頼してもいただろう。しかしそもそもルイは、この時点ではどうもこの案件についてあまり関心がなかったようだ。たかが一女性のたわごとといった捉え方だったのではないか。それにマントノン夫人は自分に都合のよいことだけをルイに報告していただろう。

マントノン夫人は、ジャンヌの逮捕で彼女を取り巻く面々がジャンヌから離反することを期待していた。彼女としてはジャンヌ一人をスケープゴートにして、フェヌロンやシュヴルーズ夫人らとの関係は維持したいところだった。しかし、相変わらずジャンヌの仲間たちの結束は固かった。マントノン夫人は、同じくパリ大司教にこんな手紙の数々を送っている。

シュヴルーズ夫人に「あの女性の秘密結社は『小さな教会』と言うそうですよ」と、言ったのですが、彼女はちっともショックを受けていないようでした。夕食のあとに彼女は「ギュイヨン夫人は、もしかしたら私たちが受け止めているのとは違うふうにものごとを捉えているんじゃないでしょうか」と言いに来ました。あの夫人たちの頑固さには嫌気がさします。〔C2, 501.18, p.809〕

シュヴルーズ夫人のブレのなさが伝わってくる。

マントノン夫人はフェヌロンに対する説得工作も続けた。ノアーユに、こんな手紙のいくつかを書いている。

カンブレの大司教〔フェヌロン〕とやりとりしました。相変わらずギュイヨン夫人についてです。お互い、相手を説得することができませんでした。日々、夫人たち〔シュヴルーズ夫人ら〕と私の間は冷たくなるばかりです。〔C2, 501.22, p.810〕

我らが友〔フェヌロン〕と会いました。大いに議論しましたが、とても静かな話し合いでした。〔…〕いつも彼女〔ジャンヌ〕が、彼の視界にあります。彼女については、何事も彼を動揺させることはありません。〔C2, 501.28, p.813〕

フェヌロンの訴え

「いつもジャンヌが視界にある、何事にも動揺しない」と、マントノン夫人を呆れさせるフェヌロン。そのフェヌロンは、こんな手紙をマントノン夫人に書き送っている。

G夫人の本当の気持ちについては、彼女を糾弾するために取り調べた誰よりも、私が知っているはずです。彼らよりも私に対して、彼女は信頼を寄せて話していたのですから。〔…〕私は、彼女にも彼女の書いたものにもいっさい関心がありません。私は彼女に何も異常なものを見出しませんでした。もしあったら、彼女は自分のためにも、それを私に事前に伝えたでしょう。彼女は、最も自由で自然な状態で、自分の体験や、自分の気持ちのすべてを私に説明しました。彼女の使う用語が問題なのではありません。それについては、私は擁護するつもりもありませんが、女性の場合、カトリック的な意味で使われていれば、大した問題ではないのです。そして私には、そのように問題なく思えました。もちろん彼女は表現において大袈裟であり、あまり注意深くありません。彼女を尋問する相手に対して、過剰に信頼しすぎるところさえあります。〔…〕G夫人の夢でしかないことや、彼女の比喩的な表現、それに類するものを、彼女の教養として、モーの方〔ボスュエ〕があなたに伝えたのは許しがたいことです。しかも彼女はあくまでも告解の秘密として託したのですから。(56)

これは、ジャンヌの自伝の中身をボスュエが暴露したことについての非難だ。ただし「女性の場合」云々のくだりは、フェヌロンの限界を露呈していると言わざるを得ない。ジャンヌの言説の鋭利さは、まさにそうしたカトリック的（ないしキリスト教的）な枠組みを解体しかねない点にある。その破壊力に「女性だから」と蓋をしてしまっては、発展性がないだろう。フェヌロンにすれば、司牧者の立場からジャンヌを擁護しようとしているのだから仕方がないのだろうが。ともあれ、先を読もう。

マダム、言わせていただくなら、あなたは、この女性の無実について私たちの見解と同じくしていたのに、突然、反対に回ったわけです。それ以来あなたは、私が意見を変えないことを警戒し、私に対して心を閉ざしました。ある人々が、いかに私が妄想にあり、私が異端になるかもしれないと、あなたに婉曲的に言い聞かせたのです。あなたと関わりを持ちたくて、あなたから必要とされるために。[57]

讒言によってマントノン夫人に取り入ろうとした者たち――。フェヌロンの念頭には、まずゴデ・デ・マレがあっただろう。

彼らはさまざまな方法を用いて、あなたを揺さぶりにかかった。あなたはそれにやられてしまった。過剰なシンプルさと信頼から、過剰な疑念と恐怖へと、あなたは移ってしまった。それが、私たちの不幸をもたらしたのです。あなたは自分の心にも、自分の光にも付いてゆく勇気がなかったのです。あなたは最も確かな道を歩もうとしたのです。（私はそれに気づいたのです）。それは、権威の道です。[58]

実に冷静で、客観的だ。サン＝シール騒動をめぐる、マントノン夫人の態度豹変の心理的動機は、このフェヌロンの言葉に要約されていると思う。

それにしても、マントノン夫人を相手に単刀直入に、よく言ったものである。

3　男の争い

キエティスム論争

フェヌロンとボスュエとの対立は、熾烈な争いに発展した。世に言う「キエティスム論争」だ。この論争は、本来の当事者であるジャンヌそっちのけで、二人の男性による神学論争として展開した(59)。ここでは論争そのものには踏み込まないが、以下、ジャンヌの側からこの論争の性質を見ておこう。

まず、ボスュエは『祈りの状態についての司教教書 *L'Instruction sur les états d'Oraison*』というジャンヌ糾弾の書をまとめた。これは、前に紹介したボスュエのジャンヌへの手紙の骨子をもとに、それを教義的な論にまとめたもので、神秘家全般についての批判の書となっている。しかし神秘家といっても、過去の神秘家には教会が公式に認めている者も多くいる。ボスュエも神秘家を十把一絡げにはできない。そうした権威の認められた神秘家たちの書いている内容については、ボスュエはとやかく言わない。ただ、その表現が極端で節度のないのが、彼にすれば問題なのだ。ボスュエいわく、神秘家たちは教会の中に「新しい用語」を持ち込んだのだ。さらに近頃の「新・神秘家（ヌーヴォー・ミスティック）」たちは、その極端な表現を文字どおり受け止めてしまって、看過できないところまで来てしまっているという。ボスュエにとって「新しい」とは「新奇」、伝統を破壊する否定的な意味だ。

ボスュエは、こう書く。

多くの者は、そうした〔新・神秘家の〕本など軽蔑にしか値しないと思うだろう。特に、フランソワ・マラヴァルなる神学の素養のない在俗の者の著作。そして、ある女性の創作による二つの本。『短く簡単な祈りの方法』と『雅歌註解』だ。(60)

「ある女性」とは、ジャンヌのことだ。この書は、事実上この「ある女性」を主たるターゲットにした糾弾の書だ（フランソワ・マラヴァル François Malaval, 1627-1719も、当時、人気のあった在俗の神秘家だ。ジャンヌは遍歴時代にマルセイユで彼に会っている）。

そんな語るに値しない本に対しては、かつての聖なる教父たちのように、ただ無視するのがよいのかもしれない。相手にするだけ、時間の無駄である。しかし、もうこれ以上、放って置くわけにはいかない。そう考えて、ボスュエはこの教書を書こうと決意したという。

〔教父のような〕偉大なる人物たちよりも、私の時間、私の仕事が貴重だと思うほどの虚栄心を、神は私に授けなかった。〔信徒たちの〕魂が危険にさらされているのを軽視すべきではない。〔同前」

こういう慇懃無礼な書き方が、実に巧い。

男の争い

ボスュエはこの教書の原稿をまずフェヌロンに送り、内容に同意するよう求めた。フェヌロンは、ぱらぱらページをめくるとすぐにそれが「ある女性」を糾弾する内容のものだと悟った。フェヌロンは原稿を読むことを拒否した。読んで同意してジャンヌ糾弾に加担するつもりはさらさらないし、かといって同意しないと、なぜしないのかと突っ込まれ、どんな揚げ足を取られるか分かったものではない。それで、一切関わらないというスタンスを取ったようだ。そこでフェヌロンはすぐに原稿をボスュエに突き返した。ところが仲介役だったシュヴルーズが、例によって、てきぱき動かないものだから、突き返された原稿をボスュエが受け取ったのは三週間後のことだった。ボスュエは、フェヌロンが原稿を読んで承認したものと受け止めていた。しかしフェヌロンはその間に、『諸聖人の箴言解説』の執筆に取り掛かっていたのだ。

『諸聖人の箴言解説 *Explication des maximes des saints sur la vie intérieure*』は、神秘思想の論点を、教義的に明確にしようという意図で書かれたもので、主要テーマについてチャート式に「真」「偽」に分けて書かれてある。(61) ボスュエからの反撃を受けないように、すきを作らないことに全力を挙げている。あまりに防御的でドライなスタイルで、事情をよく分かっていない者には極めて読みづらい。出版当時、世評はあまり芳しくなかった。本人はもっと委曲を尽くした完成版を出したかったらしいが、ボスュエの教書を封じ込めるために早急に公にしなければならないと思ったようだ。

しかしフェヌロンが出版準備をしている最中、その動きがボスュエに察知されてしまった。てっきりフェヌロンが自分の教書を認めたものと思っていたから、ボスュエにすれば、はらわたの煮え繰り返る思いだったろう。フェヌロン陣営に発表を差し控えるよう圧力をかけた。シュヴルーズたちはますます発表を急いだ。結果としてフェヌロンの作品が、ボスュエの教書に先んじて公表されてしまった。自分のメンツに泥を塗ったフェヌロンをボスュエは許さなかった。この話は極めてホモソーシャルな男同士のメンツをかけた争いにすり替わった。

4 「女の誘惑」

本気のルイ

ボスュエはフェヌロンの『箴言解説』に異端的な表現が多々含まれていると批判し、異端断罪をローマ教皇庁に要求した。しかしローマ側の反応は、思わしくなかった。もともとボスュエは、フランスでの教会人事権は国王にあると主張するガリカニスムの主導者だったから、教皇庁での受けは決してよくはなかったのだ。むしろ、フェヌロンのほうがローマでは人望があり、教皇自身もフェヌロンと個人的にかなり親しい関係にあった。ローマでの情勢はボスュエにとって有利とは言えなかった。

ボスュエは新たな文書を発表した。『キエティスムについての報告書 *Relation sur le Quiétisme*』だ。これは、かなり露骨な文書だ。ボスュエは、なりふり構わなくなった。それまでの神学的な論争スタイルを捨て、もっぱらジャンヌとフェヌロンの個人攻撃に集中した感がある。今でいう暴露本だ。しかしそういう点では、ボスュエの攻撃的な文才が遺憾無く発揮された読み物だと言える。このスキャンダル暴露作戦は、功を奏した。宮廷で評判となった。ルイ一四世も、本気になった。ここに来てルイは、事がフェヌロンやマントノン夫人までも絡んだ不穏な宮廷内の陰謀ではないかと疑ったのだろう。独裁者は陰謀の香りに敏感だ。一体、何が起きているのか？　マントノン夫人はフェヌロン、シュヴルーズ、ボーヴィリエらと結託して、密かな企みを働いているのではないか？　ルイは疑惑の目をマントノン夫人にも向けた。マントノン夫人は大ピンチに陥った。マントノン夫人がフェヌロンとすっかり縁を切ったのは、このときからだ。

女の誘惑

ここで、『キエティスムについての報告書』の内容について、少し見てみよう。

報告書はまず、ジャンヌの自伝の暴露から始まる。フェヌロンがマントノン夫人に書いたように、ジャンヌは『自伝』をあくまでも私的な告解のつもりでボスュエに渡したのだから、それを公表してしまうのは聖職者として信義違反だろう。

ボスュエは、〈沈黙のコミュニケーション〉を俎上に上げた。そして、ベーヌのシャロ夫人邸で起こったハプニングまで暴露する。恩寵でいっぱいになったジャンヌのコルセットがはち切れた件だ。

〈沈黙のコミュニケーション〉について、ここを切り取ってゲテモノ扱いするのは、いかにもアンフェアだ。さらに、シャロ夫人の名は出していないのだが、「私の口からは決して言えない、さる公爵夫人」と書くところなど、いかにもあざとい。
フェヌロンはそんなコミュニケーションができるなどと言う狂女を擁護しているのだと、ボスュエはフェヌロンを非難する。そして、こう訴える。

信徒たちを誘惑から予防しなければならない。誘惑はいまだに続いているのである。このような幻覚によって、たましいを騙すことのできる女性は、周知されるべきである。特に、彼女が自分の崇拝者、擁護者、一大党派を見つけ出し、次なる新奇なことを待ち望んでいるときには、なおさらである。(62)

興味深い。ボスュエは、ジャンヌの〈沈黙のコミュニケーション〉を、幻覚による女性の「誘惑」の問題に落としこもうとしている。言語を介さず、物心二元の世界観を解体しかねない、ダイレクトな分かち合いは、男性中心〈精神〉主義者にとって、女性による幻覚を使った騙しであり、危険な「誘惑」なのだ。彼女の「誘惑」にハマった哀れな崇拝者、擁護者がフェヌロンだ。一大党派とはシュヴルーズ、ボーヴィリエたちのギュイヨン・サークルのことだ。これは宮廷内勢力による陰謀の画策なのだと、暗に示唆している。ルイ一四世が反応しないはずがない。
さらにボスュエは、ジャンヌがかつてラ・コンブと親密な関係にあったことを強調する。そのうえで、そのラ・コンブ神父以上に親密な人物がいたとして、ジャンヌの自伝の一節を暴露する（現存する『自伝』の諸原稿には、この表現はない）。

その神父との合一が、どんなに大いなるものであっても、後者と得るものは、さらに全く別なものだった[63]。

さて、「後者」は誰だろう？
そして、こう付け加える。

これについて、私は何も詮索したくないので、ただ自伝から引用するだけとし、以下のことを指摘するに留めよう。偽の神秘はまだ続いている。この女性が我々にもたらす迷妄は、まだ終わってはいないのだ[64]。

こう書かれれば、誰だって下世話なことを詮索したくなる。だいたい、「合一 union」って、何だ……？

フェヌロンの応酬

こうした誹謗中傷は、言った者勝ちだ。たとえデマでも、言われたほうのダメージは取り返しがつかない。

ルイ一四世は、フェヌロンの一族郎党を片っ端から左遷した。ボーヴィリエ、シュヴルーズたちも、ピンチに立たされた。宮廷はフェヌロンとジャンヌのゴシップでもちきりとなった。ローマ教皇庁も、フェヌロンの風評を無視できなくなった。

フェヌロンは嫌が応にも弁明しなければならなくなった。フェヌロンは『キエティスムについての報告書に対する答え *Réponse à la Relation sur le Quiétisme*』を公表した。

スタイリッシュな文だ。

まずフェヌロンは、論争の核心にある自分の神学的、教義的な主張に対して、ボスュエがちっとも答えていないと批判する。


宗教の根本教義について、私の質問に答えるよう迫っても、彼はただ私の質問に文句をつけるだけで、ちっとも説明しない。〔…〕私の精確な質問に対して、いっかなイエスともノーとも答えないのだ。(65)

フェヌロンは、先のイシー会談以来いくつかの重要な論考をボスュエ側に提出してきた。〈内なる道〉における〈純粋愛〉の受動的な体験が、キリスト教の古代教父時代からの伝統であることを体系的に論証してきた。しかしフェヌロンにすれば、ボスュエはそれについて何ら反論らしきものを提示しない。いわば論点ずらしばかりで、挙句に論争とは関係のないスキャンダル・デマに逃げている。

それに対する抗議だ。

そしてフェヌロンは、ジャンヌとの関係を実直に述懐する。


その人は、確かに、とても信心深く見えた。私は彼女をとても尊敬していた。彼女には体験があり、内なる道について大変に明るい。そう、私は思った。たとえ彼女が非常に無知ではあっても、私は彼女とともにその体験を検証することで、この道の実践を学ぶことができたと思った。大いに知識はあるが実践体験のない人々に相談するよりも、よほど学ぶものがあると思った。(66)


この書は前作のドライな『箴言解説』に比べて世評も高かった。宮廷の世論は喧嘩の野次馬のようなものだから全く当てにはならないだろうが、ともあれ、フェヌロンはいくばくか名誉を挽回した。

しかし、独裁者の猜疑心はそう簡単には払拭されるものではなかった。

ラ・コンブ尋問

ボスュエ陣営はスキャンダル路線で押し切ろうとした。ジャンヌがラ・コンブといかがわしい関係にあり、だからフェヌロンとも推して知るべしと、話を持っていこうとした。逆から言えば、フェヌロンを負かすためにジャンヌを潰し、ジャンヌを潰すために、ラ・コンブを落とすという三段戦術だ。

そこでボスュエ陣営は、ラ・コンブをルルドからヴァンセンヌの牢獄に移送し、尋問に取りかかった。

時のパリ警視総監は前年の九七年に、ラ・レニからダルジャンソンという人物に代わっていた。ダルジャンソンは、ラ・レニの公正さとは程遠い人物だったようだ。

ラ・コンブはジャンヌのように精神的にタフではなかった。ほどなくラ・コンブは落ちてしまった。精神的に完全におかしくなってしまったようだ。

このときにラ・コンブが書いたという手紙を、パリ大司教のノアーユがジャンヌに見せた。前述のとおり、ノアーユはすっかりマントノン夫人の配下にあった。その手紙は、要約すれば「もう、お互い、罪を認めましょう」という内容だった。しかし、どうやら偽の手紙だったらしい。ジャンヌによれば、手紙の筆跡がラ・コンブのものに似せてあるけれども違っていて、特にラ・コンブの特徴的な癖のある「v」の字が決定的に違っていたという。ノアーユはジャンヌに、ラ・コンブと関係があったことを認めろと迫った。ジャンヌは「これは偽の手紙か、でなければラ・コンブ神父の頭がおかしくなったのか、いずれかでしょう」と答えた。ジャンヌはバスティーユの牢獄に移され、改めて尋問を受けることとなった。

5　バスティーユ

苛酷な取り調べ

かの悪名高きバスティーユの牢獄。そのバスティーユにある八つの塔の一つ、「国庫の塔」の第二号室に、ジャンヌは入った。一六九八年六月四日の午前一〇時だった。部屋は円形で、直径七・

三メートル。四二平方メートルの広さだった。今の東京の住宅事情を考えれば、なかなかの広さだ。ちょっとしたワンルーム・マンションほどのスペースだ。家具類は各自の持ち込みだった。今日の一般的な牢獄のイメージからすれば、かなり恵まれているようにも思える。たしかに、バスティーユが当時の一般の平民には縁のない、上流階級の牢獄であったことは間違いない。しかしだからといって、住み心地がよいわけではなかった。天井の高さが二四メートル。壁の厚さが二メートル。小さな明かり窓があるだけで、陽の光がほとんど入らなかった。冬は今風に言えば冷蔵庫のように寒く、夏は石窯のように暑かった。そんなところに閉じ込められて、ジャンヌはさっそく体調を崩して寝込んでしまった。しばらくして何とか起きられるようになると、さっそく厳しい取り調べが始まった。

新たにジャンヌを取り調べることとなったパリ警視総監ダルジャンソンは「まるで地獄の判事（つまり鬼）のような形相」（サン＝シモン）で知られていた。そもそも白とされたものをもう一度取り調べ直し、黒にしろという命令だから当然だが、ひたすら暴力的にジャンヌを恫喝し、ラ・コンブとの関係を「自白」させようと、執拗に迫った。ラ・レニの供述調書をもとに、そこに書かれた内容について逐一、改めて尋問した。ちょっとでも齟齬があれば、そこを突こうとした。皮肉なことに、ラ・レニの調書がいかに正確だったか、このときジャンヌは思い知ったという。それに比べてダルジャンソンの調書は一切残されていない。ジャンヌは、獄中記にこう書いている。

正直なところ、ラ・レニ氏とはあまりに違うダルジャンソン氏のやり方を事前に察していれば、私は何も答えなかっただろう。しかし沈黙を守ろうと決意しても、答えないと他の人たちに迷惑がかかるのではないかと心配で、通しきれなかった。私はこの悪辣で狡猾な裁判官のあまりに異常な暴虐に苦しんだ。彼は書面で周到に用意し、私の答えに対して暴力的に応酬し、さかんに面罵した。私はといえば、防御の手立ても助言もなく、あらゆる角度から観察され、あらゆる方法で酷い扱いを受け、あらゆるやり方で脅迫された。[V, 4.6, p.955]

そんな過酷な取り調べが一日に八時間、それが三か月続いた。それでも、ジャンヌは持ちこたえた。

スパイ

ジャンヌの独房には、見張り役の女性が送り込まれた。この女性は貧困に苦しみ、官憲によって半ば騙されて連れ込まれたという。バスティーユに入ってみると、牢獄から出られないと知って半狂乱になったそうだ。彼女の任務は、ジャンヌがちょっとでも怪しいことをしたら逐一報告することだった。彼女はジャンヌについて警察側から散々吹き込まれていたものだから、最初のうちジャンヌを驚きと恐怖をもって見ていたという。魔女のようなものと思っていたのだろう。そして、ジャンヌに対して陰湿な嫌がらせをした。ジャンヌはダルジャンソンの恫喝に疲弊しきって部屋に戻ると、この女性の嫌がらせを受け、気の休まるときが全くなかった。普通だったら、精神が完全にやられてしまうだろう。しかし、おかしくなってしまったのは見張りの女性のほうだった。心身ともにすっかり病み、臥せってしまった。やはりそれだけ、バスティーユの牢獄生活は過酷だったのだ。

ジャンヌは付きっきりで彼女を介護した。彼女の排泄の世話も含め、あらゆることをしたという。

考えてみれば、ジャンヌ自身も若いときからしょっちゅう病気をしていた。手当てして手当てしてもらうこと。それは〈沈黙のコミュニケーション〉にもつながっていたはずだ。両方とも、生身のコミュニケーションに関わることなのだから。そのうち彼女はすっかりジャンヌを慕うようになった。

確かに、この女性も被害者なのだ。社会的弱者へのジャンヌのまなざしは、常に変わらない。

この女性は、ジャンヌが傍にいると安心し、ジャンヌが離れると悪魔に襲われると妄想するようになった。ちょっとでもジャンヌが離れると、「マダム、早く来て！」と叫んだという。そして最後は、「ああもうダメ。地獄に行っちゃう」と叫んで、危篤状態に陥った。警察は彼女を連れ出し、何とか彼女からジャンヌについてのよからぬ情報を得ようと、瀕死の彼女に瀉血をして意識を戻させ、執拗に問い質した。しかし彼女はジャンヌについてよいことしか言わず、警察が「本当のことを言え」と瀉血を繰り返しているうちに、ついに死んでしまったという。その顚末を、ジャンヌは出入りの神父から聞いた。

次のスパイ

当局は、今度は看守の名づけ子の女性を独房に送り込んだ。見返りに、よい縁談を見つけてやると言われていたという。「名づけ子」と言うから、親戚か知り合いの娘だったのだろう。縁談をエサにしたことからすると、やはり、貧しい家庭の子だったろう。彼女が縁談のエサに食いついたわけではなかろう。親が食いついたわけだ。

この女性もやはり、ジャンヌの独房に入った当初はジャンヌのことを怖がって、びくびくし、「夜中に絞め殺されるのではないか」と心配していたという。しかし、ジャンヌが沈黙の祈りに耽る姿を毎日見ているうちに、だんだんジャンヌに惹かれていった。そして、自分にも祈り方を教えてくれと、ジャンヌに頼んだという。それからはずっと、ジャンヌの指導のもとに祈りの実習に没頭した。三年間、ジャンヌとともに生活するうちに、彼女はシンプルな沈黙の祈りに入れるようになったという。かなりの境地に達したのだろう。それにしても三年間も牢獄に入れられたままだったのだから、縁談話も出まかせだったのだろう。

しかし、この女性も病気になってしまった。最後のころは何も食べず、すっかり痩せ細ってしまった。ジャンヌはまた、付きっ切りで介護した。当局が彼女を連れ出そうとすると、彼女はジャンヌの元を離れたくないと激しく拒んだ。もはや、彼女にとっての拠り所はジャンヌだけだったろう。それでも当局は彼女を連れ出した。その一五日後に彼女が亡くなったことを、ジャンヌは知ることになる。まだ、二一歳の若さだった。

この女性の死は誤報となって巷に伝わり、ジャンヌ死亡説が流布した。

論争終結

さて、塀の外では、フェヌロンとボスュエとの争いが最終局面を迎えていた。ボスュエはフェヌロンの『箴言解説』を何としても異端断罪させるべく教皇庁に働きかけていたが、当時の教皇インノケンティウス一二世は、フェヌロン断罪に消極的だった。しかしこの件で本腰を入れはじめたルイ一四世の圧力を前に、教皇はついに妥協し、一六九九年三月一二日、『箴言解説』の二三箇所についての誤りを断罪する書簡を出した。これで一応、勝敗が決し、ボスュエ側のメンツが立ったわけだ。しかし、この文書は「大教書」とよばれる「勅書（Bulla）」ではなく、それよりもインパクトの低い「小教書」とよばれる「書簡（Breve）」だった。しかも文面には「異端」という文言は使われなかった。教皇サイドは、できるだけロー・キーで処理したわけだ。しかも、これを受けてフェヌロンが即座に教皇に恭順の意を示すと、教皇はフェヌロンに謝意を表した。フェヌロンは、負けは負けだが、まるで名誉の敗者だ。フェヌロンは、潔くカンブレに引きこもった。これでボスュエが心底満足したかどうかはなはだ疑問だが、ともあれ翌年、ボスュエは聖職者会議で教皇の書簡を発表し、ここにようやく二人の論争が終結した。このとき、ボスュエはジャンヌについて触れ、教義に関すること以外の、付随する嫌悪すべきことについては「問題になったことはなく、それについてこの女性は、おぞましい〔嘘だ〕と証言した」とした。つまり、ラ・コンブやフェヌロンとのスキャンダル疑惑は公式に否定されたのだ。

しかし実はこの会議の前後、ダルジャンソンはジャンヌに対して最後の攻勢をかけていた。ジャンヌによれば、ダルジャンソンはジャンヌがいかにスキャンダラスで怪しい女性だったかについて、同じバスティーユに投獄されていたさる聖職者に虚偽の証言を強要し、それをもとにジャンヌを罠に掛けようとしたという。ダルジャンソンは戦術を変えて、それまでの暴力的な手法を一変させ、「小羊の皮をかぶって」ジャンヌを誘導尋問にかけたという。ルイ一四世やボスュエの手前、ダルジャンソンとしても結果を出すのに必死だったろう。しかし、ジャンヌは最後まで落ちなかった。

すべては嘘で成り立っている

フェヌロンとボスュエとの論争が公式に終結し、ジャンヌのスキャンダルはなかったと発表されたのだから、これで一件落着なはずだ。何らかの措置がジャンヌにあってもよさそうである。聖職者会議の翌年の一七〇一年には、ジャンヌが釈放されるのではないかという観測が流れた。当然だ。ところが、何の動きもなかった。マントノン夫人によれば、ボスュエがジャンヌ釈放にあくまでも反対したという。

ジャンヌは、自分が生きてバスティーユを出ることはないと思い知った。権力サイドは、事実がどうであれ、ジャンヌの存在を抹殺にかかっている。もはや死以外に、選択肢はない。そう、悟った。

何の公正な形式もなく、不幸な男〔虚偽を強要された聖職者〕に、言わせたいように言わせるのを見て、私は思った。すべては嘘で成り立っている。おそらく、私は死ぬのだろう。そう思うと私は歓喜に満ち、よく食べて、眠った。そして気晴らしをしたいときには、私は自分が死刑台に立つ喜びを想像した。［V. 4.7. p.971］

私が監獄の誰かと会うとき、神は私に陽気で満足した表情を与えた。彼らにすれば、私が絶望して死の悲しみに暮れている様子を見たかったのだが、そんな様子を見ることは全くできなかった。私は大変な苦にあったけれども、ちっとも悲しみにうち沈んではいなかったのだ。その苦しみは完全に内なるもので、私は内にすっかり消尽していた。［V. 4.7. p.972］

ジャンヌは衰弱していった。一七〇二年の冬には、ほぼ危篤状態に陥った。石牢に捨て置かれたジャンヌ。もう、看守たちも滅多に訪れなくなった。骨の髄まで寒さが凍みる。ベッドから起きる力もなくなった。深淵の底で、静かに死を待つばかりだった。

私は〔牢獄から〕出る考えもなく、望みもなかった。一生をそこで終えると思っていた。一人でそこにいられると思うと、大きな喜びだった。私は日々弱まり、悦楽のうちに最期を待った。

[V. 4.8. p.976]

それにしてもフェヌロンとジャンヌに対する扱いの差は注目してもよい。かたや司牧のエリート男性。かたや肩書きのない在俗の女性。かたや教皇庁から公式に糾弾されながらも、名誉の敗者としてリスペクトをもって扱われ、ボスュエも文句は言えない。かたや具体的な容疑もはっきりしないまま投獄され、スキャンダル疑惑も晴れたはずなのに、面倒だからそのままバスティーユに放置され、そのうち死ぬだろうといった扱いを受ける。

ジャンヌをめぐる騒動とは、結局、出すぎた真似をして家父長制を攪乱する女性への、ミソジニー的懲罰だったと言ってよい。出すぎた女性に屈辱と無力を味わわせる。彼女が自分の過ちを悔いて許しを乞えば、寛容に許しもしよう。それがよい見せしめの効果にもなる。ところが許しを乞うどころか、クールに整然と反証し、いっかな屈しないジャンヌのような場合は、これはもう、バスティーユで人知れず、何となく消えてもらうしかない。じゃないと、示しがつかない……。

最後の最後になって、パリ大司教のノアーユが動いた。マントノン夫人のイエス・マンに成り果てたノアーユだったが、その後、自分がジャンヌにしたことを後悔し、その悩みが日に日に強まっていったのではないか。このままジャンヌが獄死したらいたたまれないという思いだったのだろう。ノアーユはジャンヌ釈放のために、ジャンヌの長男に身元引受人になるよう働きかけた。

こうしてようやく一七〇三年三月、ジャンヌは国王の命で仮釈放された。半年間の期限付きで長男のもとに引き取られ、外部とは一切接触しない条件だった。すぐに亡くなるのを前提とした処分だったのだろう。

第二章　生き延びる

1　釈放

ディズィエ城

一七〇三年三月二四日、土曜、午後四時。ジャンヌは釈放された。翌月五五歳になるところだった。「輿《こし》」で運ばれて、牢獄の門を出たと、記録されている。今なら、担架で運ばれたことに等しい。それだけ衰弱していたのだ。

ジャンヌはロワール地方のスュエーヴルにある長男の館に身柄を移された。

スュエーヴルは、古都ブロワの近くにある小さな集落だ。今ならブロワから車で半時間ほどで訪れることができる。まっすぐの国道の左右に、いかにもロワール地方らしい穏やかな田園風景が広がっている。しばらくして左手にサン・クリストフ教会が見えたら、その脇の道を曲がる。集落を抜けて、そのまま道なりに進むと、木立に入る。

崩れかけた石壁がある。そこに木漏れ日が揺れている。印象派の画家の描きそうな光だ。壁伝いに辿って行くと、小川のせせらぎが聞こえる。小さな水車が回っている。そのすぐ近くに、長男の館、通称ディズィエ城がある。

館の正門の脇に、鉄のプレートが立っている。市の製作したものだ。ディズィエ城について写真付きで解説してある。こう書いてある。

「城の正面中央は一七世紀末に建築されたもの。一八世紀には高名なキエティスト、ギュイヨン夫人がルイ一四世治下に追放された後、ここに隠遁した」

城内の庭にはトローヌ川の源泉が湧いているという興味深い情報も、プレートに記されている。

館は個人の所有のために、中に入ることはできない。柵から覗くと、木立の向こうに白い館の正面が見える。抑制の効いた優雅なラインが、当時のスタイルの特徴を表している。館の周りに、水を湛えた掘が巡らされている。もし三月だったら、水面には夢見がちな雲のいくつかが映っていたかもしれない。

もっとも、そんな空や泉や、芽吹きはじめた木々の淡い色調も、瀕死のジャンヌには見えなかっただろう。それでも、七年以上もの幽閉生活からようやく解放され、久しぶりに嗅ぐ自然の躍動の匂いを、こころのどこかで嗅ぎ取ったに違いない。

生き延びるジャンヌ

長男のアルマン＝ジャックは母の釈放を嫌がっていた。子どもの頃に、ジャンヌの姑から散々ジャンヌの悪口を聞かされて育って以来、長男はついぞ母に馴染むことがなかった。ノアーユの説得で不承不承、母を引き取ったのだが、釈放後もいっさい外部との接触を禁じる条件は、実は長男が提案したものだったらしい。またもや珍妙な事件でも起こされたら、たまったものではないとでも思ったのだろうか。

ジャンヌの仮釈放はもともと半年の期限だったが、更に半年の更新が認められ、そのままなし崩し的に延長されていった。周囲の予想に反して、ジャンヌはすぐには死ななかったのだ。

皮肉なことに、ジャンヌが釈放された翌年に宿敵ボスュエが先に逝去してしまう。マントノン夫人はと言えば、一時はボスュエによって宮廷内での立場を危うくしたが、その後ルイ一四世との関係を修復し、すっかり修道院化したサン＝シール女学院に引きこもりがちの日々を送っていた。

ジャンヌを迫害した主な役者が、いずれも舞台から去っていった。

ジャンヌは、生き延びた。

釈放されてから三年間の消息は分からない。よほど生死の境にいたのだろう。しかし、持ち直すのだ。元気を取り戻すと、息子との衝突が激しくなったらしい。この息子は父親譲りの癇癪持ちだったようだ。母親に対して、かなりアグレシブに接したらしい。それに、不羈奔放なジャンヌのことだ。おとなしく息子の言いなりになったはずもなかろう。閉ざされた空間の中で、ジャンヌと息子夫婦との関係がどんどん煮詰まっていったであろうことは、想像に難くない。釈放から三年後には、息子の妻から当局に対して「義母のことで大変に困っているから別居させたい」という申し出があった。なぜ困ったのかは詳《つまび》らかにされていない。ともかく、ジャンヌを厄介払いしたかったのだろう。妻の申請が受理され、一七〇六年中にジャンヌは息子のもとを去ることとなる。その年の終わりから翌年にかけて近くのブロワの城下に邸宅を入手し、そこを終の住処とした。

娘を連れてふるさとのモンタルジを飛び出して以来、はじめて安住の場を得たことになる。ジャンヌはそこで一〇年にわたって静かな余生を過ごした。

その邸宅と推定される建物が、今に残されている。ブロワ城のすぐ近くにある家だ。飾り気のない、がっしりした造りだ。家の南に庭がある。ジャンヌはその庭で、好きな花や野菜を植え育てたという。また、養蜂を楽しみ、ハチミツを仲間たちに配ったりもした。そんな気ままで、穏やかな日々だった。

表向きは隠遁したかのようなジャンヌの生活だったが、実はこの晩年の一〇年間こそが、静寂者ジャンヌの実り豊かな時期だった。

ジャンヌは引き続き息子の監視下に置かれ、外部との接触をいっさい禁じられていたが、それは形式的なものだったらしい。息子もごく稀にしか来訪しなかったようだ。ジャンヌは密かに仲間たちとの交信を再開した。

その頃ギュイヨン・サークルでは、シャロ夫人やシュヴルーズ夫人はすでに一線を退いていた。シャロ夫人はすっかり隠遁状態で、孤独のうちに深い祈り三昧の境地に耽っていたという。代わってサークルの取りまとめ役を担っていたのは、「小さな公爵夫人」と呼ばれる、コルベール三姉妹の末っ子、モルトマル夫人。そして「小鳩」のあだ名のグラモン夫人たちだった。特に気丈なモルトマル夫人は、フェヌロンがカンブレへ失脚しても、堂々とフェヌロンのもとを訪れ続けた。

2 〈渾沌〉

混乱なき〈渾沌〉

ジャンヌが当時の心境を語ったテキストがある。自伝のあとがきだ。一七〇九年一二月の日付になっている。ブロワの邸宅に移ってから三年後だ。彼女が六一歳の時の文だ。こんな出だしだ。

私の人生はいつも十字架に捧げられていたから、ようやく牢獄から出ても幾多もの苦難の末、精神がなかなか呼吸を始めず〔しばらく意識不明の状態が続いたのだろう〕、身体はあらゆる障害に押しつぶされ、ほぼ常に病にあり、しばしば死に瀕していた。[V. 3.21, p.872]

釈放後、ジャンヌの容体が危機的だったことが分かる。

近頃は、私は自分の置かれた状態についてほとんど、というか、まったく喋ることができない。というのも、私の状態がシンプルで不変になったからだ。〔…〕

この状態の〈底〉は、深い〈消滅〉だ。私のうちに名付け得るものは何もない。[同前 p.873]

私は、どこに行くともなく、見るともなく、知るともなく、行く。行きたくもなし、止まりたくもなし。意志も直感も消え去った。貧と裸が、私の持ち前だ。信も不信もない。つまり、なにもない《リャン》。なんでもない《リャン》。〔同前 p.875〕

「信も不信もない」――いかにも、晩年のジャンヌらしい。

神は愛。愛は神。すべては神のうちに。すべては神のために。〔もし神が望むなら〕あなたは、この無の何かしらから、即座に闇の光を引き出すだろう。それは混乱なき渾沌だ。〔同前〕

このあたり、ジャンヌらしさが詰まっている。

「神は愛。愛は神」は、新約聖書のヨハネの第一の手紙などに拠っている。[67]〈愛〉である神がすべてで、それに対して〈わたし〉は無でしかない。〈わたし〉の境地だ。

「あなたは、この無の何かしらから、即座に闇の光を引き出すだろう」――つまり、読者であるあなたは、この〈わたし〉から、即座に「闇の光」を引き出すだろうという。「闇の光」は、同じくヨハネの第一の手紙の中の「神は光であり[68]」に拠りながら、ヨハネ福音書の「光は闇の中で輝いている」を効かしている[69]。この「光」は、〈ことば〉の光であり、真理の光、根源的ないのちとしての光だ。それは、究極の無分節の光だ。この無分節の光が「闇」の中に輝くというのだが、この「闇」は、ジャンヌにとって〈闇の信〉あるいは〈裸の信〉のことだ。つまり、〈裸の信〉にある者のことだ。これはジャンヌ独特の解釈だ(70)。いっさいの分節を落として自我をほどき、自分をすっかり明け渡して、〈裸の信〉の状態にあってこそ、無分節の〈ことば〉の光を受けることができるのだ。〈ことば〉の光は、〈闇の信〉にある〈わたし〉という無に輝いているのである。しかし、輝いていることも〈わたし〉には認識できないのだ。それでも、その〈ことば〉の光を、〈わたし〉という無であるジャンヌを通して、読者は必要に応じて受け取るだろうと言うわけだ。具体的には、これは〈沈黙のコミュニケーション〉か、あるいは、〈ことば〉がジャンヌに書かせるテキストのことだ。

さらに、この〈ことば〉をめぐるヨハネ福音書の出だしは、旧約聖書の創世記の本歌取りでもある。「初めに、神は天地を創造された。地は混沌であって」（新共同訳）で始まる、有名な箇所だ。それが、ジャンヌの次の文の「それは混乱 confusion なき渾沌 chaos だ」に効いている。このジャンヌの「渾沌」は、創世記での、天地が創造される以前の始源の〈渾沌〉に他ならない。ジャンヌの〈なんでもない《リヤン》〉の〈わたし〉の境地は、この始源の〈渾沌〉なのだ。それは混乱なき〈渾沌〉だ。

《神は愛》↓《闇の光》↓《渾沌》と、聖書の本歌取りで連想が連なっている。

何もとどまらない

さらに、こう続く。

あらゆる表象は、この〈なんでもない《リヤン》〉の外だ。〈なんでもない《リヤン》〉は、一切の表象を受け付けない。思考は過ぎ去るばかり。何もとどまらない。私は何も命じることができない。私の言ったこと、書いたことは過ぎ去り、何も覚えていない。私にとって、それはまるで別人によるものだ。
［同前］

この始源の〈渾沌〉である〈なんでもない《リャン》〉は、あらゆる分節的「表象」を受け入れない。しかし同時に、この〈渾沌〉は、無限の分節可能性を潜在的に宿している。そこに、ふと〈ことば〉が自己分節して走れば、何らかの思考が生起し、何かを喋ったり書いたりもする。あるいは、もっと直接的に、面授の相手に、〈沈黙のコミュニケーション〉によって〈ことば〉を流し込む。しかし、そこに「混乱」はないのである。すべては、〈ことば〉次第だ。しかも、〈わたし〉には何の痕跡も残らない。深淵にふと光が走って消えるようなものだ。「思考は過ぎ去るばかり。何もとどまらない」。「私の言ったこと、書いたことは過ぎ去り、何も覚えていない」――それは、確かに〈わたし〉を通してのはたらきだけれども、あくまでも〈ことば〉のはたらきであって、「それはまるで別人によるもの」だとしか、言いようがない。これまで何度か見てきた静寂者の重層性の境地が、簡潔に表現されている。

騙すつもりも、騙さないつもりもない

さらに、こう続く。

私はみなさんを騙すつもりも、騙さないつもりもない。神があなたたちに明らかにすることだ。

〔…〕〔この〈なんでもない《リヤン》〉とは〕それは、空《から》の手提げランプだ。それに、火を灯すことができるだろうか？　それとも、崖っぷちへと導く偽の輝きなのか？　そんなことは知らない。神が知っている。私の問題ではない。あなたたちが見分けることだ。偽の輝きなら、消せばよい。火は、神が灯さないかぎり、灯らない。［同前 p876］

騙すつもりもないが、騙さないつもりもない！　つまり、そのつもりがなく騙すかもしれないのだ。自分が人を導く灯火なのか、崖から落とす偽の輝きなのか、そんなことは知らない。神のみぞ知る、だ。あとは、おのおので判断しろ、というのだ。凄みがある。ジャンヌにすれば〈なんでもない《リヤン》〉、ただそれだけなのである。ジャンヌはいっさいのドグマ化、教団化を拒絶する。この受動性の気迫は、晩年の親鸞を思い起こさせる。(71)

3　シークレット・レターズ再び

フェヌロンの肖像

ところで、フェヌロンはどうしただろう？

キエティスム論争後、失意のうちにカンブレに引き篭もったとされるフェヌロン。そんな晩年のフェヌロンの面影を伝える貴重な証言が残っている。それは何と、フェヌロンの宿敵ボスュエの秘書役ルディユという人物の証言だ。

ルディュは、ボスュエの亡くなった直後に、とある所用のためカンブレにいるフェヌロンのもとを訪れた。半ば嫌々ながらの訪問だったようだ。しかしフェヌロンと会ったとたん、ルディュはすっかりフェヌロンに魅せられてしまった。

ルディュのフェヌロンについての第一印象は、「冷たく、弱々しく見えたが、優しく、礼儀正しかった」という。かつての人間嫌いのフェヌロンの面影を見ることができる。

ルディュはフェヌロンの服装に関して、こんな描写をしている。

彼は紫の長い服を着ていた。〔…〕帯も、玉飾りも、金の房飾りもしていなかった。帽子にはシンプルな緑の絹のリボンを付けていた。手には白い手袋。杖も外套もなかった。(72)

やけに細かいファッション・チェックを入れているのが面白い。てらいのない、リラックスした着こなしといったところだろう。

さて、それから食事のシーンだ。

みんな、食堂で彼を待っていた。〔…〕めいめい勝手に手を洗い、大司教が食卓を祝福し、当然だが、上座に座った。その左にシャンテラク神父が座った。それぞれ手を洗った順に区別なく座った。私も無造作に席に着くと、即座に煮込み料理が出された。大司教の右隣が空いていて、彼は私にそこに座るように身振りで示した。私は「もう座って、給仕もされていますので」と謝意を述べた。彼は柔和に礼儀正しく「いらっしゃい。ここがあなたの席ですよ」と固執した。そこで私は抵抗せずに、彼の右隣に移った。すぐに、煮込み料理が移された。食卓には料理がすばらしく優雅に出された。おいしい牛と羊の各種の煮込み料理、さまざまなオードブルやシチュー。大きなロティ。ヤマウズラなどのジビエがさまざまな料理法でたくさん出され、さらにすばらしいフルーツ。フランドルだというのに極上の葡萄、最高に美味しい桃。最高の品種の梨。あらゆる種類のコンポート。美味しい赤ワイン。ビールはなし。清潔なテーブルクロス。とても美味しいパン。たくさんの選び抜かれた、流行の銀食器(73)。

この神父さん、オシャレなだけじゃなく、かなりのグルメだったらしい。それにしても、いちいち細かいところまでよく覚えているものだ。ノートしていたのだろうか？ 実に美味しそうなメニューだったわけだが、しかしフェヌロン自身は、かつてのジャンヌとのやりとりで知る限り、とても食の細い人だったようだ。

大司教は、卓上のこの上なく美味しい料理をすべて自ら私に取ってくれた。その度に私は敬服のいたりで、帽子を手に取って、感謝した。その度に、彼も自分の帽子を取って応え、私の健康を祝して乾杯した。そうしたすべての運びが、大変に真面目だけれども、自然で、礼儀正しかった。やりとりもごく自然で、柔和で、しかも陽気だった。大司教は自分が話しおわると、気さくに、それぞれの自由に任せた。お付きの司祭も、秘書も、爵位のない貴族たちも、他と同じように話をした。実に自由に、それでいて、他人を嘲ったり批判することもなく。〔…〕実際、主人の人柄にも、また彼の甥たちや他の者たちにも、他では見られないほどの謙虚さ、慎み深さが見て取れた。(74)

フェヌロンを取り巻く共同体の、気さくで、分け隔てのない、軽やかな日常の空気が伝わってくる。フェヌロンの人柄なのだろう。

音信再開

フェヌロンの耳には当然、ジャンヌ釈放の一報がいち早く届いただろう。しかし、ジャンヌが息子の元に居た時期には、音信が取れなかった。先述のようにジャンヌは一七〇六年の終わりから一七〇七年はじめにかけての間にブロワに自分の家を持ち、そこに引っ越すのだが、その引っ越した直後と思われる一七〇七年一月九日付の、とあるフェヌロンの手紙に、興味深いことが書かれている。(75) この手紙は、フェヌロンがモルトマル夫人に宛てて書いたものだ。この中で、フェヌロンは「留意に値するさるルートから得たことを、あなたに秘密で言わなければならないと思います」と書き、彼の知っている聖職者が、信徒たちにNの著作を読ませていることを報告している。しかし「彼らはNの著作を読解する能力が全くなく、そうした時期尚早の者が読むと、迷妄やスキャンダルの種となりかねない」と警告している。Nとは、ジャンヌのことだ。そしてフェヌロンはモルトマル夫人に、著者自身にどうすればよいか見解を聞いてほしいと依頼している。つまり、ジャンヌに事の次第を伝えてくれと頼んでいるのだ。

ということは、少なくともジャンヌがブロワに引っ越した直後の段階で、すでにモルトマル夫人はジャンヌと直接コンタクトがあったのだ。そしてフェヌロンは、モルトマル夫人を通して間接的にジャンヌと交信していたのだ。

かつてフェヌロンはマントノン夫人に対しても常々、ジャンヌの著作を体験のない者に読ませてはならないと警告し続けてきた。この手紙でも、せっかくジャンヌが釈放されたのに、またもや問題が起こりかねないと、フェヌロンが心配しているのがよく分かる。

シークレット・レターズ再び

そのうち、フェヌロンはジャンヌと直接、手紙のやりとりをするようになる。

一七一〇年の貴重な手紙が、今に残されている。手紙というよりも、秘密のメモと言うべきか。一枚の紙の左側にフェヌロンがメッセージを書き、右側にジャンヌが返しを書き添えている。信頼できる誰かがこの紙を折りたたんで懐に隠し、ブロワとカンブレを行き来したのだろう。

その一部を紹介しよう。フェヌロンがこんなことを書いている。


戦争が続けば、私たちは資源もなくなり破滅してしまいます。軍隊が我々の土地にやって来るでしょう。ちょっとした悪い出来事でも、フランスはこの国境のすべてを失うでしょう。[C1, 295, p.556]

当時、フランスはスペイン王位継承をめぐって、イギリス・オランダ・オーストリア・プロイセンと戦争状態にあり、特にフェヌロンのいるカンブレの近くのフランドル地域では戦争が膠着状態に陥っていた。長引く戦争のため、カンブレの町は経済的に疲弊しきっていた。この先どうなってしまうのか？　そんなフェヌロンのつぶやきだ。

フェヌロンはジャンヌの健康を案じて、こう書いている。

あなたは、もう長くは生きないなどとお考えだったようですね。まだそんなお考えなのですか？　健康状態はいかがですか？　不如意の中、何か必要なものはありませんか？［同前］

ジャンヌの答えだ。

間もなく死ぬだろうという考えは、確かに私の精神のうちにしばらく残っていました。でも突然、それがなくなりました。生きるにせよ死ぬにせよ、すべては天秤のうちです。［同前 p.557］

生きるにせよ死ぬにせよ、すべては、天秤のうち。神の重り次第だ。

仲間たちの消息

フェヌロンは、仲間たちついて、あれこれジャンヌに相談している。

La p.D.〔La petite Duchesse 小さな公爵夫人〕はもうほとんど手紙を書いてきません。私からは、半分は本当のことを優しく心遣いしながら書きつつ、半分は全般的なことや友情についてあれこれ説いています。〔人間関係の〕変化を、彼女にあまり知らさないように。でも、彼女のこころが病んだままなのは、よく分かります。我らの良き人たちがみな変わってしまったと、彼女は思っているのです。彼女にすれば、みな間違っていると。〔同前〕

「小さな公爵夫人」はモルトマル夫人。この時期、どうやら彼女は鬱だったらしい。ギュイヨン・サークルの仲間たちの多くは、フェヌロンが失脚してから彼の側につく旗幟鮮明な態度を避けた。それが、まっすぐで剛気な気性のモルトマル夫人には、変節に映ったのだろう。そんな彼女を気遣って、フェヌロンはかつての仲間たちの情報について「半分は本当のことを優しく心遣いしながら」伝えているというのだ。

これに対するジャンヌの答えだ。

この世が変わってしまったのを、小さな公爵夫人が辛く思っているのは確かでしょう。彼女はまったく変わっていません。信頼と支え合いのない友情に、彼女は満足できないのでしょう。危機的です。危機が通り過ぎて、彼女がしかるべき場所に戻るよう願います。命じるよりも従うほうが、確かなのです。〔同前〕

他人にこうあれと命じるよりも、あるがままを受け入れるほうが、確かな生き方なのだという、小さな公爵夫人への助言だ。モントマル夫人は、他の者に厳しくて、あれこれお節介がましいところもあったようだ。

フェヌロンの弟分の神父についての、こんなやりとりも。

フェヌロン：ボーモン神父はとても良い精神の持ち主で、幅広く正確な知識、気高い心を持ち、天真爛漫で、敬虔です。でも、彼はあまりにもノロい。正確さを求め過ぎで、好奇心が強過ぎます。私の望むようには、内的に進展があるように見えません。理性があり過ぎます。〔同前 p.559〕

ジャンヌ：あなたの考えをボーモン神父に言ったらどうですか？　彼は子どものようにあなたに従っているつもりなのですから。好奇心と自我理性ほど内的に有害なものはありません。〔同前〕

あなたほど愛しいものはありません

長引く戦争で、国境近くのカンブレの人々は戦禍と飢えで困窮していた。フェヌロンは自らの財産を惜しげもなく人々に分け与えた。

フェヌロン：自分のためにも自分の周りのためにも、蓄えを残したくありません。貧しい人々にたくさんあげるのは、とても嬉しいものです。喜んで、小さなシンプルな生活に切り詰めたいものです。そのほうがせいせいします。戦争によって、この地方が破滅する寸前まできています。私がどんな酷いことになって――それはほぼ確かでしょう――私が救いようもない貧乏になっても、心配ではありません。〔同前 p.561〕

ジャンヌ：自分の蓄えがなくなったら、それであなたは満足だろうと、私も確かに思いますよ。でも神は周りを照らすためにあなたを燭台の上に置いたのです。神があなたを取り除くまで、その立場にいないとなりません。あなたが周りの役に立つために、そしてそれが分かるように、神はあなたに蓄えを与えたのだと思いますよ。神の仕事が達成されるよう願います。ご存知のように、この世であなたほど私にとって愛しいものはありません。育ってください。繁ってください。大地を満たしてください。〔同前〕

みんなに分け与えるのもよいけれど、あなたは人のためになっているのだから、自滅しないように、長期的に考えろということだ。ジャンヌは、他人へのアドバイスではいつも現実的だ。

キリスト教の痕跡すらもなくなったかのよう

もうひとつ、この時期のフェヌロンのジャンヌに宛てた手紙を紹介しよう。

フェヌロンは自分の境涯をつらつらと書き連ねている。

内側では、〔知識や徳などの〕備わっていたものが一切なくなって、ただ自然本性しか見当たりません。何の恩寵〔の恵み〕もありません。どんな美徳も無く、空っぽです。(76)

恩寵もなくなり、美徳やら何やらの言説もなくなる。空っぽの〈わたし〉の境地だ。すると「ただ自然本性しか見当たらない」と言うのだ。この自然本性（あるいは本性 nature）をどう取ったらよいだろう。すっからかんの空っぽになって、なお残る〈わたし〉としての何かだ。最後に残るいのちの実感のようなものだろうか。生身の芯が剝き出しになっている感じか。

そして、フェヌロンはこう続ける。

信のかけらも、キリスト教の痕跡もなくなってしまったのかと、そう思いたくもなるほどです。でも、それでいて、神に背くなら、千の死のほうがよっぽどましなのですが、しかしそうしたすべてがあまりに冥《くら》く、おぼろげで、文目《あやめ》も分かずに明け渡すしかないのです。(77)

これは司牧者であるフェヌロンにすれば、ぎりぎりの発言だろう。もはや信のかけらも感じられず、キリスト教すら跡形もなくなってしまったかのような境涯だという。それもまた言説なのだ。ただ明け渡すしかない。でも、何に明け渡すのか？ それすらも朦朧としているほどの、〈わたし〉の境地だ。さっきのジャンヌの晩年の境涯とよく照応しているが、フェヌロンならではの憂愁が感じられる。

手紙の最後には、こう書かれている。

> どうか健康に留意して、はやく亡くなったりはしないようにと願っています。あなたがとても必要なのですから。P. P. と、そして小さな神父と、強くひとつにあります。あなたの息子F氏を、こころから愛し、真の愛情をもって抱擁いたします。かぎりなく、あなたのものです[78]。

「あなたの息子F氏」は、後に触れるが、スコットランドからジャンヌを慕ってやって来たフォーブズのことだ。「小さな神父」は、ランジュロン神父。フェヌロンの若いときからの親友だ。そして「P. P.」はブルゴーニュ公だとされる。フェヌロンがかつて家庭教師を務めた小王太子のことだ。手のつけられない暴れん坊だったルイ一四世の孫は、フェヌロンの教育で変貌し、将来のフランスを背負って立つことのできる有能な青年に成長していた。フェヌロンやボーヴィリエ、シュヴルーズたちは、この小王太子に希望を託し続けていた。そして、一七一一年には彼の父親の大王太子が亡くなり、小王太子に王位継承権が回ってきた。ついにそのときが近づいたと、ボーヴィリエ、シュヴルーズ、フェヌロンらは大いに勢いづいただろう。さっそく小王太子の即位に備えて、三人は将来の国政の指針を示す「統治計画案」を作成した。この計画案のポイントは、太陽王ルイ一四世のもとでのラジカルな権力集中を是正し、権力配分のバランスを取ることにあった。もし小王太子が王になっていたならば、その後のフランスの歴史は変わっていたかもしれない。

しかしそんなもしを考えても仕方がない。翌年の一七一二年二月、小王太子ブルゴーニュ公は、はしか（あるいは天然痘）に罹って、あっけなく急逝してしまうのだ。享年二九。フェヌロンたちの政治的な夢が完全に潰えたのは、このときだった。同じ年の一一月に、シュヴルーズが六六歳で逝去した。よっぽどがっくりきたのだろう。

4　ファンファン

銃士

フェヌロンには、ガブリエルという又甥がいた（Gabriel-Jacques de Salignac La Mothe-Fénelon, 1688-1746）。フェヌロンはこの又甥をファンファンと呼んで可愛がった。ファンファンは銃士だった。アレクサンドル・デュマの『三銃士』でよく知られる銃士は、当時開発されはじめた火縄銃などで武装した兵士だ。若者にとって花形の職業だった。ファンファンは一七一一年、二三歳のとき、連隊長として戦線に赴き、重傷を負った。治療が成功せず、長らく苦しんだ。二年近く経っても回復しなかった。ファンファンは一七一三年二月に、一か八かの大手術を受けた。今のように麻酔があるわけでもない。想像するだけで、というか想像もしたくない過酷な手術だ。ファンファンは術後三か月寝たきりとなり、結局その後、足に重い障害を抱えた。人生の危機に苦しむファンファンは、ジャンヌに〈内なる道〉の指南を乞うた。こうして、ジャンヌとの文通が始まる。

ジャンヌは若きファンファンに、ありったけの愛情を注いで〈道〉を指南し、遠隔での〈沈黙のコミュニケーション〉の実習を行なった。最初は、難しかった。ファンファンは、恩寵が流れ込むのをなかなか感じられなかった。ジャンヌに見捨てられているのではないかと悩んだらしい。

ファンファンの手術の翌年、ジャンヌはこんな手紙を送っている。

> 愛しい子よ、大丈夫です。こころであなたをしっかり想っていますし、小さな先生のもとであなたを忘れはしません。ただ、私が望むときに、そうならないようです。私の健康だとか、何か私に関わることを気にかけているのだったら、怒りますよ。ただ神だけを気に留めるように。［Cl. 322, p.599］

ジャンヌからファンファンへ恩寵が流れ込むはずのとき、スタックしてしまうことを言いたいのだろう。その原因は、もしかしてファンファンの潜心の仕方にあるのではないか？　もしかして、ジャンヌを対象として立ててはいないか？　例えば「ジャンヌが元気でありますように」などと、具体的なことを考えてはいないか？　と、いうわけだ。

ちなみに「小さな先生」は、イエス・キリストのことだ。原語はpetit Maître、「小さな主」と訳してもよい。我らの主イエス・キリストのことだ。ただし、maître には、師弟関係の「師」・「先生」の意味がある（我らの主の場合は、Seigneur を使うほうが、当時でも一般的だ）。実はジャンヌ自身が、この言葉について説明している。『新約聖書註解』中のヨハネ福音書二〇・一六の箇所だ（『聖書註解』四六五頁以下参照）。「小さい」とは、もちろんジャンヌにとって賛辞だ。ジャンヌにとって、人間としてのイエスは〈内なる道〉の師匠だった。

転んだら立ち上がる

ジャンヌは、こう続ける。

匠の人が美しい像を造ったら、みんなはその像を賞賛します。どんな道具を使って作ったかなんて、誰も想像もしません。道具はだいたい、みっともない鉄くずのようなものだったりするのです。そんなふうに、小さな先生は美しいものを創造するときに、とても卑しい道具を使うのです。

［同前］

みっともない鉄くずのような卑しい道具とは、ジャンヌのことだ。ジャンヌはただの道具に過ぎない。ジャンヌを想って祈ったらダメだ。個人崇拝、教団化の堕落を戒める比喩でもある。ジャンヌが終始、強調してきたことだ。

さらに、ジャンヌはファンファンをこう励ます。

何事も取り繕わず、こころをのびのびとさせてください。「あなたの戒めの道を走るために」と、ダビデが言うように。(79) 何をするにも、喜びをもって行なってください。私たちは、かくも偉大な先生に仕えているのですから。仕えているだけで、最高なのです。〔…〕転んだら立ち上がって、こころの底から神に助けを求めましょう。私たちの惨めさに謙虚になること。でも、決して落ち込まないこと。このことをしっかり覚えておいてください。それがあなたの人生のルールですから。〔同前 p.600〕

のびのびと、陽気に。転んだら、立ち上がれ。失敗を気にするな。――いつもジャンヌが仲間たちに言っていることだ。

ブロワ訪問

ファンファンは手術を受けた翌年の一七一四年秋から暮れにかけて、カンブレから南仏のピレネー山脈にある温泉町バレージュを訪れ、湯治療養した。フェヌロンの祈りの友、「パンタ」というあだ名で呼ばれるボーモン神父と連れ立っての旅だった。ジャンヌ宛の手紙で「あまりにノロい」と、フェヌロンが嘆いた、愛しの神父だ。

ファンファンは道中、密かにブロワのジャンヌの家を訪れた。九月二九日付のジャンヌの手紙がある。

まず忘れないうちに言っておきますが、宿に着いたら、ラムゼイを呼んでください。ここか、彼の自宅にいますから。ラムゼイにここに連れて来てもらってください。というのも、私の娘がここにいるので、あなたが来るとき、まだ彼女がいるかもしれないからです。心配はいりません。よく外国の人が私に会いに来ますから、あなたはF氏〔フォーブズ〕とR〔ラムゼイ〕の知人のフランドルの男爵だということにしておいてください。私の娘が来客をもてなすのと同じように、私の部屋であなたと私だけで食事をしましょう。あなたの名前はスアブ男爵だとか、そんなフランドルの貴族の名前にしておきましょう。これは万が一あなたが来るとき、まだ彼女がいる場合のために念のために書いているのですが、その頃、彼女はもういないかもしれません。トゥッサン〔一一月一日「諸聖人の祝日」。ハロウィンの翌日〕までしか彼女はいないつもりですし、それまでもいないのではないかと思います。〔CI, 324, p.604〕

これを読むと、ジャンヌは、形式上は依然として子どもたちの監視下にあったことが分かる。しかし後に触れるが、当時ジャンヌの家には彼女を慕ってスコットランドからやって来た居候たちが半ば公然と出入りしていたのだ。ここで記されているフォーブズとラムゼイは、その中でも居続けチャンピオンというべき二人だった。

ファンファン演じるフランドルの貴族、その名はスアブ男爵……いかにもジャンヌらしい遊び心だ。

ジャンヌは娘と親しく、ツーカーだったろうから、まあ、スアブ男爵とやらも一応の表向きの取り繕いだったかもしれない。

光を得たようですね

湯治場にいたファンファンに、カンブレから送られた手紙が残っている。モルトマル夫人とグラモン夫人の連名による手紙だ。二人は次世代のギュイヨン・サークルの中心人物だった。

愛しの侯爵、温泉はどうですか？　戻って来るときには、すっかり足が良くなっていればと願っています。回復を確信しているとのこと、喜ばしい限りです。あなたの二通の手紙を読んで、道中の訪問についてあなたがとても満足していると知り、私もとても嬉しいです。立ち寄った甲斐があって、光を得たようですね〔…〕。［Cl, 329, p.611］

ファンファンのジャンヌ訪問が、実り豊かだったことが確認できる。

この手紙を書いた頃、フェヌロンは重い病に臥し、臨終間近の状態だった。モルトマル夫人とグラモン夫人が看病のためにカンブレに滞在していたようだ。フェヌロンの病状について、手紙の中で触れられている。

こちらは依然として痛ましい状況です。あなたが発ったときよりもずっとひどい状態です。頻繁に咳をし、どんどん悪化しています。日々痩せ衰えて、ほとんど立ってもいられず、夜も大変です。

そんな状態ですが、季節が変わったらブルボンに湯治に行く話をしています。正直、そんな旅に耐えられる様子にはとても見えません。今から一か月の間、旅に出るまでに、そうとう回復しないとなりませんが、今のところ、それは望めそうにありません。〔同前〕

フェヌロンの死

フェヌロンは季節が変わるまでもたなかった。翌一七一五年一月七日に亡くなった。すでに小王太子が急逝し、シュヴルーズも他界。前年の一七一四年にはボーヴィリエも亡くなっている。フェヌロンの死去後、同年九月にはルイ一四世も亡くなった。一つの時代が終わろうとしていた。

フェヌロンが亡くなった当日、ジャンヌはファンファンにこんな手紙を送っている。


愛しのひょっこりさん、私の苦しみは口にできないほど大きなものですが、それでもあなたの苦しみには比べられないでしょう。あなたも私たちも、みんなにとって何という喪失でしょう！フランス教会は最も輝かしい光を失ったと言えるでしょう。〔…〕彼が完全な明け渡しの中で神の手のうちに死んだことを、私は全く疑っていません。彼の至福も全く疑っていません。彼の髪の毛か何か、彼のものがありましたら、どうか私と私の友たちに分けてください。〔CI, 331, p.613〕

「ひょっこりさん」――と訳したが、原文は「びっこさん boiteux」。さすがに使いたくない言葉だ。いっそのこと吹っ切れて、「ひょっこりさん」にした。ひょっこりブロワにやって来る感じを込めて。ファンファンはフェヌロンの外套を、ジャンヌに送った。

庭のキャベツのように

フェヌロンの亡くなった後、ジャンヌはますます親身になってファンファンのガイドを続けた。こんな愛情いっぱいの手紙もある。

このところ、身体が衰弱して死ぬかと思っていました。きょうは少しましです。〔…〕小さいmad〔?〕を持って来てくれるとのことで、嬉しいです。小さい先生の家に、居たいだけ、居られるだけ、居てください。スコットランドの仲間たちが来たら、下の階で寝泊まりできますよ。うちの庭のキャベツのように、あなたをもてなしますから。
神に、アーメンなしで。我が子、ひょっこりさんへ。［C1, 370, p.655］

「mad」は判読できない。madame の略と考えれば、誰か女性を連れて来たのか？　もしかしたら、「小さな公爵夫人 la petite duchesse」――モルトマル夫人のことか？　だが〈持って来る〉という表現がひっかかる。また、そのすぐ後の「小さい先生」（イエス）と並べられているのも気になる。勝手な想像だが、もしかしたらマドレーヌ Madeleine（マグダラのマリア）の小さなフィギュアだったりしなかったか？ ジャンヌはマグダラのマリアを敬愛していたし、そのうえ、フィギュア好きだったようだから。その小さなマドレーヌを「小さな先生」イエスのフィギュアの横に並べたのかもしれない。そんな想像を楽しみたくなる。

「庭のキャベツ」のようにもてなすという。愛情のこもったユーモアだ。chou はキャベツという意味の他に「可愛い子」の意味がある。「私の可愛い子ちゃん mon petit chou」といった使い方をする。

「アーメンなしで」というのも、いかにもジャンヌらしいユーモアだ。アーメンを言わないということは、自分には何の確証もなく、ただ裸になってイエスに従《つ》いてゆくことの意だ。

ラ・コンブの最期

実は、フェヌロンが亡くなった同じ年に、ジャンヌと縁の深い別の人物も息を引き取った。アルプス地方遍歴時代、ジャンヌと二人三脚で静寂者の道を深めた、あのラ・コンブ神父だ。

ラ・コンブはジャンヌの異母兄のラ・モットの奸計にはまり、一六八七年にパリで逮捕された。その後、二度と娑婆に戻ることがなかった。まあ、聖職者だから娑婆に戻ることはないのだが、それにしても、三〇年近くも牢獄を転々とし、ジャンヌとの「いかがわしい関係」を自白するよう凄絶な尋問を受け、精神的に完全におかしくなってしまった。その後、シャラントンの精神病院に移され、そこで三年間過ごし、一七一五年、非業の死を遂げた。七五歳だった。

ジャンヌは最大の盟友二人を、相次いで失った。ただし、ラ・コンブ死すの報がジャンヌに届いたかどうかは、分からない。

ラ・コンブの最期について、パリ警視総監ダルジャンソンの報告書がある。

ラ・コンブ神父、バルナバ会士、当時七二歳は、一七一二年六月二九日に、一八日付の封印状により、シャラントンの病院に入院した。

彼はヴァンセンヌから病院に移された。ギュイヨン夫人の身柄拘束が、彼の不幸の原因だった。彼の理性は、おかしくなったり戻ったりを繰り返していた。彼の狂的な発言は真実を語るのではなく、多分に感情的なものだと、かなり明白に疑われていた。ヴァンセンヌから病院に移されて一年以上が経ち、彼の常軌を逸した発作は絶え間なく続くようになった。ほとんど何も食べなくなり、野菜・果実・魚以外のものを出すと怒り出したが、それもほとんど食べなくなった。彼に近づく者すべてに対して「破門だ、地獄行きだ」と罵った。支離滅裂にばらばらな話をするばかりだったが、身体は健康だった。〔…〕

「司祭たちが自分を中傷した」と言い、「自分に近づく者はみな、自分を誘惑する魂胆だ」と言っていた。〔…〕

「アッシジのフランチェスコは魔女だ」と言い、「大概の聖人は地獄行きだ」とも言い、「ギュイヨン夫人は本当の聖女だ」と言っていた。〔…〕

一七一三年には、彼の狂気は痴呆に変化したようだった。それでも「すべての司祭は女だ」などと言い続けていた。また「コンスタンティノープルはここから三マイルだ」などとも言っていた。

〔…〕

彼はシャラントンで死亡した。臨終で告解を拒み、司祭が彼に近づくと、大声をあげて「これは女だ」と叫んで、司祭を押しのけた。一七一五年のことだ。〔C2, 536, p.861〕

悲痛な死に際が目に浮かぶ。彼にとってギュイヨン夫人は「本当の聖女」であり続けた。これに対して、すべての司祭は「女」だと言う。これは狂気を通り越して、教会への痛烈なアイロニーにも取れる。ジャンヌのことを「誘惑する女」として貶め、でっち上げのスキャンダルでラ・コンブの人生を奪った司祭たちこそ、自分を陥れる魂胆で自分に近づく、彼らの言うところの「誘惑する女」そのものではなかったか。

ちなみに、「彼の狂的な発言は真実を語るのではなく、多分に感情的なものだと、かなり明白に疑われていた」というくだりが気になる。尋問でのラ・コンブの自白に信憑性はないと、ダルジャンソン自身が認めているのではないか。ジャンヌは、ラ・コンブの自白をもとに、バスティーユに移され、再度の尋問を受けたのだ。

第三章　多様な場所に

1　越境する静寂者

最後の冒険

ファンファンへの手紙で見たように、当時ジャンヌの家には国外からプロテスタント信徒が頻繁に出入りしていた。かなり形式的だったとは言え、ジャンヌはあくまでも外部との接触を禁じられていたにもかかわらずだ。しかもフランスでご法度にされていたプロテスタントたちだ。実に驚くべきことだ。

政治権力からも宗教権力からも弾圧され、文字どおり存在を抹殺されかかったそのときに、静寂者ジャンヌの〈道〉は教派を超え、国境を超えた。

静寂者ジャンヌの最後の冒険が、ヨーロッパを舞台に始まる。本人はブロワの自宅から一歩も出ずに。

亡命プロテスタント

ジャンヌの〈道〉がプロテスタント圏で広まるきっかけを作ったのは、ある亡命者だった。ピエール・ポワレ（Pierre Poiret, 1646–1719）。静寂者ジャンヌの物語の第一部におけるラ・コンブ、第二部のフェヌロンに匹敵する、第三部のキー・パーソンだ。

少し長くなるが、晩年のジャンヌを知るためにも重要なので、彼の半生を辿ってみよう(80)。

ポワレは一六四六年、ロレーヌ地方の町メスに生まれた。この町はポワレが生まれて二年後に（つまりジャンヌが生まれた年に）三十年戦争終結にともなうウェストファリア条約で、神聖ローマ帝国領からフランス領に移った。ポワレはプロテスタントのサーベル作りの職人の子として生まれた。幼くして父を亡くし、貧困の中で勉学を志した。フランスを離れてスイスのバーゼル、ドイツのハイデルベルクでプロテスタント神学を学んだ。ルイ一四世によるプロテスタント迫害が強まる中、ポワレはフランス領内に戻らず、国境近くのドイツの町アンヴァイラー・アム・トリーフェルスの牧師となった。その地域には、すでに大勢のプロテスタント信徒がフランスから亡命していた。ポワレは亡命プロテスタントの牧師として、人望を集めた。

興味深いことに、この頃のポワレはデカルト研究者として注目されていた。しかしそのうち、神秘思想に強く惹かれていった。それはポワレにとって思想的転向ではなかった。むしろデカルト的な「我」の発見の延長線上に、彼にとっての神秘思想があったのだ。フェヌロンにしても、ボスュエにしても、ジャンヌにしても、この時代のフランス語圏の人たちは、それぞれの仕方でデカルトを受容している。

その後、ポワレは三〇歳のときにアントワネット・ブリニョン（Antoinette Bourignon, 1616–1680）という神秘家に心酔し、牧師としての職も、妻も捨てて、ドイツのハンブルクに赴き、彼女の営んでいた共同体に身を投じた。ブリニョンは「真のキリスト者はもういなくなった」と訴え、「最後の審判」が近づいていると説いた。多分にメシア主義的な終末思想の持ち主だったと言える。その極端に禁欲的ドグマ主義といい、教団化指向といい、ジャンヌとは正反対のタイプだった。そのブリニョンのもとで、ポワレは四年ほどを過ごした。

ブリニョンはカトリック界からもプロテスタント界からも迫害され、各地を転々とし、一六八〇年に没した。その後、ポワレはオランダのアムステルダムに移り、仲間たちと出版社を作って、ブリニョンをはじめとする神秘思想著作の刊行を精力的に進めた。ポワレが新たな思想的な展開を見せるのは、この頃からだ。

プロテスタント迫害

さて、ここで改めて一六八五年のフランスに、焦点を当てよう。ジャンヌが『短く簡単な祈りの方法』を刊行した年にあたる。前にも触れたように、この年、ルイ一四世はナントの勅令を廃止し、プロテスタントを完全非合法化した。その前後からフランスではプロテスタント迫害が凶暴さを増し、国家権力からお墨付きを得た武装勢力がプロテスタントの集落を襲い、暴力によってカトリックへの改宗を強制していた。その残酷さについて、こんな証言が残されている。

「兵隊たちは部屋の天井や暖炉の鉤に髪の毛や足を縛って男も女も吊し、〔…〕ひげや髪の毛を引き抜き、一本もなくなるまで続けた。〔…〕腋の下に綱をくくりつけて、何度も何度も井戸の中へ沈め、改宗の約束をするまでほどかなかった。〔…〕まっぱだかにして、卑しいこと、破廉恥なことを山とした末、上から下まで針で刺しまくった。ナイフで切りきざみ、時には赤く焼けたピンセットで鼻をつまんで部屋中引きまわし、相手がカトリックになると約束するまでやめなかった[81]」

こうした情勢の中、約一〇万とも、三〇万人とも言われるプロテスタント信徒が、命からがらフランス国外へと亡命した。亡命プロテスタントたちは、主にオランダを拠点とした。彼らはルイ一四世のプロテスタント殲滅政策に対して二つの路線に分かれた。一つはカトリックに対する徹底抗戦だった。それが最高指導者ピエール・ジュリュー（Pierre Jurieu, 1637–1713）ら「正統主義者」のメインの路線だった。ジュリューはナント勅令廃止の翌年に、ヨハネ黙示録をもとにした『予言の成就 *L'accomplissement des prophéties*』を刊行した。その内容は、三年後（つまり八九年）に亡命プロテスタントの勝利の帰国が実現するとして聖戦を主張し、フランス国内の潜伏プロテスタントに蜂起を訴えるものだった。しかし、こうした国家テロに対するカウンター・テロを煽るような党派的な路線について行けない者も多くいた。その中でも、特に独自の寛容論で論陣を張ったピエール・ベール（Pierre Bayle, 1647–1706）がよく知られている。ベールの寛容論は、暴力ではなく理性を通して、個人の「良心の自由」の普遍性のもとに、権力者ルイに対してプロテスタントへの寛容を要求するものだった。彼の「良心の権利」の思想は、後の啓蒙の時代の寛容思想の先駆けとなったとされる。

亡命プロテスタントたちは「聖戦」論と「寛容」論に分断されたが、歴史はジュリューの主導する聖戦へと突き進んだ。だが、ジュリューの予言したような事態は起こらなかった。フランス国内の抵抗者たちは鎮圧され、国外からの応援、戦力補給は途絶えた。孤立無援となった国内の残党はまさに「カミカゼ」状態となり、「自爆テロ」に走った。

第三の道

こうした亡命プロテスタントの思想状況において、ポワレは第三の道を示した。ちょうどジュリューがさかんに抵抗を煽っていた一六八七年に、ポワレは『善き魂たちの安らい *La paix des bonnes âmes*』という本を刊行した(82)。これはもともと、フランス国内に残った彼の兄弟に宛てた手紙がオリジナルだ。ナントの勅令廃止後、フランスに残った兄弟や仲間たちは無理矢理カトリック信徒に改宗させられ、ミサに参加させられていた。カルヴァン派はカトリックのミサを否定していたから、彼らのミサ参加はまさに踏み絵だった。気持ちはプロテスタントであり続けながら、ミサに参列し、聖体のパンと葡萄酒を頂かざるを得ない彼らは、良心の呵責に苦しんだ。しかしミサに参加しない選択は自殺行為に等しかった。これは国内の潜伏プロテスタント全体の問題だった。ジュリューらは、あくまでもミサを拒否し、亡命を試みろと指導していた。

そんな中でポワレは兄弟たちに「無駄に悩むな」と、書き送った。「宗教の外的な違い、つまり儀式や教義的な見解の違いは、神の救済とは無関係だ」と、ポワレは書いた。「カトリックか、カルヴァン派か、ルター派かによって、神は人を愛するわけでも救済するわけでもなく、そんなことで人を地獄行きにするわけでもない」と説いた。ポワレにすれば外的な建物としての神殿が大事なのではない。「本当の神殿は、謙虚な魂の内にあり、純粋な心の底にある」と、ポワレは説いた。

さらに、どうせミサなどの宗教儀礼は付随的なものでしかないのだから、モノは使いようだと、ポワレは書く。どっちにしろ拒否できないのだから、割り切ってそれを利用して、心を神へと近づけるきっかけとすればよい。もちろんミサに参加しているカトリック信徒の多くは、内面よりも外面に囚われて、形だけの儀礼を乱用しているのは確かだ。でも、「他の者は、彼らの好きなように乱用させておけばよい。きみたちの問題ではない」。ポワレはそう言い放ち、こんな喩えを持ち出す。「仮に、みんなが隣人を殺すためにナイフを使おうとしている中、私は飢えた者にパンを切るためにナイフを使うとしよう。みんなのナイフの乱用が私のよき使いみちを害することにはなるまい」――実際に多くのプロテスタントが殺害された状況を考えると、ナイフの比喩には恐ろしい切迫感がある。

こうしたポワレのアドバイスは、その場に置かれた個人の立場に立ったら極めて穏当で、現実的なものではなかったろうか。「聖戦」派のように、自分は先に亡命して、残った者にミサの拒否や亡命を呼びかけても、たいがいの者は亡命する手段もゆとりもなかったのだ。

しかし、カトリックかプロテスタントかという枠組みを根底から覆すポワレの思想は、亡命プロテスタントの「聖戦」派からも「寛容」派からも認められなかった。ポワレはプロテスタント内で異端視された。

党派的なものの拒否。〈外〉ではなく〈内〉。おのれの驕慢さや憎悪から脱すること、つまり自我への執着を落とすこと。こうしたキー・コンセプトは、ジャンヌ流の静寂者の道に極めて近い。二人とも、あくまでも個としてのたましいと神との関係に根ざしている。それまでのブリニョン的なセクト主義から、ポワレが思想的に大きくシフトしたことが分かる。

ナントの勅令廃止によってフランスで排他主義が極まったその時期に、ジャンヌとポワレは、それぞれの著作で同じ方向性、同じ姿勢を示していたわけだ。ポワレがジャンヌの著作に注目するようになるのも、自然な成り行きだっただろう。

2 ジャンヌ発見

ジャンヌ・ギュイヨン著作集

一六八八年、ポワレはアムステルダムの南西の小さな村レインスブルフに居を構えた。静かな祈りの生活の中で、神秘思想全般に関わるテキストの発掘、刊行を精力的に続けた。さまざまな神秘思想テキストを渉猟しているうちに、カトリック教皇庁から発禁となったジャンヌの『短く簡単な祈り』と『雅歌註解』を手にした。

ポワレは一七〇〇年に『実在神学（リアルな神学 *La Théologie réelle*）』という自著を刊行したが、その巻末に、神秘家とそのテキストを紹介する章を設けている。その中で「この主題〔神秘思想〕についての最も簡潔で、平易で、しかも完成された作品と評する者も多い」として、ジャンヌの『短く簡単な祈り』を取り上げている。(83)

誰にだって祈ることができる——ナントの勅令廃止の年にジャンヌが発したメッセージに、ポワレは敏感に反応したのだ。一七〇〇年と言えば、ジャンヌがバスティーユで獄中生活を送っていたときだ。

さらにポワレはジャンヌの『奔流』の断片原稿を、どういうルートでか、イギリス経由で発見した。『奔流』はフランスで出版されていなかったのだから、これは興味深い。ポワレはこれに『短く簡単な祈り』などと併せて、一七〇四年に『霊的小論集 *Les Opuscules spirituels*』と銘打ったジャンヌの著作集を刊行した。ジャンヌがバスティーユから釈放された翌年のことだ。

ジャンヌは、おそらく長男の邸宅からブロワの自宅へと転居してからだろう、この本を手にして叫んだという。

「この人は私の作品をすべて本にするでしょう!」

ジャンヌの言ったとおり、ポワレはその後、次から次にジャンヌのテキストを出版し、全三九巻ものジャンヌ・ギュイヨン著作集成を完成させる。今日、ジャンヌの膨大な量のテキストを読めるのは、ひとえにポワレのおかげだ。

意気投合

ポワレにとって、ブリニョンからジャンヌへの移行は、矛盾するものではなかった。「二人は同じ源泉から発し、同じ目的に向かっている」と、ポワレは晩年に書いている。しかしブリニョンは「尋常ではない力と勇気をもって」カトリック教会の悪を糾明した。一方のジャンヌは、「一人一人に自己の〈内〉を発見させ、〈内〉を癒し、回復させること」に重心を置いたと、二人の軸足の違いを説明している。さすが、二人を熟知した者の評だ。確かに、静寂者ジャンヌの〈道〉は、「内なる癒し」、

「内なる回復」だ。

ポワレは、最後の審判を待つ共同体生活を意識したブリニョンの終末思想から、個としての内的な自覚を探求するジャンヌの〈内なる道〉へと、完全にシフトしたのだ。

ポワレはイギリスのコネクションを通して、ジャンヌと直接コンタクトを取ることに成功した。二人は手紙のやり取りを始めた。おそらく、一七一〇年頃ではないか。

二人は意気投合した。ポワレは生涯に一度もジャンヌと直接会う機会がなかったが、二人の互いへの信頼は格別だった。

どんな違いも妨げとならないよう

こんなジャンヌからポワレへの手紙がある。

私たちの主における愛しい兄弟よ。神はどうやら特別なやり方で、あなたのこころを私のこころに繋いだようですね。あなたの手紙にそれを見て取れるのが、いつも大きな喜びです。こころから神に祈ります。多くの人たちのために、神の作品が完成されるまで、神があなたを保ち、あなたを強めてくれますよう。〔…〕毎月二五日を覚えていてください。神なる小さな先生を祝う日です。小さな先生のすべての子のためにミサを捧げてもらいますけれど、あなたはその中心となる一人です。私が最もこころに想っているうちの一人です。私たちを隔てる距離も、他のどんな違いも、この神的対象のうちにしっかりと繋がれ合う、その妨げとならないように。この神的対象のうちでは、すべてがひとつです。柔らかく、どうにでも折りたためるようになりましょう。神聖な大洋の中に常に消えてなくなる水滴のように。〔C1, 387, p.687〕

プロテスタント圏のギュイヨン・サークルにおいて、ポワレが中心的な役割を果たしていたことがよく分かる。この手紙の書きぶりからみると、ジャンヌはポワレの境地を大いに認めていたことが窺える。

「どんな違い」に、カトリックとプロテスタントの違いが含まれていることは言うまでもない。「神的対象」とは、要するに神のことなのだが、主体としての〈わたし〉が消滅して、ただ「神的」な対象だけがあるという境地だ。もっとも、対象だけになったら、それはもはや対象ではなくなるだろうが。ともあれ、もはや神と名付けることもできないニュアンスだ。

「神のうちにすべてはひとつです」——神のうちに〈消滅〉すれば、いっさいの区別はない。それぞれの教派で、それぞれの長く険しい道のりを歩んだ末に、二人が達した結論だ。

それは寛容とも違うように思う。寛容の対象すらないのだから。それは究極の無関心、無頓着だ。境界線のとっぱらわれた、囚われない境地に遊ぶ二人だ。

道を極めた者たち

ちなみに、「はじめに」でも紹介したが、晩年のジャンヌは、〈内なる道〉を山登りに譬えて、こんなふうに、頂上に達した心境を書いている。

〔神聖の光に到達した者たちは〕光そのもののうちに光を見るだろう。高い山の上から、そこに至るまでの様々な道を見おろすように。スタート地点があって、登って行き、ゴールがある。そのゴールに、すべての道が行き着く。すべての道が山頂に至るのだ。それが見える。あんなに離れているそれぞれの道が少しずつ近づいて、最後には一点に合流する。それを喜ばしく眺めるのだ。まるでとても間隔の開いていた線が中心点で交わるように、すべての道は、そうとは感じないうちに近づき合う。〔…〕［DI. 1.1. p.53］
完璧な神秘家は、山上に到達した者のように、お互いに馬が合うものだ。真理の光の中にいて、彼らはそこに同じものを見ている。〔…〕彼らの考え方や感じ方に異論はない。なぜなら彼らの体験に違いがないからだ。いつも、どの時代においても、どの国でも、完璧な神秘家は、同じことを書いてきた。神の聖霊がその〈多〉性のうちにシンプルにして〈一〉であるのを見るのは、大きな慰めである。［DI. 1.1. p.58］

長い人生の山登りの末に、ジャンヌとポワレは、全く違った道を登って、頂上で同じ風光を眺めている。

ここではジャンヌにしては珍しく、「神秘家」という言葉を使っている。ジャンヌは自分のことを「神秘家」と呼ばず、「内なるキリスト者」と自認していた。おそらく、ポワレたちプロテスタント仲間たちが、「神秘家」という言葉を肯定的に使っていた影響もあるだろう。それに、名称など、どうでもよくなったのだろう。

北海

晩年のポワレは、レインスブルフで仲間たちと静かな生活を送った。

レインスブルフは、ハーグとアムステルダムの間にある小さな町だ。大学都市ライデンに近い。今では町の周辺にはチューリップ畑や風車といったいかにもオランダらしい風景が広がっている。しばらく歩けば、美しい砂浜が海岸沿いにどこまでも続いている。そこから、北海を眺めることができる。

北海には不思議な美しさがある。

例えば日照時間の短い冬の、晴れた昼下がり。

ふと、海の向こうが忽然と開けて見えるような、そういう天上的な瞬間がある。

水平線までの距離は海だったらどこでも同じなはずなのに、海がなんだか妙に遠くまで続いていていて、その先の見えない異界までをも光が照射しているかのように見えるのは、いったいなぜだろう?

ポワレとその仲間たちは、この町でゆるやかな共同体生活を営んだ。いや、「共同体」という言い方はふさわしくないかもしれない。友だち同士で隣り合って住んで、一緒に祈り、語り合ったり、庭仕事をしたり……そんな自由で穏やかな日々だった。

ポワレは自分について、「自分は誰の師でもなく、教派セクトなどおぞましいかぎりで、カトリックであれプロテスタントであれ、善きキリスト者の仲間たち皆と結ばれているだけだ」と、書いている。個人崇拝と教団化の誘惑を峻拒し、個を貫いた静寂者ポワレの潔い、淡々とした生き様が見て取れる。

ポワレ自身は教会や礼拝堂にも行かず、どんな宗教儀礼にも参加しなかった。一方で、他の仲間たちがどんな教派に入って、どんな礼拝をしようと、こだわらなかったという。そうした教派の区別や儀礼の形式は、ポワレにすれば、すべて〈外〉の事柄なのだ。だから各人好きなように、というわけだ。

儀礼、ドグマに対する無関心。ほとんど、組織としての「宗教」の否定と言ってもよさそうなラジカルさだ。

ただ、一緒に目を瞑れば、それでよい。そういうフリー・スタイルだったから、保守的なプロテスタント信徒たちからは、キリスト者としての基本的な宗教的義務がなおざりにされていると、眉をひそめられたという。

私は何でもありません

レインスブルフでの仲間たちの静かな生活について、こんな証言が残っている。これは、ポワレの影響を受けたドイツのピエティスト（敬虔主義者）、ゲルハルト・テルステーゲンが、ポワレ亡き後に仲間たちのもとを訪れたときの証言だ。

彼らは満足して暮らしていた。自分たちで食べるために、庭で作物を栽培して暮らしていた。現在、彼ら兄弟は三人しかいない。そして善（つまり内なる生）を愛する家政婦が一人。〔…〕ブレーメン出身のホムフェルトは七七歳。そして、ほぼ同じ歳のバール出身のヴェトシュタイン。彼の兄弟は、ギュイヨン夫人とポワレのすべての作品を出版した、あの有名なアムステルダムの出版社を営んでいた。この通称Wは、ギュイヨン夫人の家の馴染みで、また、リード夫人を個人的に知っていた。三人目は、スウェーデン出身のイスラエル・ノレウス。〔…〕ホムフェルトは、歳のせいでもあるけれど、それ以上にイエスの恩寵のおかげで、シンプルで優しい小さな子になっていた。〔…〕確かに、彼はかなり記憶が弱まっていた。〔…〕だが、安らいと満ち足りは、決して失われていなかった。彼は知識人として活躍した人物だった。そのことについて彼に聞くと、彼は、こう答えたという。「私は何でもありません(84)」。

興味深い情報だ。オットー・ホムフェルト(Otto Homfeld)はポワレの盟友で、ジャンヌは彼に宛てて〈内なる道〉指南の手紙をいくつか送っている。やはりポワレの盟友だったアンリ・ヴェトシュタイン(Henri Wettstein)は出版を営み、ジャンヌの作品集などポワレが手がけた書籍を刊行した。この証言に登場するジャン=リュック・ヴェトシュタイン(Jean-LucWettstein)はその弟だが、この証言によれば兄はジャンヌの家の馴染みだったという。極秘裏に、しかも頻繁にブロワのジャンヌのもとを訪れていたのだ。当然、〈沈黙のコミュニケーション〉を分かち合っただろう。おそらく、指南の手紙をもらっていたホムフェルトもジャンヌのもとを訪れていたのだろう。

また、ヴェトシュタインはリード夫人、ジェーン・リード(Jane Lead, 1623-1704)と面識があったという。リードについては前に少し触れたが、彼女はジャンヌの同時代を生きた、ジャンヌとは全く違うタイプのイギリスの神秘家だ。[85] リードはドイツの神秘家ヤコブ・ベーメ（Jacob Böhme, 1575–1624）[86]の思想潮流にある神秘家だ。ロンドンのベーミスト・グループ「フィラデルフィア協会」の中心人物で、生涯にわたって豊穣なヴィジョン（幻視）を見続けた。ヴェトシュタインらを通して、リードの「フィラデルフィア協会」とジャンヌのサークルとに間接的な接点があったことは興味深い。

そんなことを信じ込まないでください

違いは違いのままでよい。沈黙の〈内〉で、ひとつになる。ただ、それだけ。——そんなジャンヌの到達点を示す、すてきなジャンヌの手紙がある。さるプロテスタント信徒の女性に書いたものだろうが、誰だかは、分からない。ポワレの知り合いだろうか？

神の国はいつ到来するのかとお尋ねですね？　それは異常なことを通して起こるものではありません。そんなふうに思い込まないでください。そうではなくて、私たちの〈こころの占有〉を通して起こるのです。〈内〉が広がれば広がるだけ、イエス・キリストが治めるのです。神の国には、他の道はありません。［C3, 562, p.677］

この世が終末を迎え、神の国が到来するのはいつなのか？　という質問に対する答えだろう。それは「異常なこと」を通して、つまり、この世が火の海になったり、空で天使の軍団がラッパを吹いたり、誰かが自分こそメシアだとか言い出して奇蹟を起こしたり、そんな外的な異常なことを通して起こるものではない。そう、ジャンヌは言うのだ。それも言説なのだ。

「そうではなくて、私たちの〈こころの占有〉を通して起こるのです」――〈こころの占有〉は、晩年のジャンヌがよく使う表現だ。神の現前でこころが占められ、一杯になることだ。神のリアルを、ダイレクトに実感することだ。もし、こころが自我でがんじがらめになっていて狭かったら、神があまり入り込めない。狭いところに、無限の〈あなた〉が入ろうとすると、ものすごく痛い。だが、甘美だ。そういう強烈な〈享楽〉が伴う。しかし〈自我ほどき〉によって、こころがのびのび広がっていけば、その分だけ、神が楽に入る。その〈享楽〉も激烈さがなくなってゆく。そして自我がすっかり落ちて〈わたし〉の境地に入れば、〈享楽〉が感じられなくなり、ごく自然な安らいになる。その内的な静寂こそが、「神の国」の現成なのだ。

つまりジャンヌにとって、キリスト教で言う「神の国」とは、この世の終わりだとか、あの世で救われるとかに関係なく、完全に個人の内的な問題なのである。

そして、ジャンヌは相手に語りかける。

この世で得られる私の最大の満足は、留保なしに神のうちにありたいと願っているたましいが、多様な場所にいるのだと、それを知ることです。それが唯一の満足だと、そう断言してもよいです。ですから、続けてください。愛しい妹にして真の友よ、イエス・キリストの聖霊によって導かれ、占有され、治められるがままにいてください。〔同前 p.677-678〕

この「多様な場所に」というのは、言うまでもなく主に「カトリック圏、プロテスタント圏を問わず」という意味だ。そうした思想信条、イデオロギーの多様性にありながら、「留保なしに神のうちにありたい」――つまり〈わたし〉の境地に入りたいと、同じように願う個としての一人一人がいる。それを知るのが、ジャンヌにとっての唯一の満足だと言う。

ジャンヌは、こう呼びかける。

まずは内において、神の国を私たちのうちに広げ、そして他の人たちのこころに広げてゆくことから、始めましょう。イエス・キリストから私たちに至るまで、イエス・キリストが地をも治めるべきだという伝統は、常にあるのです。しかし、それをあまりにも外的なことに見なしてきたのです。［同前 p.677］

〈沈黙のコミュニケーション〉を通じて、〈内なる神の国〉の実現を、一人また一人と、地道に伝えていこうというのだ。ジャンヌの霊性運動のエッセンスだ。アルプス地方で貧しい病気の女性たちと共に繰り広げた霊性運動を、ジャンヌは晩年になっても諦めてはいなかったのだ。国をも超えて、密かに、地道に活動を続けていたと思ってよい。

こんなことも書いている。

あなたが貧しい人々に仕えたからといって、あなた［の状態］が損なわれるとは思いません。身体の動きは、たましいの安らいを妨げません。むしろ、そういった仕事をしているときのほうが、完全な隠棲にいるよりも、よっぽど潜心に入れて、イエス・キリストと結ばれていることが、よくあるのです。[同前 p.678]

籠って祈っていないで、社会に出ろというのだ。そして貧しい人たちの支援活動をしろと。そんなことをして、せっかく瞑想で得られた境地が消えてしまわないかと、相手の女性は心配しているようだ。そんなことはないと、ジャンヌは言う。日常生活の身体性を大事にしろというのだ。からだをはたらかせて、他者のために汗をかいているときのほうが、むしろ深い瞑想状態が得られるものだと言うのだ。そして、相手がある程度の境地にある者だったら、そのときに〈沈黙のコミュニケーション〉も起こるかもしれない。そうやって地道に〈内なる神の国〉を伝えてくれと言うわけだ。

第四章　晩年の日々

1　スコットランドの仲間たち

スコットランド・サークル

ポワレたちは、一般的にはプロテスタント諸派の「ノン・コンフォルミスト」（体制に属さない人々）などと称されることが多い。あくまでもアウトサイダーだった。しかし、類は友を呼ぶようだ。遠くにいても互いに同じ匂いを嗅ぎつけるらしい。ポワレたちはプロテスタント圏各地の仲間たちと活発に交流した。いずれも、既存の枠に囚われない自由人たちだ。例えば、ドイツ語圏のヴォルフ・フォン・メッテルニヒ男爵（Wolf von Metternich, -1731）が知られている。メッテルニヒは、ブランデンブルク゠プロイセンの出身で、外交官として活躍した。神秘思想に造詣が深く、特にイギリスのベーミスト、ジョン・ポーディジ（John Pordage, 1607-81）の影響を受けた。メッテルニヒはポーディジの著作をドイツ語訳しており、自身もペンネームで神秘思想書を書いている。さらに錬金術を実践し、その成果を公開するなど、多彩な活動を繰り広げた。彼はポワレの親友だった。その縁で、ジャンヌと文通するようになり、ジャンヌに〈内なる道〉の指南を受けることとなる。ある意味で、メッテルニヒは、ジャンヌとは対極にいるような人物なのだが、二人は馬が合った。自由闊達に論じ合う二人の書簡は、とても面白いのだが、残念ながら紙面の都合上、割愛する。

ここでは、晩年のギュイヨン・サークルで重要な役割を果たしたスコットランドの面々を紹介しよう。(87)

ファンファンの章で見たように、ジャンヌの家にはスコットランドから来た居候たちがいた。なぜ、スコットランドから？　そのいきさつについて、少し長くなるが、かいつまんで説明しよう。

ポワレたちオランダ・サークルは、もともとスコットランドの神秘思想サークルと交流があった。地図を見れば一目瞭然だが、オランダとスコットランドは、北海を直線で結べば、かなり近いのだ。当時、アムステルダムからスコットランドのエディンバラあたりまで、だいたい二・三日の海の旅だったという。当時のオランダは世界に冠たる海洋国だったわけだから当然と言えば当然だが、オランダとスコットランドの間には、漁業や塩の製造などを中心に海路の交易ルートが十分に確立していた。スコットランドの沿岸部には、オランダ人村もあるほどだった。

また、スコットランド・サークルには、ジェームズ・キース（James Keith, -1726）という人物が窓口役としてロンドンに滞在していた。キースはもともと牧師で神学者だったが、医師としてロンドンで活躍し、患者との関係で多彩な交流があった。彼はオランダのライデン大学で医学を学んだ形跡があり、その頃に近くにいたポワレと親交を持ったのかもしれない。残された書簡から、キースはロンドンを拠点としたフィラデルフィア協会のフランシス・リー（Francis Lee, 1661-1719）との交流

ヨーロッパのギュイヨン・サークル

オランダ・サークル
・ポワレ
・ヴェトシュタイン
・ホムフェルトなど

スコットランド・サークル
・ガーデン兄弟
・キース
・ラムゼイ
・フォーブズ
・デスクフォードなど

ローザンヌ・サークル
・デュトワなど

も確認されている。ちなみに、リーはやはり医師で、ライデンをはじめヨーロッパ大陸に長らく滞在していた経験があり、ポワレと親交があった。

ポワレたちのオランダ・サークルと、ロンドンのフィラデルフィア協会、スコットランド・サークルの三者は密接な相互交流があったようだ。キースは、オランダでポワレたちの刊行した書籍のイギリスでの取り次ぎを請け負っていた。また、フランスのフェヌロンやジャンヌとの中継役をも担った。

スコットランド情勢

当時のスコットランドの政治情勢に触れておこう。

そもそも現在、通称イギリスと呼ばれる国（ユナイテッド・キングダム）は、イングランド、ウェールズ、スコットランド、北アイルランドという四つのカントリーの連合によって成り立っている。その中のスコットランドは、イングランドと連合、統合の歴史の過程で、対立・緊張を孕んだ複雑な関係にあった。

イギリスの歴史では、一六四二年から四九年にかけてのピューリタン革命がよく知られているが、その中心人物だったクロムウェルの死後、その反動とも言うべき王政復古の時代の幕開けとなった。そして一六八五年には、スコットランドのジェームズ七世が、イングランド王を兼任し、イングランド・アイルランド王のジェームズ二世として就任した（ややこしいが、スコットランド王としてはジェームズ七世、イングランド・アイルランド王としてはジェームズ二世だ）。ジェームズ二世はカトリック信徒で、彼のかなり強引なカトリック優先の人事がプロテスタントのイングランド議会の激しい反発を招いた。結局、一六八八年から八九年にかけて、ジェームズ二世は王位を追われ、フランスに亡命した。歴史上、名誉革命と呼ばれる事件だ。しかしスコットランドでは、ジェームズ二世を支持する「ジャコバイト運動」が燃え盛った。それはイングランドへの激しい抵抗運動の様相を呈した。スコットランドのギュイヨン・サークルの面々は多かれ少なかれ、このジャコバイト派に関連していた。彼らは、宗教的にはプロテスタントの中でもカトリックに比較的親和的なエピスコパリアンが主だった。けれども重要なのは、彼らがどの教派に属していたかではない。彼らはみな、狂信的で排他的な教派間の対立にうんざりしていた。もっと根源的な信仰とは何かを探し求めていた。

サークルの中心人物で思想的な支柱だったジェームズ・ガーデン（James Garden, 1645?–1726）とジョージ・ガーデン（George Garden, 1649–1733）の兄弟は共に牧師で、アバディーン大学などで活動した。ジェームズが一六九九年に講義した『比較神学 *Comparative Theology*』[88]には、そうしたセクト主義を嫌う彼らの志向がはっきり示されている。彼にとって、神の愛に直接無媒介に触れることこそが肝心だった。このガーデンの志向は、ポワレの志向と合致した。互いに気脈を通じ合ったのも、当然だったろう。

ガーデンたちは、ポワレの影響で一時期ブリニョンに熱中し、その英訳に取りかかった。しかし、一七〇〇年頃を境に、ポワレと共にジャンヌへと傾倒した。そうなると、スコットランドとフランスをめぐる政治情勢が、彼らにとって好都合に作用した。というのも、ルイ一四世は対イングランド政策上、スコットランドのジャコバイト運動を軍事的に支援していた。追放されたジェームズ二世やジャコバイト派の亡命者たちを、プロテスタントであっても受け入れていたのだ。敵の敵は味方というやつだ。そのおかげでスコットランド・サークルの面々は、大手を振ってフランス入りすることができたのである。実際、スコットランドの何人かは、かなり早い段階にフェヌロンに会っていた。そして、おそらく一七〇九年頃から、密かにブロワのジャンヌのもとを訪れるようになった。

アンドリュー・ラムゼイの活躍

スコットランド・サークルの面々には、亡命者としてヨーロッパを所狭しと渡り歩くスケールの大きな人物が少なからずいた。なかでも、アンドリュー・マイケル・ラムゼイ（Andrew Michael Ramsay, 1686–1743）はエネルギッシュな快男児だった。父親はパン屋を営み、カヴェナンターと呼ばれるスコットランド長老派教会による宗教改革運動の熱心な支持者だった。しかし息子のアンドリューは、グラスゴーとエディンバラで神学を学んだ後、神秘思想に関心を持ち、ロンドンのフィラデルフィア協会の神秘思想に一時期、傾倒した。おそらく、先述のジェーン・リードやフランシス・リーとも面識があっただろう。さらに一七〇九年には、オランダに渡ってポワレのもとにしばらく滞在した。フットワークの軽いラムゼイは同年、オランダからフランスのカンブレに赴き、フェヌロンの親炙に浴した。ラムゼイはフェヌロンのもとに五年近くいた。その後、一七一四年ごろにブロワのジャンヌのもとに移った。二八歳前後のことだ。

ラムゼイはジャンヌの亡くなる直前まで彼女の秘書役を務めた。てきぱきとして機転の利く青年だったようだ。諧謔の精神に溢れ、呵々大笑がトレードマークだったという。ジャンヌと大変に相性がよかった。晩年のジャンヌは目がほとんど見えなかったので、手紙は主に口述だった。ラムゼイがその筆記役だった。オランダやスコットランドの仲間たちへの手紙は、たいがいラムゼイの筆記による。

ラムゼイはジャンヌの没後、ますますエネルギッシュに活動した。ジャンヌの娘や、フェヌロンやシュヴルーズ家などの縁故を頼って、名士の子弟の教育係を務め、ローマでジェームズ二世の孫の教育係も務めた。

またラムゼイはフェヌロンの伝記を著し、さらにフェヌロンの『テレマック』のスタイルを踏襲した『シリュス〔キュロス〕の旅 *Les voyages de Cyrus*』という小説を書き、これがベストセラーとなった。イギリスで騎士の称号を得て、またフランスでも文学者としてアカデミー・フランセーズにも立候補する（落選だった）など、その多才ぶりと世渡り上手を遺憾なく発揮した生涯だった。

ラムゼイの改宗

ラムゼイは、フェヌロンのもとにいたとき、フェヌロンの勧めを受けてカトリックに改宗した。フェヌロンはプロテスタントをカトリックに改宗させるのに熱心だった。まあ、司牧として当然だし、かつてヌーヴェル・カトリックの責任者だったぐらいなのだから。しかし面白いことに、ジャンヌはこのラムゼイの改宗に反対だったらしい。その点では、二人の考え方が全く違っていたのだ。

違いは違いのままでよい。プロテスタント信徒はプロテスタントでいればよいじゃないか……ジャンヌの多様性の尊重がよく現れた逸話だ。

さらに興味深いことに、その後フェヌロンやジャンヌが亡くなってから、ラムゼイはイギリスでフリーメイソンのメンバーになるのだ。そしてフランスでのフリーメイソンの浸透にも一役買ったようだ。

「宗教の違いに拘わらず、神はすべての民を赦し、人々を再び幸せへと導く」――それがラムゼイの到達した思想だった。宗教の垣根を超えた、一種の万人救済主義だ。これは、「違いは違いのままでよい、すべての人が内なる祈りへと招かれている」というジャンヌの思想の延長線上にあると言えるだろう。ラムゼイは「キリスト教のすべての教義は異教の中にも見出される」とも説いたという。『シリュス〔キュロス〕の旅』でも、登場人物に「すべての民族は根底では同じ宗教を持っている」と語らせている。キリスト教世界しか視野になかったジャンヌの時代的な制約を、ラムゼイは時代の変遷とともに突破したとも言える。

おっとりフォーブズ

もう一人、スコットランドからの客人を紹介しよう。ウィリアム・フォーブズ卿（William Forbes. 1687-1730）だ。フォーブズはジャンヌのもとに七年居続けた。居続け最長記録者だ。一七一七年、ジャンヌが亡くなるときまでいたことが分かっているから、逆算すると、一七一〇年にジャンヌのもとにやって来たことになる。二三歳前後の頃だ。フォーブズは誰からも好かれる温和な、おっとりした性格だったようだ。

ジャンヌは、フェヌロンに宛てた手紙で、フォーブズとラムゼイの二人についてこんな風に書いている。

彼らはとても良い子たちです。F〔フォーブズ〕氏は少し良い子すぎて、狭っ苦しすぎるところがあります。私たちのために祈ってください。F氏のために聖処女へのミサを三つお願いします。彼は恩寵に恵まれた人物ですが、あまり開かれていなくて、それが彼を固まらせてしまい、障となっています。一種の小ささがあります。言われたことはちゃんと受け入れるのですが、彼からは何も言うことが出てこないのです。R〔ラムゼイ〕はもっと開かれています。[C1, 294, p.555-556]

さすがお師匠さん、弟子のことをシビアに見ている。

面白い逸話がある。

ラムゼイ同様、フォーブズもやはりある時期カトリックに改宗することを考えた。俗世を捨て、修道院に入ろうかと思案したという。フォーブズは、悩みをジャンヌに打ち明けた。ジャンヌはラムゼイの改宗に反対したように、やはりフォーブズの修道院入りにも反対した。そしてジャンヌは、フォーブズが結婚するだろうと予言したという（当たり前だが、修道院に入ったら結婚はできない）。そして実際、フォーブズは改宗せず、聖職者にならずに、後にロンドンの女性と結婚することとあいなった。つまり、「予言」が的中したというわけなのだ。

でも、果たしてこれは予言と言えるのだろうか？

ジャンヌは「修道院入りなんて考えてないで、そろそろ結婚したら？」と言いたかったのだろう。

現実を見ろと。で、ジャンヌを敬愛する良い子のフォーブズだから、「あ、はい」と、当然あいなる……まあ、予言とは、そうしたものかもしれないが。

ともかく、ジャンヌらしい。ジャンヌの助言はいつも相手次第で、現実的だ。結婚に関しては、もう一人、先に紹介したプロイセンのメッテルニヒも、ジャンヌに相談している。彼の場合はフォーブズと逆で、五〇歳代になるまで独身主義を通してきた。しかし、どうやら性的欲求が抑えられなくなったようで、結婚しようかと迷って、ジャンヌに相談した。ジャンヌは「若者じゃあるまいし、いまさら、やめなさい」と嗜《たしな》めた。改宗にせよ何にせよ、なるべく無駄なことをするな。それより、内へと集中しなさい……それがジャンヌの一貫したスタンスだ。

残念ながら、ラムゼイもフォーブズも、ジャンヌとの手紙のやりとりが残っていない。いつもジャンヌと一緒だったから、必要なかったのだろう。しかしながら、ブロワでのジャンヌの生活ぶりを伝えるフォーブズの貴重な証言が残っている。これを読むと、晩年のジャンヌの日常が生き生きと伝わってくる。ぜひ、紹介しよう。

だが、その前にこの証言が今に残されるに至った数奇ないきさつをかいつまんで説明しておきたい(89)。

エシュヴァイラー

フォーブズはジャンヌの没後、一七二〇年に結婚し、夫婦でドイツのアーヘンに住んだ。

なぜ、アーヘンに？　アーヘンには、ペトロニール・エシュヴァイラー（Pétronille d'Eschweiler, 1682–1740）という人物がいた。彼女はジャンヌの生前、ブロワを密かに訪れていたらしい。詳しくは分からない。スコットランド・サークルとは違って、オランダやドイツ、スイスのプロテスタントがフランス入りするのは極めてリスクが高かったから、その動静については慎重な取り扱いだったようだ。仮にジャンヌのもとを訪れなかったとしても、彼女は文通によって祈りの指南を受けていたに違いない。そして、彼女の〈道〉の到達度は、仲間内でよく知られていたのではないか。ともかくフォーブズは、エシュヴァイラーを目当てにアーヘンに移り住んだのだろう。もしかしたら、アーヘンにはエシュヴァイラーを中心とした静寂者サークルがあったのかもしれない。フォーブズの妻も、結婚してアーヘンに移り住んでから〈道〉を歩んだらしい。

フォーブズの妻は結婚した翌年に長男を出産した。エシュヴァイラーは、この息子の洗礼式に、なんと、ジャンヌの名で招待されている。つまり故ジャンヌの代理を務めたのだ。それだけ静寂者として見込まれていたと言ってよいだろう。ちなみにフォーブズの長男の洗礼名は、ジャン・マリー。ジャンヌの正式名、ジャンヌ・マリーを男性名に変えたものだ。フォーブズがいかにジャンヌへの想いでいっぱいだったかが分かる。

フォーブズは折に触れ、ジャンヌの思い出をエシュヴァイラーに熱っぽく語った。ジャンヌの話をはじめるとフォーブズは忘我の境地になったという。七年も居続けだったから、ジャンヌの話題には事欠かなかっただろう。

フォーブズはアーヘンで一〇年間過ごし、四三歳の若さで亡くなった。死因は分からない。ともあれ、静寂に満ち足りた一〇年間だったろう。

フライシュバイン

時が経ち、フォーブズが亡くなってから七年後の一七三七年。エシュヴァイラーはフリードリヒ・フォン・フライシュバイン（Johann Friedrich von Fleischbein, 1700–1774）という人物と結婚した。エシュヴァイラーは五五歳、フライシュバインは三七歳だった。

ハイン城主フライシュバインは、神秘思想好きの伯爵だった。サン゠ジョルジュ・ド・マルセ（Charles Hector de Saint-George de Marsay, 1688–1753）という神秘家を師として一七三六年から一七四二年にかけて城に招き、マルセのもとに自ら神秘思想を研鑽実習した。

師のマルセはブリニョンの影響を受け、その後ジャンヌのテキストに沈潜した。さらにベーメの神智学にも精通していた。その思想は神の純粋愛を核心とする信仰と宇宙的自然神秘思想との結合という、その後の神秘思想の先駆形態だったとみなされている。(90) 弟子のフライシュバインも師の影響を受けてジャンヌに関心を持ち、ジャンヌの著作を自らドイツ語訳した。当然、ジャンヌの沈黙の祈りを、エシュヴァイラーから分かち受けただろう。エシュヴァイラーは、ジャンヌ直伝か、フォーブズ譲りか、いずれにせよ、それなりに〈沈黙のコミュニケーション〉に近いことを生起させることができただろう。さらにフライシュバインは、フォーブズの語ったジャンヌの思い出を常々エシュヴァイラーから聞いていた。フライシュバインはそれをノートに取っていた。

エシュヴァイラーは、フライシュバインと結婚して三年後に亡くなる。

その後フライシュバインは、温泉で知られるピュルモントに移り住んだ。ピュルモントは保養地だったため、各地から人が集まりやすかったこともあり、フライシュバインの邸宅は、祈りを同じくする「内なるたましい」たちの集まりの場となった。

デュトワ

そのフライシュバインの仲間に、ジャン＝フィリップ・デュトワ（Jean-Philippe Dutoit-Membrini, 1721-1793）という人物がいた。スイス、ローザンヌの牧師で、早くからジャンヌの著作に関心を持っていた。フライシュバインは、このローザンヌの牧師に目をかけ、祈りを伝授した。そしてフライシュバインの亡き後、デュトワのもとに形成されたローザンヌ・サークルがジャンヌ流の祈りの拠点となった。デュトワは一七八九年から九一年にかけて、その頃すでに入手困難になっていたポワレ版のジャンヌ・ギュイヨン著作集に代わって、新たにジャンヌの著作集を出版したことで知られる。

なんだか固有名詞の羅列になってしまったが、さて、そのローザンヌ・サークルの誰かの手になる『ローザンヌ手稿 *Manuscrit de Lausanne*』と呼ばれる資料が今日残っている。そこに、フライシュバインのノートなどによるフォーブズやエシュヴァイラーらの証言が記されているのである。

こうしてブロワからアーヘン、ハイン、ピュルモント、ローザンヌへと巡り巡って、幾多もの人生が交錯しつつ、フォーブズの証言が今に残されたわけだ。なんだかとても感慨深い。

それらの証言を主として、ジャンヌの一日を描いてみよう[91]。

2　晩年の日々

小さな先生を持って来て

「わたしの小さな先生を持って来て！」

ジャンヌ邸の一日は、そんな彼女の呼び声で始まった[92]。

小さな先生とは、これまでもよく出てきたが、イエス・キリストのことだ。この場合、小さな先生を持って来るとは、聖体を持って来ることだ。ジャンヌはこれを毎朝欠かさなかった。

晩年のジャンヌは、ほとんど寝たきりだったので、朝のミサをベッドで行なっていた。そのために、礼拝堂が寝室につながっていたという。どの程度の大きさの礼拝堂だったのか、分からない。もしかしたら部屋の隅に十字架がかけられ、小さな祭壇のスペースがあった程度かもしれない。しかしジャンヌの場合、特に簡素な空間を考える必要もない。寝室の向こうに、びっくりするような壮麗な礼拝堂があったと想像するのもありだ。

ジャンヌに呼ばれて、家にいる者が寝室に集まってくる。そして、司祭のもと、ミサが執り行なわれる。それが毎朝、午前九時から一〇時の間だった。

ミサには、スコットランドの居候たちも集まった。ラムゼイはカトリックに改宗していたからミサに参加できたが、フォーブズをはじめ他の者たちはプロテスタントだったから、カトリックのミサに参加できない。それで、どうしたか？　ベッドのカーテンの裏に隠れるのだ。当時のカーテン付きのベッドは、こういうときに思わぬ効果を発揮する。

そこに、司祭が入ってくる。おごそかに、ミサが始まる。ジャンヌはベッドから半身を起こして、静かに祈りに入る。スッと、主客未分の愛の無限に沈み込む。その沈み方は、見事なものだったろう。たぶん、ミサで唱える言葉も、ほとんど口にできなかったのだろう。すると、ジャンヌに〈沈黙のコミュニケーション〉が生起する。カーテンの裏に隠れているフォーブズたちも響き合う。こころが、生身が、共振する。

「それぞれの到達度に応じて、それぞれが甘美な、深い潜心に入った」と、書かれている。そして「しばしば、その人の状態によって、苦も伴った」とも書かれている。

この苦は、もしその人が静寂者の道における〈夜〉の段階にあれば、〈自我ほどき〉のプロセスでの苦のことだろう。もっと深い境地の者にとっては、祈りのうちにひとつに溶け合うことで、他者の苦を共苦することでもあるだろう。

「彼らは、内なる教義のプロテスタンティズムの、いわば初穂だったのだ」——そう、記されている。「内なる教義のプロテスタンティズム」とは、デュトワらローザンヌの「内なるたましい」サークルの立場だ。彼らにすれば、フォーブズたちはその「初穂」、つまり先駆者だった。

それにしても、いくらカーテンの裏に隠れてひざまずいても、スコットランドの仲間たち、かなり大きな身体だったのではないだろうか？　頭隠して尻隠さずではなかったろうか？　しかも、毎朝のことなのだ。どんなにぼんやり者の司祭でも、気づくのではないか？

きっと、司祭は見て見ぬ振りをしていたのだろう。とぼけたふりをしていたに違いない。そう思い至ると、これはカーテン一枚の実に粋な演出だったと分かる。ジャンヌらしい機知とユーモアだ。狂信的な宗教対立の時代状況の中で、これがどれだけ大胆なことだったか、いくら強調してもし足りない。晩年のジャンヌと仲間たちが到達した自由だ。

あうんのキャトズ

毎朝の聖体拝領には、このひとも必ずいただろう。マドモワゼル・キャトズ Cathoz――と、ジャンヌは彼女をあだ名で呼んでいた。本名はフランソワーズ・マール（Françoise Marc, 1659?–）。前に紹介したが、あのモーの修道女たちにも愛された人物だ。キャトズは、ノルマンディー地方の町ルーアンで絹商売を営んでいた。ジャンヌがパリにやって来たころ、知り合いの縁でジャンヌを知り、すっかり彼女に傾倒した。以来、ジャンヌの世話係として、ずっとジャンヌと歩みを共にしてきた。

ちなみに、ジャンヌにはもう一人、ファミーユというあだ名の女性が世話係としていた。本名は、マリー・ド・ラヴォー（Marie de Lavau）。ファミーユは、ジャンヌが郷里のモンタルジを旅立つときから、ずっと、ジャンヌに付き添ってきた。そしてジャンヌとともに投獄されて過酷な尋問を受け、精神的におかしくなってしまった。ジャンヌの取り調べでは遍歴時代のラ・コンブとの関係が核心部分だったから、その時期を最もよく知っていたはずのファミーユが特に厳しい尋問を受けたことは想像に難くない。ファミーユは出獄後、サルペトリエール療養所に収容された。当時のサルペトリエール療養所には、街娼や精神に障害のあるとされた女性たちが隔離・収容されていた。その後、精神状態が回復したファミーユは、郷里のモンタルジに戻ったようだ。

一方、キャトズもやはり牢獄で尋問に遭ったが、ジャンヌのパリ行きの後にジャンヌと出会ったものだから、ファミーユほど目をつけられなかったのだろう。ともかくも持ちこたえた。出獄後もジャンヌに付いて、ブロワで暮らしていた。

歴史の表舞台に現れない人物だが、幸いなことに、ローザンヌ手稿に彼女についての記述がある。その文面に、筆者の温かい敬愛の情がにじみ出ている。きっと、フォーブズたち訪問者一同、彼女に大変に世話になったのだろう。

キャトズはジャンヌの秘蔵っ子だった。警察調書によれば彼女はジャンヌの有能な秘書役だった。「宮廷の最高の書記レベル」の筆記能力を持っていたという。例えばジャンヌの膨大な『弁明書』はキャトズが短期間にすべて一人で筆記したという。

そのキャトズは、静寂者としても深い境地に達していた。ローザンヌ手稿には、彼女が「神のうちに消尽する、卓越した段階にあった」と書いてある。この手稿での最大級の評価だ。深い〈消滅〉の境地にあったのだ。フォーブズたちがどれほどキャトズに敬意を抱いていたかが分かる。

静寂者たちにとって、外的な身分の上下は関係なかった。〈内なる道〉の到達度が、すべてだった。

大きな歩みで歩いてきました

幸いにも、キャトズの書いた二通の手紙が今に残されている。彼女自身の声を聞ける貴重な資料だ。この二通は彼女が投獄された折に書かれたものだ。

一部を紹介しよう。これは、彼女が兄弟に宛てて書いたものだ。ジャンヌを慕うキャトズの心情が、切々と伝わってくる。

神が、彼らの目を見開いてくれますように。正しいけれども、真実の光を得ずに、善意のつもりで私たちを苦しめる人々の目を。邪悪な者たちの悪意と狡知によって、判断が偽りに曇ってしまった人々の目を。そして彼らが気づきますように。悪の泥沼の中、誹謗中傷のただ中にあっても少しも傷つかず、むしろますます美しく、神の目にはすばらしい輝きとして映る至宝に、彼らが気づきますように。ギュイヨン夫人のことです。私は神の恩寵によって体験的に、根源的に彼女を知ることができて、そして彼女の十字架の一端を担うことができて、光栄です。彼女と一緒に一二年いられたことは慰みです。彼女の言動に接して、私はすっかり彼女の美徳の芳香に包まれました。神がその愛を私に感じさせてくれて以来、私は神にしか喜びを得られなくなったのです。どこにでも神の跡を見れば、神に従《つ》いて行くために、私はいつも大きな歩みで歩いてきました。牢獄は、ただ身体を閉じ込めるだけです。たましいの繋がりを妨げることはできません。私は、投獄されて以来、それを実感しました。この牢獄の中で、私はたったひとり。でも、神のうちに、彼女と強くひとつに繋がるのを感じるのです。まるですぐ近くにいるように。イエス・キリストの愛が私たちをひとつにしてくれるのです。私たちをしっかりと絆に繋ぎ止めてくれるのです。私は、彼のうちに、彼のために、彼を愛しています。そしてわたしたちは愛し合っています。神を愛せば愛すほどに、愛するたましいの広さを感じるのです。[C2, 469, p.701-702]

孤独のうちに、ジャンヌとこころがひとつになっている。〈信〉が定まっている。いささかの迷いもない。

*

そのキャトズが、ジャンヌたちと共に、潜心している。……窓から冷たい朝の光が射している。その光を受けて、キャトズが跪いている。目を瞑り、ジャンヌの潜り具合にあわせて、瞑想状態に降りてゆく。みごとに、すっと、表情が消える。そして、微笑んでいるようになる。まるで子どものような初々しさだ。けれど、微笑んでいるわけではない。微笑みのような輝きを放射しているのだ。それはジャンヌから放射されるバイブレーションの反照でもあるだろう。そのバイブレーションが周りの者を共振させ、享楽させてゆく。

食客たち

スコットランドの若者たちは何かと騒がしかった。しょっちゅう議論し、喧嘩をした。当時の深刻なスコットランド情勢を鑑みれば、議論の種は尽きなかっただろう。そんなとき、ジャンヌが間に入った。すると、若者たちがたちまち仲直りしたという。ジャンヌは話の内容に入ることなく、ただそこにいるだけで、〈沈黙のコミュニケーション〉が生起する。皆が〈享楽〉へと誘われ、喧嘩どころではなくなってしまう。

血気盛んな若者たちは、よく食べたに違いない。ジャンヌ邸の食卓にどんな料理が並んだのか、残念ながら記録がない。しかし、かなり立派な料理が毎回出たようだ。「そうとうの出費だったはずだ」と、フォーブズがエシュヴァイラーに述懐している。どうやって切り盛りしていたのだろうと、不思議がっていたそうだ。「きっと、奇蹟に違いない」と、スコットランドの食客たちは言い合っていたという。そんな暢気なことを言っていないで、払えばよいのにとも思うが。

居候たちはよく喧嘩し、よく食べ、そしてよく遊んだ。よく「ゲーム」をしたと書いてある。カード遊びだろう。彼らは一応、ジャンヌにゲームをしてよいかお伺いをたてた。ジャンヌは決まって「好きになさい、子たち」と、答えたという。それで、子たちはテーブルを囲んで、いそいそカードを切り始める。テーブルには、ワインがあってもよいだろう。当時の風俗画なら、テーブルに掛け金の金貨が積んでありそうなところだ。キャトズが「しょうがないねえ」といった顔で、ラムゼイを横目で睨む。そして、ワインのまだ残っている彼らのグラスを、そそくさと下げてしまうかもしれない。ジャンヌはと言えば、「その間も、神のうちに沈潜し、消失したままだった」——と、書いてある。冬だったら、暖炉の前に座って、目を瞑っていたかもしれない。いや、ジャンヌの境地になると、もはや、あえて目を瞑る必要もない。常に、〈底〉で無分節の静寂が成っている。ただ、そこに居るだけで、徐々にジャンヌの生身から〈沈黙のコミュニケーション〉が起こりはじめるのだ。若者たちは、最初のうちこそカードに興じているものの、だんだん静かになってゆく。「そのうち、遊びが味気ないものになって、あまりに〈内〉に引き込まれるものだから、彼らはすべてを放って、彼女の傍で、神の現前のうちに、内なる潜心に留まるのだった」と、書いてある。

暖炉の薪が、ぱちぱち燃えている。

替え歌

ジャンヌの特技は、流行りのオペラ・アリアの替え歌を作ることだった。その特技は晩年も健在だった。ジャンヌはスコットランドの若者たちのために、たくさんの替え歌の聖歌を作った。フォーブズによれば、「このメロディーで作ってください」と、流行りの歌を聞かせると、その場で聖歌を仕立て上げたという。きっと若者たちがリュートを奏でながら、歌って聞かせたのだろう。当時のイギリスでは、ヴィオラ・ダ・ガンバの無伴奏独奏もよく嗜まれたから、誰かがヴィオラ・ダ・ガンバで流行りのエアー ayre（流行りの歌、メロディー。フランス語ではエール air）を奏でたとしても、おかしくない。それくらいの芸達者はいただろう。そのメロディーに合わせて、ジャンヌが即席で歌を作るのだ。ジャンヌが元気なときは、部屋を歩き回りながら歌を口ずさんだという。そうやって即興で作った歌は、それぞれの相手の境地に応じた、適切な〈道〉のガイドになっていたという。

そんなジャンヌと居候たちの愉快な日々を立証する興味深い手紙がある。これは一七一五年三月一三日に、ジャンヌがスコットランドのデスクフォード卿に送ったものだ。これを読むと、デスクフォードがジャンヌに、とあるエアーの節回しをもとに、歌を書いてくれるよう求めていたことが分かる。ジャンヌの手紙は、それに対する返信だ。

手紙ではまず、筆記者のラムゼイ自身の文が綴られている。

我らの母上は、あなたの言うエアーを知らないので、あなたに歌を作って送ることができませんでした。でも、すてきな歌を四つほど。最初のものは彼女が獄中で作ったもので、他のものはその後の作品です。もしもっと欲しければ、F〔フォーブズ〕氏の弟君や、ドクター・G〔ジョージ〕G〔ガーデン〕氏、それにアレクサンダー・ストラシャン氏が持っていると、F氏が言っています。（彼があなたに、よろしくと言っています）。きっとお三方が、お持ちの歌をあなたに分けてあげると思います。［CI, 444, p.819］

これによれば、スコットランド・サークルの仲間たちがそれぞれジャンヌの歌をもらっていたことが分かる。

続いて、ラムゼイはジャンヌの口述を筆記している。

あなたの書いたエールをもとに、あなたのために英語の歌を作ることができませんでした。その歌を全然知らないですし、どんな節かも知らないものですから。
もしそのエールの歌詞を知っていても、音楽の知識が全くないので、私の詩をそれに乗せたりできないかもしれません。だいたい、私の詩的感興は枯れてしまいましたから、よい韻の四行詩を今、作れるものかどうか分かりません。
でも、愛しのミロール〔ミロードのフランス語〕、私の枯れた不毛な詩的活動によってではなく、もっと本質的なことであなたのお役に立つようにいたしましょう。時々、いのちの言葉を送るようにいたしましょう。［同前 p.820］

「いのちの言葉」は、イエス・キリストであり、〈ことば〉のことだ。〈ことば〉を〈沈黙のコミュニケーション〉で送るというのだ。

3　あなたは私を見捨てました

危篤

一七一七年三月頃、ジャンヌは危篤状態に陥った。パリから娘のジャンヌが医者を連れて駆けつけた。娘のジャンヌはシャロ夫人の異母弟ルイ＝ニコラ・フーケと結婚していたが、フーケが一七〇五年に亡くなり、未亡人となっていた。余談だが、娘のジャンヌは、その後、スュリ公爵と再婚した。大貴族の家系の男性で、スュリは娘のジャンヌにぞっこんだったという。大恋愛の末、彼の叔母の猛反対を押し切って、二人は再婚した。娘のジャンヌは、母とは正反対の、華やかな安定路線の人生を選んだわけだ。面白いことに、ジャンヌの没後、弟子たちが彼女の自伝を刊行しようとしたとき、娘は刊行に猛反対したという。まあ、これだけ家族のことをあけすけに書いてしまっているのだから、娘の気持ちも分かる。

さて、危篤となったジャンヌの元に、オランダからポワレの知人が訪れた。しかし、来るのが遅すぎた。ジャンヌはもはや話せる状態にはなかった。その人物はジャンヌの家で大変に驚いたという。家にいる人々が宗教的な戒律をちっとも守っていなかったのだそうだ。時間毎の祈りだとか、そういった類のことだろう。この人物はポワレの家でも、ポワレたちのフリー・スタイルに驚いたそうだが、ジャンヌの家ではそれに輪をかけた有様だったようだ。ブロワ邸の自由な雰囲気がよく伝わってくる。

臨終

一七一七年六月九日夜、ジャンヌは息を引き取った。六九歳だった。

その時、ジャンヌの周りには、娘のジャンヌの他、フェヌロンの又甥ファンファンもいた。そして、三人のスコットランドの客人たちもいた。ラムゼイと、ウィリアム・フォーブズの弟であるジェームズ・フォーブズ、それにスコットランド・サークルの中心的人物の一人、ジョージ・ガーデンだ。前に触れたように、ジョージ・ガーデンは兄のジェームズと共に、サークルの思想的支柱だった。もともと彼はアバディーン大学の教会の牧師だったのだが、断固としたジャコバイト派で、投獄されたこともあった。釈放後、イギリスを抜け出し、密かにブロワに滞在していたようだ。おっとりフォーブズの弟ジェームズもやはり投獄され、プロイセンの外交官メッテルニヒの働きかけで釈放され、その後ブロワに潜伏していた。兄のウィリアムはたまたま臨終の場に居合わせなかった。

スコットランドの仲間たちは、直ちにジャンヌ逝去の一報をロンドンに送った。ロンドンのドクター・キースが二日後の六月一一日に、スコットランドのデスクフォードにその情報を伝えた。

MSM〔My Saint Mother の頭文字。「我が聖なる母」と、彼らはジャンヌを呼んでいた〕はその時、再び激しい症状に見舞われました。熱によって胃が炎症を起こして腫れ、嘔吐が続き、呑み込むことが難しくなり、症状が悪化するばかりで、六月九日夜零時頃、神が彼女を牢獄から解放し、永遠の休息へと連れて行きました。AR〔アンドリュー・ラムゼイのイニシャル〕とDG〔ドクター・ガーデン〕と他の二人の友がその時そこに居ましたが、直ちにP〔パリ〕に向かい、うち三人はそこからHoll〔オランダ〕へと向かいます。[Cl. 455, p.836]

ドクター・キース、医者の目線で書いている。

神よ、あなたは私を見捨てました

ラムゼイが、ジャンヌの最期の様子をキースに書き送っている。

彼女の死は、その人生と同様でした。最後まで十字架のイエスの状態にあり、ついに十字架上で、安らいと、穏やかな喜びとともに、息を引き取りました。外界の事については何も感じていないようでしたが、内的には満ち足りていたと思います。その様子は、信眼のない者には理解することができないでしょう。彼女は今月九日の夜一一時半に亡くなりました。彼女はその朝、臨終を前にした聖体拝領の前後、自分が究極の見捨てられた状態にあると語っていました。小さな先生が十字架上で、「わが神、わが神、なぜ私をお見捨てになったのですか?」と言ったときと同じ状態に彼女は置かれているのだと、私には分かりました。私はそれを彼女に言いました。そして、彼女は完璧な明け渡しと、穏やかさをもって、こう復唱しました。「わが神よ、あなたは私をお見捨てになりました」。[Cl. 457, p.838]

これがジャンヌの辞世の言葉だったとすれば、感慨深い。「わが神、わが神、なぜ私をお見捨てになったのですか?」(マルコ福音書一五・三四)は、人間イエスが死に際に叫んだ、究極の問いだ。ちょっとさかしらなラムゼイは、ジャンヌが十字架のイエスと同じ状態にあると、ジャンヌに指摘した。ジャンヌは、それに素直に応じ、復唱したのだ。「わが神よ、あなたは私をお見捨てになりました」――究極のキリストのまねびだ。ただし、もとの疑問文に対して、肯定文で応じている。イエスの言葉は、神への問いかけだった。ジャンヌのは違う。完全な断念だ。単に、神は私を見捨てたのだ。それが神のしたいことなら、それでよい。

考えてみれば、ジャンヌは一度も、絶望の時期を過ぎれば希望があるとは言っていない。絶望は絶望のままなのだ。その絶望をありのままに受け入れ、自分を断念し、明け渡すことが究極の安らいであり、それが自由なのだ。――ジャンヌは、そう言い続けてきたのではないか。

自分については、何も神に求めることができない。救済も求めない。もし神が望むのなら、自分は神に見捨てられても、それで満足だ――ジャンヌはずっと言ってきた。静寂者としての覚悟だ。この「究極の仮定」は第二部で見たように、ボスュエら司牧権力の大変な怒りを買った。そのために、どれだけボスュエたちから敵意、迫害を受けたことか。牢獄で、どれだけジャンヌはどん底を味わったことか。その静寂者としての究極の安らいと自由の境地を、ジャンヌは穏やかに、しかし、きっぱりと、「仮定」ではなく、おのれの実存のすべてを賭けて言ってのけ、息を引きとった。

シャロ夫人

忘れてはならないことがある。実はジャンヌが亡くなる前年の一七一六年四月一四日に、シャロ夫人が逝去していた。七五歳になるかならないかだった。若きジャンヌが祈りに目覚めるそのきっかけを作った、あのシャロ夫人だ。シャロ夫人は静寂者ジャンヌの成長を見守り、そしてギュイヨン・サークルの立役者として常にジャンヌを支えてきた。晩年は世間から完全に身を引き、ひっそりと〈消滅〉の境地に沈潜していたようだ。しかし、ジャンヌとのこころのコミュニケーションは続いていたに違いない。

ジャンヌは、こころの姉を追うようにして逝ったのである。

フォーブズの無念

ところで、先にも触れたように、居続け太郎フォーブズはジャンヌの最期をみとることができなかった。彼にとってまさに痛恨事だったろう。ずっとジャンヌのもとにいながら、最期のみとりを外してしまうところが、いかにも、おっとりフォーブズらしいとも言える。いったい、フォーブズはそのとき、どこにいたのだろうか？

ローザンヌ手稿によれば、そのときフォーブズは旅に出ていた。ジャンヌを母と慕う「子たち」のもとを巡っていたという。どうやらジャンヌの「子たち」は、各地にいたらしい。その多くがジャンヌ邸を訪れていたというから、普段のジャンヌ邸は想像以上に賑やかだったのかもしれない。さらに、ジャンヌの〈沈黙の祈り〉を実践する修道院が各地にあったようだ。[93]「ほとんどの村人が常なる神の現前のうちに暮らしている」──つまり〈内なる道〉に暮らしている、そういう村も複数あったらしい。ジャンヌが三〇歳代の頃に始めた霊性運動はとっくに頓挫したかにみえたが、実は、しぶとく続いていたのだ。しかも、かなりの勢いだったようだ。フォーブズはジャンヌのいわば代行として、各地を巡回していたのだろう。フォーブズ自身、かなりの境地にあったことが窺える。そんな旅の夜に、ジャンヌが亡くなってしまった。

彼らはそれが正しいと思っていたのですよ

最後に、ジャンヌの没後にブロワを訪れたブレトリという神父の証言を紹介して、終わろう。

私は、ギュイヨン夫人の最後の一〇年ほどを知っていたという、とても信仰に篤い人々と話をする機会を得ました。彼女の忍耐、断念、貧しい者への愛、その信仰のシンプルさ、異常な道に対して距離を置いていたことについて、皆が話していました。
彼女は、決して、自分を迫害した者たちを悪く言うことはなかったと言います。逆に、彼らを赦して、こう言っていたそうです。「彼らは、それが正しいと思っていたのですよ。神は私を遜《へりくだ》らせたかったのです。私の謙虚さが十分ではなかったものだから。神の名が祝福されますように」。この言葉は、おのれの無力の正当化ではありません。なにしろ、かつて彼女はあらゆる類の対決

にも持ちこたえたのですから。［AE, p.433］

ブロワでの最後の一〇年ほどを知っていた人々というから、逆に言うとそれまでは知らないのだろう。「とても信仰に篤い人々」という場合、聖職者のことではない。聖職者だったら、信仰に篤いのは言うまでもないからだ。ブロワに住む、市井の人々だろう。その人たちが「彼女の忍耐、断念、貧しい者への愛、その信仰のシンプルさ」を語っていたという。つまり、彼女の〈内なる道〉を語っていたのだ。

「信仰のシンプルさ」とは、シンプルで純粋な〈裸の信〉のことだ。それは小難しいところの全くない、いたって平易で素直な生き様だった。

「貧しい者への愛」というから、最後までジャンヌは貧困層への支援を続けていたに違いない。あえてこのことについて語られているのは、それが世間一般の貧者への施し程度のことではなかったからだろう。やはり、若い頃の貧困女性との霊性運動が、形を変えて続いていたのだろう。フォーブズのジャンヌ代行の旅とも符合する。ジャンヌの姿勢は生涯ぶれることがなかった。

「異常な道に対して距離を置いていた」ことについて、ブレトリがあえて語っている点も留意したい。ジャンヌが最後まで口をすっぱくして、異常なこと、つまりは神秘的なことに囚われるなと強調していたことが窺える。静寂者は、明晰さを失わない。いつも自然体でいる者だ。

ジャンヌは、自分を迫害し、抹殺しようとしたボスュエたちを、すっかり赦していたという。「彼らは、それが正しいと思っていた」のだという。ということは、つまり、やっぱり、彼らは間違っていたのだ。ジャンヌが正しかったのだ。ただ、ジャンヌはあまりにストレートに本当のことを言い過ぎてしまったのだ。謙虚さが足りなかったのだ。

ジャンヌらしい。静寂者は水のようにしなやかで、最後まで自分を貫く。(94)

注

（1）思想史的には、ジャンヌは「静寂神秘思想」の潮流にあり、当時「静寂主義者（キエティスト）」と呼ばれていた。この呼称はもともと異端のレッテル貼りなのだが、しかしネーミングとしては悪くない。ただし、ジャンヌはいかなる「主義」とも無縁だ。だったら「主義」を外して、「静寂者」にしてみよう。

（2）ウェストファリア条約では、カトリックかプロテスタント・ルター派かを選ぶ自由を各領主に認める一五五五年のアウクスブルクの和議が再確認され、さらにカルヴァン派も認められるに至った（ただし住民個人の信仰の自由が認められたわけではない）。これ以降ヨーロッパ諸国の対立軸は宗教問題から、近代的な国家主権をめぐる争いという枠組へと転換する。

（3）Samuel Chappuzeau, *L'Académie des femmes*, 1661. Cf. Linda Timmermans, *L'accès des femmes à la culture sous l'ancien Régime*, Honoré Champion, 2005.

（4）当時のフランスの神秘家（フレンチ・ミスティック）たちとデカルトについて、哲学史家・科学史家のアレキサンドル・コイレ（Alexandre Koyré, 1892-1964）が示唆に富んだ考察をしている（以下、彼が一九二二年から一九六二年にかけて行なった講義の記録をまとめた Alexandre Koyré, *De la mystique à la science: Cours, conférences et documents, 1922 -1962*, Nouvelle édition revue et augmentée par Pietro Redondi, éditions EHESS, 2016 による）。

　コイレによれば、ヨーロッパ中世は「閉じられた世界観」に基づいて秩序づけられた世界だった。「中世的世界は閉じられた世界だ。閉ざされて、限界づけられ、有限な世界だ。それはある時期から始まり、その終わりを見通せる。この大変によく秩序づけられた世界に私たちはいるという訳で〔…〕それが人間の住む世界であり、コスモスだ。人間は中心の場にあり、世界は大きいけれども、我々の尺度に合っていて、我々はそれを理解できる」。

しかしコペルニクス、ガリレイによる科学思想革命によって、それまでの中世的な閉じられたコスモスは崩壊した。人間は無限の宇宙に放り出されてしまった。そうした世界観の劇的変化を受けて登場したのが、デカルト的な世界観だった。

「デカルト的世界では、天体もなく、中心もなく、周縁もなく、限界もない。無限で空っぽの空間があるだけで、そこには何もないのだ。空間の沈黙は無限だ」。

こうした中心を欠いた無際限の中で、デカルトは唯一確かな起点として「我思うゆえに我あり」に至った。この個としてのコギト的自己をもとに、デカルトは無限の神の存在を証明した。同時に、無際限で同質的に延長する幾何学空間としての世界観を提示した。

コイレはこの講義録集で、一七世紀フランス宗教界の大御所だったオラトリオ会のベリュルらに触れ、フレンチ・ミスティックを概観している。コイレによれば、当時の神秘家たちもやはりデカルトと同様、無限と個の問題に直面しなければならなかった。「中世的存在論のヒエラルキーの道」が失われた後の時代に登場した神秘家たちは、無限の神との直接的な接触を「観想」と「愛」によって見出そうとした。「無限の神の途方もない広大さに圧倒され、その無限を敬愛し、自分自身は無だと深く気づく」のだ。その気づきを通して、神秘家たちは「神との直接無媒介な接触を見出す」。

そうした神秘家の例の一つとして、コイレはギュイヨンとフェヌロンも挙げる。そして、二人の語る魂のラジカルな受動性、「聖なる無関心」状態について引用する。「無関心になった魂は、神のなすがままとなり」（ギュイヨン）、「おのれの完徳や至福、救済も求めなくなる」（フェヌロン）——そうやって空っぽになった魂を、神が直接満たすのだ。この神と魂との直接無媒介な関係性はデカルトとも共通するものであり、コイレはそこにアウグスティヌスの影響を見出す。「この接触の直接無媒介性の概念のなかに、フランスの神秘家そしてアウグスティヌス派たちがみな出会い、合致する。ポール・ロワイヤル派からオラトリオ会、ベリュルとコンドレン、パスカルとデカルト〔…〕」。

一七世紀はアウグスティヌス（Aurelius Augustinus, 354-430。現在のアルジェリア出身の教父）が一種のリバイバルとなった時代だった。デカルトもパスカルの思想も、このアウグスティヌス・リバイバルと連動していた。彼らもギュイヨンやフェヌロンたちもみなアウグスティヌス的な無限との直接的な関わりという点でその根を同じくする。

この講義録には他にも興味深い示唆がある。そのひとつはデカルト哲学におけるキリスト教的な「罪」の不在だ。「『省察』のなかでデカルトは、魂が不死であり、神が存在することを示したかった。そこには、罪の概念がない。一三世紀には罪、転落の概念によって、人間の関心は別な風に方向付けられていたのだが。デカルトは、どうやって神の存在を明らかにできるか、そして魂とは何かを明らかにできるかを自問した。それを救済や罪の問題と結びつけなかった」。このコイレの指摘するデカルトの姿勢は、「罪」の言説を相対化し、「救済」に無関心なジャンヌの姿勢と合致する。

（5）自己の言説化、言説による主体化＝服従化に関する「告解 confession」の役割については、主にフランスの哲学者**ミシェル・フーコー**（Michel Foucault, 1926–1984）、アメリカの哲学者ジュディス・バトラー（Judith Butler, 1956–）を参考にした（Michel Foucault, *Histoire de la sexualité 1: La volonté de savoir*, Paris, Gallimard, 1976.［ミシェル・フーコー『性の歴史Ⅰ　知への意志』渡辺守章訳、新潮社、一九八六年］、Judith Butler, *The Psychic Life of Power: Theories in Subjection*, Stanford University Press, 1997.［ジュディス・バトラー『改訳決定版　権力の心的な生——主体化＝服従化に関する諸理論』佐藤嘉幸・清水知子訳、月曜社、二〇二四年］）。

ちなみにフーコーは、一九七五年にコレージュ・ド・フランスで行った連続講義『異常者たち』の中で、ジャンヌ・ギュイヨンの名前を挙げている。ごくわずかだが、権力による身体の言説化のテクニックとの絡みで触れている。ざっとかいつまむと、フーコーはこんな主旨のことを語っている。

自己のすべてを洗いざらい司祭に語り、言説化するという司牧制による「良心の指導」では、自分の性的欲望について細大漏らさず司祭に語らなければならない。それと相関して、「欲望し、快楽する身体」が言説の領域、権力介入の領域に現れ、対象化される。つまり、性的欲望を無いことにするのではなく、逆に告解などによってことさら言説化して明るみに出すことで、「罪」である欲望の場としての肉体が対象として認識されるようになり、権力の統制下に置かれることになる。

　フーコーによれば、この告解などによる肉体の言説化のメカニズムこそが、実は一七世紀のフランス神秘主義の展開をもたらしたのだという。神秘家たちにとって重要なテーマは「欲望する肉体」を巡ってだった。その新たな対象に対する神秘家たちの「新しい言説形態」は、告解などによる新しい司牧システムと連関していると、フーコーは指摘する。(後に触れることになるが、司牧権力の側に立つボスュエがジャンヌら神秘家批判をする際、神秘家たちが新奇な「新しい用語」を持ち込んだと批判している。しかし、フーコーの論を使えば、神秘家に新しい言説をもたらしたのは当の司牧権力だということになる)。そのフランス神秘主義の例として、フーコーはジャン゠ジョゼフ・スュランとジャンヌ・ギュイヨンを挙げている。ジャンヌについて言えば確かに、本編を読んでもらえば分かるように、幼い頃の自慰行為からはじまって、欲望の抑圧からの回帰など、ジャンヌは一貫して「欲望する肉体」を自己分析の俎上にあげている。ジャンヌは幼い頃から、「罪」としての欲望について徹底的に言説化することを司祭に強制、誘導され、習慣づけられてきた。そうした司牧権力による言説化のテクニックをジャンヌは自家薬籠中のものとして、それを自分の〈内なる道〉の体験の究明に応用する。そして、司牧権力の言説支配によって構成された自我主体を、その言説をいわば逆手に取って、解体してゆくのである。そんな風に解釈することができるだろう。

　続いてフーコーはこの講義で「悪魔憑き」のテーマに移る。「悪魔憑き possession」とは、悪魔に憑かれた女性の症状であり、「憑かれた女 la possédée」の現象はとりわけ一七世紀から一八世紀初めにかけて現れた現象だった。フーコーはこの「憑かれた女」の問題と、一五世紀から一七世紀初頭にかけて展開した「魔女」の問題とは区別すべきだと指摘する。「魔女」とは、誰かによって告発されるものであり、村人や当局などの外部からの告発によって生まれるものだった。これに対して「憑かれた女」は、外部からの告発ではなく、女性が告解を通して自ら進んで「憑かれている」ことを告白するのだ。フーコーにすれば、「悪魔憑き」とは、新たな司牧支配のメカニズムの結果として生まれたものだった。副作用とでも言ったらよいだろうか。告解システムによる個人の身体の強制的な言説化に対する、身体レヴェルでの抵抗なのだ。徹底した告白の義務に従わされ、言説化される身体の苛立ちが「痙攣」として発現するのだ。こうした身体的痙攣は近代に入ると、司牧の領域から医学の領域に持ち込まれ、診察されるようになる。ちなみに、「悪魔憑き」に対するジャンヌの姿勢については、本編の八四頁を参照してほしい。

さらに、フーコーは別の連続講義『安全・領土・人口』の中で、こうした告解のテクニックを駆使した司牧権力による個人の魂の管理術を、〈操行 conduite〉と呼んでいる。〈操行〉は、一般には小学校の通信簿の「お行儀」の項目としてよく知られる（一九七〇年代、私がフランスの小学校にいた時もこの「お行儀」の「良い点数 bonne note、悪い点数 mauvaise note」が付けられていたのを覚えている。日本でも戦前の通信簿には〈操行〉の欄があったと聞く）。要するに、権力の認める「正しい振る舞い」だ。また、conduite という用語には「導き」とか「運転」という意味がある。〈操行〉は、司牧権力が個人を「良き振る舞いへと導く」、権力による個人の管理術だ。しかし、そうした〈操行〉の導きには必ずそれに対抗する〈反操行 contre-conduite〉、あるいは〈対抗導き〉がつきものだ。権力による〈操行〉に同意せず、「その導きではなく、別の導き」を求めるカウンターが必ずある。そうした〈反操行〉の形の一つとして、フーコーは神秘主義を挙げる。

なぜ、神秘主義が〈反操行〉なのか？　フーコーはいくつか理由を挙げている。その一つには、司牧権力が「真理」を独占的に管理していることが挙げられる。司牧制のもとで個人が「真理」に近づくためには、まず司祭の教えを聴いて、キリスト教の教義を司祭から伝達されなければならない。そして告解などによって自己の内面を究明し、おのれの魂の奥底の秘密が司祭によって糾明されなければならない。そうやってはじめて「真理」が引き出されるのだ。このように司牧制では、あらゆる面で司牧権力を通さないと「真理」に到達できないメカニズムが構築されている。ところが神秘家にとって「魂は、神において自らを見る」のであり、さらに「自らにおいて神を見る」のである。つまり自分でおのれの魂を明らかにすることもできるし、神を見ることだってできるのだ。司牧権力に導いてもらう必要はない。この〈反操行〉性は、ジャンヌにおいても顕著だ。ジャンヌが告解を事実上、不必要としたことにもよく示されている。

また司牧制のもとでは、司牧権力は神と個人の魂とを繋ぐ回路としての役割を果たしている。つまり、司牧権力にコントロールされない限り、個人の魂は神とコミュニケーションが取れないのだ。しかし神秘家は神との直接的なコミュニケーションが可能だ。フーコーは、「沈黙によるコミュニケーション」、「身体から身体へのコミュニケーション」を例として挙げている。これは、ジャンヌの〈沈黙のコミュニケーション〉が念頭にあると思って差し支えないだろう。

フーコーは、こうした司牧的な〈操行〉への抵抗を、女性の地位の問題とも関連付けている。そして、一七世紀の女性神秘家アルメル・ニコラやマリー・デ・ヴァレを挙げる。この二人は、ジャンヌと間接的に縁のある人物だ。

フーコーによれば、こうした司牧権力による個人の〈操行〉の誘導管理のテクニックは、近代国家での〈生―政治《ビオポリティック》〉での統治テクニックとして様々な形で使われてゆく。病院、軍隊、警察、監獄、学校などのシステムが例として挙げられるだろう。告解をはじめとする司牧権力の言説支配のテクニックは、一七世紀カトリック圏の特殊な事例ではなく、個人の統治のテクニックとして、形を変え、所を変え、地球規模で私たちの日常生活において気づかない仕方で偏在していると言える。そうであれば、そのカウンターとしての〈反操行〉が現代においてどのような形で実践され得るのか。それを考えるうえで、ジャンヌの〈内なる道〉の検証は有益だろう。

(*Les Anormaux: Cours au Collège de France. 1974-1975*, Seuil/Gallimard, 1999.〔『異常者たち――コレージュ・ド・フランス講義　一九七四―一九七五年度』慎改康之訳、筑摩書房、二〇〇二年〕。Michel Foucault, *Sécurité, Territoire, Population: Cours au Collège de France. 1977-1978*, Seuil/Gallimard, 2004.〔ミシェル・フーコー『安全・領土・人口――コレージュ・ド・フランス講義　一九七七―一九七八年度』高桑和巳訳、筑摩書房、二〇〇七年〕。参考文献：佐藤嘉幸『権力と抵抗――フーコー・ドゥルーズ・デリダ・アルチュセール』人文書院、二〇〇八年。杉浦勉『霊と女たち』インスクリプト、二〇〇九年。箱田徹『フーコーの闘争――〈統治する主体〉の誕生』慶應義塾大学出版会、二〇一三年)。

(6) アンゲランについては、以下を参照。*La vie mystique chez les Franciscains du dix-septième siècle: tome 1*, Florilèges et introduction par Dominique Tronc, Mers-sur-Indre, Centre-Saint-Jean-de-la-Croix, 2014, p.265-324. また、トロン氏所有の以下の資料データを参照した。André Derville, «Un Récollet Français méconnu: Archange Enguerrand», Archivum Franciscanum Historicum, 1997, p.177-203.

（7）「篤信家たち les dévots」は、信仰によって社会変革を志す在俗者の一派だった。グループというよりも、人脈と言ったほうが適切だろう。ジャンヌの父のようなエリート官僚たちが中心だった。彼らは「聖体秘蹟協会 Compagnie du Saint-Sacrement」という結社を活動拠点とした。この協会には、各会の聖職者たちも加わり、非公式な政治的ロビー団体としての性格を持っていた。フーケの一族は、人脈的にも財政的にも、この協会で主要な役割を果たしていた。面白いことに、フーケとはむしろ敵対関係にあったフロンドの乱での反王室派の顔ぶれも「篤信家」の一派に入っていた。協会は秘密結社的な色彩が強かったとされる。ルイ一四世はそこに政治的陰謀性を感じ取ったことだろう、ある時期から弾圧に転じ、協会を閉会させた。ジャンヌを取り巻く主要人物のほとんどは、多かれ少なかれこの協会と関わりを持っている。例えばアンゲランは、フランス北部ノルマンディー地方のカーン市に拠点を置く「エルミタージュ」と呼ばれる神秘家グループと関わりを持つが、この「エルミタージュ」の中心人物ベルニエールはカーン市の財務官であり、大変な「篤信家」でもあり、カーン市の聖体秘蹟協会の主要メンバーだった。フーケと関わりがあっただろう（「静寂者の系譜」参照）。第二部で登場するボスュエも、若かりし頃はこの協会のメンバーであり、協会によって出世のきっかけを摑んだ人物だ。またジャンヌの盟友となるフェヌロンは「ヌーヴェル・カトリック」という在俗修道会の責任者を務めていたが、この団体も篤信家たちと深い関係があった。ジャンヌの父が協会そのものに関係していたかは定かではないが、職業上でも、また篤信家としても、フーケと繫がりがあったことは確かだ。さらに、ジャンヌが結婚するジャック・ギュイヨンも、フーケと繫がりのある人物だった。

「篤信家」たちは、病院や学校の建設など社会活動に熱心だったが、一方で、カトリック原理主義者とも呼ばれる特徴があり、風紀警察的な役割も果たしていたとされる。彼らは思想的に統一されていたわけではないが、その活動の原点は、プロテスタントの宗教改革に対抗するカトリックの対抗宗教改革だった。対プロテスタントという点では、みなが一致していた。その点で、カトリックとプロテスタントの垣根を無化するジャンヌは、極めて特異だった。ジャンヌは「篤信家」たちに囲まれながら、自らの〈内なる道〉を開拓し、最終的には「篤信家」たちを突破する。

（8）「矢によって〈こころ〉を突き刺され、愛おしい傷を受けた」という表現は、ジャンヌの先行世代の神秘家アヴィラのテレサの自伝の本歌取りだ。テレサが天使によって心臓に矢を刺される場面として、ベルリーニの彫刻で有名なシーンだ。以下、引用しよう。

「私は金の長い矢を手にした天使を見ました。その矢の先の部分に少し火がついているように見えました。天使はそれをときどき私の心臓に突き刺しているようで、私の奥深くまで達していました。その矢を引き抜くとき、一緒に私の内臓まで持っていかれるようでした。そして私は神の大いなる愛にすっかり燃え上がっておりました。痛みはあまりに激しく、私はあのうめき声を発するのですが、この、この上ない痛みのもたらす快さは極めて大きいので、霊魂はこの痛みが取り去られることも望まなければ、神以外のもので満足することもありません」（アビラの聖テレサ『神の憐れみの人生　下巻』高橋テレサ訳、鈴木宣明監修、聖母の騎士社、二〇〇六年、八九–九〇頁）。

しかし、この本歌取り、ジャンヌとテレサとでは決定的に違う点がある。テレサの場合、それは彼女にとっての実際の神秘体験の描写なのだ。しかしジャンヌの場合は、それはあくまでも文章上のレトリックに過ぎない。ジャンヌはこうした神秘体験に対して徹底的に懐疑的で、否定的だ。とことん合理的なのである。

（9）**formes**：形相。**espèces**：今日では種、類といった意味が主だが、ここはreprésentations（表象）と取る。cf：[V. Glossaire, p.1122]。**images**：像。

（10）この意味分節論は、主として井筒俊彦の理論を参考にしている。注16参照。

（11）ジャンヌは、その美貌が評判だった。自伝によれば、祭りなどで男性たちが群らがったという。そんなモテぶりに、ジャンヌ自身もまんざら悪い気がしなかったという。

（12）ジャンヌにとって「罪」の源は自我だ。ジャンヌはある書簡の中で面白いことを書いている。人間の「原罪」にまつわる考察だ。

アダムは自分を見ました。自分が裸なのを見ました。裸の自分を恥ずかしい者だと見做し、悪いことだと見て取りました。彼の最初の反省的な省察は、自己についてです。二つめは、自己の状態についてです。三つめは、自己と神との比較です。それが、自分は優れているという自己愛を生んだのです。それがすべ

ての罪の源です。そうして人間は神に背を向けたのです。[D1, 1.40, p.239]

人間の「すべての罪の源」は、アダムが自分を見たこと、つまり自己を反省的に振り返ったことから始まるのだという。一つめは、アダムが裸の自己について反省したこと。自分の姿を鏡で見るように自己を対象化し、それによって自我が生まれた。二つめは、自分の状態について反省したこと。つまり、自分が裸であることを恥に思ったこと。「恥ずかしい」と思うのは、恥ずかしくない自分、あるべき自分のイメージを想定している。自己イメージに対する執着が生まれているのだ。三つめは、神に比べて自分は恥ずかしい存在だと、自己と神とを比較して省察したこと。有限の自分が無限の神と同じ土俵に立てるという、驕慢な思い上がりだ。そうやって、自己の優越性に基づいた自己愛が生まれた。つまり、人間の「原罪」は、自我の形成、自我への執着、自我の驕慢さから生まれるというのだ。だからこそ、幾重にも重なった自我の衣装をすっかり脱ぎ捨てて、もう一度、原始のアダムのように無垢に、素っ裸にならなければならない。

（13）この「受動性」は、今日でもヨーロッパ文化圏では極めて否定的に受け止められている。忌み嫌われていると言ってよい。しかし、この「受動性」の姿勢は、日本語だったら「他力」に他ならない。浄土系の伝統のある日本語読者には馴染みのある姿勢だろう。

そもそも、この受動性は、何の宗教であれ、信仰の根源的な姿勢に他なるまい。信仰の本質と言ってもよいだろう。その本質を尖鋭的に突き詰めたのが、極東の島に生まれた親鸞たちであり、ユーラシア大陸の西の端に生きたジャンヌ・ギュイヨンたちだった。そう言ってもよいのではないか。ジャンヌの表現と浄土系の用語がうまく重なり合うのは決して偶然ではない。両者の信仰姿勢の構造的な帰結だろう。

この信仰の本質としての受動性について、**鈴木大拙**（一八七〇－一九六六）が平易な言葉で核心を突いた話をしている。これは浄土真宗の大谷派の信徒のために行なった講演で、一九三九年に『無心ということ』のタイトルで刊行されたものだ。その序によれば、大拙はもともと、「無心」について「欧米の人に説明してきかしたい」という動機があったことを明かしており、西洋の読者を強く意識したものだったことが分かる。一部、引用しよう。

宗教というものには、パッシヴィチイと申しますか、受動性というものが中心となっているのです。〔…〕

〔…〕無心が宗教生活の極致であるということは、受動性がわれらの宗教体験の極地に立っているという風にとりたいと思うのです。〔…〕

〔…〕宗教の極致というものには、木や石のようになってよいというところがあるのです。木石のようになっていいところがあると言いますと、人は木や石じゃない、人間には血がある、温か味がある、意識がある、心がある、神経がある、ああいう木の片や石の固まりのように無神経じゃないと言うのです。なるほど、そうなのです。〔…〕〔しかし〕そのもとを、もう少し推し進めてみると、やはり木や石などを木たらしめ石たらしめるところの、何か無意識的なものに突き当たるのです。そこに絶対的受動性というようなところがある。それを体得しなければいけないというのが、私の主張なのです。〔…〕

動かせば動く、坐らせれば坐る、蹴飛ばせばとばされる。そして別に何とも不平を言わぬ、全く絶対の受動性を発揮している。そういうことがあるのです。〔…〕

〔…〕阿弥陀さんのある証拠を立て、いよいよ信じてもよければ信ずる。そうでなかったら信じないと、若い者はきっとそういうことを言い出す。

ところが本当の宗教の体験の上からいうと、阿弥陀さんは、あるから信ずるのではなくして、信ずるからあるのです。信ずることができるからあるのです。その絶対の受動性の中にはいってくるから信ずるのです。受動性のものに動的性格が出てくるから、そこに一種の信なるものが出るのです（鈴木大拙『無心ということ』角川ソフィア文庫、二〇〇七年［電子書籍版二〇一七年］）。

このまま、ジャンヌの絶対受動性の説明としても通用する。

鈴木大拙は、実は、ジャンヌ・ギュイヨンについて言及している。少なくとも二度、ごく短くだが、ジャンヌに触れている。その一つは、一九三一年の『予の真宗観』と題された講演においてだ（『語る大拙　鈴木大拙講演集1　禅者の他力論』書肆心水、二〇一七年所収）。その中で大拙は、「マダム・ギオンと云う尼さん」として、彼女の逸話を語っている。それによれば、ジャンヌを乗せた車が川で転覆しそうになり、みんな大騒ぎになったときに、ジャンヌはひとり平気で愉快そうな顔をしていたという。後で彼女はこう言ったという。「私は恐ろしい気持は無い。神様が世話して下さるから、死んでもいい、生きて居てもいい、死んで行けたら尚いい気持がする。そうかと云うて、嬉しいわけでないが、何となく心持が愉快になった」――このジャンヌの逸話が何に拠っているのか、詳らかにしない。似たような話では、ジャンヌが地中海の船旅で嵐に遭遇した際の逸話がよく知られる。大拙は、浄土真宗の妙好人、庄松の話の中でこのジャンヌの例を出している。暴風で船が転覆しそうになってみんなが金毘羅さんにお頼みしているとき、庄松はひとり「知らん顔で高鼾でぐうぐう寝て」いて、起こすと「まだ娑婆に居るのかいな」と言ったという。それと似た話として、ジャンヌの〈明け渡し〉の受動性を挙げているのだ。

　さらに大拙は、一九四八年刊の『妙好人』の中で、やはり一言だが「マダム・ギヨン」について触れている。この中で大拙は「他力教は純粋宗教性で充たされているといってよいが、キリスト教には倫理性が多分に入っている。が、その最も宗教的なところでは他力教とその揆を一にするものがある」として、エックハルトとともに、ジャンヌ・ギュイヨンの「他力」性を挙げている。「これに似たようなことをマダム・ギヨンもまたいっている。曰く、『真理は二つである、全と無である。神は全であり、吾等は空である。此の空無の故に全なる神が吾等の心を占領する』（祈り）。このような提言は大抵の神秘家の文書中に見られるのであるが、佛教でもこれと同じことを説く。曰く、『自力の力がつきる時、他力が全面的に吾等の心を占領する』と」――このジャンヌの引用も正確な出典は不明だが、内容はジャンヌが常々語る「神による、こころの占有」についてだ（鈴木大拙『妙好人』法藏館、一九七六年に拠る）。

　大拙は二回とも、妙好人における他力の観点から、ジャンヌを引き合いに出している。妙好人とは、市井に生きた浄土真宗の念仏者のことだ。泥の中にありながら白く清らかな花を咲かせる蓮に譬えた尊称だ。確かに、在俗で生涯を通したジャンヌと妙好人たちは、立ち位置が共通している。であれば、妙好人たちには、ジャンヌのような権力に対する個としての抵抗の姿勢があり得るのだろうか？　それとも、それは大拙の言う「純粋宗教性」を外れ、「倫理性」に属することであろうか？

（14）正しい者は信によって生きる。——ラテン語訳聖書ウルガタによる。「Justus autem meus ex fide vivit」（Vulgata Clementina, 1598版）:「私の正しい者は信仰によって生きる」（ヘブライ人への手紙一〇・三八、聖書協会共同訳）fide (fides) は、ジャンヌの文脈では「信仰」よりも〈信〉と置くのが適切。

（15）詩編三一・一三「死者のように人の心から忘れられ／壊れた器のようになりました」（聖書協会共同訳）。

（16）本書では、ジャンヌの〈内なる道〉の構造を理解するために**井筒俊彦**（一九一四―一九九三）の〈分節―無分節〉モデルを参考にしている。

井筒は古今東西の「神秘体験」（あるいは「実在体験」「根源体験」）に共通する動的な構造を「共時的構造」として抽象し、モデル化した。この共時的構造化にあたって、井筒は言語学を駆使した独自の「意味分節理論」を導入した。そのことで「体験」のそれぞれの言語化にともなう文化的、宗教的、哲学的な言説の差異を捨象し、機能的モデルを提示することに成功した。

〈分節（I）〉

井筒は『イスラーム哲学の原像』の中でフランスの現代言語学者マルティネ（André Martinet）の二重分節理論（la double articulation）にヒントを得て、言語の分節作用について以下のように説明している。

「われわれの経験する存在界、われわれにとっての有意味的な存在秩序としての世界は、第一次的に知覚とともに、知覚によってつくり出されるのでありますが、その知覚の作用そのもののなかに言語が範疇的に、あるいは第一分節的に入り込んできて、はじめからその構造を規定していると考えるのであります」。

つまり知覚は、それが主体によって意識化される際にすでに第一分節的な言語分節によってあらかじめ規定されているのだ。

「われわれは現実をなまのままとらえているのではなくて、われわれがそれを意識するときには、すでにもう言語的記号単位、あるいは第一分節単位、つまり『赤い』とか『白い』とか、『花』とか『山』とかいう語の分節作用によってあらかじめ意味的に整理されている。そういう形で経験されたものがいわゆる現実の表層

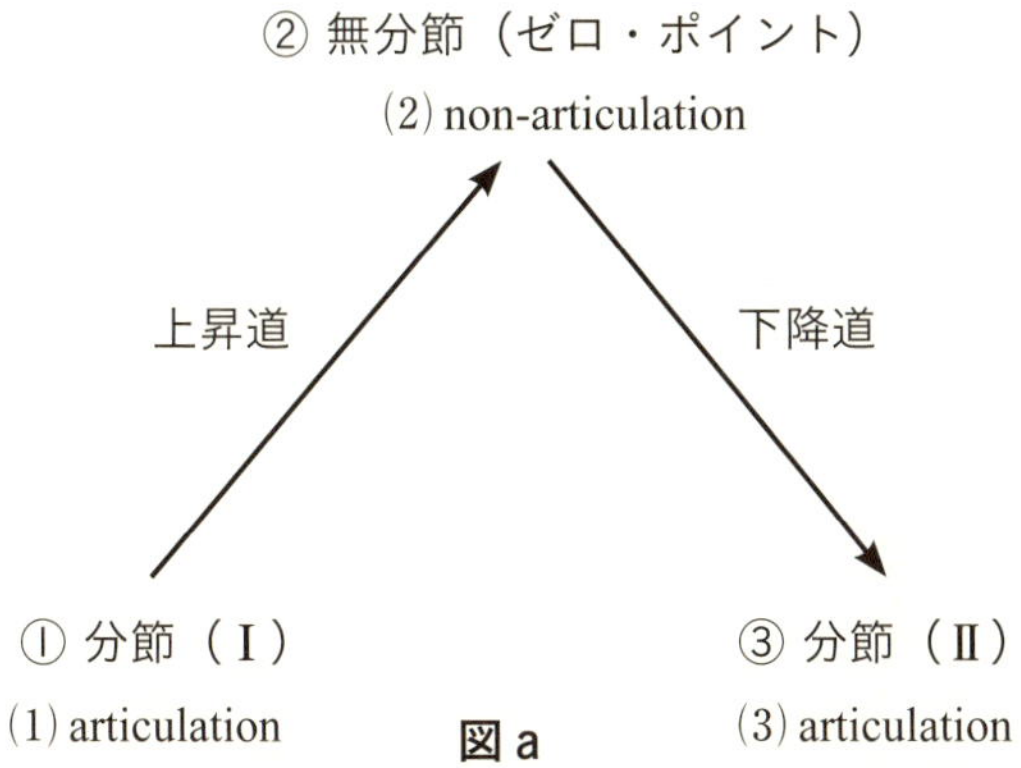

図 a

であります」。

つまり、我々が表層意識で認識する日常の表層世界は、言語の分節作用（第一分節単位）によってあらかじめ意味的に整理された世界であり、決して深層のなまのままの現実をそのまま捉えているわけではない。井筒は、この日常の意識と世界のステージを①〈**分節**（Ⅰ）〉として図式化する。（図 a）

このステージでは、私たちは鳥を「鳥である」として見ている。つまり鳥は「鳥である」という「本質」によって結晶化、固定化され、「鳥でない」ものから区別されている。しかし例えば禅的な観点からすれば、こうした「鳥である」という「本質」とは言語の意味分節によって生み出される「迷妄分別」なのである。

神秘家たち（あるいは禅者などの修道者たち）は、この「分節（Ⅰ）」の境地に満足せず、「このような言語習慣からくる限定を取り払って、存在のなまの姿にじかにぶつかりたい」という「形而上的実在体験」を希求する（ジャンヌで言えば「神の現前」さらには「神そのもの」の享楽だ）。そして修道の実践によって、神秘家や修道者の意識の深層がだんだんと開かれてゆく。それにつれて、表層意識を規定する言語分節の枠組みが取り除かれてゆく。「意識の表層しか活動していなかった間は、確固たるものとして現れていた事物がもの性を失って流動的になってきます。それにつれて、それらのものの性質、つまり属性として、たとえば『赤い』とか『白い』とかいう性質として固定されていたものもだんだん流動的になってきます」。「それらの本質の形成するものの輪郭がぼけてきます。〔…〕こうしてすべてが透明になり、いわば互いにしみ透り、混じり合って渾然たる一体になってしまう」。この意識の深化の過程を、井筒は「上昇道」等と呼ぶ。

〈無分節〉

そうやって「上昇道」での瞑想体験が深まり、意識の深化がさらに進むと、「ついにまったく内的に何もない完全な一になってしまう」境地に至る。「そこではもはや、見るものも見られるものもありません。主体も客体もなく、意識も世界も完全に消えて、無を無として意識する意識もありません」。それが、スーフィズムにおける「ファナー・アル・ファナー（消滅の消滅）」の境地だ（ジャンヌでは、たましいの〈死〉を経て、〈死〉の意識もなくなった〈消滅〉の境地だ）。井筒はここを「意識・存在のゼロ・ポイント」と規定する。それは存在論的には、「実在の絶対無分節の状態、内的にまったく分節されていない、区別されていない、まったく限定されていない状態」である。井筒はこの「ゼロ・ポイント」のステージを、②〈無分節〉として図式化する（図ａ）。

禅的に言えば、修道者はこの「無分節」の境地においてあらゆる事物の無「本質」性（すなわち無自性）を実在的に了解する。ただしこの「実在」の絶対無分節状態は、同時に、すべての分節を可能態として内包している。すなわち朱子学の「無極即太極」、スーフィズムの「ファナー即バカー」だ（ジャンヌの「〈消滅〉即〈甦り〉」に相当する）。

〈分節（Ⅱ）〉

さて、神秘家（あるいは修道者）は「ゼロ・ポイント」を経て「下降道」に入る。再び日常の世界に降りるわけだ。すると無分節の次元が、改めて主体・客体に分節されはじめる。主体は再びその周囲に「色と形が群れなす世界」を覚知し始める。井筒はこのステージを、③**〈分節（Ⅱ）〉**とする（図ａ）。

しかし重要なのは、一度②〈無分節〉を体験した者にとって、③〈分節（Ⅱ）〉で見る分節世界は、かつての①〈分節（Ⅰ）〉において見ていた分節世界とは決定的に違うことだ。一度②〈無分節〉の境位を体験した者は、③〈分節（Ⅱ）〉で再び個々に分節された事物を見ていても、それはあくまでも無分節を通して見ているのだ。あるいは逆に言えば、分節世界を見ていながら、その奥の無分節を二重写しに見ているのだ。ここが、ポイントだ。井筒はいろいろな言い回しをするが、例えば、この境地にあるスーフィーは「現象的世界の只中にあって現象的事物を見ながら、しかもそこに現象以前の一者を見る。現象以前の一者とともにありながら、しかもそこに現象的多者を見る」のだと説明する。こうした重層的な見え方ができる者をイスラームでは「双眼の士」と呼ぶとして、井筒は「二重の見」とも表現する（ジャンヌの〈無見の見〉に相当する）。

別な言い方をすれば、一度〈無分節〉を体験した者にとっての分節は、もはや〈分節（Ⅰ）〉におけるような有「本質」的分節ではない。それは、あくまでも無「本質」的分節なのだ。かつてのように、鳥は「鳥である」という「本質」によって金縛りにされ、他の一切が排除されることはもはやない。〈分節（Ⅱ）〉の境位では、道元の言うように、鳥は「鳥飛んで鳥のごとし」だ。一応は「鳥」として分節されているが、「本質」によって固定されない。「鳥のごとし」として、鳥以外のすべてに透明に開かれている。

二重の見

この③〈分節（Ⅱ）〉の境地での重層的な見え方を、井筒は『意識と本質』の中で図ｂを使って解説する。経験的な現象界では、ａ（花）はａ（花）として、ｂ（鳥）はｂ（鳥）として、それぞれ平面的に分節されて見えている。しかしａやｂは、その背後の無分節（円として描かれている部分）に充満する創造的エネルギーが分節平面上に現れたものなのである。「現象界、経験的世界のあらゆる事物の一つ一つ」は、それぞれが「無分節者の全体を挙げての自己分節」なのである。つまり「『無』の全体がそのまま花となり鳥となる」のだ。修道者の目には花や鳥が一応は分節されて見えている。しかし、それはあくまでも「無分節の直接無媒介的自己分節として成立した花と鳥」なのである。修道者は、それを分節と無分節の「二重写し」として見ている。つまり、分節平面上のａやｂを見ながら、同時に、その背後の無分節を透かして見ているのだ。ここで井筒は主に禅的な言説を使って説明しているが、この二重の見え方はさまざまな道において共通する（以上、主

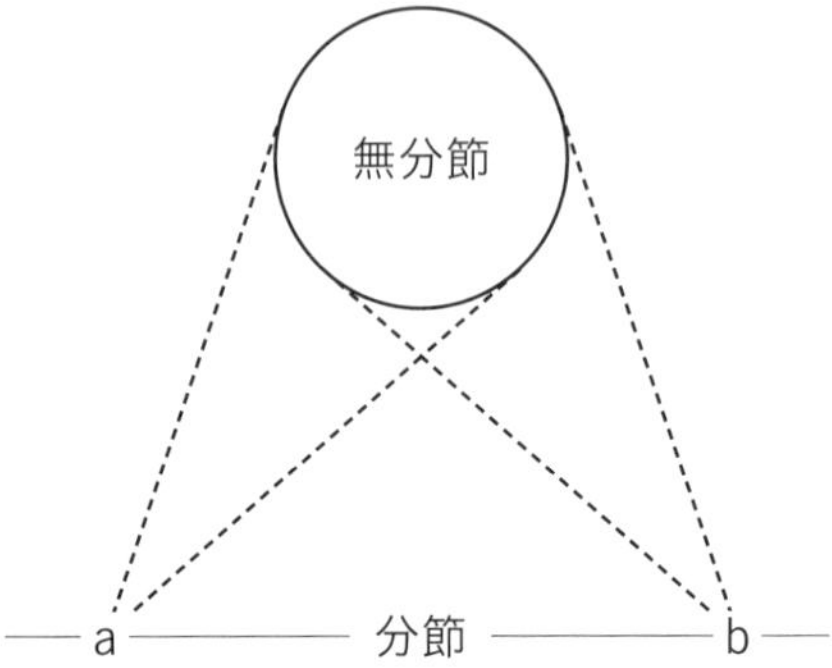

図b

に『イスラーム哲学の原像』『意識と本質』に拠った）。

〈分節―無分節〉モデルの射程

井筒の妻・井筒豊子によれば、井筒は慶応義塾大学で言語学を教えていた三〇歳代の頃から意味分節理論の構想をあたためていたという（井筒豊子『井筒俊彦の学問遍路――同行二人半』）。そして一九四七年にサルトルの小説『嘔吐』を読んだことが大きな契機となったと、井筒は書いている。『嘔吐』の読書経験は「私の思想形成のプロセスを決定的に色づけた経験」だったという。「古来、東洋の哲人たちが、『無』とか、『空』とかいう存在解体的概念の形で展開してきたものを、サルトルは実存的に『嘔吐』化し、それを一種の言語脱落、つまり存在の言語的意味秩序崩壊の危機的意識体験として現代哲学の場に持ちこんでくる。〔…〕それは、当時、ようやく私のうちに形成されつつあった意味分節理論の実存的基底が、東西文化の別を越えた普遍性を持つことを私に確信させた。それ以来、私の思想は、ある一つの方向に、着実に進み始めた」（『三田時代――サルトル哲学との出合い』）。

サルトルが『嘔吐』化して見せた言語脱落による危機的な意識体験は、井筒の〈分節―無分節〉モデルに当てはめれば、①〈分節（I）〉から②〈無分節〉へと至る「上昇道」の過程での自我瓦解の体験である（ジャンヌで言えば〈夜〉の体験だ）。しかし、もちろんその先があるわけだ。この『嘔吐』読書経験から三〇年以上経った一九八〇年に、井筒は『意識と本質』の中で『嘔吐』を取り上げた。そして、東洋の精神的伝統では、こうした言語脱落による『嘔吐』的な自己破壊の危機に追い込まれないための準備が方法的、組織的になされていると指摘した。そして東洋哲学の諸系譜を横断的に見渡しながら、『嘔吐』の段階である①〈分節（Ⅰ）〉から、②〈無分節〉さらに③〈分節（Ⅱ）〉へのプロセスを解明した。

ちなみに井筒が最初にまとまった形で意味分節理論を発表したのは、それより前の一九七四年の英語の論文『*The Philosophical Problem of Articulation in Zen Buddhism* 禅仏教における分節の哲学的問題』においてだった。この中で井筒は「禅体験は、本質的に分節体験である」として、禅体験のダイナミックな構造を英語で腑分けして見せた。意味分節理論の「東西文化の別を越えた普遍性」を一貫して井筒が探求していたことが分かる。

井筒は一九七九年のシンポジウムで、西欧の科学精神は物心二元の「機械論的物質観」に基づいているとし、今日それが地球規模で「人間存在の一様化、均一化」と「自己疎外」を引き起こしていると指摘している。これに対して東洋哲学では、意識の深層の絶対無分節体験という実在の深みにまで降り立って、真の「自己」を主体的に追求してきたとして、現代における東洋哲学の有用性を示し、東西の哲学的文化的対話による「地平融合」の可能性を語っている（『人間存在の現代的状況と東洋哲学』）。

井筒はキリスト教神秘思想にも精通していた。井筒初期の主著『神秘哲学』はもともと複数巻で構想されていた。その最後がキリスト教神秘主義に当てられ、十字架のヨハネで終結する予定だった（クレールヴォーのベルナールについての論考『神秘主義のエロス的形態――聖ベルナール論』は、その構想の一環として書かれた可能性があるとされる）。その後、井筒は人格神性の強いキリスト教から遠ざかっていった。しかし、獅子身中の虫とは言わないが、キリスト教圏内にありながら常に多かれ少なかれ異端視されてきた神秘思想の系譜を、意味分析理論を使って読み直すことは、井筒の言う東西文化の「地平融合」の一側面としても寄与するだろう。とりわけ、「〈ことば〉は分節されない」というテーゼに裏打ちされたジャンヌ・ギュイヨンの〈内なる道〉は、井筒の意味分節理論に馴染みやすい性質を持っている。

参考文献は以下。井筒俊彦「神秘哲学」「神秘主義のエロス的形態――聖ベルナール論」『井筒俊彦全集第二巻』慶應義塾大学出版会、二〇一三年：「イスラーム哲学の原像」『同第五巻』二〇一四年：「意識と本質

――東洋哲学の共時的構造化のために」『同第六巻』二〇一四年：「人間存在の現代的状況と東洋哲学」『同第八巻』二〇一四年：「三田時代――サルトル哲学との出合い」『同第九巻』二〇一五年：The Philosophical Problem of Articulation in Zen Buddhism, *Revue Internationale de Philosophie*, 1974; Essay IV—The Philosophical Problem of Articulation, *Toward a Philosophy of Zen Buddhism*, ed., Imperial Iranian Academy of Philosophy, 1977; Prajna Press, Boulder, 1982.［「Ⅳ 分節の哲学的問題」『禅仏教の哲学に向けて』野平宗弘訳、ぷねうま舎、二〇一四年］：若松英輔『井筒俊彦――叡知の哲学』慶應義塾大学出版会、二〇一一年：井筒豊子『井筒俊彦の学問遍路――同行二人半』慶應義塾大学出版会、二〇一七年：西平直『東洋哲学序説　井筒俊彦と二重の見』未来哲学研究所、二〇二一年。

（17）Orcibal, *Études d'histoire et de littérature religieuses XVIe–XVIIIe siècles*, 1997, p.800.

（18）例えば、ジャンヌが参加するはずだったジェックスのヌーヴェル・カトリックでは、一七〇七年二月二三日には、近隣の村から誘拐された二〇人ほどの少女たちがいたという。Alain Joblin, *Dieu, le juge et l'enfant: l'enlèvement des enfants protestants en France (XVIIe–XVIIIe siècles)*, Artois Presses Université, 2010.

（19）言葉以前の、より深いところから書く衝動が沸き起こる。これは何も神秘家に限った体験ではない。多くの作家が、書く営みの「源泉」として経験するものではないか。その例証はいくらでもあるが、例えばヴァージニア・ウルフの証言が印象深い。

> 文体なんてとても簡単なことよ。文体って全部リズムなの。いったんリズムをつかんだら、間違った言葉なんて使いようがないの。それはそうなんだけど、もう午前中も半ばを過ぎたというのに、わたしはここにこうしてすわり、アイディアもヴィジョンも頭にいっぱいつまっているのにそれを外に出すことができないわけ。正しいリズムがつかめないから。今言ったことはとても深いことなの、リズムが何かってこと、そしてリズムは言葉よりはるかに深いところにある。

これを受けて、『ゲド戦記』でよく知られるアーシュラ・K・ル＝グウィンは、こう書く。

記憶と経験よりさらに深いところに、想像力と創作よりさらに深いところに――ウルフの言うように、言葉よりさらに深いところに――リズムがあって、記憶と想像力と言葉はみな、このリズムに合わせて動いていくのです。そして作家の仕事は、深く深く潜《もぐ》っていき、そのリズムを感じ、見つけ、そのリズムに合わせて動き、それに動かされて、そのリズムが記憶と想像力を動かして言葉を探しあてるようにさせることです。〔…〕このリズムをウルフは「心のなかの波」と呼びます。〔…〕波は、リズミカルな衝撃は言葉より前にあり、それは「言葉とは何の関係もない」のです。
(ウルフ、ル=グウィンいずれも、アーシュラ・K・ル=グウィン『ファンタジーと言葉』青木由紀子訳、岩波現代文庫、二〇一五年)

ウルフとル=グウィンの「言葉とは何の関係もないリズム」は、ジャンヌに当てはめれば、〈ことば〉の衝動だろう。

(20)『奔流』は日本語による全訳がある。村田真弓訳『キリスト教神秘主義著作集15 キエティスム』教文館、一九九〇年所収。――「訳出した『奔流』の内容を一言で要約するなら、信仰生活におけるいくつかの段階とその段階が持つ特徴を説明する書、ということができる。そして、段階を追って様々に変化する信仰生活の様相が、山から海へ向かって流れながら様々に変化する川(奔流)のイメージと重ね合わせて語られる」(村田真弓「解説と解題」)。

(21)当時の辞典(Antoine Furetière, *Dictionnaire Universel*, 1690)では naturel について多くの意味が書かれているが、そのなかの「そのものの持つ性質が人工的に細工したようなものではなく、その本来の性質であること。factice(まがいもの、わざとらしい)や contre-fait(偽造、奇形)の反対の意」といった解説や「自由で、シンプルで、容易でくつろいだ、簡単な。強いられたように見えない ce qui est libre, simple, aisé, facile; qui ne parait point forcé」などの解説に相当する。

(22)ジャンヌ・ギュイヨンにおける〈沈黙のコミュニケーション〉の重要性については、ドミニク・トロンが、はじめて正面から光を当てた。

「魂が神のうちに消失できるのは、ただその魂だけのことだが、しかしギュイヨン夫人は、彼女に近寄ってくる他者に恩寵を伝える才能の恵みを得た。この能力は、東洋や、スーフィズムにおいてよく知られているものので、ロシア正教によっても確認されているものだ。しかしカトリック界ではあまり触れられていない。おそらく修道院という壁に囲まれた共同体が、この体験を外に伝えることを妨げてきたのだろう。ギュイヨン夫人はこのことについて、親しい者への書簡の中でオープンに語っている。その発言は西洋においては稀有なものであり、我々にとって貴重だ」（ドミニク・トロン）。Dominique Tronc, "Préface" in *Madame Guyon, Écrits sur la vie intérieure*, présentation par Dominique Tronc et Murielle Tronc, Arfuyen, 2005.

ちなみにこの「心から心への伝達」についてキリスト教では、例えば砂漠の教父たちではガザのバルサヌフィウスとヨハネの書簡に、正教ではサロフのセラフィムの、モトフィロフとの『対話』に、またカトリックではジャン=ジャック・オリエの諸作に認められると、トロンは指摘している。

（23） ジャンヌの〈沈黙のコミュニケーション〉の理解を深めるには、私の体験の範囲で言えば、インドのスーフィー教団、ナクシュバンディア・ムジャディディア・マザハリア・ラムチャンドリア教団（Naqshbandia Mujaddidia Mazaharia Ramchandria）での、ダイレクト・トランスミッションが参考になる。この教団は、「スーフィズムは宗教ではない。生の道 way of life だ」、「イスラム教徒のスーフィーもいれば、ヒンドゥー教徒、キリスト教徒のスーフィーもいる」という脱宗教路線を取り、ナクシュバンディー教団の正統的な系譜にありながら、ヒンドゥー教徒が中心となる異色の教団だ。もともとナクシュバンディー教団には「沈黙のズィクル」という瞑想的な技法が伝統的にあるが、この教団ではさらにヨガ的な瞑想技法や語法を導入し、独自の体系を精錬させた。特に、師が弟子と対面して、心から心へとダイレクトに恩寵を流し込む手法が重視される。この場合の「心」はアナハタ・チャクラ Anahata Chakra やフリダヤ・チャクラ Hriday Chakra として具現化される。「明け渡し」による徹底した受動性など、ヒンドゥー教のバクティ系と親和性があり、ジャンヌの〈内なる道〉とも共通する点が多い（以下、参照：Thomas Dahnhardt, *Change and Continuity in Indian Sufism : A Naqshbandi-Mujaddidi Branch in the Hindu Environment*, D. K. Printworld (P) Ltd. 2002. Jacqueline Chambron.

Lilian Silburn, Une vie mystique, Paris, Édition Almora, 2015. インターネット：https://www.sufisaints.net)。

(24) 稀有な例として、精神分析家のジュリア・クリステヴァが、ジャンヌの〈沈黙のコミュニケーション〉に言及している。『愛の物語たち *Histoires d'amour*』の中で、クリステヴァはジャンヌ・ギュイヨンについて一章を割いている。その中で〈沈黙のコミュニケーション〉を、精神分析的な観点から理解しようと試みている。「ジャンヌにとって極めて特別な〈沈黙のコミュニケーション〉は、主体を、その最も原初の、秘められたナルシズムの奥底に、沈潜させる」のだという。ここで言う原初のナルシズムは、主体形成を根源で支えるナルシズムで、「愛」の基盤となるものだ。人は、その成長の過程でこの原初のナルシズムが抑圧され、封じられてしまう。〈沈黙のコミュニケーション〉は、それを自分はもとより、相手のうちにも回復させる試みだというのだ。「もしその主体が、その原初的ナルシズムの奥底を伝達し、コミュニケーションできると思うとしたら、それは、相手もまた同じナルシズム的沈潜に入ることで、投影と同一化に完全に適合するからだ」——つまり、相手もまた同じ原初のナルシズムに沈潜することで、ジャンヌとの間で心理的な投影と同一化が起こるというのだ。Julia Kristeva, *Histoires d'amour*, Denoël, 1983.

(25) *Discours chrétiens et spirituels sur divers sujets qui regardent la vie intérieure, Nouvelle édition, tome II*, Paris, les Libraires associés, 1790, p.393. この箇所は、ジャンヌ・ギュイヨンのテキストとしての信憑性が確かではないという見解もあるが、内容としてはジャンヌの心身観をよく表している。

(26) キリスト教自体は、本来、古代ギリシャ思想以来の物心二元論に収まりきるものではない。例えば、こんなキリスト教論が参考になる。「キリスト教神学は、プラトンの二元論的哲学のもとにしばらくあり、人間が神に似ているのはもっぱらその精神的な能力、認識能力にあると考えた。アウグスティヌスはその著作『三位一体論』において、神的三位一体の痕跡《ウェスティギア・トリニタティス》を人間の知性のなかに求めようとこころみた。この二元論的な見方はキリスト教神秘思想によって克服され、霊と肉が一つになった全体としての人間が神の像であると考えられた。神の像は身体性の領域にまで刻み込まれている。神の像にかたどって人間がつくられているという考えの根底には、すでに受肉という意図、身体性における神の自己表現という意図がある。神によってつくられたからだをもつ人間は、宇宙全体を形成する原理と力を霊―魂―体という一つの人格のなかに統合する普遍的存在なのである」（エルンスト・ベンツ『キリスト教　その本質とあらわれ』南原和子訳、平凡社、一九九七年）。

（27）Action par laquelle on donne à un autre, on le fait participant du bien ou du mal qu'on possède.

（28）C'est par le moyen des Sacrements que Dieu nous fait la communication de ses grâces.

（29）ジャンヌの同時代のイギリスの女性神秘家ジェーン・リード（Jane Lead, 1623-1704）が、やはり同じ「神を産む」イメージを、自らの観たヴィジョンとして克明に書いている（ジェーン・リード「数多の庭を潤す泉［抜粋］」門脇由紀子訳、『キリスト教神秘主義著作集14　一七・一八世紀のベーミストたち』教文館、二〇一〇年、一一二―一一五頁）。門脇由紀子はこのリードのヴィジョンについて、「苦痛を経て魂にキリストが生まれたと受動的に書くのではなく、生まれ出ようとしているもの（＝キリスト）の主体性と『力を合わせ』て生み出そうとする魂の主体性がある」と指摘し、「胎児と母胎の共同作業としての出産のイメージが、リードにとって魂の再生の過程を描写するのにふさわしく感じられた」のだろうと述べている（未刊の学会講演［二〇二四年三月］より）。この「魂の主体性」は、ジャンヌの夢にも読み取れるだろう。

（30）Fénelon, *Œuvres I*, p.1104.

（31）最近、日本語訳が出版された。ギュイヨン夫人『短く簡単な祈りの方法――内的祈りの手引き』大須賀沙織訳、教文館、二〇二二年。本書での表題は上記の訳に準拠した。

（32）Saint-Simon, *Mémoires*, Pléiade 版（全八巻）などの他、インターネット上で https://fr.wikisource.org/wiki/Mémoires_(Saint-Simon) などで読める。

（33）『キリスト教神秘主義著作集15　キエティスム』参照。

（34）主に以下による。Jean-Paul Desprat, *Madame de Maintenon (1635-1719) ou le prix de la réputation*, Paris, Perrin, 2003.

（35）Phelipeaux, *Relation*, 1732, t.1, p.43.

（36）「神についての知識の点では彼には何ら不足はなかった。だが、知識が十分にあり、信仰に対する姿勢がまじめで良心的なだけでは、フェヌロン自身、心からの満ち足りた思いを味わうことができなかった。信仰の形だけは取り繕うことができても、何か欠けるものがあるように感じられたのである。社会的立場の華やかさとは裏腹に、彼は心の中で、喜びや潤いをもたらす真の信仰を模索し続けていた。〔…〕フェヌロンは彼自身には決定的に欠け、一方ギュイヨン夫人には備わっている『体験』に気付くようになる。すなわちそれは神の『体験』であり、この『体験』に裏付けられた自信であり、自信から生じてくるところの安らぎの気分であり、精神の自由闊達さのことであった」（『キリスト教神秘主義著作集15　キエティスム』村田真弓「解説と解題　フェヌロン」）。

「当時の様々な兆候は、彼が深刻な危機に瀕していたことを示している。フェヌロンの高い志は、完璧を求める理想に囚われ、その要求があまりに強く、どうやら彼がサン＝スュルピス教会で教わった、あまりに知的すぎる信心では十分な答えが見出せなくなっていたようだ。〔…〕純粋に弁論的な祈りに、もはや彼は満足できなくなっていた。しかし、別のものを発見することができないでいた。この時期のフェヌロンの希少な書翰に、神の現前を感じたいという無意識の欲求がはからずも出ている。〔…〕しかしギュイヨン夫人をより知るようになって、フェヌロンはこうした彼の問いに対する生きた解答が彼女のうちにあることを理解した。彼女のうちに、フェヌロンはそれまで探し求めていたものと遭遇したのだ。神の体験だ」（Louis Cognet, «Fénelon» in *Dictionnaire de Spiritualité: Ascétique et Mystique. Doctrine et Histoire, 1937-1995.*）

（37）Masson, *Fénelon & Mme Guyon*, 1907.（1688-1689の書簡）

（38）「ギュイヨン夫人とフェンロンとの書簡には特別な意義がある。それは、他の神秘家が恩寵の運河の役割を果たすことを通して、一人の神秘家が『この世に誕生する』、その日々の詳細な記録を形成するテキストであり、我々の知るところ、これまでに唯一のものである。精神分析が浸透した現代の読者は、ギュイヨン夫人の感情的逸脱を前に、しばしば震撼するかもしれない。しかしこの二人の関係を欲求不満のエロティシズムの表現として解釈するのでは、その関係を既知の要素に還元してしまうことになる。しかし、このテキストを敬意をもって率直に読み込めば、それがそうした既知の領野を超えたものであることは明らかである。この往復書簡は、身体的・心理的世界の向こう側の体験的発見――それを彼らは神と呼んだのだ――についての証言である」（Murielle Tronc, *Une relation mystique* in［Cl, p.216］.）

（39）マタイ福音書一〇・一六「あなたがたは蛇のように賢く、鳩のように無垢でありなさい」（聖書協会共同訳）。当時のアムロット訳では「蛇のように慎重に Soyez donc prudents comme des serpents」と訳されている。アムロット訳については四七三頁参照。

（40）十字架のヨハネは、「非–知（ないし不知）／non-savoir／原文スペイン語では no saber」と表現する。十字架のヨハネは『カルメル山登攀』の中で、預言などの超自然的、霊的認識は神によるものでもあり得るが、悪魔が悪用することもあり、いずれにせよ、そうした認識を拒絶しなければ、神へと向かえないと説く。ジャンヌ流に言えば、そうした異常な認識を通り超えて、裸になって神に従《つ》いてゆかなければならない。「すべてこうしたものは神からの場合もあり、そうでないこともあるわけだが、ともかく、そうしたものに頼っているなら、神への歩みのためにそれが役立つということはほとんどあり得ない。それどころか、そうしたものを避けるように警戒しなかったならば、心を乱すだけでなく、さらにそれを深く傷つけ非常な過ちをおかすことになるだろう。〔…〕ただ一言、『不知』によって神に向かって歩むことを望み、そうしたものを絶えず避けるべく注意を払うようにとだけつけ添えておく」（十字架の聖ヨハネ『カルメル山登攀』奥村一郎訳、ドン・ボスコ社、二〇一二年、三一七頁）。

十字架のヨハネ（Juan de la Cruz, 1542-1591）は、男子跣足カルメル会の創立者であり、キリスト教界の代表的な神秘家の一人。後にもよく出てくるが、フェヌロン、ジャンヌは十字架のヨハネの言説に多くを拠っている（Jean Baruzi, *Saint Jean de la Croix et le problème de l'expérience mystique*, Edition Salvator, 1999, [réédition de la deuxième édition de 1931], p.491~）。

（41）親鸞は『教行信証』信巻で、「至心に廻向して」と本来は読む『無量寿経』の一節を引用して、「至心に廻向せしめたまへり」と、敬語を付け加えて、強引に主語を読み変える。原文ではあくまでも「私」が主語だ。「私が至心に廻向する」ように努力するのだ。それを親鸞は、「廻向せしめたまへり（あるいは、廻向したまへり）」と、敬語を付け加えることで、主語を阿弥陀仏にしてしまう。私のために「阿弥陀が至心に廻向してくださる」と取るのだ。私は、ただ阿弥陀の廻向してくださるのを受けるだけだ。徹底した受動性を貫く文体は、ジャンヌと共通している。

（42）詩編三六–一〇「あなたの光によって、私たちは光を見ます」（聖書協会共同訳）。

(43) 鶴岡賀雄『十字架のヨハネ研究』創文社、二〇〇〇年。
(44) Mallet-Joris, *Jeanne Guyon*, p.313.
(45) Cognet, *Crépuscule des mystiques*, p.146.
(46) Cognet, *Crépuscule des mystiques*, p.138.
(47) Bossuet, *Relation sur le Quiétisme*, *Œuvres complètes*, 1863.
(48) 以下を参照。Le Brun, *La Spiritualité de Bossuet*, 1972.
(49) 若きアルベール・カミュの先生でもあった哲学者・作家ジャン・グルニエ(Jean Grenier, 1898-1971)は、老荘思想と静寂神秘思想との類似性について先駆的な論考を書いている。ジャンヌとフェヌロンも登場する。Jean Grenier, *L'Esprit du Tao*, Flamarion, 2010.
(50) 「わたしは知恵ある者の知恵を滅ぼし、賢い者の賢さをむなしくする」(コリントの信徒への手紙一 一―一九)、「神は知恵のある者を恥じ入らせるために、この世で愚かとみなされているものを選び出し」(同一―二七、フランシスコ会聖書研究所訳)。
(51) Phelipeaux, *Relation*,t1, p.89.
(52) フランスの哲学者・批評家ロラン・バルト(Roland Barthes, 1915-1980)が『サド、フーリエ、ロヨラ』の中で書いている。バルトは、イエズス会の創立者であるイグナチオ・デ・ロヨラがイメージの領域までも言語的体系として構成しようとしたことについて考察し、それは「言語作用が正統的な信仰を保証するからだ」と書く。なぜなら一つには「言語作用はキリスト教的な告解の特性を正当化するものだからだろう」と指摘する。これは、フーコー的な告解論に繋がるだろう。そして、「言語作用――はっきりと分節されるという本性において――それこそが、ボスュエがキエティスト的な異端に対立させるものだ」として、ジャンヌとボスュエとの対立を読み解く。「ギュイヨン夫人は、空っぽの念祷〔つまり〈沈黙の祈り〉〕について、『行為も言説もない深い潜心』として定義した」。これに対して「ボスュエは『信仰の行いは、言説的な方法で示さなければならず、魂は明白におのれの救済を求めなければならない』と規定する」。ボスュエにとって「一言で言えば、分節化されなければ祈りというものはないのだ」と、バルトはまとめる(Roland Barthes, *Sade, Fourier*,

Loyola, Editions du Seuil, 1971（『サド、フーリエ、ロヨラ』篠田浩一郎訳、みすず書房、一九七五年）。この注においては、上記の日本語訳を参考に、筆者が原文から訳した）。

（53）ジャンヌは、「本体的 substantiel」という用語を、十字架のヨハネの用語（「本体的言葉 palabras sustanciales」、「本体的接触 toque sustancial」など）から取っているだろう（以下、参照：鶴岡賀雄『十字架のヨハネ研究』創文社、二〇〇〇年）。示唆深いことに、彼女の『弁明書』での先行テキスト引用中、本体的 substantiel と、その副詞化である substantiellement は二六箇所使われているが、そのうち一八箇所が十字架のヨハネの引用で、彼の引用ではない八箇所のうちの五箇所についても、弟子による十字架のヨハネの解説中の引用だ。

（54）Cognet, *Crépuscule des mystiques*, p.333.

（55）『神的摂理への明け渡し』および『信のうちに念祷をするための短くて簡単な方法』のテキストと、歴史的経緯については、以下に拠った。*L'Abandon à la Providence divine. Autrefois attribué à Jean-Pierre de Caussade:* nouvelle édition établie et présentée par Dominique Salin, Paris, Desclée de Brouwer,2005. Jacques Le Brun, *Les opuscules spirituels de Bossuet: Recherches sur la tradiiton Nancéienne.* Nancy, Annales de l'Est: publiées par la Faculté des Lettres et des Sciences humaines de l'Université de Nancy, mémoire n 38, 1970.

（56）*Correspondance de Fénelon*, t4, 1976, p.t60-61 (352).

（57）同前。

（58）同前。

（59）キエティスム論争の詳細については村田真弓「解説と解題　フェヌロン」『キリスト教神秘主義著作集15　キエティスム』を参照。

（60）Bossuet, *Instruction sur les états de l'Oraison, Œuvres complètes*, 1863.

（61）『諸聖人の箴言解説』は以下、参照：村田真弓訳「純粋な愛についての考察　フェヌロン」『キリスト教神秘主義著作集15　キエティスム』およびその「解説と解題　フェヌロン」（村田真弓）。
Fénelon, *Explication des maximes des saints sur la vie intérieure, Oeuvres t1*, 1983.

（62）Bossuet, *Relation sur le Quiétisme, Œuvres complètes*, 1863.

(63)同前。

(64)同前。

(65)Fénelon, *Réponse de monseigneur l'archevêque de Cambrai à l'écrit de monseigneur l'évêque de Meaux intitulé Relation sur le Quiétisme, Œuvres, t1*, 1983, p.1100.

(66)同前 p.1109。

(67)「神は愛です。愛の内にとどまる人は、神の内にとどまり、神もその人の内にとどまってくださいます」(ヨハネの手紙一 四・一六、聖書協会共同訳)。

(68)ヨハネの手紙一 一・五。

(69)「万物は言によって成った。言によらずして成ったものは何一つなかった。言の内に成ったものは、命であった。この命は人の光であった。光は闇の中で輝いている。闇は光に勝たなかった」(ヨハネによる福音書一・三―五、聖書協会共同訳)。

(70)「闇は光を理解しなかった」[Et la lumière luit dans les ténèbres, et] les ténèbres ne l'ont point comprise」(アムロット訳。アムロット訳については四七三頁「聖書註解」注3を参照)。このくだりについて、ジャンヌは『聖書註解』で、こう解説する。

「この光、イエス・キリストである〈ことば〉の光は、〈信〉の聖なる闇の中に輝いている。[「〈信〉の聖なる闇」は、〈闇の信〉あるいは〈裸の信〉のこと]。そのたましいは、真理の光に貫かれている。しかし、たましいは、それを識別できない。[つまり、そのたましいは、真理の光、すなわち〈ことば〉の光を受けているけれども、〈裸の信〉の状態にあるから、認識できないわけだ][…]すばらしいことだ。〈信〉にあるたましいは、ほかのたましいよりもずっと光に照らされている。けれども、その光があらゆる光を超えているものだから、まるで光がまったくないかのように思うのだ。なぜなら、その光は、まったく判別できないからだ。[…]逆に、判明な認識と光を得ているたましいは、一見、とても照らされているかのようだが、実は、ほんの少ししか照らされてはいない。[「判明な認識と光を得ているたましい」――つまり、分節によって神を認識し理解しようとする者のこと。ジャンヌの言う〈光の信〉にあるたましい。〈光の信〉にある者は、自分ではとても〈ことば〉の光を得ているように思い込んでいるが、実は、たいして照らされてはいないというのだ〉」[NT, t4, p.6-7]。

(71) 関東から京都に戻った晩年の親鸞のもとに、関東の念仏者たちが訪れ、念仏について親鸞に問い質す。親鸞は、「念仏は、まことに浄土にむまる、たねにてやはんべるらん、また地獄におつべき業にてやはんべるらん、総じてもて存知せざるなり。たとひ法然聖人にすかされまひらせて、念仏して地獄におちたりとも、さらに後悔すべからずさふらふ（念仏がはたして極楽に生まれる原因になるのか、はたまた地獄に堕ちる行為となるのか、まったく知るところではありません。かりに法然上人にだまされて、地獄に堕ちたとしても後悔はしません）」と答えて、こう締めくくる。「愚身の信心にをきては、かくのごとし。このうへは、念仏をとりて信じたてまつらんとも、またすてんとも、面々の御はからひなり」（私の信心とはこのようなものなのです。かくなるうえは、皆さま方が念仏の教えを信じようと、また反対に捨ててしまわれようと、それはお一人お一人のお考え次第なのです）（『歎異抄』訳・注・解説　阿満利麿、ちくま学芸文庫、二〇一六年）。

(72) Mallet-Joris, *Jeanne Guyon*, 1978, p.599.

(73) 同前。

(74) 同前 p.600。

(75) *Correspondance de Fénelon*, t12, 1990, p.t267 (1121).

(76) *Correspondance de Fénelon*, t14, 1992, p.t245 (1377).

(77) 同前。

(78) 同前。

(79) 「あなたの戒めの道を走ります。／あなたが私の心を広げてくださるからです」（詩編一一九・三二、聖書協会共同訳）。

(80) ポワレについては主に Chevallier, *Pierre Poiret 1646-1719*, 1994に拠った。

(81) プロテスタントの指導的立場にあった牧師ジャン・クロードによる『フランス王国で残酷にしいたげられているプロテスタントの抗議』の一節。『ピエール・ベール著作集　第二巻　寛容論集』野沢協訳、法政大学出版局、一九七九年に拠った。以下、ジュリュー、ベールら亡命プロテスタントについても同書に拠った。

（82） Pierre Poiret, *La Paix des bonnes âmes*, édition critique par Marjolaine Chevallier, Genève, Librairie Droz, 1998.

（83） Pierre Poiret, *Écrits sur la Théologie mystique: Préface, Lettre, Catalogue*, introduction et notes par Marjolaine Chevallier, Jérôme Millon, 2005.

（84） Chevallier, *Pierre Poiret 1646-1719*, 1994, p.118. ドイツ語原文のフランス語訳による。

（85） 注29参照。

（86） 「ヤコブ・ベーメは、ボヘミア山中に近い町ゲルリッツに住む靴匠であった。〔…〕その神智学的自然神秘思想はモリノスに発しギュイヨン夫人において大成する静寂神秘思想とともに、一七、一八世紀における汎ヨーロッパ的神秘思想運動の二大潮流の一つとなった。また、ベーメとほぼ同世代の思想家に、ベーコンとデカルトがいる。ともにイギリス経験論と大陸合理論の始祖であるが、一七世紀以降のヨーロッパ精神史を考察する場合、この両哲学にベーメの神秘思想を加えることが不可欠である。これら三者は、中世からルネサンス、宗教改革を経て近世に入ろうとしていたヨーロッパが直面した危機に、それぞれの立場から解答を与え、思想革命をもたらした人物だからである」（岡部雄三『ヤコブ・ベーメと神智学の展開』岩波書店、二〇一〇年）。

（87） スコットランド・サークルについては主に以下に拠る。*Mystics of the North-East: including I. Letters of James Keith, M.D., and others to Lord Deskford; II. Correspondence between Dr.George Garden and James Cunningham:* edited with introduction and notes, by G. D. Henderson (..), Aberdeen, printed for the third Spalding club, 1934.

（88） *Comparative theology; or, The true and solid grounds of pure and peaceable Theology*, Glasgow, Foulis, 1752.

（89） 以下の登場人物については主に以下に拠った。Dominique Tronc, *Écoles du Coeur au Siècle des Lumières: Diciples de Madame Guyon et leurs influences* 私家版。

（90） 以下に拠る。岡部雄三『ヤコブ・ベーメと神智学の展開』岩波書店、二〇一〇年。

（91） 以下に拠る。［V. 5.2, p.983-1020 ;5.3, p.1020-1023］

(92) この箇所は、手稿では取り消し線が引かれている。ジャンヌの威厳が損なわれるという配慮かもしれない。

(93) マザーのル・ピカールやシスターたちが固い友情でジャンヌと結ばれた、あのモーの聖母訪問会が中心だった可能性が高い。そこから各地の聖母訪問会に広がったのかもしれない。

(94) その後ジャンヌの〈内なる道〉は、カトリック圏では完全に葬り去られてしまう。しかしプロテスタント圏ではピエティスト（敬虔主義者）、キリスト友会（フレンド派、いわゆるクェーカー）、メソジストなどによって、ジャンヌの名はフェヌロンとともに大西洋を渡り、アメリカに広まる。ジャンヌの『自伝』や『短く簡単な祈り』などの英訳が読み継がれてきた。今日ではフランスよりもアメリカでジャンヌ・ギュイヨンのテキストが読まれている。ジャンヌの〈内なる道〉の何がどのようにアメリカのプロテスタント信徒に受容されてきたか、その変遷を辿ることは興味深い。それは宗教史に属する事柄であろう。本書のテーマではない（参考文献：Patricia A. Ward, *Experimental Theology in America : Madame Guyon, Fénelon, and Their Readers*, Waco, Baylor University Press, 2009. Orcibal, *Etudes d'histoire et de littérature religieuses XVIe- XVIIIe siècles*, 1997.）。

主な訳語一覧

a／b／c：a＝本書での訳語　b＝原語　c＝一般的な訳語（a＝cの場合は、cは省略）

①たましい／âme／魂　②こころ／cœur／心　③精神／esprit

この三つの用語はフランス語にせよ日本語にせよ、錯綜している。ここでは、ジャンヌ・ギュイヨンの用法に限って、解釈したい。

①たましい／âme

ジャンヌは、〈たましい âme〉をかなり無造作に使っている感がある。単に文法上の主語として使っているようにも見える。そういう解釈も可能だろう。

ただし、一見無造作のようでいて、ジャンヌの使用法には一つだけ確固としたルールがあることに気づく。常に〈たましい âme〉は〈神 Dieu〉とセットになっている。たとえ神が文面に現れていなくても、〈たましい〉があれば、必ず神が伏在する。〈たましい〉は神と応答関係にある。その応答関係に気づいて、はじめて、〈たましい〉が〈たましい〉としてはたらきだす。ジャンヌにとって、神は〈内 intérieur〉において出会える。その〈内〉という方向性に気づくことで、〈たましい〉が灯る。

日本語訳では、時として〈たましい âme〉を〈わたし〉と訳し、三人称の場合は〈人〉と訳し分けることも可能だ。本来の「人間」を意味する名詞は homme だが、âme が〈内なる神〉に気づいた実存的主体であるのに対し、homme はそれに気づいていない人間、あるいは人間一般。そんなニュアンスでジャンヌは使用していると思ってよいだろう。

②こころ／cœur　③精神／esprit

ジャンヌは〈精神〉と〈こころ〉を対置させる。

ジャンヌにとって〈精神 esprit〉のはたらきは、対象を〈判明 distinct〉に認識すること。つまり、対象化、分節化だ。それは、自己を反省的、再帰的に振り返り、自己を対象化することでもある。〈精神〉〈認識〉〈知性〉の三つが一つの系をなす。

これに対して、〈こころ cœur〉の機能は〈意志 volonté〉だ。対象に向かおうとする志向性、向かいたいという欲望。特にジャンヌにとって重要なのは、神へ向かいたいという欲望であり、つまりは神への〈愛 amour〉だ。〈こころ〉〈意志〉〈愛〉の三つが一つの系をなす。

〈精神〉と〈こころ〉の二項化は、元をたどれば、中世における「主知主義 vs 主意主義」の神学論争にまで遡る。神に接近するのに〈知性〉と〈意志〉のどちらが優位か論争された。主知主義は修道会の中のドミニコ会によって、主意主義はフランシスコ会によって主導された。ジャンヌは、フランシスコ会の流れを汲むエルミタージュ・グループの系流にあるので、主意主義の流れにあるのは十分に頷ける。

ただし、そのエルミタージュ・グループでも、〈こころ cœur〉というフランス語の日常用語、いわば俗語は、キーワードとしてあまり使われなかった。神学用語の〈意志 volonté〉を使うのが主流だった。例えば、ジャンヌの師ベルトは〈こころ〉という用語を使わず、〈意志〉で済ませている。そのベルトの師であり、エルミタージュ・グループの創始者であるベルニエールの著書『内的キリスト者 *Le Chrétien intérieur*』には、ジャンヌの使う意味での〈こころ〉が比較的よく使われている。ベルニエールが聖職者ではなかったことも、日常用語の多用を可能にさせたのだろう。また、ジャンヌの先行世代のフランソワ・ド・サルが〈こころ〉という言葉をキータームとして特に使っている。フランソワ・ド・サルとその盟友ジャンヌ・ド・シャンタルは、若きジャンヌが憧れたカップルだ。サルの『神愛論 *Traité de l'Amour de Dieu*』はフェヌロンにとって欠かせない作品であり、ジャンヌも熟読しただろう。

ジャンヌの〈道〉の体系化の特徴は、〈こころ cœur〉という日常の言葉を前面に出し、〈精神 esprit〉と対置させたところにある。そのことによって、〈意志 volonté〉という神学的な用語にはなかったニュアンスが広がる。ジャンヌの〈こころ〉のはたらきの射程は広い。今日では〈こころ〉と言えば感情のニュアンスが強い。ジャンヌにとっても、そのニュアンスが含まれる。〈沈黙の祈り〉の最初の段階では、神を愛する感情（情愛 affection）を掻き立てるようアドバイスしている。想像的に神を愛することが最初の一歩だ。だが、さらにジャンヌにとって重要なのは、〈こころ〉の感性 sentiment だ。感じること。しかも、内的に感じること。神の愛をリアルに感じる。その喜びと痛みを感じる。それは、内的な直感 instinct だ。言語分節に侵食されない、本来の能力という意味での

「本能的」な直感と言ってもよいだろう。ジャンヌにとってそれは極めて自然 naturel なものだった。この直感を開くことが、ジャンヌの〈内なる道〉の要諦だ。

ジャンヌのテキストを読んでいくと、ジャンヌにとっての〈こころ〉は、感じることを通して〈からだ〉に繋がっていることに気づく。外から観察できる解剖学的な身体ではない。この喜び、この痛みという、自己の感性としての〈からだ〉だ。実存としての生身の〈からだ〉とも言えるだろう。

興味深いことに、この〈こころ cœur〉という用語については同時代のパスカルが幅広い意味を持たせて使っている。その使い方は独特だが、それが「魂の活動、そのダイナミズムの表れ」であり、「精神や理性、推論力と対置」して使われるなど、ジャンヌと共通するところが多い[1]。例えば『パンセ *Pensées*』のこんな一節がよい例だろう。「神から心の直感によって宗教を授けられた人々は、まことに幸せで、まことに正当な確信を抱いている[2]」「神を感ずるのは心であって、理性ではない。これこそ信仰というものだ。心に感じられる神。理性にではない[3]」。ジャンヌはフェヌロンと共に、ジャンセニストを無闇にと言いたくなるほど敵視していた。ジャンセニスト系のパスカルの著作、しかも当時刊行されていなかった『パンセ』等をジャンヌが読んでいたとは考えられない。逆にだからこそ、二人の同時代性を見て取ることができるだろう。

以下、岩波文庫版『パンセ』下巻の「用語集」での「心 cœur」についての塩川徹也の解説だ。「あらゆる認識と行動の出発点となる原理を直感する座とその機能。それは、学問における第一原理（たとえば数学の公理）、意志活動を発動させる原初的な好悪あるいは愛憎の感情、さらには超自然的な存在すなわち神の直感に関わる。心は人間存在の基盤をなす意志の核心であり、それが神に向かうか、それとも神に背いて被造物に向かうかによって、永遠における人間の運命が定まる」(4)――ジャンヌには「学問における第一原理」の直感という発想はなかっただろうが、一方、「超自然的な存在すなわち神の直感に関わる」点は、ジャンヌにとっての〈こころ〉の最も重要なはたらきだ。

（1）以下、参照。Philippe Sellier, *Pascal et Saint Augustin*, Librairie Armand Colin, 1970.［フィリップ・セリエ『パスカルと聖アウグスティヌス』道躰滋穂子訳、法政大学出版局、二〇二一年］。
（2）パスカル『パンセ（下）』塩川徹也訳、岩波文庫、二〇一六年、三四〇頁。「直感」はsentiment、「本能」はinstinct。
（3）同前、三四〇―三四一頁。
（4）同前、三六六頁。

中心／centre　底／fond　内／intérieur

〈内なる道〉では、〈潜心〉という瞑想技法で、〈こころ〉の中に、〈たましい〉のはたらきをすべて集中させることから始まるが、それが深まると、〈中心centre〉に至る。それは〈こころの中心〉であり、かつ〈たましいの中心〉だ。この〈中心〉は、ブラックホールの穴のようなもので、どうなっているか決して分からない。このブラックホールに吸い込まれると、〈たましい〉のすべてのはたらきが機能不全に陥り、〈たましい〉は〈消滅〉する。〈消滅〉して、神のうちにダイレクトに溶ける。〈中心〉は自分の内にありながら、自分のものではない場であり、神にダイレクトに触れられる不思議の場だ。自分の内に、そういう不思議があるわけだ。

このブラックホールに吸い込まれるプロセスを、ジャンヌは「二重の〈中心〉」で説明する。〈わたし〉＝〈たましい〉は、〈わたしの中心〉に沈んでいったつもりでいたが、いざその〈中心〉に吸い込まれてしまうと、〈わたしの中心〉から〈神的中心〉へと、いわば異次元ワープする。

ジャンヌは〈中心〉を〈底 fond〉とも言う。〈中心〉は十字架のヨハネに由来する用語であり、〈底〉はエックハルトにはじまる北方神秘家たちの用語だ。〈内 intérieur〉という用語も、結局、同じ意味だ。

意志／volonté

〈こころ〉の作用。もともとは神学用語だが、ジャンヌは〈こころ〉と同様、この言葉を幅広い意味で使う。まずは、神へと向かいたい、つまり〈内〉へと向かいたいという「志向性」だ。「望み」・「想い」だ。それは〈愛 amour〉でもある。さらに、ジャンヌは〈意志 volonté〉を性的欲望も含めた様々な欲望の意味にも使う。この「意志」と「欲望」の同義性は、興味深い。ジャンヌにとって〈こころ〉と〈からだ〉が繋がっていることが示されている。ただし考えてみれば、これは当時の司牧権力言説に対応しているのではないか。司牧権力は、性的なものを含めた欲望を否定するのではなく、権力が求める方向に誘導し、むしろ煽るのだ。「意志」と「欲望」は、軸を一にしている。ジャンヌにすれば、そのいずれも、落とさなければならない。本書では適時、訳し分ける。

潜心／recueillement

一般には「瞑想」「内省」「精神集中」などと訳されるが、本書ではカトリック用語としてよく使われる〈潜心〉に統一する。瞑想技法のこと。精神のはたらきを、こころの中に集めて、鎮めること。もともとの他動詞 recueillir は「集める」こと。両手で、そっと雨水を戴くようなイメージを想像してもよいだろう。

沈黙の祈り／oraison／念祷

oraison はラテン語の oratio に由来。祈り。ジャンヌの場合はもっぱら「沈黙の祈り oraison silencieuse」を指す。〈潜心〉による瞑想の祈り。念祷と呼ばれる。言葉による一般的な祈りは prière を使う。本書では oraison ＝沈黙の祈り、prière ＝祈り、と訳す。

信／foi／信仰

foi は「信仰」と訳すのが通例だが、この言葉は歴史的には「信仰 croyance」の意味だけではなく、一般的な「信頼 confiance」の意味でも使われてきた。ジャンヌ自身、二つの foi を区別している。一つは《神学的・教義的な美徳としての、すべてのキリスト教信徒に共通のもので、聖書や教会の教えに根拠をもった foi》――これは croyance、日本語の「信仰」に重なる。もう一つは《完全な明け渡しをもたらす、愛としての foi であり、信頼 confiance としての foi》――ジャンヌが〈内なる道〉で語るのは、もっぱら後者の「信頼」としての foi だ。神への「絶対的な信頼」だ。本書ではこの foi

を〈信〉と訳す。

〈信〉という訳語にあたっては『鈴木大拙の英訳にもとづく現代日本語訳　親鸞『教行信証』』（東本願寺出版、二〇一五年）を参考にした。「教行信証」の鈴木大拙による英訳をさらに日本語訳するというユニークな現代語訳『教行信証』なのだが、その中で、鈴木が「信」の英語訳で当てたfaithを「〔心身を挙げての〕信頼」と日本語訳している。

ジャンヌは〈信〉のあり方を三つに分けている。①〈**光の信**〉は、知性認識の光だ。言語分節によって自分のこころの状態や、対象としての神を確認しようとする〈信〉のあり方だ。人間は何でも認識できるという驕りによるもので、ジャンヌはこれを戒める。②〈**味わいの信**〉は、こころで神を感じる〈信〉のあり方だ。何も考えずに、〈神の現前〉の〈享楽〉に耽溺する〈信〉のあり方。ジャンヌは〈光の信〉ではなく〈味わいの信〉に入れとガイドする。しかし〈味わいの信〉は、顕著な言語化、対象認識化がないとは言え、やはり感じることで対象化の作用がはたらいている。③〈**裸の信**〉は、その味わいさえなくなった〈信〉だ。純粋に神を信頼し、一切の確かさを求めず、やみくもに闇を進む。言語の衣装を脱ぎ、自我の鎧を脱ぎ、裸になって、神に自分を開く。ジャンヌは〈闇の信〉・〈純粋な信〉などとも呼ぶが、この〈信〉こそが本来の〈信〉だと強調する。

裸／nu

ジャンヌはこの言葉を大切にする。一般に、神秘家用語では「空っぽ」・「純粋」と同義で使われる。しかしジャンヌはあくまでも〈裸〉という言葉の肉感性にこだわる。

ジャンヌにとっての「裸」という言葉のニュアンスを感じ取るには、神学的な用語解釈にとどまってはダメだろう。彼女は言葉のニュアンスを自分の感性でずらしていく。だから読み手も、もっと奔放な詩的イメージに飛び出したほうがよい。例えば意外にも、こんな日本の現代俳句がジャンヌの〈裸〉を全く別の情景として、私たちに美しく示してくれている。

雪ふれば雪のしづかにふる裸（富澤赤黄男）

この〈裸〉の受動性と官能性。喪失と静謐。自由と至福。真っ白さ、無心が、ジャンヌの内なる光景と不思議に重なり合っている。

明け渡し／abandon／自己放棄

ジャンヌのキーワードの一つ。〈明け渡し〉は古今東西の多くの〈道〉に共通するアプローチだ。英語のサレンダー surrender、サレンダリング surrendering。無条件降服、武器譲渡の意味合いがある。〈信〉によって神を絶対的に信頼し、無条件に自分を神に明け渡すこと。

現代の静寂者と称すべきリリアン・シルブルン（Lilian Silburn, 1908-1993）が、以下のようにそのポイントを美しく巧みに要約している。これは、彼女の師だったインドのスーフィー、ラダ・モハン・ラル・アドハウリヤ（Radha Mohan Lal Adhauliya, 1900-1966）の言葉を覚書としてメモし、コメントを付したものだ。

「師が私に言った。これまでの明け渡し（surrendering）は、自らの意志による知性的な同意でしかなかったが、これから求められるのは、全存在の明け渡しだ。意識とともに潜在意識も明け渡す。師への絶対的な信頼、愛だ。その目的とは、一性のうちに一になること。明け渡しは隷属（slavery）ではない。――確かに、明け渡しは、深い愛なのだ。それによって、師はあなたを腕に抱え、川を渡ることができるのだ。師は、決して『明け渡せ』とは言わない。そうではなくて、自分で自分自身を忘れるのだ。

自分をどこか別のところに放って置けば、それがサレンダーだ（you put yourself somewhere else and you have surrender.）――」（Jacqueline Chambron, *Lilian Silburn, une Vie Mystique*, Édition Almora, 2015）

自我ほどき／désappropriation／脱我有化

ジャンヌのキーワードの一つ。dé -(s)-appropriation：脱（dé）・我有化（appropriation）。元となる〈我有 propriété〉は今日では主に土地などの「所有・所有物」の意味で使われるが、「自己の固有性」の意がある。一七世紀には、amour propre（自己愛）などの言葉がよく使われた。ジャンヌは〈我有 propriété〉を「自己への執着」のニュアンスで使う。〈我執〉と訳してもよいだろう。従って、désapproprioation は〈脱我執〉としてもよい。そうしたニュアンスを含めて、本書では〈自我ほどき〉と訳す。

消滅／anéantissement／自己無化

フランス語では、古くは一四世紀の神秘家マルグリット・ポレート（Marguerite Porete, 1250–1310）の用語。スーフィーの「ファナー fana」に相当。言語が脱落し、自我が完全にほどけ、たましいが〈死〉に至ってから、しばらくして、その〈死〉が定まった境地が、ジャンヌにとっての〈消滅〉だ（厳密には、スーフィーの「ファナーのファナー」に相当）。〈消滅 anéantissement〉は即、〈甦り résurrection〉だ。スーフィーでの「ファナー fana（消滅）」即「バカー baqa（存続）」に相当する。

ジャンヌにおいては、〈消滅〉は暗い自虐的なイメージではない。むしろ広々として自由な、静寂の境地。

享受・〈享楽〉／jouissance／享受

この言葉は古くは法律用語として使われ、「ある物を所有せずに、その成果としての果実を得る権利を有する」ことが主たる意だった。さらに「役に立たずに、ただ享受する」というニュアンスで使われるようになった。さらに、別の語源（ラテン語 gaudere）による似た語音の言葉「喜び joie」と相まって、感覚的な喜びのニュアンスが混じるようになった。そして、神秘家用語として頻用されるようになる。

ジャンヌは、この言葉を〈神の現前〉とセットで使う。「神が現に・ここにいることを実感して歓ぶ」という意味だ。〈神の現前〉は自分のものではないから、その歓びをただ享受するだけなのだ。

さらに、その喜びの実感は、生身で感じる甘美で強烈な享楽だ。それは、根源的ないのちの実感とも言えるだろう。

ちなみに、一六九〇年版の辞典（*Furetière*）には「女性と肉体的に一緒になる」という解説があり、aimer et jouir est la grande félicité de ce monde（愛し、享楽／享受することは、この世での至福）という用例が挙げられている。一方で、別の解説では「霊性的、倫理的なことについても言う」として、les saints jouissent de la gloire éternelle de la vision béatifique（聖人は至福直観の永遠の栄光を享受／享楽する）という用例も挙げられている。

Jouissance 享楽は、現代ではラカン派の精神分析用語として定着している。ここで、二〇世紀後半の思想界に大きな影響を与えた精神分析家ジャック・ラカン（Jacques Lacan, 1901-1981）の享楽論を、ジャンヌの体験に引き寄せてかいつまんでみよう。

言葉を喋る存在である人間は、言語世界に参入することで（つまりシニフィアンに関わり、象徴界に参入することで）はじめて主体として立つことができる。しかし言語を獲得することで、主体が原生的に享受していたはずの「存在の生き生きとした部分」を喪失してしまう。「原享楽」とも言うべき象徴化不可能な、いわば生《なま》の享楽を、人はあらかじめ失うべく決定づけられている（ジャンヌに沿って言えば、人は言葉に生きることで、分節不可能な〈ことば〉つまり神を実感、享楽できなくなることが決定づけられている）。この疎外は決定的であり、取り返しがつかない。シニフィアンの領野にいるかぎり、主体はこの原享楽に到達できない。仮に到達したとすれば、それは主体としての死滅を意味するだろう。

この喪失した原享楽の埋め合わせに、人はあくまでも象徴界のシステム内で対象化された「部分的な享楽」を得ようとする。この部分的な享楽を「ファルス享楽」と、ラカンは呼ぶ。しかしそれでは十全な満足を得ることが決してできない（精神分析家であるラカンには常にセクシュアリティの問題が臨床の根底にあるが、あえてジャンヌ流に解釈すれば、神の「恵み」などの意味分節された「部分的な」対象に依存しては、〈神そのもの〉を得られないのだ）。

ざっと以上がラカンの享楽についての理論だが、ラカンは後期になって象徴界から現実界へと軸足をシフトした。そしてその過程でラカンは「〈他〉の享楽」の可能性を提示した。それは「ファルス享楽」に欠けているものを「補完」するのではなく（つまり補完関係にあるのではなく）、あくまでも「追加的」な享楽だという。そしてラカンは「ファルス関数」という概念を持ち出す。

「ファルス関数」とは、主体が言語を獲得して、象徴界に参入することで失ってしまった現実界のリアルな享楽を諦めろと、「父の名」においてそれを禁じ、その喪失を「去勢」として受け入れさせる機能だ。そして、その穴埋めとしての「ファルス享楽」を起動させる機能だ。言い換えれば、象徴界の規範性に関わる関数だ（「ファルス」を関数化することで、この言葉に付き纏う男根的なニュアンスを薄め、機能として抽象する意図が、この「ファルス関数」と言う用語にはあるだろう）。人間は言語世界で主体として生きるには、この関数と関わらざるを得ない。「ファルス享楽」はこの「ファルス関数」による「去勢」を全面的に受け入れ、その結果として得られる享楽だ。一方、「〈他〉の享楽」は「ファルス関数」に必ずしも関わるわけでもなく、関わらなくもないという、「去勢」のルールから逸脱し得るものなのだ。

　興味深いことに、この「〈他〉の享楽」に関して、ラカンは神秘家を引き合いに出している。これは後期ラカンの幕開けとなる一九七二年から七三年にかけてのセミネール『アンコール』の中で言及されたものだ。ラカンはベルリーニのアヴィラのテレサの彫刻について、こう語る。「あなた方はすぐに彼女が享楽していることを理解するでしょう。それは疑いもありません。では、彼女は何を享楽しているのでしょうか？　明らかなのは、神秘家たちの本質的な証言とは、自分たちはそれを体験しているが、それについて何も知らないとまさに語っていることです」――つまり「〈他〉の享楽」とは認識不可能で、語り得ない享楽であり、一切のシニフィアンと関わりを持たないのだ。ジャンヌの〈内なる道〉で言えば、それは分節不可能な〈ことば〉体験に相当する。言語脱落による自我主体の〈死〉を経ることでしか到達できない〈消滅〉のゼロ・ポイント体験だ。

　ラカンはこの「〈他〉の享楽」を「性別化の式」のなかで、「女性」の側の享楽として位置付ける。しかし十字架のヨハネのように「雄」であっても「天賦の才に恵まれた」者であれば「男性」の側に縛られることはない、つまり「ファルス関数」に全面的に囚われるわけでもないと言う。

　もちろん、ラカンは神秘家を分析するために「〈他〉の享楽」を用いたわけではなく、「女性」の側の享楽を分析するために導入したものだが、しかしこの視座は、ジャンヌの〈ことば〉体験を理解するうえで示唆的だ。

　「ファルス関数」から一時的に外れ、つまり言語世界の象徴規範が一時的に機能せず、「神」というシニフィアンさえ張り付かない「神の他の面《つら》 autre face de Dieu」と言える〈神そのもの〉のリアルを無媒介に享楽する体験――ジャンヌの〈ことば〉体験は、そうした「〈他〉の享楽」的な体験としても理解できるだろう。そうであれば、これに対してボスュエは、「父の名」において、ジャンヌに「ファルス関数」に従うよう、そして家父長制システム下の「ファルス享楽」の体制に全面的に組み込まれるよう命じ、「〈他〉の享楽」的な逸脱を禁じるのだ。

しかし、留意したい点がある。ジャンヌは決して「ファルス関数」を否定しているわけではないのだ。これは本編で繰り返し述べている主要テーマに関わる。ジャンヌの〈ことば〉体験では、〈消滅〉は〈甦り〉だ。ゼロ・ポイントとしての無分節体験の後に、ジャンヌは新たに分節世界に戻るのだ（本編で述べたように、厳密に言えばこのゼロ・ポイントでは意識が完全に無効化しているから、当人にとっては何もなかったに等しい。何らかの意識が働いている前後の時間が切れ目なく連続しているだけだ。無分節体験の余韻が、残り香のようにそこはかとなく残るだけなのだ）。前述の『アンコール』の一節で神秘家たちが、「自分たちはそれを体験しているが、それについて何も知らないとまさに語っている」という場合、その「語っている」時点はゼロ・ポイントから分節世界に戻った時点に他ならない。つまり主体として再び「ファルス関数」に関わっているのだ。「ファルス関数」の機能不全は一時的でしかない。日常を生き続けるには、当然のことだ。

ただし、ここからが重要なのだが、ゼロ・ポイントの無分節体験以前の固定化された分節世界と、以後の分節世界は決定的に違う。ゼロ・ポイント後のジャンヌは、あくまでも無分節を通して分節世界を重層的に見ている。分節された現象世界を成り立たせる分節規範が仮構として相対化されている。つまり、「〈他〉の享楽」的体験の後の「ファルス関数」は相対化されるのだ。その相対化された「ファルス関数」に、ジャンヌは関わらないこともなく、関わらなくもあるという自在さで、その折々に関係するわけだ。この重層性のからくりは、体験のないボスュエに理解できなかっただろう。二人のやりとりの嚙み合わなさの根本的な原因は、そこにあったのではないか。もっとも、そのからくりを知って、ボスュエが納得したわけでもないだろうが。

いや、案外ボスュエは勘づいていたのかもしれない。「暖簾に腕押し」のジャンヌに対するボスュエの苛立ちの本当の原因はそこにあったのかもしれない。

（参考文献 Jacques Le Brun, *Le Pur Amour de Platon à Lacan*, Seuil, 2002; Jacques Lacan, *Le Séminaire, Livre XX. Encore* (1972-1973), Texte établi par Jacques-Alain Miller, Seuil, 1975.［ジャック・ラカン『アンコール』藤田博史・片山文保訳、講談社選書メチエ、二〇一九年］、松本卓也『人はみな妄想する――ジャック・ラカンと鑑別診断の思想』青土社、二〇一五年、松本卓也『享楽社会論――現代ラカン派の展開』人文書院、二〇一八年）

沈黙のコミュニケーション／communication silencieuse

「内なるコミュニケーションcommunication intérieure」「恩寵のコミュニケーションcommunication de Grâce」などとも呼ばれるが、本書では「沈黙のコミュニケーション」に統一する。コミュニケーションは、分かち合い。ジャンヌの〈内なる道〉の真骨頂。

静寂／quiétude

当時、ジャンヌたち瞑想系の神秘家は、静寂主義者 quiétiste と呼ばれていた。これはもともとモリノス一派に異端のレッテル貼りをするために使われた呼称だ。カトリックの教皇庁によりモリノスが異端断罪され、静寂主義的な本が禁書に処せられるようになってからは、「静寂」という言葉はいわばタブー視された。ジャンヌがこの用語を慎重に回避するのはそのためだ。代わりに、ジャンヌは「休息・休らい repos」を使う。しかし「静寂主義者」は言い得て妙な呼称だ。プロテスタント圏では、もちろんカトリックへの対抗もあろうが、この呼称はむしろ肯定的に捉えられていた。いずれにせよ〈静寂〉・〈休らい〉は、ジャンヌの道の最終的な境地に他ならない。ジャンヌを静寂者と呼ぶ所以だ。

〈ことば〉／Verbe／御言《みことば》

ジャンヌは〈内なる道〉の体験知を体系化する際、Verbe（本書では〈ことば〉と置く）を中心に組み立てる。そもそも「神、イエス・キリストは〈ことば〉であり、永遠のいのちだ」というのは、キリスト教の根本的な発想だ。だがジャンヌは、この〈ことば〉をラジカルな分節不可能性として捉える。〈ことば〉は人間には意味分節できない。絶対に理解できないし、そもそも認識できないのだ。人は、言語脱落の沈黙によってのみ〈ことば〉に触れられ得る（詳しくは「ジャンヌの〈ことば〉観」参照）。

ジャンヌの〈ことば〉観

〈ことば〉は分節されない

ここで改めて、ジャンヌの〈ことば〉観について、ジャンヌ自身による解説を読んでみよう。これは、晩年のジャンヌが、プロイセンのメッテルニヒ男爵の質問に答えて書いたものだ。ジャンヌはメッテルニヒに、〈精神〉ではなく〈こころ〉で祈れと、繰り返し指南する。だが、メッテルニヒには、なかなかピンとこない。そこで、ジャンヌは〈ことば〉と絡めて、こう説明する。

注意深くあるべきなのは、こころです。〈ことば〉は、分節された言葉ではありません。分節された言葉は、天使が使うものです。〈ことば〉の言うは、はたらきなのです。このはたらき、この〈ことば〉は、精神には何も分からせずに、こころを導くのです。それで、自分では知らないうちに行動していることに、たましいは驚くのです。たしかに神は媒介的な言葉で導くこともありますが、それは全く別のやり方で、それほど内密でも深くもなく、広がりも少なく、想像が混じることもあるのです。このやり方は、福者・十字架のヨハネによれば、誤解が生じやすいものです。[Cl. 419, p.755]

「〈ことば〉は、分節された言葉ではありません」――〈ことば〉は、人間の言葉のように、意味分節されない。そう、ジャンヌは強調する。

「〈ことば〉の言うは、はたらきなのです。このはたらき、この〈ことば〉は、シンプルで安らかです」――「言う」と直訳したが、神である〈ことば〉の言うは、人間が言葉を言うのとは、全く違う。ことばするとでも訳したらよいだろうか。あまりにシンプルで純粋なはたらきだから、人間には認識できない。

「精神には何も分からせずに、こころを導くのです」――純粋なはたらきとしての〈ことば〉は、〈精神〉によって認識されず、〈こころ〉に直接はたらきかける。だから、祈るときに注意深くあるべきなのは〈精神〉ではなく〈こころ〉なのだと、ジャンヌは言う。

「それで、自分では知らないうちに行動していることに、たましいは驚くのです」――そうやって〈ことば〉は、〈精神〉で認識されず、つまり意識されることなく、ダイレクトに〈こころ〉にはたらきかける。いわば、肚《はら》に来る。そして、〈わたし〉という〈たましい〉は自分が何をしているか意識しないまま、いわば無心になって、自ずと然るべく動いている。それで、〈わたし〉は、後になって自分がやったことに驚くのだ。ただし、この場合の〈わたし〉はすっかり自我消滅していなければならない。〈わたし〉でなければならない。

「分節された言葉は、天使が使うものです」――例えば、受胎告知を思い起こせばよいだろう。天使が、聖母マリアに懐妊を伝える場面だ。このとき、天使は人間に理解できるように、何らか意味分節され得る言葉でメッセージを伝えるはずだ。意味が伝わらなかったら、天使もマリアも途方に暮れてしまう(1)。

「たしかに神は媒介的な言葉で導くこともありますが」——たしかに神は、直接無媒介に〈こころ〉にはたらきかけるだけではなく、時には人間の言葉に分節還元できるメッセージを媒介的に伝えることもあると言う。幻視、霊聴、啓示のたぐいのことだ。しかし、それはどうしても限界がある。受け手の側の想像が混じってしまうこともあり、誤解が生じやすいという。前にも書いたとおり、ジャンヌはこうした神秘体験について常に否定的だ。

最後に十字架のヨハネの名が挙がっているが、当時、彼は「福者」に列福されていた。ジャンヌは、自身の道を体系化するにあたって十字架のヨハネの言説に多く拠っている（四一八頁注40参照）。

〈ことば〉の実効性

この〈ことば〉の無分節性について、ジャンヌは何度も書いている。せっかくだからさらに引用しよう。例えばこんな手紙の一節がよくまとまっている。ここでジャンヌは、仲間に〈内なる道〉のコツを指南した後に、こう書く。

> 私の言いたいことを、神自身があなたに説明してくれますように。分節された、判明な、感知できる言葉によってではなく。造られざる、識別できないことばによって。それが神の〈ことば〉なのです。[C3, 254, p.342]

「分節 articulé」され、「判明 distinct」に認識できて、ちゃんと聞こえて「感知 sensible」できる言葉とは、人間の言葉 une parole だ。神である〈ことば Verbe〉は、そうではない。「造られざる」とは神のことだ（万物は神によって造られた。裏を返せば、神によって造られなかったのは、唯一神自身だ）。〈ことば〉は、人間には「識別できない non distinguible」「ことば la parole」だ。

この手紙の中でジャンヌはあれこれ指南を書いたけれども、最後に、そうした言葉によって理解しようとするのではなく、とにかく〈ことば〉のはたらきを直接体験しろと、そうまとめているわけだ。

さらに、こう続く。

> それは、実効的なことばです。なぜなら、イエス・キリストにおいては、言うが、するなのです。神のうちでは、たましいに〈ことば〉を産むことが、たましいに〈ことば〉を語りかけることなのです。［同前］

イエス・キリスト、すなわち神としての〈ことば〉にとって、言うは、するだという。さっきもあったように、純粋なはたらきなのだ。ジャンヌが旧約聖書の創世記註解で説明しているが、神が「光あれ」と言うことは、即、光があることだ。〈ことば〉は、そういう「実効的な effective」、あるいは即効的なはたらきだ。〈ことば〉がたましいに「語りかける parler」（あるいは、ことばする）とは、たましいに〈ことば〉を産むことなのだという。

〈ことば〉は人間の言葉のように、認識できるメッセージを伝えるのではなく、たましいの奥底に、ダイレクトに、いのちとしての〈ことば〉をもたらすのだ。
そして、続く。

ここで私が言っているのは、あくまでもこの本体的な造られざることばのことであって、天使や悪魔が作り出す媒介的な言葉ではありません。そうした媒介的な言葉は、発音された、分節された言葉です。［同前］

造られざる神のことばは「本体的」だと言う。ジャンヌは、「本体的 substantiel」という用語を、十字架のヨハネの用語「本体的言葉 palabras sustanciales」から取っているだろう（四二〇頁注53参照）。「天使や悪魔の、発音された、分節された言葉」とは、「はっきり聞き取れるように分節された言葉」という意味で、先に触れたとおりだ。
以上のように、〈ことば〉の無分節性と実効性が、ジャンヌの〈ことば〉観のポイントだ。

生きたことば、生かすことば

もうひとつ、ジャンヌのこんな手紙の一節を引用しよう。

この生きたことば（Parole）、生かすことば、それは〈ことばVerbe〉です。それは、たましい全体に浸透し、『キリストにならいて』の言うように、言葉の音がありません。他のものは、たましいの諸能力のうちに受け止められるのですが、これは、たましいの〈中心〉のうちに受け止められるのです。［D. 1.12, p.117］

生きとし生けるものを生かす、生きたことば。それは音節として聞こえない。認識されないまま、ダイレクトに、たましい全体に浸透するのだという。人間の言葉や天使の言葉は「たましいの諸能力のうちに受け止められる」――つまり、聴覚で聞き、視覚で見え、精神によって認識され、記憶される。しかし、〈ことば〉は、たましいの〈中心〉（あるいは〈底〉）に、ダイレクトに直感される。

ちなみに『キリストにならいて』は、一四、五世紀の書で、キリスト教関係書として聖書に次ぐベストセラーと言われる。日本でも一六世紀から何度も翻訳されている。(2)

注

（1）この「天使の言葉」は、新約聖書のコリントの信徒への手紙一　一三・一に拠っていると考えられる。この箇所、日本語訳では例えば「たとえ、人々の異言、天使たちの異言を語ろうとも、愛がなければ、私は騒がしいどら、やかましいシンバル」（聖書協会共同訳）となっている。「異言」は「一般の人には理解しにくい日常言語とは別の信仰表白の言葉。〔…〕異言を語る能力は聖霊によって与えられる『霊の賜物』（カリスマ）の一つ」（聖書協会共同訳・用語解説）であり、「意味不明の音声の羅列」（岩波・新約聖書翻訳委員会訳・補註用語解説）である。

ジャンヌは『新約註解』の中で、この箇所を「天使の言語を話そうとも、もし慈愛がなければ、私は鳴り響く青銅、騒がしいシンバルに似るだろう。Quand je parlerais le langage des Anges, si je n'avais point la charité, je ressemblerais à de l'airain qui sonne ou à une timbale qui retentit」と、引用している。これは、当時流布していたいわゆるアムロット訳に基本的には拠っている（四七三頁「聖書註解」注3参照）。

ジャンヌが「天使の言葉」を「異言」と捉えていたか定かではないが、少なくとも「意味不明の音声の羅列」と捉えていただろう。その音声の羅列は、そのままでは意味不明でも、幻視・霊聴などを通して、人間の言語に還元できるもので、あくまでも分節可能な言語である。ジャンヌは、こうした「天使の言葉」を聴く体験を異常体験として退ける。「すなわち、異常なこと、脱魂、アロバミエント、幻視、啓示、預言、苦行、寄進によってでは、決して慈愛を知ることはできないのだ。〔…〕純粋な慈愛〔＝神〕の中に入るには、そうしたものをすべて失わなければならない。〔…〕〔慈愛のうちに完遂した者にとって〕その行ないとは、行ないなき行ないであり、すっかり習慣化したものであり、それはすなわち愛すること、愛にトランスフォームされることである。Ce n'est donc point à toutes les choses extraordinaires, extases, ravissements, visions, révélations, prophéties, pénitences, aumônes, que l'on connait la charité〔...〕puisqu'il faut les perdre toutes pour entrer dans la pure Charité〔...〕son acte sans acte, ou son habitude, est d'aimer, et d'être transformée en amour.

（2）ジャンヌの引用箇所（第三編第四三章三）は、例えば「わたしは、言葉の雑音なく、意見の混乱なく、名誉への野心なく、議論の闘争なく教える」（トマス・ア・ケンピス『キリストにならいて（改訂版）』池谷敏雄訳、新教出版社、一九八四年）となっている。

聖書註解

内なる聖書読解

この章では、聖書の『註解』に触れよう。ジャンヌは、旧約聖書と新約聖書についての膨大な量の註解を書き残した。ポワレ版によるジャンヌの著作集全三九巻のうち、半分の二〇巻が聖書注釈に費やされている。ジャンヌによれば、彼女はパリに上京する前のグルノーブル滞在の頃に集中的に『註解』を書いている。その頃のジャンヌは〈内なる道〉の指南者として人気を博し、ジャンヌの指南を仰ごうと、連日その宿泊先に大勢の人が門前列をなした。そしてジャンヌは夜になると『註解』の執筆に没頭したという。

『註解』の文体は、静寂者ジャンヌの初期の文体だ。硬直したキリスト教用語で、若干、コテコテ気味だ。晩年の清澄平明な文体とは違う。聖書の註解だから、当然と言えば当然だろうか。

ジャンヌは『註解』の総序の追補にこう書いている。

聖書には無限の深みがあり、多くの違った意味がある。学知のある偉大な人たちは、その字義どおりの意味や、その他の意味に取り組んできた。しかし私の知る限り、その神秘的な意味、つまり〈内〉なる意味については、誰も、少なくとも全体的には取り組んでこなかった。私たちの主が私に解説してくれたのは、そうした内なる意味についてだ。キリスト教の外的なことだけではなく、〈内〉へと参加したいと切望するたましいに役立つために。〈内〉とは、キリスト者にとって最も深い恩寵だ。［AT. t1, Préface Générale, p.49］

「聖書には無限の深みがあり、多くの違った意味がある」――ジャンヌは聖書解釈を決して一つの解釈として固定しない。「多くの違った意味」が含まれているのだから、多くの違った解釈があり得るのだ。その一つを「私たちの主が、私に解説してくれる」のだという。つまり、〈ことば〉が直接ジャンヌのペンを走らせる、ジャンヌ流の書き方だ。〈ことば〉がその刻々において必要なことをジャンヌに書かせるのだ。そうやって書かれた註解は、完成され、固定され、崇め奉られるべきものではない。このジャンヌの聖書解釈の姿勢は新鮮だ。

ジャンヌにとって、「ミスティック（神秘的、神秘主義的）」とは「内なる」ことに他ならない。この膨大な聖書註解でジャンヌが試みているのは、聖書の一貫した〈内なる道〉的な読解だ。つまりジャンヌにとって聖書とは、実存的主体としての〈たましい〉がどうやったら〈内なる神〉へと参入できるのか、根源的いのちそのものを実感できるのか、それについての最高のガイドなのだ。

例えば、旧約の『創世記』の註解で、ジャンヌはこう書いている。

初めに、神は天と地を創造した。そして、神は〈ことば〉によって創造した。なぜなら、〈ことば〉によってすべてが造られ、〈ことば〉なしには何も造られなかったからだ。〈ことば〉は初め

に神のうちにあった。［AT, t1, La Genèse, p.1］

〈ことば〉を軸にした、『創世記』の『ヨハネ福音書』的な読みだと言える。

これは、罪の無に沈んだたましいの再産出、または、再創造についての美しいフィギュールだ。この恐るべき渾沌から、神は罪びとを引き上げ、新たに創造するのだ。しかし、それはイエス・キリストによってしかなされない。［同前］

「フィギュール figure」は、当時の神学用語で、「秘義的な象徴・比喩」といった意味だ。旧約聖書に書かれた出来事を、新約聖書で実現される秘義的な象徴・比喩として読み込もうというものだ(1)。そんなふうに旧約をいわば新約の素材として読むのは、今だったら問題とされようが、当時のカトリック界での一般的な旧約解釈の姿勢だった。

ジャンヌは、『創世記』の壮大な物語を、たましいの「内なる再創造」のアレゴリーとして読み解く。これまで書いたように、ジャンヌにとって「罪」の源は自我だ。自我によって外的世界に執着してしまい、内なる神に背を向けてしまうことだ。ジャンヌにとって『創世記』の物語は、我執に堕ちたたましいが〈信〉によって自分を明け渡し、自我ほどきを通して〈消滅〉=〈甦り〉に至る、たましいの再創造の道程のアレゴリーなのだ。このたましいの再創造は、天地創造の後の世のイエス・キリスト、つまり〈ことば〉によって現成する。それはあくまでも、内的な事柄だ(2)。

『箴言』

ジャンヌは自在に聖書を注釈してゆく。ためしに旧約の『箴言』第一章二三節について読んでみよう。これは父なる神の「諭し」の一節だ。

ジャンヌはこう訳している。(3)

私の懲らしめに回心しなさい。そうすれば、あなたたちに私の聖霊を注ぎ、私の言葉を聞かせよう。(4)〔AT, t10, Les Proverbes de Salomon, p.3~〕

「回心 conversion」は、悔い改めるという「改心」の意味も含まれるが、信仰に目覚めることが大元の意味だ。それは「神に心を回し向ける」ことだ。ジャンヌはこの短い一節をもとに数ページにわたって、回心から始まる〈内なる道〉の最初のステージを縷々説明する。こんなふうだ。

神が私たちに求めているのは、神からの誘いがあったら、私たちがただ回心することだ。回心するとは、自分自身の中に入ることに他ならない。そして、私たちが遠ざかっていた神の近くに戻ること。〔同前〕

つまり、ジャンヌにとっての回心、信仰に目覚めるとは、まさに、自分の〈内〉へと心を回し向け、〈内〉へと向かうことに他ならない。

回心によって自分の内側で神に戻るとは、どういうことか。それを知るためには、回心とは逆の罪とは何かを知らなければならない。私たちはみな、神のシンプルな生きた像として造られていた。みな、外へと向かずに神に回心し、神を向いていた。たましいはこの神性の美しい像を自分の〈底〉に持ち、自分の全てを神に向けて、注意を払っていた。たましいには、神が刻印されていたのだ。しっかりと、神が刻み込まれていたのだ。ところが、罪は何をしただろうか？　罪はこの神の像を消してしまった。そして、たましいを〈底〉から引き上げてしまい、神との合一から引き剝がし、外側へ向けてしまったのだ。そうやって、もともとたましいが持っていたのとは全く逆の動きを、たましいにさせてしまったのだ。［同前 p.4］

「私たちはみな、神のシンプルな生きた像として造られた」――人間は「神の像」あるいは「神の似姿」として造られた。これは、キリスト教の人間理解のベースだ。ジャンヌにすれば、人間はたましいの〈底〉〈〈内〉と同義〉に、もともと美しい神の像を持っているのだ。それこそが、ジャンヌにとっての絶対的な自己肯定の根拠だと言えよう。一人一人のたましいの全人格的な尊厳の根拠だ。それは社会的な地位や役割などとは関わりがない。

その内なる神の像を通して、たましいはもともと神と合一していたと、ジャンヌは言う。しかし人間は外的な分節世界を向いてしまい、内なる神の像を消してしまった。合一から離れてしまった。それが人間の「罪」なのだという。この「罪」は、これまでも触れたように、結局はすべてを外に分節対象化してしまい、神をも対象化してしまう自我意識によるものだ。

回心によって、私たちは私たちのうちに帰らなければならない。だからこそ、最初は潜心がとても必要なのだ。信は私たちに教える。神は私たちの内側にいると。ならば、この〈底〉に戻ろうではないか。〈神を〉あやなく愛して、ひたすら信頼して。〔同前〕

回心によって〈内〉へと戻るには、具体的な実習としては、潜心から始めなければならない。ジャンヌにとって聖書は、〈内なる道〉実践の書だ。

この潜心は、まず身体とたましいの目を閉じ、全ての外的な対象から目を閉じる実習からはじまる。自分の持つあらゆる能力を内へと集中させ、内へと引っ張られるようにする。円周から中心へと戻るように。〔同前 p.5〕

潜心のコツだ。注意したいのは、この場合の能力の「集中」は例えば「さあ、集中して勉強しよう」とネジリ鉢巻をするような集中ではない。あくまでも受動的なものだ。「外的な対象から目を閉じる」とは、外界に関心がなくなることだ。「もう、どうでもいいや」という感じだ。「内へと引っ張られる」というのは、自分の意志とは関わりなく、ずるずると眠気に引き込まれて意識を失ってゆくような感じだ。

ジャンヌは、潜心のコツを説明し、潜心がうまくできるようになったら、次は〈明け渡し〉が重要だと説く。

そうやって神のもとにいるようになったら、信と愛の行ないが必要だ。自分自身を神に捧げること。私たちのうちで、神が好きなことを好きなように行なうために。私たちの自由意志も神のものとして捧げるのだ。〔同前 p.5-6〕

ジャンヌはよく「信と愛の行い」とか「信と愛の実習」といったことを書いているが、それはつまり〈明け渡し〉のことなのだ。自分自身をまるごと神に捧げる。自分をすべて神に預けてしまう。神のはからいに任せてしまう。そういう何も行わない行いなのだ。ここで興味深いのは、自分の「自由意志 franc-arbitre」をも預けてしまうという点だ。この場合の「自由意志」は、人間が自分の自由な意志で善悪を判断できるという意味だ。「自由意志」については、恩寵と人間の罪、救済に絡んだ喧々諤々の論争が神学史上、続いてきた。ジャンヌの立場にすれば、そもそも「救済に無関心」なのだから、そうした論争そのものに関心がなかっただろう。どっちにしろ、自分の「自由意志」も、すっかり神に返上しろと言う。徹底した受動性の当然の帰結だ。自分では善悪を判断しない。それさえも神の意のままに委ねる。それもまた言説なのだ。もし私が悪に落ちて地獄入りすることを、神が望んでいるのなら、粛々とその望みに従いましょう……そこまで行って、本当の〈明け渡し〉だ〈自我主体における「自由意志」も、言説支配の産物だと言えよう。そうした人間の権力による言説支配から脱して、神を通した「超自由意志」によって、ジャンヌは生きる)。

それから徐々に神のはたらきが、たましいのはたらきよりも上になる。そうなったら、たましいは神に自分を譲らなければならない。神のはたらきが強くなればなるほど、たましいは自分のはたらきをシンプルにしなければならない。そして遂には、神のはたらきがあまりに強くて、たましいのはたらきを飲み込んでしまう。そしてたましいは、すっかり神のはたらきに自分を譲り、その判明で明瞭なはたらきを、全て神のはたらきの中に失う。[同前 p.8]

たましいの認識・記憶・意志といった能力が、すべて渾然として、強烈な神のはたらきの中に埋没absorbéしてしまう。

これが、恩寵のエコノミーだ。(そこでは、被造物のはたらきは、弱いとはいえ、最初はたくさんあるように見え、そして徐々に見えなくなり、ついには神のはたらきの中に埋没してしまう)。それはちょうど、夜には星たちがたくさんの数に見えるけれども、たいした明るさをもたらさないのに似ている。そして、太陽が徐々に上ると、星たちの光は失せ、徐々に見えなくなり、ついには太陽の光に埋没してまったく判別できなくなる。[同前 p.9]

これは、非常に具体的な瞑想指南だ。潜心から始めて、実習を重ねると、次第に瞑想状態が深まってゆく。表層意識の分節世界から、意識の〈底〉の無分節世界へと、主体の意識が沈潜してゆく。そのプロセスの説明だ。はじめは、表層世界の星が分節されて対象として見えているのだけれど、だんだんと、星が見えているのを（見えてはいても）意識しなくなってゆく。最終的に〈底〉の無分節に入ると、星は実は見えているのだが、完全にフェイドアウトする。

このプロセスが深まって常態化すると、いつもこの状態を保てるようになる。表層意識で分節されているのだけれど、〈底〉では常に無分節が成っている。その重層性が、ジャンヌの言う〈無見の見〉だ。どっちに比重を置くかは、その時その時の必要に応じて変化する。カメラのフォーカスを変えるように。いずれにせよ、表層世界の分節対象は意識に固定されず、流されてゆく。あるいは、枯葉のように次々に落ちて消える。

『ヨブ記』

さて、このように〈内なる道〉の観点から聖書を読解するジャンヌは、旧約の中で、例えば『ヨブ記』を重視する。『ヨブ記』は、非常に徳の高いヨブが、これでもかこれでもかと神から試練を与えられる物語だ。ざっとあらすじを記しておこう。

神を敬う敬虔なヨブは、神に愛でられ、大変に裕福な暮らしをしていた。そんなヨブについて、悪魔が「あんなに恵まれていれば、それは敬虔にもなるだろう。酷い目にあったら、神を罵るだろうに」といった意見を神に投げかける。神は、悪魔のしたいようにさせて、ヨブに試練を課す。ヨブは財産と子どもたちを失ってしまう。それでもヨブは「私は裸で母の胎を出た。また裸でそこに帰ろう」と、試練を受け入れる。さらに悪魔はヨブを重度の皮膚病に罹らせる。ヨブは激痛に苦しむ。こうした皮膚病患者は社会的な差別の対象でもあっただろう。さすがのヨブも、昔を懐かしみ、「神はなぜ私をこんな目に遭わせるのか、答えてくれないのか」などと、不満を言い出す。友人たちとの問答もいざこざとなる。最後に、嵐の中、神が登場してヨブを諭す。そこでヨブは「私の目はあなたを見た」と言い、最終的な悔い改めに入る。神はヨブに以前にも増して富と子を与え、一四〇歳の長寿を与える……といった話だ。

『ヨブ記』についてジャンヌは、こう書いている。

ヨブ記は、聖書の中で最も神秘的なものの一つであることに異論の余地はない。〔…〕ヨブ記におけるほど、内なる状態がごく自然に描かれている話は聖書のなかにない。[AT, t7, Le livre de Job, p.3]

「神秘的」すなわち「内的」だ。

また、こうも書いている。

ヨブの物語は、あらゆる外的なことに耐え忍ぶ忍耐の鏡として、私たちに示されている。だが、それとともにこの物語は、内なる状態についての極めて説得力のある模範例を描いているのだ。それは、たましいが避けて通れない放棄に関わるもので、どうやってその状態を乗り越えるべきかについてである。聖書のなかで、これほど意義深く、一環していて、ためになる例はない。
[同前 p.16]

『ヨブ記』は、ジャンヌにとって、内的な〈夜〉の段階をいかに過ごすかを的確に示した物語だ。「放棄（捨てること。剝ぎ取られること）dépouillement」は、ここでは〈明け渡し abandon〉のことだ。ヨブは、〈裸の信〉による〈明け渡し〉を見事に成し遂げた模範的なモデルだ。それは、実際に〈夜〉の段階に入った者のみが読むべき、かなりハイ・レベルな作品だとジャンヌは言う。

この書は、その人が本当に内なる状態にあって、試練のうちに、すでに進んだ状態にある人にしか読まれるべきではない。そうした試練にある人たちが、ヨブのすばらしい模範と、その幸せな結末によって慰められ、しっかりと支えられるために読まれるべきだ。[同前 p.7]

＊

ここで少しばかり、ヨブが財産と子を失ってこう呟くシーンについてのジャンヌのコメントを読んでみよう。

私は母のお腹から裸で出た。そして裸で、そこに帰ろう。(5) [同前 p.15] [ヨブ記一・二一]

「でも、忍耐強い預言者よ、あなたは何が言いたいのですか？　あなたは母のお腹の中に戻れるというのですか？」「そうだ。なぜなら、私は新しく再生しなければならないからだ。再生しなければ、神の国には入れない」「では、どうすればよいか教えてください。一度生まれた人間が母のお腹に戻れるのか、教えてください」〔同前 p.16〕

原文には鉤括弧はないが、ここは、ジャンヌとヨブの対話になっている。ここでの「預言者」はヨブのことだ。

一度生まれた人間は「母のお腹」に戻れないだろうと、ジャンヌは細かいところを突っつく。ヨブが答える。

この母とは、神と無だ。私たちは、いっさいの我有の脱げ落ちた裸の状態で、神から出てきた。そして、いっさいの所有物の脱げ落ちた裸の状態で、無から出てきた。その無と神のうちに戻らなければならない。神のうちに入るには、私が消滅しなければならない。神から出てきたときに裸だったのと同じように、完全に裸にならなければ、神のうちに入れない。〔同前 p.16-17〕

ヨブは、「母とは神と無」だと言う。「母に戻る」とは、「神と無に戻る」ことだ。

「我有 propriété」は、本書では基本的には「我執」と訳しているが、煎じ詰めれば「自我」のことだと取ってよい（「主な訳語一覧」四三四頁参照）。

「所有物 bien」は、その我執の外的な対象物としてのモノだ。

この場合、「神」は「自我」というたましいの内的な事柄に関わっていて、「無」は外的なモノの事柄に関わっている。ジャンヌにとって特に重要なのは「内的」なことであり、いかにして「神」のうちに戻るかだ。

「神のうちに入るには、私（自我）が完全に裸になって、消滅しなければならない」――ジャンヌが散々語ってきた、たましいの〈消滅〉の境地についてだ。

それにしても、「母とは神と無」と言うのは、「神は父」という家父長制的なキリスト教界で猛烈な反発を受けかねない。

ともかくも、神から裸で出てきたように、自我をすっからかんに脱いで裸にならなければ、神のうちに戻れないのだ。

*

ヨブは、さらに酷い皮膚病に罹り、痛苦の中で神を呼び求めて叫ぶ。それでも神から応答がない。
私はあなたに叫ぶ。あなたは私を聞いてくれない。私はあなたの前に立ち続けている。あなたはちっとも見てくれない。(6)［同前 p.244］［ヨブ記三〇・二〇］
このような試練にあるたましいにとって最も耐え難いのは、神を見出せなくなってしまうことだ。

まるで神には、たましいを聞く耳も見る目もないかのようだ。たましいが叫べば叫ぶほど、頑なに応じてくれない。ああ、たましいよ、この状態であなたはどうすべきだろう？
神は、ただ、あなたの〈信〉とあなたの〈明け渡し〉を増すためにそんなことをしているのだ。だから自分を放ってしまいなさい。留保なく、神に自分を明け渡しなさい。［同前 p.244-245］

神を見出せなくなり、神に見捨てられてしまったようだ……ジャンヌが〈夜〉で味わった苦しみだ。そのとき、いたずらに自分を責めてはいけない。自分を顧みてはいけない。ただ放ってしまえ。自分をすっかり神に明け渡すのだ。川に浮かび、流されてゆく木片のように。

「私はあなたの前に立ち続けている。あなたはちっとも見てくれない」という言葉には、二つの意味がある。一つは、ヨブは惨めで泥のような状態にありながらも、決して罪に落ちることがなかったのだ。なぜなら、ヨブは立っているのだから。もう一つは、こんな罪もない苦しみは、本来なら大変な同情を引き寄せそうなものだが、神はヨブを顧みることもなく、罰せられるべき犯罪者ほどにも彼に同情しようとしない。それでも、この苦悩にある者は立ち続け、苦しみの只中でも状況を変えずに、完全な明け渡しのうちに、シンプルに、神の目の前に自らを晒して佇むのである。それこそが、苦しみの末に、神の救いを確実に引き寄せる姿勢なのだ。［同前 p.245］

ジャンヌにとって、「罪に落ちる」というのは、自我によって内なる神に背を向けてしまうことだ。

だから、自分を振り返ってはいけない。反省してはいけない。神が同情してくれなくても、気にしない。神が憐れみをかけてくれないなら、それでよい。ただシンプルに、神の前に立って、自分を神のまなざしに晒すだけだ。

こうやってジャンヌは、『ヨブ記』全編を通して、〈夜〉の過ごし方を一貫して解説する。

『ヨハネ福音書』

最後に、新約聖書の『ヨハネによる福音書』の註解に触れよう。

ここでは、復活したイエスがマグダラのマリアの前に現れるクライマックスの場面（第二〇章）について、少し読んでみよう(7)。

イエスが十字架に磔られ処刑された後、その遺体が墓からなくなっていることにマグダラのマリアは気づいた。マリアがそのことを仲間たちに伝えると、ペトロとヨハネが墓に駆けつけた。二人は、確かにイエスの遺体がなくなっていることを確認し、その場を去った。マリアがひとり残った――。

それから、この弟子たちは家に帰って行った。
マリアは墓の外に立って泣いていた。〔…〕［ヨハネ福音書二〇・一〇―一一］

ああ、聖ヨハネよ、あなたにしては妙に残酷だったのではないか？〔イエスの〕忠実な恋人だったマドレーヌ〔マグダレナ〕が、誰かが主を持って行ってしまったと信じ込んであなたに警告した。あなたはマドレーヌの愛を知っていたし、彼女の苦しみの証人でもあった。なのに、マドレーヌがこんなふうに泣いているのを見ながら、あなたは彼女が悲しみに泣きくれるままにして去ってしまうとは。[NT. t4, p.517]

なるほど、そう言われればこの場面のヨハネ、薄情だ。マグダラのマリアの心情に寄り添っていない。

しかし、〈愛〉よ！〔イエスのこと〕あなたは恋人の苦しみをよく分かっていながら、どうして彼女に真実を知らせずにいたのだろう？〔どうしてイエスは、いなくなったのではなくて復活したのだと、すぐにマリアに知らせなかったのか？〕実はそれこそが、愛のすばらしい工夫なのだ。苦しみが増すことで、そのあとの喜びも増す。イエスはいなくなったふりをしておいて、そして現れるときには、さらなる特恵をもって現れるのだ。〈愛〉よ！それは、あなたの遊びなのだ！あなたは恋人らを極端に追い込んで、あなたから新しい生を受ける恋人らに、さらに喜びを感じ取るようにするのだ。[同前 p.517-518]

復活したイエスが、すぐにマグダラのマリアの前に現れずしばらく隠れていたのは、〈愛〉の戯れなのだという。美しいイナイイナイバーだ。

イエスは言われた。「女よ、なぜ泣いているのか。誰を捜しているのか」。マリアは、園の番人だと思って言った。「あなたがあの方を運び去ったのでしたら、どこに置いたのか、どうぞ、おっしゃってください。私が、あの方を引き取ります」〔ジャンヌの使用するアムロット版では「引き取ります」は「je l'emporterai 運んで行きます」〕。〔ヨハネ福音書二〇・一五〕

何と言う愛の盲目さだろう。マリア〔＝マドレーヌ〕はイエスを番人だと思い、もし彼が救い主イエスを取り去ったのなら、返すようにと頼んだ。自分が運んで行くから、と。愛にはすべてが可能だと、マドレーヌは信じていた。でもマドレーヌよ、あなたはどうやってこの素晴らしい体を運ぶことができたというのか？「ああ、私にはちっとも重荷ではありません。逆に、なんという慰めになったことでしょう」。そう、マドレーヌは言う。「ただ私にこの愛しい宝をくださいそれで私は満足です」。〔同前 p.519〕

途中からジャンヌとマグダラのマリアとの対話になっている。

＊

イエスが、「マリア」と言われると、彼女は振り向いて、ヘブライ語で、「ラボニ」と言った。「先生」という意味である。〔ヨハネ福音書二〇・一六〕

ああ、何と甘やかな言葉か！　マリアはあまりに頻繁にその声を聞いていたから、イエスの声だと分からないはずもなかったのだ。「ああ、私の先生」。そう、恋人は答える。私に教えを授け、私を教え導いた先生。私が聴いていた先生。先生、私に何をしてほしいのですか？「マリア」。何という愛と優しさの言葉か。〔…〕ここで注目したいのは、聖ヨハネはすべての福音者の中で、このマドレーヌの話をもっとも長く描写しているという点だ。彼ら〔ヨハネとマドレーヌ〕の心は共感しあっていたのだ〔…〕。〔同前 p.520〕

前に書いたように、ジャンヌはイエスを「小さな先生 petit Maître」と、茶目っ気のある呼び方をする。この呼び方は、マグダラのマリアの「ラボニ」に倣っていると思ってよい。

＊

イエスは言われた。「私に触れてはいけない。まだ父のもとへ上っていないのだから。私のきょうだいたちのところへ行って、こう言いなさい。『私の父であり、あなたがたの父である方、また、私の神であり、あなたがたの神である方のもとに私は上る』と」。〔ヨハネ福音書二〇・一七〕

イエス・キリストはマドレーヌに自分を触らせたり、その愛を満たしてあげたりと、彼女にはとても打ち解けていた（なぜなら、愛はすべてを平等にする）。マドレーヌは、イエスだと分かったことを早く行動に示したくて、もうそれだけで気が急いて、彼を抱きしめようとして彼の足元に身を投げた。そこでイエスは言うのだ。「私に触れないで」と。それは拒否、拒絶ではない。イエスはこう言いたかったのだろう。今はきみの愛の陶酔を満足させるときではない。きみは私の兄弟たちに福音を述べ伝えに行かなければならない。私はきみに「使徒たち自身への使徒」になってほしいのだ。でも、私はまだ父のところに上ってはいない。いずれ私たちは会える喜びを持てるだろう。そして、きみは満足できるだろう。〔同前 p.520-521〕

ジャンヌは「使徒たち自身への使徒 Apôtre des Apôtres mêmes」という言葉を使っている。これは、思いつきではない。この後に続いて、「復活の使徒」という言葉を使っていることからも分かる。マグダラのマリアをはじめとする何人かの女性は、生前のイエスの「神の国運動」で重要な役割を果たし、特にイエスの処刑後、運動の継続の鍵となる役割を担ったとされる。なかでもマグダラのマリアは、その卓越したリーダーシップにより「使徒たちの使徒」とか「使徒たちへの使徒」と呼ばれた。この場合の「使徒たち」は、後に一二人の使徒として確定される男性たちだ。マリアは、その使徒たちのための使徒という、格別な位置づけにあったとされる。彼女は、ヨハネ福音書に見るように、イエス・キリストの復活を最初に宣べ伝えた「復活の使徒」であり「第一の使徒」だった。しかし、こうしたマグダラのマリアの歴史的記憶は、その後、紀元後二・三世紀頃から、キリスト教界が激しく家父長制化していったことにともなって歪められていった。そして、聖書的基盤も歴史的基盤もなく、「悔い改めた売春者」というフェイクに塗りかえられていった（売春者自体が悪いわけではもちろんない。それは「売春者」を差別的に捉えたうえでの根拠のないデマだった(8)。

マグダラのマリアについての歴史的経緯についてジャンヌがどんな認識を持っていたかは分からない。しかし、ジャンヌは「使徒たちへの使徒」や「復活の使徒」という言葉をさらっと使っているが、それは大胆なマグダラのマリア復権の企てだったことが読み取れる。おそらく、ジャンヌとシスターたちとの対話の中から生まれた読みだったのだろう。

ちなみに「愛はすべてを平等にする」というのも素晴らしい。この〈愛〉はイエス・キリストだ。ただし、括弧に入っているので、編者のポワレによる加筆と思われる。「イエス・キリストはマドレーヌに自分を触らせたり、その愛を満たしてあげたりと、彼女にはとても打ち解けていた」というくだりが、かなり刺激的な表現にも取れるので、それに対する一種の予防線なのかもしれない。ちなみに「打ち解けていた」と訳したが、直訳すれば「馴れ馴れしかった」だ。イエスは、マグダラのマリアに対して特別に馴れ馴れしかったのではなく、みんなにフランクに接していたのだと、ポワレは補足したかったのかもしれない。

続けよう。

あるいは、お望みなら――イエスはマドレーヌに知ってほしかったのだ。たとえ彼女がイエスの身体的な現前を得られなくても、イエスが父のところに上ったなら、彼女はイエスが地上にいたのと同じぐらいリアルにイエスを得る特恵をもたらされるだろう、と。〔同前 p.521〕

「お望みなら」というのは、要するに、イエスがマグダラのマリアに「使徒への使徒」といった大層な使命を与えたことを読者が認めたくないのなら、ということだ。だったら、そこは別な読みをしてもよいですよ、ご随意に、というのだ。それだけマグダラのマリアを「使徒への使徒」とすることに司牧権力サイドからの反発が強かったのだろう。しかし、ジャンヌは続ける。

しかし、イエスが「私に触れないで。私はまだ父のところに上っていないから」と彼女に言った本当の意味は、マリアがその言伝《ことづて》を果たしたなら、そうした特恵を別の機会に与えようという約束なのだ。〔同前〕

イエスの言葉の真意は、あくまでも、マグダラのマリアに「使徒への使徒」として、使徒たちに福音を言伝《ことづて》する使命を与えたことにあるとジャンヌは強調している。譲歩するようでいて、結局、自説を曲げない。ジャンヌらしい。

ジャンヌは「フェミニストの先駆者」とか「フェミニズムを地でいったひと」などと評される。本人は「フェミニズム」という概念も知らなかっただろうし、表立って意識していなかったかもしれない。しかし、ミソジニー社会に抗って、十全な自己を生き貫いた彼女の言説とその生涯は、結果的にフェミニスト的だったと言えよう。さらに、このテキストを読んでも分かるように、ジャンヌには明確にフェミニズム的な問題意識があったとも言えよう。

さらに続く。

マグダラのマリアは弟子たちのところに行って、「私は主を見ました」と告げ、また、主から言われたことを伝えた。〔ヨハネ福音書二〇・一八〕

マグダラのマリアは「復活の使徒 Apôtre de la résurrection」だった。彼女の使命は、やがて、イエス・キリストの出現によって確認されたのだ。〔同前 p.522〕

ダメ押しだ。あくまでもマグダラのマリアは「使徒への使徒」であり「復活の使徒」なのだ。

その日、すなわち週の初めの日の夕方、弟子たちは、ユダヤ人を恐れて、自分たちのいる家の戸にはみな鍵をかけていた。そこへ、イエスが来て真ん中に立ち、「あなたがたに平和があるように」と言われた。〔同前 p.521〕〔「戸にはみな鍵をかけていた」は、アムロット訳では「戸は閉まっていた les portes du lieu〔...〕étant fermées」〕〔ヨハネ福音書二〇・一九〕

「イエスは戸のしっかり閉まった部屋に入ってきた」。彼がたましいの中に到来するのはこのやり方によるのだ。潜心によってあらゆる能力を集中し、あらゆる外界の対象から感覚のドアを閉めること。それは、むしろ何もはたらかないでいること。するとイエスが突然、たましいの底に現れるのだ。それでたましいは、うっとり喜ぶのだ。〔同前〕

ジャンヌにとってイエス・キリストの復活は、あくまでも、たましいにおける内なる事柄だ。復活劇も〈内なる道〉の実習指南として読まれるべきものなのだ。

そして、こう続ける。

しかし、たましいの中に到来するとき、彼はどんな印を与えるだろう? これ以外にはない。「あなたがたに平和があるように!」。彼は平和をもたらすのだ。たましいは、想像もできないような、永遠に変わることのない平和〔安らい〕をまるごと味わう。それが彼の現前の目印だ。逆に、不安は彼が遠ざかることの証なのだ。〔同前〕

そうやって、私たちは内なる安らいによって、イエス・キリストの内なる到来をリアルに実感する。〈消滅〉の境地における究極の安らいだ。

注

(1) 塩川徹也『パスカル考』岩波書店、二〇〇三年。

(2) ジャンヌの聖書註解はプロテスタント圏に影響を与えた。『ベルレブルク聖書(*Berleburger Bibel*, 1726)』と呼ばれる聖書全巻の原典訳とその釈義書が、その例だ。この書が刊行されたドイツのベルレブルクは当時、神秘家や錬金術師、カバラ学者などが集まる一大思想センターで、「神秘思想的知の饗宴」の地だった。この書はジャンヌ・ギュイヨンらの静寂神秘思想に精通する神秘思想家ハウク（Johann Friedrich Haug, 1680–1753）が中心となって編んだものだ。例えば『創世記』を神智学的な宇宙創造の過程として捉えると同時に、魂の再創造の過程と捉え、ジャンヌの註解に拠りながら二重に読み解いてゆく（「聖書の神秘的解釈」岡部雄三訳、および岡部雄三「解説と解題」、『キリスト教神秘主義著作集　第一五巻　キエティスム』教文館、一九九〇年）。

（3）　ジャンヌは聖書についてどのテキストに拠ったのか？　旧約聖書については、「ルーヴァンの聖書 *la Bible de Louvain*」と一般に呼ばれるラテン語からのフランス語訳を参考にしたはずだ。この訳は現在のベルギーにあるルーヴァン大学の神学者たちが校閲し、認可したもので、一五七八年に刊行された（*La Sainte Bible contenant le Vieil et Nouveau Testament*, traduite du Latin en Français avec les arguments, revue et corrigée par les Théologiens de Louvain）。以後、幾度か改訂され、一七世紀においても読まれていた。またラテン語の読めたジャンヌはラテン語訳の「ウルガタ」も直接、参考にしていただろう。ただしジャンヌは両者を忠実に引用しているわけではなく、かなり自由に変えて訳している。

当時の旧約・新約のフランス語訳では、ジャンセニスト系のルメートル・ド・サシ（Louis-Isaac Lemaistre de Sacy, 1613–1684）訳、いわゆるポール・ロワイヤル版がよく知られている。しかしこれについては、旧・新約全訳の一環として旧約の全訳が刊行されたのは一六九六年になってのことだ。興味深いことに、その前年の九五年、ジャンヌがボスュエによって監禁状態にあった時期、彼女はモルトマル夫人宛に「解説抜きのサシ訳聖書 une bible de M. de Sassi［Sacy］sans explications」をシュヴルーズに送ってもらうよう依頼する手紙を送っている。「聖書 bible」と言えば、この場合、旧約・新約双方を含むと考えてよいだろう。とすると、この時すでに全訳が刊行されはじめていたのかもしれない。いずれにせよこの時期以降、ジャンヌがサシ訳の旧約も読んでいたのは確かだろう。しかし、ジャンヌが註解を著したのは彼女がグルノーブルに滞在していた前後とされる。つまり、八四年前後だ。この時期、サシ訳の旧約はまだごく一部の部分訳しか出ていなかったはずだ。

ちなみにジャンヌの聖書註解は、他の作品同様、ポワレによって刊行されている。当然、ポワレはプロテスタント圏のフランス語訳聖書を読んでいただろう。聖書訳についてはドイツ語同様にフランス語でもプロテスタント圏の方がカトリック圏に比べて取り組みが早く、カルヴァンらによる「ジュネーヴ聖書 *Bible de Genève*」の旧・新約の全訳が一六世紀に既に刊行され、版を重ねていた。ポワレがそれを補足的に参照したことも考えられなくはない。

新約については、当時流布していたオラトリオ会士ドニ・アムロット（Denis Amelote, 1609-1678）によるラテン語からのフランス語訳（いわゆるアムロット訳）に、ジャンヌは拠っている（*Le Nouveau Testament de Nostre Seigneur Jésus-Christ.* Traduit sur l'ancienne édition latine (...) Par le R. Père D. Amelote prêtre de l'Oratoire, Docteur en Théologie, Paris, chez François Muguet, 4v, 1666-1670）。これは一六六六年から一六七〇年にかけて出版され、以後長きにわたって版を重ねたロングセラーだ。また、ルメートル・ド・サシ訳については、旧・新約全訳が出る前にまず一六六七年に新約だけ「モンの新約聖書 *Le Nouveau Testament de Mons*」というタイトルで、匿名で出版されて話題になったが、すぐに発禁に処せられた。ジャンヌがこの「モンの新約聖書」を補足的に参考にした可能性もなくはない。

（4）旧約についてはジャンヌの独自訳のため、筆者の日本語訳を記す。この箇所のジャンヌの原文は Convertissez vous à ma correction. Je vais répandre sur vous mon Esprit, et je vous ferai entendre mes paroles.

聖書協会共同訳は「私の懲らしめを受け入れるなら／私の霊をあなたがたに注ぎ／私の言葉を知らせる」として、「私の懲らしめを受け入れるなら」に「直訳『に立ち帰るなら』」の注が付されている。ジャンヌの訳は、この直訳に相応する。

ウルガタ（*Vulgata Clementina*, 1598版）は convertimini ad correptionem meam. En proferam vobis spiritum meum, et ostendam vobis verba mea.（私の懲らしめに回心しなさい。さあここに、私の聖霊を注ぎ、私の言

葉を示そう)。また、「ルーヴァンの聖書」(一五八七年版)は Convertissez vous à ma correction, voici, je vous déclarerai mon esprit, & vous montrerai mes paroles.(私の懲らしめに回心しなさい。さあここに、私の聖霊を顕し、私の言葉を示そう)。

(5) Je suis sorti tout nu du ventre de ma mère & j'y retournerai tout nu. 聖書協会共同訳は「私は裸で母の胎を出た。また裸でそこに帰ろう」。「ルーヴァンの聖書」(一五八七年版)は Je suis sorti du ventre de ma mère tout nu,& tout nu j'y retournerai. 語順は違うが、ジャンヌの訳とほぼ同じ。

(6) Je crie vers vous, & vous ne m'écoutez pas: je me tiens debout devant vous, et vous ne me regardez point. 聖書協会共同訳は「私があなたに向かって叫び求めても/あなたは答えず/私が立ち尽くしても、あなたは私を顧みない」。「ルーヴァンの聖書」(一五八七年版)は Je crie à toi, & si ne m'exauces pas: je me tien debout, & si ne me regardes point.(私は君に叫ぶ。そして、君は私に応答しない。私は立っている。そして、君はちっとも私を見ない)。

(7) ジャンヌは完全にアムロット訳に拠っているので、敢えて筆者が訳すこともない。日本語訳は聖書協会共同訳に置き換える。重要な違いのある箇所のみ指摘する。

(8) 以下を参照。山口里子『マルタとマリア――イエスの世界の女性たち』新教出版社、二〇〇四年、アン・グレアム・ブロック『マグダラのマリア、第一の使徒――権威を求める闘い』吉谷かおる訳、新教出版社、二〇一一年。長い歪曲の歴史の末、ようやく近年になってフェミニズム神学の成果により、マグダラのマリアの復権が始まった。カトリック界について言えば、七月二二日のマグダラのマリアの日(ジャンヌにとって人生の節目の出来事が起こる日)が、二〇一六年に祝日のランクに引き上げられ、公式に「使徒の中の使徒」という言葉が使われた。

静寂者の系譜

絶対王政の確立期だった一七世紀フランスは、実は、神秘家の隆盛の時代でもあった。綺羅星のごとく個性的な神秘家たちが次々に登場した時代だった。ここでは、ジャンヌと接点のあった人脈に絞って紹介しよう。

ベルニエール

ジャンヌは、エルミタージュ・グループと呼ばれるユニークな神秘家グループの系譜に直接関わっている。このグループは、北フランス、ノルマンディー地方の町カーンに発祥した。中心人物は、ジャン・ベルニエール（Jean Bernières, 1602–1659）。今日では忘れ去られた神秘家の巨星だ。彼は聖職者ではなく、在俗の財務官だった。地域の徴税の責任者だ。決して人々に愛される職業ではあるまい。しかしベルニエールは、当時「篤信家《デヴォ》」（本文四〇一頁注7参照）と呼ばれた敬虔な宗教活動家で、人望が厚かった。私財を投げ打って、病院施設などを創設した。自ら貧困家庭を訪れて回り、病人を背負って病院まで搬送したという。放っておくと全財産を慈善活動に使い果たしてしまいかねないので、家族が財を管理したという。

彼の姉ジュルデンヌ（Jourdaine Bernières, 1596–1645）は、カーンのウルスラ会修道院の創設者で、修道院長だった。その姉の修道院に隣接して、ジャンは祈りのための宿泊施設を建て、それを「エルミタージュ（l'Ermitage）」と名付けた。隠者の館の意だ。そこに祈りの仲間たちを呼んで、祈り三昧の日々を過ごした。「ブルターニュに行くことがあったら、うちに寄ってください。あなたのために小さな部屋を用意しておきましょう。そこで、好きなだけ独りでいてください。そして私たち二人で、畑に隠された宝を探しに行きましょう〔マタイ福音書一三・四四「天の国は、畑に隠された宝に似ている」〕。つまり、祈りのことです」……そう、友人宛に書いた手紙が残っている。こんな誘いの手紙をもらったら、うきうきするだろう。残念ながら、エルミタージュは都市開発で取り壊されてしまい、今は残っていない。ただし、すぐ近くの聖ヨハネ教会は当時のまま残っている。こぢんまりとして古雅な佇まいの素敵な教会だ。このエルミタージュに集ったベルニエールの仲間たちが、エルミタージュ・グループを形成した。このグループは、聖職者と在俗者の区別なく、内的な祈りに長けた者が仲間たちをガイドするという、自由で緩やかな集まりだった。このグループの系譜が本書で言う「静寂者」の系譜だ。

ベルニエールの師は、フランシスコ会の律修第三会に所属する聖職者クリゾストム・ド・サン＝ロー（Jean-Chrysostome de Saint-Lô, 1594–1646）だった。このフランシスコ会の第三会は在俗者のための修道の会で、クリゾストム・ド・サン＝ローは第三会を指導する任にあった。つまり、エルミタージュはフランシスコ会の第三会の伝統に沿ったもので、それをさらに自由にしたものだと言える。ジャンヌ・ギュイヨンの祈りは、直接はフランシスコ会の潮流に位置づけられると言ってよい。

エルミタージュ・グループは今日ではほぼ忘れ去られている。ベルニエールが在俗だったこと、そして死後、異端のキエティスト（静寂主義者）の系列にあると目されたことが、歴史の中で無視されてきた原因として挙げられるだろう。しかし、このグループは実はフランスのさまざまな神秘家の系譜がクロスする重要なセンターの一つだった。

ベルニエールは生前、著書を刊行したこともなく、小さく貧しくあり続けようとした彼にすれば、そんなつもりもまったくなかっただろう。しかし彼の死後、彼の残した書簡が編纂され『キリスト者的な〈内〉*L'intérieur chrétien*』と題されて出版され、これが大当たりした。さらに『内なるキリスト者*Chrétien intérieur*』という紛らわしいタイトルで二冊目が刊行され、これがまた大ベストセラーとなり、一四刷までいき、三万部売れたと言う。一七世紀で最も売れたフランス語の本とさえ言われる。本人は思いもよらなかっただろう。この二冊は一六八九年にジャンヌの『短く簡単な祈り』などと共に教皇庁から禁書に指定されるのだが、それまでに当然、ジャンヌは熟読していただろう。二冊とも当時の慣行として原文をかなり勝手に改変しているようだが、それでも彼のスタイルはよく読み取れる。彼流の〈内なる道〉を、在俗者ならではの平易な日常の言葉で説いている。その内容はジャンヌの〈道〉とほぼ同じだ。ただし、宗教道徳めいたところがかなり比重を占めている点や、従来的な神秘家用語から脱しきれていない点が、ジャンヌのテキストとの相違点として挙げられる。

ケベックの仲間たち

ベルニエールについて面白い逸話が残っている。ベルニエールの祈りの仲間にマリー＝マドレーヌ・ド・ラ・ペルトリ（Marie-Madeleine de la Peltrie, 1603-1671）という女性がいた。彼女は裕福な未亡人で、ベルニエールの姉のジュルデンヌと親しかった。彼女はカナダにウルスラ修道会を設立しようと、突拍子もないことを思い立った（一六世紀の大航海時代以降、ヨーロッパによる地球規模での植民地化が展開するが、それに伴ってキリスト教界では世界各地への「布教」がブームになっていた）。しかし、家族が猛反対した。ジャンヌの若い頃でもよく分かるが、家父長制下の女性は家族の男性たちに従属し、自分で自分のことを決められない。彼女はベルニエールたちに相談した。するとベルニエールの師クリゾストム・ド・サン＝ローが、ベルニエールと彼女が偽装結婚すればよいと言い出した。結婚すれば家族から自由になれる。クリゾストムは厳しい神父だったが、かなり柔軟で、粋なところがあったようだ。ベルニエールは当然、嫌がったが、師の言うことだから不承不承、受けた（ベルニエールは生涯、独身だった）。新婚旅行のふりをしてだろう、二人は旅行に出て、いったんパリに滞在し、そこからドーバー海峡に面したディエップの港に向かった。ペルトリはこの新婚旅行ごっこを大いに楽しんだ。だがベルニエールのほうはペルトリほどには楽しまなかった。もちろんあくまでも新婚のふりだったので、何があるわけでもないのだが、ベルニエールはすっかり緊張したらしい。それにもともと身体が弱かった。パリで病に臥せってしまった。ペルトリの介護を受けてどうにか立ち直り、その後、二人はウルスラ会のシスターたちと無事にディエップに着き、ペルトリとシスターたちの船出をベルニエールは見送った。ペルトリらの一向は二か月もの航海を経て、カナダのケベックに到着し、当地で修道会活動を始めた。ちなみに、このときペルトリと行動を共にしたウルスラ会のシスターにマリー・ド・レンカルナシオン（Marie de l'Incarnation, 1599–1672）がいた。彼女は霊性の高い神秘家として知られ、カトリック教会によって聖人として列聖されている。ベルニエールは彼女たちの活動への経済支援を続けた。彼の死後もカーンとケベックのルートが保たれ、彼の甥たちが修道士としてケベックに渡った。ちなみに、若きジャンヌ・ギュイヨンがジェックス行きの相談を持ちかけた相手がマリー・ド・レンカルナシオンの息子でベネディクト会士のクロード・マルタン（Claude Martin, 1619–1696）だった。その彼の肯定的な意見が最終的にジャンヌの背中を押した。

マリー・デ・ヴァレ

エルミタージュと関わりのある人物で忘れてはならないのは、マリー・デ・ヴァレ（Marie des Vallées, 1590–1656）だ。彼女はノルマンディーのクタンスの貧農の子として生まれ、一二歳で父を失い、住み込みの家政婦となる。その後、自分が悪魔に取り憑かれたと思うようになり、魔女尋問を受けたり監禁されたりもするが、そうした〈夜〉を経て、ジャンヌの言う〈使徒的な生〉の境地に達する。その晩年の彼女の霊的指導を務めたのが、エルミタージュの仲間の一人、ジャン・ウード（Jean Eudes, 1601–1680）だった。ウードはオラトリオ会士として、フランス宗教界の大立者ベリュルの薫陶を受け、その後みずからイエスとマリア修道会を創設したことで知られている。その彼は、マリー・デ・ヴァレの内的な境地の深さに少なからぬ影響を受けた。ウードは彼女のオーラル・ヒストリーを細かく書き取った。おそらくエルミタージュの仲間内で読んだのだろう。幸いにも、仲間の一人フランソワ・ド・ラヴァル（François de Laval, 1623–1708）が四年間エルミタージュに逗留した後にケベックの司教となった際、ウードの原稿を持ってケベックへ渡った。その後、一九世紀になってその原稿が発見されたのだ。

マリー・デ・ヴァレに関しては、もうひとつ重要なテキストが残されている。これは彼女の言葉を誰かがまとめたもので、ジャンヌ・ギュイヨンの盟友ポワレが刊行したものだ。ジャンヌが持っていたのかもしれない。俊逸な指南書だ。ポワレのコメントによれば、マリー・デ・ヴァレの元には、ウードだけではなくベルニエールをはじめエルミタージュの面々が年に一度訪れて指南を受けていたという。このテキストは、おそらくそうした訪問の際の複数の者によるメモがもとになっているのではないか？「たましいの本当の住まいは、無の家だ。そこには、何もない」「何もできない、何も考えられない。ただ無の家に住まうだけ」といった言葉がちりばめられたこの語録は、ジャンヌの〈道〉に直結する。

もう一人、特筆すべき人物を挙げておこう。メクティルド・デュ・サン＝サクルマンまたはカトリーヌ・ド・バール（Mectilde du Saint-Sacrement/Catherine de Bar, 1614–1698）だ。彼女は修道女として各地を転々とし、カーンの女子ベネディクト会に数年滞在した際、クリゾストム・ド・サン＝ローとベルニエールの指導を受け、その後、パリのカセット通りに自ら女子ベネディクト会系の修道院を設立した。ジャンヌ・ギュイヨンがボスュエと会談したのは、この修道院でだった。

エルミタージュ・グループでは、ジャン・オーモン（Jean Aumont, 1608–1689）も忘れてはなるまい。オーモンはフランシスコ会第三会に属し、葡萄園の経営者だったらしい。クリゾストム・ド・サン＝ローの指導を受け、かなり深い境地に達していたようだ。それは彼の残した著作からも窺える。このオーモンの薫陶を、ある若いフランシスコ会レコレ派の修道士が受けた。アルカンジュ・アンゲラン（Archange Enguerrand, 1631-1699）だ。ジャンヌ・ギュイヨンが〈内なる道〉に目覚めるきっかけを作った、あの「良き修道士」だ。

ベルト

さて、最後にエルミタージュ系の最も重要な人物の一人で、ジャンヌと直接関係のあるジャック・ベルト（Jacques Bertot, 1620-1681）を取り上げよう。ベルトは本編でもたびたび登場したが、その深い霊性と高い人望にかかわらず、ベルニエール以上に知られていない。まさに神秘家としての「隠された生涯」だった。ベルトはマリー・デ・ヴァレと同郷のクタンスに生まれた（ベルトはマリー・デ・ヴァレを「神とひとつになったたましい」と呼んで、大変に敬愛していた。先に挙げたマリーの語録は、ベルトのノートだった可能性も高い）。カーンのジュルデンヌ・ベルニエールの修道院の司祭、さらに男性修道院長の役目を務めた。その深い内的な境地で、エルミタージュ・グループの中で一目置かれ、ベルニエールが最も信頼した友の一人だった。例えばメクティルド・デュ・サン＝サクルマンもベルトを大いに敬愛していたことが知られている。しかし融通の効かない、無骨な性格だったようだ。ジャンヌもそれで苦労したのだが、カーンでもやはり女性修道院長のジュルデンヌとうまくいかなかったらしい。結局、ベルトはパリのモンマルトルの女子ベネディクト会の修道院の司祭となり、カーンを去った。

ブノワ・ド・カンフィールド

このモンマルトルの女子ベネディクト修道会について、少し解説しよう。この修道院はフランス神秘思想のやはり重要なセンターだった。この修道院は一七世紀初頭に、マリー・ド・ボーヴィリエ（Marie de Beauvilliers, 1574–1657）が修道院長に就任し、改革が進められた。彼女自身、大変に霊性の高い人物だった。さらにフランシスコ会カプチン会のブノワ・ド・カンフィールド（Benoît de Canfield, 1562–1610）の協力を得たことが大きかった。ブノワ・ド・カンフィールドはフランス神秘思想潮流に多大な影響を及ぼした人物だ。彼の在俗名はウィリアム・フィッチ（Wiliam Fitch）、イギリスのカンフィールド出身のカトリック信徒だった。プロテスタント圏となったイギリスで迫害を受けてフランスへ逃れ、カプチン会に入った。彼の霊性の高さは、フランスの神秘家たちの最大の拠点となったバルブ・アカリ（Barbe Acarie, 1566–1618）通称アカリ夫人のサロンでも知れ渡り、カンフィールドは彼女の祈りの指南も担った。ちなみに、このアカリ夫人のサロンには一六世紀末から一七世紀にかけてのフランスの宗教界の有名どころ、例えばベリュルやフランソワ・ド・サルらが客人として集まったサロンとして知られる。また、アカリ夫人はスペインの改革カルメル会をフランスに呼び入れたことでも知られ、彼女自身、女子カルメル会に入会した。アヴィラのテレサや、十字架のヨハネの著作がフランスで初めて翻訳されたのも、このサロンの関係者によってだった。さて、件のブノワ・ド・カンフィールドは、一五九八年からマリー・ド・ボーヴィリエの指南を担い、モンマルトルの修道会と深く関わるようになった。ブノワ・ド・カンフィールドの影響を受けた神秘家の潮流は「離脱派」とも呼ばれるが、ジャンヌ・ギュイヨンもこの潮流にあることは疑いない。ブノワ・ド・カンフィールドの著作『完徳の規則 *Règle de perfection*』は、ブノワがカプチン会の門弟のために書いたものだが、彼の死の直前の一六〇九年に海賊版が出版され、特に最終境地について書かれた第三部が問題視された。その翌一六一〇年にやや表現を修正した形で正式に出版された。どのヴァージョンかは分からないが、この著作は前述のエルミタージュ・グループでも読まれていただろう。マリー・デ・ヴァレが、読み書きが不得手なのにもかかわらずこの第三部をすらすらと理解したと、ウードは記している。ジャンヌの『弁明書』にブノワ・ド・カンフィールドが引用されていることから、ジャンヌがこの著作を読んだことも確かだ。

『完徳の規則』は一読して分かるように、内容はエックハルト由来のライン゠フランドル神秘思想に通底するものだ。当時、異端断罪されたエックハルト本人のテキストを直接読むことができなかったものの、そのエッセンスは弟子のタウラーや同時代のルースブルク、またライン゠フランドル神秘思想をフランシスコ会に橋渡ししたヘルプなどの著作を通じて受容されていた。さらに当時、タウラーの翻訳本とされ流布していた『霊的綱要 *Institutions spirituelles*』には、実はエックハルトのテキストが多く潜まれていた。ちなみに、ジャンヌは晩年にタウラーをしばしば引き合いに出し、タウラーを読むように仲間に勧めている。彼女の〈道〉にライン゠フランドル神秘思想が色濃く反映していることは注目すべきだ。

グランジェ姉妹

ところで、マリー・ド・ボーヴィリエの指南を受けたモンマルトルの修道女たちの中に、マリー・

グランジェ（Marie Granger, 1598–1636）という人物がいた。彼女は、アロバミエント（法悦体験）がしばしば起こるタイプだったようで、いわばオーソドックスな陶酔派の神秘家タイプだったようだ。聴罪司祭の無理解によって一時、魔女の嫌疑もかかったようだ（聖女か魔女かは紙一重で、男性権威の判断次第なのだ）。その後、モンタルジに女子ベネディクト会を新設する任にあたり、初代修道院長となった。そして別の修道院にいた妹をモンタルジに引き寄せた。その妹が、あのジュヌヴィエーヴ・グランジェ（Geneviève Granger, 1600–1674）。若きジャンヌ・ギュイヨンが最も頼りにした師だ。ジュヌヴィエーヴは三代目の修道院長に就任した。一六四〇年代のことだ。ジュヌヴィエーヴは姉とは違って、法悦体験のような逸話はなく、内面的な静寂に徹した、いわゆる醒めたタイプの神秘家で、まさにジャンヌが模範とした静寂者のタイプだった。また、カウンセラーとしても有能で、修道女からの人望が厚かったことは本編で述べたとおりだ。

ベルト・サークルからギュイヨン・サークルへ

さて、ベルトに話を戻そう。ベルトがモンマルトルに赴任したのは一六七五年だ。すでにブノワ・ド・カンフィールドもマリー・ド・ボーヴィリエも亡くなっていた。修道院長は、フランソワーズ＝ルネ・ド・ロレーヌ（Françoise-Renée de Lorraine, 1621–1682）だった。彼女は、王家と関係の深い家系の娘だった（ちなみに、祖父のギーズ公アンリ一世は王位を窺うポジションにあったが、カトリックとプロテスタントの熾烈な戦争［ユグノー戦争］のさなか、アンリ三世の命で暗殺された）。彼女はベルトに厚い信頼を寄せた。彼女の影響力も手伝ってだろう、ベルトはパリの大貴族たちの信望を集めた。「篤信家《デヴォ》」の貴族たちがモンマルトルに集まってベルトから祈りの指南を受けた。その中にシャロ夫人がいた。彼女はベルト・サークルの中心人物だった。また、ベルトは、マリー・ド・ボーヴィリエの時代からの関係だろう、モンタルジのジュヌヴィエーヴ・グランジェとも懇意だった。ジャンヌはジュヌヴィエーヴの紹介でベルトの指導を受ける。

こうして見ると、ジャンヌを〈内なる道〉へと導いたアンゲラン、グランジェ、ベルトがみな繋がっていたことがよく分かる。

ベルトはもっぱら実践指南に徹した人物で、自らの著作を出版したことはなかった。しかし今日、ドミニク・トロンの長年にわたる研究で、彼の書いたかなりの量の書簡などの指南書を読むことができる。それを読むとジャンヌの表現が、さまざまな比喩を含めて、多くをベルトに拠っていたことが明らかにできる。

カルメル会

最後に、ジャンヌと関わりのあるもう一つの系譜を紹介しよう。

ジャンヌは、ベルトに師事していた頃、どういういきさつによるのか、別の人物からも書簡による祈りの指南を受けていた。幼きイエスのモール（Maur de l'Enfant-Jésus, 1617–1690）という名のカルメル会士だ。彼との関係について、ジャンヌは自伝にもその他のテキストにおいても一切明らかにしていない。何らかの配慮があったのか。カルメル会は、スペインのアヴィラのテレサや十字架のヨハネによる改革とは別に、フランスでも一七世紀に改革の動きがあった。当時のトゥーレーヌ地方から発祥し、「トゥーレーヌの改革」と呼ばれている。その中心人物が、ジャン・ド・サン＝サンソン（Jean de Saint-Samson, 1571–1636）という、元はオルガン奏者で、路上生活体験者でもあった人物だった。三歳で全盲となった彼の数奇な生涯の詳細はここでは語れないが、霊性の高い彼の祈りの指導のもとにフランス・カルメル会の改革が進められた。その弟子たちの筆頭格が幼きイエスのモールだった。モールはボルドーで半ば隠遁生活を送っていたが、祈りの指南役として人気があり、各地を旅していた（彼はイエズス会士の神秘家スュランの友人でもあった）。旅先のどこかでジャンヌがモールと直接面会したのかどうかは定かではないが、彼がジャンヌに宛てた貴重な書簡集がポワレによって刊行されている。その中でも、彼についての説明がほぼないのも謎だ。ともあれ、ジャンヌの『弁明書』の中で、十字架のヨハネに次いでジャン・ド・サン＝サンソンの引用が多いことからも、ジャンヌがカルメル会系の影響を大きく受けていたことは間違いない。

フランソワ・ド・サル

もう一人、ジャンヌに影響を与えた神秘家として、フランソワ・ド・サル（François de Sales, 1567–1622）を挙げておくべきだろう。年代も違い、ジャンヌは彼に直接会ったことはないが、当時、彼はフランス教会、神学界の権威で、前述のアカリ夫人のサロンにも関係があった。また、フェヌロンに重要な思想的影響を与えた人物でもある。平易なフランス語で書くことを心がけたフランソワ・ド・サルの著作、特に『神愛論 *Traité de l'amour de Dieu*』はジャンヌに大きな影響を与えたことは確かだろう。「純粋愛」「こころ」といった用語も彼の影響が強いと考えてよいだろう。

『静寂者ジャンヌ』に寄せて

ドミニク・トロン&ミュリエル・トロン

　私が一七世紀のフランス神秘家たちの作品刊行に専念しだしてから、かれこれ二〇年が経とうとしている。その一方で、私は東洋的スピリチュアリティにも関心を持ち続けてきた。私は長らく、「神性体験」とは、クリスチアニスム、ブディスム、タオイスムに共通するものだと思っている。宇宙の根底にある本源的エネルギーは、ある特定の人々において、同様の仕方で顕現するものである。ただしその体験は、人間の創作した儀礼や、神学、知的体系、宗教的信仰によってヴェールがかけられている。ギュイヨン夫人（一六四八―一七一七）が実体験したのは、まさにこの顕現体験だ。彼女は西洋カトリック圏の最後の大神秘家だった。彼女はフランス国王ルイ一四世の圧力を受け、また当時の教会によって糾弾された。そのため彼女の著作は甚大な被害を被ることとなった。何世紀もの間、彼女の原稿は修道会の図書館から取り除かれ、研究者から強く求められていたにもかかわらず、長らくアクセスが困難だった。彼女の刊行物についても、私立の図書館においては出版関係者の死後に四散してしまい、多くは紛失してしまった。

　ギュイヨン夫人がカトリック教会から排除されてきたせいで、これまでギュイヨン夫人の評価は、宗教家ではなく一部のスピリチュアリティ研究者に限られてきた。その一方で、ヴォルテールのような啓蒙の世紀の大家からは、彼女はあまりに篤信な宗教家に見られてきた。しかし、〈内的な生〉についての研究の復興が二〇世紀に起こり、ようやく複数の研究者たちがギュイヨン夫人に触発されるに至った。その中では特にアンリ・ブレモン（一八六五－一九三三）が挙げられよう。ブレモンは、フランス神秘家群の宗教史を再生した人物だ。また、哲学者アンリ・ベルクソン（一八五九－一九四一）の最後の作品『道徳と宗教の二つの源泉』にも、その反映を見て取れよう。ギュイヨン夫人の主だった作品の校訂版が出揃うには、二〇世紀終わりから二一世紀の初頭まで待たなければならなかった。そして今日ようやく、ギュイヨン夫人を一人の作家としてリスペクトするアプローチが提示されるようになったのである。

もしギュイヨン夫人の体験から当時の時代的、地域的な儀礼や信仰を払拭すれば、そこには人類が常に体験してきたものとしての神秘体験を見出すことができる。彼女の体験した「限界のなさ」・「広大無辺な安らい」は、仏教的な究極の「空」や、タオの潮流における「沈潜」とも照応する。また、ギュイヨン夫人は修道生活をしていたのではなく、我々の多くのように日常の一般生活の中で体験を得たのであり、その点でも現代における関心がもたれている。

ギュイヨン夫人の研究で私に会いたいとのメッセージを、日本の山本賢蔵から受け取ったのは、何年前だろうか？　私は喜ばずにいられなかった。それから、パリ近郊の私の家で何時間もの議論に熱中する日々が始まった。深いスピリチュアルな文化を持つ日本の作家であり、かつフランス語に精通する彼が、ギュイヨン夫人に関心を持ったことは例外的な幸運だ。山本賢蔵は、いかなるドグマにも従属しない。そのことが、ギュイヨン夫人という私たちの生活のすぐ近くにいる神秘家像に、深く接近することを可能にしている。我々の間に深く特別な関係が作られ始めた。世界における二つの大きな文化圏、一つはインド・ヨーロッパ文化に根ざし、一つは中国古典文明の影響を強く受けた文化圏だが、両者間の橋渡しは可能なのだと、私は感じている。

今、全世界で異文化間の出会いがさまざまに進んでいる。もし世界の存続を望むならば、それは必要なことだ。それは、宗教や伝統習慣が発生する淵源のレベルにおいてしか実現し得ない。一つの文化が優先されることなく、それぞれが固有の仕方で共通の体験を翻訳することである。その意味での普遍性を、私は賢蔵との議論を通して分かち合うことができた。我々は、「愛」・「内的離脱」・「恩寵」などを中心とした概念を明らかにするべく企てた。辞書に安易に頼り、外国語の概念を日本語の概念に逐語的に翻訳するだけに終えることを極力避けようとした。例えば〔一神教的な〕「神」という言葉は、そのままではブディストやタオイストには理解されまい。

この先駆的な書は、とりあえずは日本語で書かれたが、さらに中国語や韓国語でも読まれるようになることを我々は強く期待する。それは、宗教的、文化的多様性のもとで、それを超えた相互理解の道を開くことを可能にするだろう。

〔フランス語原文を筆者訳〕

（注）ドミニク・トロンは、これまでジャンヌ・ギュイヨンや、ジャック・ベルト、幼きイエスのモール、ジャン・ベルニエールなどの原典校訂版を編纂・刊行した他、ブノワ・ド・カンフィールド、マリー・デ・ヴァレ、アルメル・ニコラなど多くの一七世紀フランスの神秘家の作品を刊行している。主著：『西洋の神秘体験 *Expériences mystiques en Occident*』（三巻）。直近では、彼の講演の収録された『ギュイヨン夫人 または自由の不安 *Madame Guyon ou l'inquiétude de la liberté. Critique, mystique et politique au xviie siècle*』（巻末参考文献参照）が今年（二〇二五年）刊行された。

引用・参考文献

一　テキスト

一　ジャンヌ・ギュイヨン

〈使用テキスト〉

（ドミニク・トロン編纂の原典校訂版を中心に、ポワレ版、ドュトワ版を補足して使用した）

Guyon, Jeanne-Marie, *La Vie par elle-même et autres écrits biographiques*, édition critique avec introduction et notes par Dominique Tronc, Paris, Honoré Champion, 2001.

——— *Correspondance*, édition critique établie par Dominique Tronc, Paris, Honoré Champion, 2003-2005, 3vol.

——— *Œuvres mystiques*, édition critique avec introductions par Dominique Tronc, Paris, Honoré Champion, 2008.

——— *Discours sur la vie intérieure*, présentés par Murielle et Dominique Tronc, Mers-sur-Indre, Centre Saint-Jean-de-la-Croix, 2016, 2vol.

——— *Le Nouveau Testament de Notre Seigneur Jésus-Christ avec des explications & réflexions qui regardent la vie intérieure*, Cologne, Jean de la Pierre, 1713, 8vol.

——— *Les livres de l'Ancien Testament avec des explications & réflexions qui regardent la vie intérieure*, Cologne, Jean de la Pierre, 1715, 12vol.

——— *Discours chrétiens et spirituels sur divers sujets qui regardent la vie intérieure*, tirés la plupart de la Sainte Écriture, Cologne, Jean de la Pierre, 1716, 2vol.; Nouvelle édition corrigée et augmentée, Paris, les Libraires associés, 1790, 2vol.

——— *Lettres chrétiennes et spirituelles sur divers sujets qui regardent la vie intérieure ou l'esprit du vrai christianisme*, Cologne, Jean de la Pierre, 1714-1718, 4vol ; Nouvelle édition enrichie de la correspondance secrète de Mr. de Fénelon avec l'auteur, Londres, 1767-1768, 5vol.

——— *Les justifications de Mad.J.M.B. de la Mothe Guion écrites par elle-même*, Cologne, Jean de la Pierre, 1720, 3vol.

Les années d'épreuves de Madame Guyon: Emprisonnements et interrogatoires sous le Roi Très Chrétien, Documents biographiques rassemblés et présentés chronologiquement par Dominique Tronc, Paris, Honoré Champion, 2009.

〈日本語訳テキスト〉

ギュイヨン夫人『奔流』村田真弓訳・解説と解題、『キリスト教神秘主義著作集　第一五巻　キエティスム』教文館、一九九〇年。

———『短く簡単な祈りの方法——内的祈りの手引き』大須賀沙織訳、教文館、二〇二三年。

2　その他

Bossuet, Jacques-Bénigne, *Œuvres complètes*, publiées d'après les imprimés et les manuscrits originaux purgées des interpolations et rendues à leur intégrité par F. Lachat, Édition renfermant tous les ouvrages édités et plusieurs inédits, Paris, Librairie de Louis Vivès Éditeur, 1862-63 (Ebooklassiques 2021).

Fénelon, François de Salignac de La Mothe, *Œuvres*, édition établie par Jacques Le Brun, Bibliothèque de La Pléiade, Gallimard, 1983-1997, 2vol.

——— *Correspondance de Fénelon*, Paris, Klincksieck, Genève, Droz, 1972-2007, 18vol.

Phelipeaux, Jean, *Relation de l'origine, du progrès et de la condamnation du quiétisme répandu en France*, avec plusieurs anecdotes curieuses, Gabriel Deliège, 1732, 2vol.

二　参考文献

一　ジャンヌ・ギュイヨンに関して

Bruneau, Marie-Florine, *Women mystics confront the modern world: Marie de l'Incarnation (1599-1672) and Madame Guyon (1648-1717)*, Albany, State University of New York Press, 1998.

Cognet, Louis, *Crépuscule des mystiques: le conflit Fénelon-Bossuet*, Tournai, Desclée, 1958.

Delacroix, Henri, *Études d'histoire et de psychologie du Mysticisme: Les grands mystiques chrétiens*, Paris, Félix Alcan, 1908.

Gondal, Marie-Louise, *Madame Guyon (1648-1717): un nouveau visage*, Paris, Beauchesne, 1989.

——— *Madame Guyon, La passion de croire,* textes choisis et présentés par Marie-Louise Gondal, Paris, Nouvelle Cité, 1990.

Guerrier, Louis, *Madame Guyon, sa vie, sa doctrine et son influence*, Orléans, Herluison, 1881.

Orcibal, Jean, *Études d'histoire et de littérature religieuses XVIe – XVIIIe siècles*, Paris, Klincksieck, 1997.

Mallet-Joris, Françoise, *Jeanne Guyon*, Paris, Flammarion, 1978.

Masson, Maurice, *Fénelon & Mme Guyon: documents nouveaux et inédits,* Paris, Hachette, 1907.

Mazzocco, Mariel, *Madame Guyon et l'ordre secret des Michelins. Mystique et politique à la cour de Versailles*, Paris, Honoré Champion, 2025（予定）.

Tronc, Dominique：前記１・１における Tronc 編纂の各書所収の introduction などのテキスト。

Madame Guyon: Rencontres autour de la vie et l'œuvre de Madame Guyon, Grenoble, Jérôme Million, 1997.

Mariel Mazzocco et Ghislain Waterlot (dir.), *Madame Guyon ou l'inquiétude de la liberté. Critique, mystique et politique au xviie siècle*, Genève, Labor et Fides, 2025.

２　その他

Chevallier, Marjolaine, *Pierre Poiret 1646-1719: Du protestantisme à la mystique*, Genève, Labor et Fides, 1994.

Le Brun, Jacques, *La spiritualité de Bossuet*, Paris, Klincksieck, 1972.

Trémolières, François, *Fénelon et le sublime: Littérature, anthropologie, spiritualité*, Paris, Honoré Champion, 2011.

Tronc, Dominique, *Expériences mystiques en Occident*, Paris, Les Deux Océans, 2012, 3vol.

Fénelon. Mystique et Politique (1699-1999). Actes du colloque international de Strasbourg pour le troisième centenaire de la publication du Télémaque et de la condamnation des Maximes des Saints: Publiés par F.-X. Cuche et J. Le Brun, Paris, Honoré Champion, 2019.

日本語文献

渡辺優『ジャン＝ジョゼフ・スュラン――一七世紀フランス神秘主義の光芒』慶應義塾大学出版会、二〇一六年。

ジャンヌ・ギュイヨン略年譜

年	年齢	ジャンヌ関連	その他事項
一六四八		4・13 ジャンヌ生まれる	ウェストファリア条約締結（三十年戦争終結） フロンドの乱勃発
一六五三	5歳		フロンドの乱終わる
一六六一	13歳		ルイ一四世の親政始まる ヴェルサイユ宮殿本格建設始まる
一六六四	16歳	ジャック・ギュイヨンと結婚	
一六六七	19歳	シャロ夫人と出会う アンゲランと出会う〈内なる道〉に目覚める **目覚め・味わいの信**	
一六六八	20歳	グランジェを紹介される	
一六七〇	22歳	天然痘に罹る	
一六七一	23歳	ラ・コンブと最初の出会い ベルトに会う	
一六七二	24歳	父と娘の死 幼きイエスとの霊的婚姻 **夜のはじまり・裸の信**	

一六七四	26歳	グランジェの死		
一六七五	27歳	ジャンセニスト某氏との出会い		モリノス『霊の導き』刊行
一六七六	28歳	末娘ジャンヌ・マリー誕生 夫の死		
一六七七	29歳	某氏との泥沼化と別れ	**夜の底へ**	
一六七八	30歳	姑と別居		ラファイエット夫人『クレーヴの奥方』刊行
一六八〇	32歳	ラ・コンブに手紙 夜明け	**消滅（＝再生）**	
一六八一	33歳	ベルトの死 ジェックス到着	**使徒的生**	
一六八二	34歳	『奔流』執筆	**神秘の記述の発見**	
一六八三	35歳	ラ・コンブと〈沈黙のコミュニケーション〉を体験する 病気の貧困女性のための施設設立	**〈沈黙のコミュニケーション〉の発見**	マントノン夫人、ルイ一四世の正妻になる
一六八四	36歳	グルノーブルに滞在		

年	年齢	ジャンヌ関連	その他事項
一六八五	37歳	『短く簡単な祈りの方法』刊行 グルノーブルを追われる マルセイユ、ヴェルチェッリ、トリノへ	モリノス逮捕 ナントの勅令廃止
一六八六	38歳	パリに移る シャロ夫人と再会	サン＝シール女学院開設 ジュリュー『予言の成就』
一六八七	39歳	ラ・コンブ逮捕	教皇庁、モリノスを異端断罪 ポワレ『善き魂たちの安らい』
一六八八	40歳	1・29　ジャンヌ逮捕拘束 9・13　ジャンヌ釈放 マントノン夫人、フェヌロンと相次いで出会う サン＝シール女学院に出入りはじめる	イギリスで名誉革命勃発
一六八九	41歳	フェヌロンへの〈内なる道〉のガイドが始まる フェヌロンが小王太子ブルゴーニュ公ルイの傅育官に就任 娘ジャンヌの結婚 『短く簡単な祈り』を教皇庁が禁書に	ジェームズ二世、フランス亡命 ラシーヌ『エステル』サン＝シールで上演
一六九三	45歳	マントノン夫人、ジャンヌの女学院出入りを禁じる ジャンヌ、ボスュエと初回の面会	

一六九四	46歳	ジャンヌ、ボスュエと面会　ボスュエがジャンヌを激しく非難 イシー会談始まる	
一六九五	47歳	ジャンヌ、モーの修道院に監禁 イシー会談調印 フェヌロン、カンブレ大司教に任命される ジャンヌ、修道院を脱出 ジャンヌ逮捕、ヴァンセンヌ牢へ	
一六九六	48歳	ジャンヌ、ヴォージラールの施設に移送	
一六九七	49歳	フェヌロン『諸聖人の箴言解説』 ボスュエ『祈りの状態についての司教教書』	
一六九八	50歳	ボスュエ『キエティスムについての報告書』 ラ・コンブ、ヴァンセンヌ牢へ移送 ジャンヌ、バスティーユ牢へ移送	
一六九九	51歳	『諸聖人の箴言解説』を教皇庁が断罪	
一七〇〇	52歳		ポワレ『実在神学』刊行
一七〇一	53歳		スペイン継承戦争（～一七一四年）
一七〇三	55歳	ジャンヌ釈放	
一七〇四	56歳	ボスュエの死 ポワレ、ジャンヌ著作集『霊性的小論集』刊行	

年	年齢	ジャンヌ関連	その他事項
一七〇六	58歳	この頃ジャンヌ、ブロワに居住	
一七〇九	61歳	ラムゼイ、フェヌロンのもとに	
一七一〇	62歳	この頃フォーブズ、ジャンヌのもとに	
一七一二	64歳	王太子となっていたブルゴーニュ公ルイの死 シュヴルーズの死	
一七一四	66歳	ボーヴィリエの死 ファンファン、ジャンヌ宅を初めて訪れる この頃ラムゼイ、ジャンヌのもとに	
一七一五	67歳	フェヌロンの死 ラ・コンブの死 ルイ一四世の死	フランス摂政時代はじまる イギリス、ジャコバイトの反乱
一七一六	68歳	シャロ夫人の死	
一七一七	69歳	6・9　ジャンヌの死	

あとがき

もし、ジャンヌのふるさとモンタルジに行くことがあったら、旧市街を散策してみてください。今も、ジャンヌの面影を見つけることができるでしょう。

はじめて私がモンタルジを訪れたのは、いつだったでしょうか。初夏だったのを覚えています。モンタルジ駅で列車を降りて、埃っぽい大通りをひとりてくてく歩き、川を渡って市の中心部にやっと辿り着いた時には、もう、すっかり疲れ果ててしまいました。歩き回る気力もなくなり、薄暗い喫茶店でエスプレッソを飲み干して、角のスーパーに立ち寄って板チョコを一枚買って帰ろうとしたら、なぜか道に迷ってしまい、いつしか誰もいない路地裏に入り込んでいました。そこに、ひっそりと、運河が流れていたのです。

気づかずに通り過ぎてしまいそうな、小さな運河です。耳をすますと、かすかにせせらぎが聞こえてきます。なんだか、懐かしい潮風の匂いがするようです。しゃがんで見ると、思いのほか澄んだ水が流れているのです。水の底に、草が揺れています。不思議なほど淡い色をして、無邪気に揺れています。そんなささやかな発見に、まるで小さな宝石箱を見つけたような新鮮な喜びを感じることだってできるのです。

その時の私は、もうそれだけで夢見心地になって、そのままパリに帰ってしまいました。後日、改めて訪れた時に知ったのですが、その運河を辿ったすぐ先に、ジャンヌの生家とされる建物がありました。小さな運河にかかった小さな小さな橋のあちら側に、少し崩れかかった塔のある家が見えます。そこです。幻のような塔のてっぺんには、いつも自由な鳩たちが飛び交っています。

*

私がジャンヌに私淑してから、かれこれ一五年ほどが経つでしょうか。
翻ってみれば、私は三〇歳代の半ばから長くゆるやかなメランコリーの坂を下ってきました。きっかけは弟の自死でした。その直接の責任が少なからず私にあることは、否定しようのない事実でした。それだけが原因ではありませんが、私の精神は内側から徐々に腐食し、四〇歳代に入ってそれまで勤めていた放送局を辞め、幾度かぎりぎりのところで自らの死の衝動を未遂に終え、心の荒野を彷徨い続けました。（そのあたりのことは、よかったら拙著『きみは金色の雨になる』平凡社、二〇〇七年を読んでみてください）。私は子どもの頃から住み慣れていたフランスや、友だちの多いカンボジアを放浪しました。そんな中で、私はパリのラカン派精神分析家のセミナーを聴講するようになり、そこで神秘家の世界を知りました。そしてアヴィラのテレサの全集を手にし、彼女の詩に打たれ、それから神秘家たちに惹き込まれて行きました。そして、実際の体験を求めてあちこちの瞑想会やリトリートに参加するようにもなりました。私はおちこぼれかかったカトリック信徒で、「神秘」の類に興味のない、いたって現世的、懐疑的なタイプです。それが、なぜ神秘家たちにかくも惹かれるのか、自分でも分かりませんでした。何の体験を求めているのかも、分かりませんでした。見えざる蟻地獄から脱出する突破口を、なんとかして探し求めていたのでしょう。

その冬、私はパリの路頭を彷徨っていました。霧雨の降るある日の午後、私は濡れながら本屋の前を通りました。ショーウィンドウから、清潔で明るい光が見えました。私は本屋に入り、隅で暖を取りました。たまたま、ジャンヌ・ギュイヨンの著作集が目に入りました。手に取って、ぱらぱら、めくってみました。キリスト教のありふれた常套句が並んでいるばかりのようでした。しかし、彼女の晩年のテキストの一節を読むうちに、ふと、「これは本物だ！」と私は直感しました。何がどう「本物」なのか分かりませんけれども、とにかく私の直感では、それは紛れもなく「本物だ！」だったのです。以来、私はジャンヌの著作に耽溺しました。

＊

ジャンヌは、私のこころの師となりました。私はジャンヌの背中を追い続けました。といっても、ジャンヌが具体的に何を指南しているのか、なかなか摑めずにいました。そのうち、もっとジャンヌに近づきたくて、私は思い切ってパリ郊外に住むドミニク・トロンさんの門を叩きました。トロンさんは、ジャンヌをはじめ一七世紀フランスの神秘家群の研究に長年、取り組み、ジャンヌの主要テキストの原典校訂版を出すなど、今日のジャンヌ・ギュイヨン研究の中心的な人物の一人です（四九〇頁参照)。トロンさんは、私を快く迎え入れてくれました。それから、二人で問答に時を忘れる日々が始まりました。昼食後に二階の書斎で話し合いをはじめ、気がついたら真っ暗になっていて、夜の八時を過ぎていた。外出から帰った妻のミュリエルさんの「あなたたち、まだそこにいるの?」という声に、二人して我に返ったなどということもありました。トロンさんのもとで勉強するなかで、はじめは直感でしかなかったジャンヌの「本物」さが、次第に理解できるようになりました。一見、行き当たりばったりに書いたような、下手な文にも読めるジャンヌの文章は、実は体験知の言語化として極めて精緻で筋の通ったものだと分かりだしました。そして、ジャンヌと周囲の人たちとの膨大な書簡や証言から浮かび上がるジャンヌ像とは、「沈黙」を説きながらも日常ではきっと大のお喋り好きで、ちょっとおっちょこちょいで、ユーモアの精神に溢れた「我らの良き隣人ジャンヌ」なのだと知って、ますますジャンヌに親近感を抱くようになりました。

その頃、私はもうひとりの大切な人物に出会いました。去年(二〇二四年)九八歳になったジャックリーヌ・シャンブロンさんについて、残念ながらここで詳しく述べる余裕はありません。シャンブロンさんの住む家の門を初めて開けたのは、いつのことだったでしょう。見上げれば、背の高いレバノン杉が気持ち良さそうに庭で陽光を浴びていました。シャンブロンさんは、古くから続くインドのスーフィー教団の生きた系譜にあり、私は彼女を通して、師から弟子へ、〈こころ〉から〈こころ〉へと伝わる沈黙のトランスミッションを知る機会を得ました。もともと、シャンブロンさんの〈道なき道〉が、ジャンヌ・ギュイヨンの〈内なる道〉と類似しているということで、ある研究者から私は彼女を紹介されたのです。しかしそれはそれとして、いっさいの組織やドグマもなく、いっさいの既成概念に囚われない、融通無礙なシャンブロンさんの空気感に、私は何よりも強く共振しました。私はシャンブロンさんのもとで体験を深めることで、ジャンヌの体験を、一歩距離を置いて、客観的に考察できるようになりました。そして「抵抗の静寂者ジャンヌ」の輪郭がより明確になったように思います。

＊

ジャンヌを追体験したい。彼女の生き様を、その内と外と、まるごと実感したい。当時の時代の空気感も含めて、できるだけリアルに体感したい。そのために、あらゆる手段を駆使したい。そして、それを読者と共有したい……ただその一心で、ここまで書いて来たようです。願ったことが、どれだけ出来たでしょうか。

以下、私なりに、ジャンヌの〈内なる道〉を現代的な視点でまとめてみました。もちろん、ジャンヌ解釈の一つの可能性でしかありません。それぞれの読者に、それぞれのジャンヌ像を描いてもらえれば幸いです――

若きジャンヌは、ジェンダー差別のシステムの中で、自分を押し殺すことを強いられてきました。それに対して、自分の奥底の曰く言い難い実感の部分、根源的な生に関わる箇所、〈わたし〉の〈たましい〉の部分が猛烈に抵抗するのです。けれどもジャンヌは、ミソジニー言説を自我意識として内面化してしまっていますから、抵抗する自分自身を否定してしまいます。そうやって自己矛盾に陥り、自分の無力さを痛感し、深刻な自己嫌悪に陥ってしまいます。そして、自我によるたましいの自傷が繰り返され、〈たましい〉が圧殺されそうになります。

こうした自我の抱える根本的なパラドックスを解消するために、ジャンヌは〈わたし〉となって〈わたし〉を守るというウルトラC級の逆説を用いるのです。根源的《ラジカル》な沈黙によって絶対無分節体験に入り、自我意識をまるごと消し去ります。それによって、意識の深層にまで根を張った言説支配を吹っ切るのです。そうやって〈わたし〉となって、〈わたし〉の〈たましい〉が生き延びるのです。

ここまでは、〈内なる道〉の前半です。これからが重要です。

絶対無分節体験そのものは、ごく短時間のものです。当然その後に、ジャンヌは再び分節世界の日常に戻ります。だったら、ジャンヌには何らかの分節的な自我意識が戻っているはずです。ところが、ジャンヌはやっぱり〈わたし〉のままなのです。〈わたし〉として神そのものの無分節に留まっています。そして、神そのものが自己分節して自己認識する世界を、いわば〈無―意識〉のまま、見るともなく見るのです。神の視界に与っていると言ったらよいでしょうか。「私が見ているけれども、私は見ていない」といったことを、ジャンヌは言います。〈無見の見〉と、彼女が呼ぶ境地です。ここでもジャンヌ流の逆説がよく発揮されています。そうやって、私たちを取り巻く権力システム（日本語の「世間」と置いてもよいでしょうか）の言説支配から、身を躱《か》わすのです。

そのからくりは、こう説明してもよいでしょう。

意識の〈底〉では、ジャンヌは常に〈わたし〉として無分節に安らっています。言説支配に侵されることはありません。同時に、その〈底〉の無分節態が折々に分節化され、いわば仮の自我意識となって、必要に応じて表層意識のレベルで言説に対処するのです。そうした意識の重層性で、言説支配を相対化するのです。しなやかに、強靱に、権力システムに抵抗し、〈たましい〉の自由を確保するのです。

そのように考えると、なぜ、貧困に苦しむ女性たちが〈沈黙の祈り〉を実践し、常に自分の内に神の現前を保つことを、ミソジニー権力があんなに躍起になって禁じたかも理解できるでしょう。さて、〈内なる道〉は、そこで終わりではありません。ジャンヌは、他者に向けて自ら積極的に行動しだします。究極の受動性が究極の能動性に転換するのです。静寂者ジャンヌの真骨頂と言うべき逆説です。その時もやっぱり、ジャンヌは〈わたし〉のままです。いわば〈無―意識〉のまま、〈わたし〉はただ神の分節に従って動かされます。〈内なる神〉に衝き動かされるのです。ジャンヌにとって〈内なる神〉は、〈内なる良心〉でもあります。本編で触れたように、ジャンヌは盟友のル・ピカールと共に〈良心〉という言葉を使って、司牧権力を代弁するボスュエの圧力に抵抗します。彼女たちの〈良心〉は、どのような言説も入り込めない、まさに〈たましい〉の聖域の事柄です。

一人一人の個人には、〈たましい〉の聖域がある。〈内なる神〉の不思議の場がある――その実感は、個人の人格的な尊厳の実感につながります。ジャンヌの行動は常に、個人の尊厳に根付いています。ジャンヌは〈内なる良心〉に直感的に従って、ミソジニー・システムのもとで共に苦にある尊き一人一人と、階級を超えて、シスターフッドを広げてゆきます。そして国家、宗派を超えて、ジェンダーの区別なく、〈たましい〉の仲間たちと連帯してゆきます。

逆説の静寂者ジャンヌの生き様は、今もアクチュアルです。

＊

ふたたび、私ごとです。あらためて翻ってみれば、私は子どもの頃から日本語社会に適応できませんでした。弟もそうでした。それだからこそ、私は日本語社会の言説支配に順応し、マジョリティーが求める優等生になろうと自分を強いました。そして、それを他者にも求めました。それは結局、〈わたし〉の〈たましい〉を圧殺し、相手にも〈たましい〉の圧殺を強いることにつながりました。今だったら、私は自分にも相手にも、こう言うでしょう――

どこにも帰属しなくたっていい。何の承認も要らない。まっさらな白紙でいよう。たとえこの世界では何らかの洗脳を受けなければ生活できないのだとしても。仮構を仮構として、仮の自我で応じて、忘れ去ればいい。〈たましい〉の単独者として生きるんだ。たましいは、自由じゃないと、呼吸しない……。

それならば、私は自分の中で、弟の自死のことを解決できたのでしょうか？　できていません。もちろん、私の至らなさのせいもあるでしょう。でも、そもそも解決はないのでしょう。解決するとは、言説の領域ですから。私が〈たましい〉の聖域を守りたければ、解決してはならないのでしょう。苦を苦のままに抱きながら日常を生活し、私は弟の死をめぐって終わりなく問い続けるでしょう。たとえば、こんなことを考えながら――

もしかしたら、きみは自死によって、己の〈たましい〉を生き延びさせたのかもしれない。そして、生きているふりをして死んでいた私に、真に生き延びることの意味を投げかけたのかもしれない……。

そして今、私は自分に問いかけます。余生のたいしてない年齢になってしまったこの私は、はたして最後までジャンヌの背中を追いかけることができるでしょうか？〈たましい〉の聖域を守って、〈内なる良心〉に直感的に従って、ジャンヌのように投獄されても、あるいは死に至らされても、個人の人格的尊厳を踏み躙《にじ》る権力システムに対して抵抗しなければならない時に、「否」を言い続けられるでしょうか？ その覚悟を、つまり〈たましい〉が生き延びる覚悟を、私は持っているでしょうか？

*

本書では「ミソジニー」という言葉が頻繁に出てきます。カタカナ日本語としてすでに定着していると思いますが、「女性嫌悪」「女性蔑視」といった意味です。もともとフェミニズム用語として使われてきました。日本語では、上野千鶴子さんが「女ぎらい」と置いて、よく知られるようになりました。もちろん、単に女性が好きか嫌いかという個人的な好み、相性の話ではありません。社会構造の問題です。家父長制を乱す女性に対して「女がでしゃばるな」とか「だから女はダメなんだ」、「女は我慢しろ」などと警告する、そういう嫌悪、蔑視です。それはただ嫌味を言ったり、威嚇するだけではなく、実行的な懲罰作用を伴っています。ドメスティック・バイオレンスのような暴力の形であったり、会社を首にしたり左遷させたり、世間でつまはじき者にしたり、陰に陽にいろいろな制裁があります。その最たるものの一つが、ジャンヌの場合のような投獄でしょう。ですからミソジニーは単に嫌悪だけではなく、家父長制に女性を縛り付けるための懲罰システムとして捉えられるでしょう（主に以下を参考にしました。ケイト・マン『ひれふせ、女たち――ミソジニーの論理』小川芳範訳、慶應義塾大学出版会、二〇一九年）。「はじめに」にも書きましたが、家父長制の世界では、ミソジニーはあらゆる差別、排除、虐待と交差します。言うまでもなく、今の日本語社会も家父長制の社会です。

　恥ずかしい話ですが、私はジャンヌと出会うまでフェミニズムについて勉強したことがありませんでした。しかし、ジャンヌの苦闘をできるだけ実感するには、フェミニズムを勉強しなければ始まらないと、ある時点で悟りました。ジャンヌ自身をフェミニストと呼べるかどうかは分かりません。ただ、私にとって、フェミニズムはジャンヌからもらったプレゼントだったのです。私は五〇歳代になって、遅まきながらフェミニズムの本を読んだり、フェミニストとして活動する人の話を聴いたりしだしました。それからです。ジャンヌがどれだけミソジニー社会の圧力のなかで苦しんでいたか。どれだけ彼女の生活の一つ一つにミソジニーの毒が纏わりついていたか。それが私の中で可視化されてゆきました。そして、ジャンヌの〈内なる道〉は何よりも、ミソジニー・システムのこの世界に抵抗し、対抗する術だったのだと、明確に理解しだしました。とは言え、もちろん、女性でない私がジャンヌの苦闘を身をもって実感するには、限界があります。ジャンヌの闘いは、今も数知れない多くの人たちの現場で続いているでしょう。ジャンヌへの共感の是非は、そうした一人一人に委ねたいと思います。

不思議なことに、フェミニズムは私に元気を与えてくれました。男性として支配する側の特権を享楽しているはずの私が、なぜでしょうか？

自分を壊すこと。無意識のうちにマジョリティーの側にいるつもりの自分を、一つ一つ壊すこと。それはもちろん、苦痛です。しかしそれ以上に、爽快です。一つ自分を破壊するごとに、また一つ、自由になれるかのような、そんな勇気をもらえます。この作業も、自分を呪縛する言説支配からの解放の一環なのでしょう。

＊

この本がこうして仕上がったのは、ドミニク・トロンさん、ミュリエル・トロンさん、ジャックリーヌ・シャンブロンさんの他、私が神秘家の世界に関心を持つきっかけを作ってくれた精神分析家のマリー＝シャルロット・カドーさんと、エリコ・ティビエルジュ＝ナスさん、そしてたくさんの方々のおかげです。日本では、当時のフランス、ヨーロッパの神秘思想を専門にされる研究者のみなさんに縁あってお世話になり、貴重なアドバイスをいただくことができました。村田真弓さん、中井章子さん、みなさん、ありがとうございました。また、この本の構想の段階から相談に乗っていただいた柳田邦男さん、いせひでこさん、ありがとうございました。そして、旧友の山本浩さん、いつも作品を書くたびに協力していただき、ありがとうございました。最後に、素敵な装画を描いていただいた喜多木ノ実さん、ありがとうございました。喜多さんの絵をきっかけに、読者のみなさんも、それぞれのジャンヌ像を心に羽ばたかせていただければ幸いです。そして、本書の出版を快く引き受けていただいた新教出版社社長の小林望さん、編集をしていただいた森本直樹さん、ありがとうございました。

この本を妻の幸子さんに捧げます。

二〇二五年二月

やまもとけんぞう

著者紹介

山本賢蔵［やまもとけんぞう］

1960年生まれ。東京大学法学部卒業。元 NHK 記者。テヘラン、プノンペン、パリ特派員を歴任。
著作に『きみは金色の雨になる』（平凡社、2007年）、『あの路』（山本けんぞう・文、いせひでこ・絵、平凡社、2009年）、『右傾化に魅せられた人々 —— 自虐史観からの解放』（河出書房新社、2003年）、『バグダッドのモモ』（アンドリュース・プレス、2003年）、『地雷原のポン』（山本けんぞう・文、デュフォ恭子・絵、講談社、2011年）、『迷宮ヶ丘八丁目 —— 風を一ダース』（共著、偕成社、2014年）など。

やまもとけんぞう note：https://note.com/kenzoyamamoto

静寂者ジャンヌ
—— 生き延びるための瞑想

2025年3月31日　第1版第1刷発行

著　者　山本賢蔵
発行者　小林　望
発行所　株式会社新教出版社
〒112-0014 東京都文京区関口1-44-4
電話（代表）03（3260）6148
振替 00180-1-9991
印刷・製本　モリモト印刷株式会社

ISBN 978-4-400-21345-1 C1016